RÜDIGER FRANK

NORDKOREA

Innenansichten eines totalen Staates

Pantheon

Sämtliche Aufnahmen im Bildteil dieses Buches © Rüdiger Frank mit Ausnahme der Abbildung auf Seite 5 oben rechts, die wir mit freundlicher Genehmigung von Georgy Toloraya verwenden.

Sollte diese Publikation Links auf Webseiten Dritter enthalten, so übernehmen wir für deren Inhalte keine Haftung, da wir uns diese nicht zu eigen machen, sondern lediglich auf deren Stand zum Zeitpunkt der Erstveröffentlichung verweisen.

FSC
www.fsc.org
MIX
Papier aus verantwortungsvollen Quellen
FSC® C083411

Verlagsgruppe Random House FSC® N001967

Der Pantheon Verlag ist ein Unternehmen der Verlagsgruppe Random House GmbH.

Vierte Auflage
Pantheon-Ausgabe Januar 2017

Karte: Peter Palm, Berlin
Typografie und Satz: DVA/Brigitte Müller
Gesetzt aus der Minion
Druck und Bindung: CPI books GmbH, Leck
Printed in Germany
ISBN 978-3-570-55293-3

www.pantheon-verlag.de

Inhalt

Vorwort

Am 7. Oktober 1991 saß ich gemeinsam mit fünf Kommilitonen im Flugzeug von Berlin nach Pjöngjang,[1] der Hauptstadt der Demokratischen Volksrepublik Korea – besser bekannt als Nordkorea. Wir machten Witze über den just auf diesen Tag fallenden »42. Jahrestag« der DDR, die ein Jahr zuvor aufgehört hatte zu existieren. Dass ich nun ausgerechnet in eines der wenigen verbliebenen sozialistischen Länder reisen würde, erschien mir sonderbar. Aus heutiger Sicht markiert dieser Flug den Beginn meiner Beschäftigung mit Nordkorea.

Es war genau zwei Jahre her, dass die Kundgebung an der Gethsemane-Kirche in Ostberlin gewaltsam niedergeschlagen worden war. Zwei Tage später, am 9. Oktober 1989, waren 100 000 Demonstranten durch die Straßen meiner Heimatstadt Leipzig gezogen – als noch nicht vorhersehbar war, dass der Staat nichts dagegen unternehmen würde. Diese Menschen waren deutlich klüger und mutiger als ich. Ich hatte gerade erst verstanden, dass das System das Problem war und nicht nur seine Umsetzung; sie aber hatten bereits gehandelt. Schade, dass man das Datum für den Tag der Deutschen Einheit nicht ihnen zu Ehren gewählt hat.

Das Ende der ohnehin schon lange hirntoten DDR war jedenfalls mit dieser Leipziger Montagsdemo besiegelt. Eine Woche später ging Honecker, und nach weiteren drei Wochen war die Mauer offen. Aus »Wir sind das Volk« wurde »Wir sind ein Volk«. Im März 1990 gewann die ehemalige Blockpartei CDU die Wahlen zur Volkskammer, im Juli kam die versprochene D-Mark, und am 3. Oktober 1990 war die DDR offiziell Geschichte. Das alles war gelinde gesagt atemberaubend und für mich absolut unerwartet – trotz meines Insiderwissens als DDR-Bürger. Das macht mich bis heute sehr, sehr zurückhaltend, was Vorhersagen zur unmittelbaren Zukunft Nordkoreas angeht.

In jenem Herbst 1990 begann ich auch mein Studium der Koreanistik an der Humboldt-Universität zu Berlin. Eigentlich galt mein Interesse dem dynamischen, aufstrebenden Südkorea. Ich hatte allerdings das Privileg, von einer der weltweit besten Kennerinnen *Nord*koreas unterrichtet zu werden. Helga Picht war Koreanistik-Lehrstuhlinhaberin und kannte Nordkorea bis hin in die oberste Führung aus eigener Anschauung. Sie hat ihren Studenten ein Verständnis Nordkoreas nahegebracht, wie man es in dieser Tiefe nur selten findet. Ihre objektive, kritische Haltung wurde in Pjöngjang nicht verstanden und brachte ihr bald ein Einreiseverbot ein. Seither sehe ich so etwas als Auszeichnung an – die mir bislang zwei Mal zuteilwurde.

Das waren damals seltsame Zeiten, so unmittelbar nach der »Wende«. Noch bis 1993 hatten wir zum Beispiel einen nordkoreanischen Sprachlektor, Herrn Pak, der mit seiner Frau und einer der beiden Töchter – die andere hatte man zur »Sicherheit« in der Heimat behalten – in einem Ostberliner Plattenbau lebte. Einmal waren wir bei ihm sogar zum Essen eingeladen. Ein Reformer war er nicht; er versuchte nach Kräften, all die ihn umgebenden Veränderungen zu ignorieren. Das muss für diesen klugen Mann schwer gewesen sein. Auch von ihm habe ich viel über Nordkorea gelernt.

Nach einem Jahr intensiven Unterrichts in Deutschland war ich bereit für das Studium in Korea. Natürlich wollte ich in den Süden. Doch die nächste Gelegenheit bot sich ausgerechnet in Form des nach der Wiedervereinigung erstaunlicherweise weiterhin geltenden Austauschabkommens zwischen meiner Alma Mater und ihrer Partnerinstitution in Nordkorea. Der Deutsche

Akademische Austauschdienst war bereit, das Auslandssemester mit einer für mich damals astronomisch hohen Summe zu unterstützen, meine Professorin kümmerte sich um das Visum – und damit war beschlossen, dass ich ein paar Monate an der Kim-Il-sung-Universität Koreanisch studieren würde. Ich gebe zu, dass mir das damals wie ein Fehler vorkam. Aus heutiger Sicht war es ein einmaliger Glücksfall.

Die Ankunft in Nordkorea war ein Schock. Niemand hatte mich auf das vorbereitet, was mich erwartete. Ich hatte nicht viel gefragt; warum auch. Ich kannte den Sozialismus ja – dachte ich zumindest. Immerhin war ich in der DDR aufgewachsen und hatte, bedingt durch einen Forschungsaufenthalt meines Vaters, darüber hinaus in den 1970er Jahren knapp fünf Jahre in der Sowjetunion verbracht. Doch Nordkorea war völlig anders als alles, was ich zuvor gesehen hatte. Der Flug nach Pjöngjang 1991 war nicht, wie gedacht, eine Zeitreise in meine Vergangenheit. Er markierte vielmehr den Einstieg in eine fremde, bizarre, unwirkliche und bald auch frustrierende Welt.

Schnell war mir damals klar: Nordkorea wird keine sechs Monate mehr überleben. Die Wirtschaft des Landes war offenkundig am Boden, und überall in der Welt fielen die sozialistischen Dominosteine – es konnte also nur eine Frage der Zeit sein, bis Nordkorea folgen würde. Ein gewisser Trost ist es mir, dass ich mich mit dieser Fehleinschätzung in prominenter Gesellschaft befinde. Der Kollaps Nordkoreas wurde und wird weltweit in schöner Regelmäßigkeit prognostiziert.

Ich habe mich seither darum bemüht, dieses Land zu verstehen. Es war ein langer Prozess, der noch immer nicht abgeschlossen ist. Ich muss immer wieder an einen Satz meiner Mentorin Helga Picht denken: Wer ein Buch über Nordkorea schreiben will, sollte entweder für zwei Wochen ins Land fahren oder sich zwei Jahrzehnte lang damit beschäftigen. Ich fand das damals etwas übertrieben – und dann hat es bei mir fast ein Vierteljahrhundert gedauert, bis ich dieses Buch begann.

Inzwischen bin ich Professor an der Universität Wien und Vorstand des dortigen Instituts für Ostasienwissenschaften. Diese sichere Position ist ein einzigartiges Privileg; sie gibt mir die Möglichkeit, mich zu einem kontroversen Thema ohne opportunistische Rücksicht auf Kritik oder Unterstützung zu äußern. Und meine Meinung wird gehört, was mich freut, angesichts der damit verbundenen Verantwortung manchmal auch erschreckt. Artikel und Interviews von mir erscheinen sowohl in der *Süddeutschen Zeitung* wie in der *Bild*. Ich habe die Gruppe ehemaliger Staatsoberhäupter »The Elders« um Jimmy Carter beraten, bin Mitglied des World Economic Forum und werde von diversen Regierungen konsultiert. Im September 2013 hat mich die *Frankfurter Allgemeine Zeitung* als einen der fünfzig einflussreichsten Ökonomen Deutschland gelistet, was offenbar meiner Arbeit über Nordkorea geschuldet ist. Ich stehe ebenso im Dialog mit nordkoreanischen wie mit südkoreanischen offiziellen Stellen.

Es gibt vieles, was ein Buch wie dieses leisten kann, aber auch vieles, was immer unmöglich bleiben muss. So muss man sich in aller Aufrichtigkeit fragen, ob man »ein Land« überhaupt je zufriedenstellend erklären kann. Selbst bei der »Erklärung« des eigenen Heimatlandes wird man schnell an Grenzen stoßen, obwohl es keine sprachlichen Hürden gibt, Daten und Informationen weitgehend verfügbar sind und die Forschung keinen Einschränkungen unterliegt. Zu vielschichtig und komplex ist eine aus Millionen Menschen bestehende Gesellschaft. Umso unrealistischer ist es, eine perfekte, über alle Zweifel erhabene, objektive und finale Erklärung Nordkoreas zu erwarten.

Dies ist somit ein sehr persönliches, auf meinen Erfahrungen und Einsichten beruhendes Buch. Um das zu verdeutlichen, habe ich bewusst meine Geschichte als Einstieg gewählt und bediene mich der für einen Wissenschaftler ungewohnten Ich-Form. Ich erhebe meine Einsichten nicht zum Dogma. Ich schreibe nicht darüber, wie Nordkorea ist, sondern wie es sich mir darstellt. Ich greife auf meine individuell gefärbten Erkenntnisse zurück, die sich aus meinem Lebensweg, meiner Ausbildung und meiner Erfahrung speisen.

Ich äußere mich als jemand, der den real existierenden Sozialismus nicht nur aus politisch korrekten Dokumentationen und mehr oder weniger unterhaltsamen Spielfilmen kennt. Das macht mich nicht nur mit Voraussagen über die Zukunft, sondern auch bezüglich vorschneller Urteile über das Leben der Menschen in Nordkorea sehr vorsichtig.

Ich schreibe dieses Buch auch als Koreanist und Regionalwissenschaftler. Ich habe die Geschichte, Literatur, Politik, Wirtschaft und Gesellschaft Koreas studiert, kann koreanische Quellen lesen und mich mit den Menschen unterhalten. Das ist hilfreich im Falle eines Landes, zu dem es außer »Informationen« aus extrem pro- oder extrem anti-nordkoreanischen Quellen vergleichsweise wenige verwertbare Daten in westlichen Sprachen gibt.

Auch meine durch und durch westliche Ausbildung als Volkswirt prägt meine Sicht auf Nordkorea. Als Schüler von Werner Pascha, einem der wenigen deutschen Ökonomen, die frühzeitig die Bedeutung Ostasiens für sein Fach erkannt und erforscht haben, bin ich Anhänger einer den institutionellen Kontext berücksichtigenden Sichtweise. Ich bin überzeugt, dass man wirtschaftliche Prozesse nur begreifen kann, wenn man sich in der gebotenen Tiefe des politischen und gesellschaftlichen Umfeldes bewusst ist, innerhalb dessen sie sich vollziehen.

Nicht zuletzt schreibe ich als jemand, der Nordkorea seit über zwanzig Jahren regelmäßig besucht, zuletzt im September 2013. Ich war dort als Student, als Mitglied von EU-Delegationen, als

Wissenschaftler und als Tourist. Solche Besuche sind meist kurz, und sie sind einseitig. Der westliche Gast kann sich weder frei im Land bewegen, noch kann er frei mit den Menschen kommunizieren. Das soll jedoch nicht heißen, dass Bewegung und Kommunikation unmöglich sind. Man muss eine hohe Frustrationstoleranz und einen langen Atem haben. Nordkorea erschließt sich einem nicht leicht und nicht sofort, doch geduldige Annäherungsversuche lohnen sich letztlich.

Wer den Konflikt fürchtet, sollte besser die Finger vom Thema Nordkorea lassen. Es weckt oft bemerkenswert heftige Emotionen. Was bin ich in Veranstaltungen oder, noch extremer, durch anonyme Postings in Internetforen kritisiert worden. Als ich 2006 bei einer Anhörung vor dem Europäischen Parlament in Brüssel von den seit 2002 begonnenen Reformen und ihren Auswirkungen sprach, wurde ich von einem aufgebrachten Amerikaner im Publikum mit den Worten angeschrien: »You know nothing about Communism!« Das Bild eines sich verändernden Nordkorea widersprach seiner vorgefassten Meinung und stellte vor allem die Forderung nach einem von außen herbeigeführten Regimewandel in Frage.

Doch auch die Gegenseite ist mit mir unzufrieden. Nach einem Vortrag in Hamburg im Januar 2014 wurde ich vom Mitglied einer pro-nordkoreanischen Vereinigung äußerst aggressiv zur Rede gestellt: Wieso ich nicht diese oder jene Errungenschaft erwähnt habe, und überhaupt, was mir einfalle, die großartigen Erfolge der Führung in Frage zu stellen: »Sie haben keine Ahnung von der KDVR!«[2] Man braucht schon ein dickes Fell, wenn man sich über Nordkorea äußert, denn unabhängig vom politischen Lager und dem tatsächlichen Wissen scheint so gut wie jeder eine feste Meinung dazu zu haben. Eine differenzierte Haltung wird oft heftig abgelehnt. Das Land hat gefälligst schwarz und weiß zu sein.

Ich habe mich oft gefragt, warum eine sachliche Auseinandersetzung mit Nordkorea so offenkundig schwerfällt. Auch anderswo gibt es schließlich exzentrische Herrscher und militaristische Diktaturen, auch anderswo werden die Menschenrechte mit Füßen getreten, auch anderswo sind Kinder verhungert. Das macht die Zustände in Nordkorea nicht besser. Doch woher kommt unsere beratungsresistente Selbstsicherheit gerade im Hinblick auf dieses Land?

Vielleicht braucht der Mensch einfach das Andere, um sich selbst besser definieren zu können. Asien hat schon seit Jahrhunderten diese Rolle für uns Europäer gespielt, das kann man etwa bei Edward Said nachlesen. Auch die Medien haben einen wesentlichen Einfluss. Die visuelle Repräsentation Nordkoreas ist faszinierend. Extrem reiht sich an Extrem und wird alsbald zur Norm. Aufsteigende Raketen, übergewichtige Führer mit ausgefallenen Frisuren, im Stechschritt marschierende Soldaten und verwackelte »authentische« Fotos von tristen Alltagsszenen werden permanent wiederholt und generieren im Laufe der Zeit jenen Wiedererkennungseffekt, der ein Land zur Marke macht. Zudem ist Nordkorea bei uns bemerkenswert präsent, und zwar in der ganzen Breite der Medien bis hin zum Boulevard. Auch das ist ungewöhnlich, wenn man sich die geringe Größe und die erhebliche geographische Entfernung des Landes von Europa vor Augen führt.

Vielleicht liegt unsere überproportionale Aufmerksamkeit daran, dass die dortigen Machthaber zumindest dem Namen nach noch immer stur auf einer Ideologie bestehen, die von uns längst ad acta gelegt wurde. Mehr noch, sie bauen Atomwaffen und fordern die USA heraus. Das System weigert sich standhaft, wie die DDR zu kollabieren oder wenigstens dem Beispiel Chinas und Vietnams zu folgen und sich zu reformieren. Nordkorea ist ein Land, das eigentlich nicht sein darf.

Und doch »ist« es. Dass es Nordkorea gibt, ist verwirrend, aber auch ein Fakt. In diesem Buch werde ich eine Annäherung an dieses Phänomen versuchen, aus verschiedenen Blickwinkeln und damit hoffentlich der Komplexität der Aufgabe gerecht werdend. Zustimmung zu all meinen Thesen erwarte ich nicht, wohl aber die Bereitschaft, sich sachlich damit auseinanderzusetzen. Neben geostrategischen Sachzwängen gibt es nicht zuletzt einen moralischen Imperativ, der es uns verbietet, das Land und die Zustände dort einfach zu ignorieren.

Wien, im Juni 2014 Rüdiger Frank

1

Tradition und Ursprung

Um zu begreifen, wo ein Land steht, und um abschätzen zu können, wohin es sich entwickeln wird, hilft die Kenntnis seiner Vergangenheit.[1] Nordkorea ist da keine Ausnahme. Welches sind also diese prägenden Ereignisse, Erfahrungen und Traditionen?

Es erscheint zweckmäßig, hier eine Zweiteilung vorzunehmen. Ein Teil des historischen Erbes ist koreanisch, ein anderer ist spezifisch *nord*koreanisch. Zwischen beiden Traditionslinien kommt es zu gewissen Überschneidungen. Nicht zuletzt im Hinblick auf eine Wiedervereinigung und das Verhältnis zwischen den zwei koreanischen Staaten ist es interessant, sich die geschichtlich bedingten Gemeinsamkeiten bewusst zu machen, von denen es erstaunlich viele gibt. Der Stolz auf gemeinsame historische Errungenschaften wie die koreanische Schrift, die Trauer über erlittene Unbill und die Antipathie gegenüber Feinden der Nation haben das Potential, nach einer Vereinigung bei der Überwindung ideologischer Gräben zu helfen – schlimmstenfalls auf dem Wege der Schaffung eines gemeinsamen Feindbildes.

Darüber hinaus gibt es einige historische Wurzeln, die in Nordkorea gänzlich anders als im Süden interpretiert werden; dazu gehören der Widerstand gegen die Japaner und der Koreakrieg. Und es gibt eigene nordkoreanische Erfahrungen, etwa die der Auseinandersetzung mit den zwei großen sozialistischen Verbündeten China und Sowjetunion.

Gemeinsame Wurzeln

»Korea ist ein Land mit einer 5000-jährigen Geschichte«, so lautet ein im Norden wie im Süden gebräuchlicher Standardsatz. Die Zahl 5000 ist symbolisch zu verstehen; Korea ordnet sich ganz bewusst zwischen dem offiziell etwas älteren China und dem etwas jüngeren Japan ein. In groben Zügen ist damit auch die koreanische Weltsicht erklärt; ich werde später darauf zurückkommen.

Wie ernst man nationale Legenden in Nordkorea nimmt, zeigt der Umgang mit dem mythischen Urvater aller Koreaner, einem gewissen Tan'gun. Als Sohn eines vom Himmel herabgestiegenen Wesens und einer Mensch gewordenen Bärin herrschte Tan'gun von 2333 v. u. Z. an und wurde nach einem übernatürlich langen Leben zu einem Berggeist. Wie bei vielen Mythen haben Historiker auch hier Elemente entdeckt, die einen realen Hintergrund zu haben scheinen. So könnte das vom Himmel kommende Wesen eine aus dem sibirischen Raum auf die koreanische Halbinsel eingewanderte höher entwickelte Zivilisation verkörpern, die sich mit dem dort bereits ansässigen Bären-Clan gegen den rivalisierenden Tiger-Clan verbündet und später verschmolzen hat.

In Nordkorea hat man derart profane Interpretationen allerdings mit Leichtigkeit übertroffen. Auf direkte Anweisung des Großen Führers Kim Il-sung[2] machten sich nordkoreanische Wissenschaftler Anfang der 1990er Jahre auf, um nach den Gebeinen des Urvaters Tan'gun zu suchen. Dank weiser Anleitung durch Kim wurden sie fündig, und zwar praktischerweise in der Nähe von Pjöngjang. Ich kann mich noch gut an die verblüfft-amüsierten Gesichter meiner Kollegen erinnern, als wir bei einer großen internationalen Koreanistentagung in Prag Anfang April 1995 der von der nordkoreanischen Delegation mit großem Ernst vorgetragenen Präsentation der Grabungsresultate lauschten.[3] Heute kann man die überdimensionierten Knochen im Inneren einer an das ägyptische Sakkara erinnernden monumentalen Stufenpyramide bewundern.

Mit dem Tan'gun-Mythos verbindet sich ein kaum verborgener Anspruch auf die Führung im gesamten Korea. Wenn die Überreste des übrigens auch im Süden verehrten Gründervaters der Nation in der Nähe der nordkoreanischen Hauptstadt liegen, wo sonst kann dann das Zentrum des dereinst vereinten Landes sein? Der Umgang mit Tan'gun lässt erahnen, welche Rolle die Geschichte in Nordkorea spielt. Die Hauptlegitimation der nordkoreanischen Führung beruht, wie bei Diktaturen üblich, nicht auf regelmäßig wiederkehrenden Prozessen wie Wahlen. Vielmehr sind der Besitz der Vergangenheit und das Monopol, diese zu interpretieren, wesentliche Eckpfeiler des dortigen politischen Systems.

Seit wann ein einheitliches koreanisches Staatswesen existiert, ist umstritten. Sicher ist, dass es mit der Gründung des Reiches Koryŏ im 10. Jahrhundert einen Staat in etwa auf dem Gebiet des heutigen Korea gab. Von der Bezeichnung Koryŏ leitet sich auch der Name »Korea« ab, angeblich dank Marco Polo, der von diesem Reich während seiner Zeit am Hofe des Kublai Khan in China erfahren haben soll. Heute ist diese Bezeichnung nur im westlichen Ausland gebräuchlich; im Norden heißt das Land *Chosŏn*, im Süden *Han'guk*. Man kann sich vorstellen, dass bei einer anstehenden Wiedervereinigung die Wahl eines gemeinsamen Namens ein Problem sein wird.

In Koryŏ war der Mahayana-Buddhismus, eine der beiden großen Ausprägungen des Buddhismus, Staatsreligion. Das war für die Herrschenden recht praktisch, predigt dieser Glaube doch eine gewisse Duldsamkeit gegenüber schwierigen Lebensumständen und offeriert einen Ausweg, der durch Wohlverhalten und die Abkehr von materialistischen Wünschen erreicht werden kann. Die buddhistischen Klöster, die während der Koryŏ-Zeit (918 bis 1392) das Land prägten, waren wirtschaftlich mächtig und konnten sich aufgrund ihres Wohlstandes auch kleine Privatarmeen leisten, die sie zu einem gefährlich unabhängigen politischen Faktor im Lande machten.

Im heutigen Nordkorea geht man kritisch mit dieser Vergangenheit um. Als Religion bildet der Buddhismus eine direkte Konkurrenz zur herrschenden Ideologie, und auch die feudale Unterdrückung, die man mit dem Buddhismus in Verbindung bringt, wird verurteilt. Allerdings ist der nordkoreanische Staat offenbar bereit, den Buddhismus als Teil des nationalen Erbes anzuerkennen und in einem gewissen Ausmaß zu dulden. Vor allem auf dem Land gibt es heute gut erhaltene buddhistische Klöster, die sowohl Bestandteil von Besuchsprogrammen für westliche Touristen sind, als auch von der Bevölkerung intensiv genutzt werden. Die Kästen für Geldspenden bei den Hauptheiligtümern sind stets gut gefüllt, und junge Paare lassen ihre Hochzeitsfotos vor buddhistischen Pagoden anfertigen.

Im 13. Jahrhundert, also noch während der Koryŏ-Zeit, erscheint ein Narrativ in der koreanischen Geschichte, das sich seither sehr konstant im Selbstverständnis der Koreaner erhalten hat: die Rolle als Opfer ausländischer Invasionen. Den zwischen 1231 und 1259 von Norden her in sechs Wellen auf die Halbinsel vordringenden Mongolen hatte das militärisch eher schwache Koryŏ kaum etwas entgegenzusetzen. Es wurde zu einem Satelliten der chinesisch-mongolischen Yuan-Dynastie und blieb es auch bis zu deren Ende 1368. Die Erfahrung der Unterlegenheit und unzureichenden Verteidigungsfähigkeit ist eine der weit zurückreichenden Begründungen der Militär-Zuerst-Politik *(sŏn'gun chŏngch'i)* in Nordkorea.

Als in China die Yuan-Dynastie im 14. Jahrhundert Anzeichen von Schwäche zeigte, regte sich auch in Koryŏ Widerstand. Dieser stand ganz im Zeichen des Konfuzianismus, der damals als hochmoderne, um nicht zu sagen progressive Idee angesehen wurde.

Das Erbe des Konfuzianismus

Fachleute sind in der Regel sehr skeptisch, wenn der Begriff des Konfuzianismus bemüht wird, um »Ostasien« zu erklären. In der Tat sind Ostasien als Ganzes und die einzelnen Länder in dieser Region viel zu komplex und vielschichtig, um sie mit wenigen Schlagwörtern einer über Jahrhunderte gewachsenen Morallehre erfassen zu können. Hinzu kommt, dass es verschiedene Wahrnehmungen des Konfuzianismus gibt: Ein Bauer im Norden der Provinz Hamgyŏng im 19. Jahrhundert wird ein völlig anderes Bild davon gehabt haben als ein Gelehrter am königlichen Hof in Seoul zur Zeit König Sejongs im 15. Jahrhundert.

Ich konzentriere mich hier auf den vereinfachten (Neo-)Konfuzianismus, der oft kaum mehr als solcher wahrgenommen wird. Ebenso wenig, wie man Theologie studiert haben muss, um Christ zu sein, muss man die konfuzianischen Klassiker gelesen haben, um sich zumindest in groben Zügen dieser Lehre gemäß zu verhalten.

Wie stellt sich also dieser alltägliche, die breite Masse erfassende Konfuzianismus dar? Ein Konfuzianer sieht die Welt als eine Art Uhrwerk an. Jedes einzelne Teil dieses Uhrwerks muss seine Aufgabe peinlich genau erfüllen, und zwar eben diese und keine andere, in perfekter Harmonie mit allen anderen Komponenten. Nur dann kann auch die gesamte Uhr funktionieren. Die Menschen in einer Gesellschaft sind solche Rädchen, Zeiger, Federn oder Achsen. Zur Erfüllung ihrer individuellen Obliegenheiten müssen sie selbige kennen und über die Fähigkeiten zu ihrer Ausübung verfügen.

Hier hat nun die Bildung eine entscheidende Aufgabe: Sie soll die Menschen über ihre Rolle aufklären und ihnen die Kenntnisse zu ihrer Erfüllung vermitteln. Dabei geht es nicht um Kreativität, im Gegenteil; jegliche über das vorgezeichnete Maß hinausgehende Handlung würde den gesamten Mechanismus stören. Entsprechend waren die vermittelten Bildungsinhalte relativ starr und statisch. Vereinfacht gesagt bestand viele Jahrhunderte lang Bildung für einen Konfuzianer darin, klassisches Chinesisch zu erlernen und hernach eine klar definierte Reihe von in dieser Sprache verfassten Büchern zu studieren, was in der Regel das Auswendiglernen bedeutete. Bei Prüfungen musste man dann zeigen, wie souverän man mit Zitaten aus diesen Werken umgehen konnte. Das Bestehen der Prüfungen, die es in mehreren Schwierigkeitsstufen gab, war die Voraussetzung für die Übernahme eines Amtes. Ein möglichst hohes Amt zu erringen war das ultimative Ziel eines Konfuzianers.

Wenn man sich die heutigen Stärken und Schwächen von Bildungssystemen in Ostasien ansieht, erkennt man gewisse Parallelen. Die Lehrpläne sind von einer enormen Masse an zu erlernendem faktischem Wissen geprägt. Die in Südkorea im Zusammenhang mit den Aufnahmeprüfungen für die Universität gebräuchliche Redewendung *sadang orak* (wörtlich: Vier-Bestehen, Fünf-Durchfallen) gibt die Ansicht wieder, dass man mit vier Stunden Schlaf auskommen muss, um erfolgreich zu sein; wer sich fünf Stunden Ruhe gönnt, wird das Ziel nicht erreichen. Das in Nordkorea übliche Auswendiglernen von offiziellen Dokumenten und von Zitaten der Führer erscheint vor diesem Hintergrund weniger eigentümlich.

Neben der Bildung spielt die strikt hierarchische Gliederung eine wichtige Rolle in der konfuzianischen Vorstellung von einer Gesellschaft. Auch hier hilft das Bild vom Uhrwerk, um die zugrunde liegende Logik zu verstehen. Es wäre undenkbar, wenn jedes Rädchen selbst entscheiden könnte, ob und in welche Richtung es sich drehen möchte. Es gibt große Rädchen, es gibt kleine Rädchen, und es gibt jemanden, der das Uhrwerk aufzieht, ölt, entstaubt und gelegentlich ein defektes Teil repariert oder austauscht. Aus konfuzianischer Sicht ist es daher in einer Gesellschaft wichtig, dass die Unterschiede zwischen den einzelnen Mitgliedern klar und ihre Beziehungen geregelt sind.

Die Familie diente Konfuzius als Mikrokosmos und Vorbild der gesamten idealen Staatsgemeinschaft. Der Vater ist das unangefochtene Oberhaupt; ihm folgt in dieser Funktion der älteste Sohn nach. Die Verhältnisse untereinander sind unter anderem gemäß den sogenannten fünf menschlichen Elementarbeziehungen geregelt. Respekt schuldet ein Mann dem Vater, dem Herrscher und dem älteren Bruder. Respekt erwarten kann er vom Sohn, dem Untertan, der Ehefrau und dem jüngeren Bruder. Gleichberechtigte Beziehungen wie unter Freunden können nur dann existieren, wenn keine der vier hierarchischen Konstellationen vorliegt.

Der Kaiser hatte in diesem System eine zentrale Rolle: Er empfing das Mandat des Himmels und gab der Gesellschaft ihre in Harmonie mit der himmlischen Ordnung stehende Richtung. Im Fall einer Verfehlung konnte der Kaiser seines Mandates verlustig gehen und abgelöst werden, was in der Tat einige Male geschehen ist.

Verwirklichung und einen Lebenssinn fand der Einzelne als Teil der Gemeinschaft. Es gibt die interessante These, dass solche Vorstellungen damit zu tun hatten, dass Reis als Hauptnahrungsmittel im alten China nur im perfekt organisierten Kollektiv produziert werden konnte. Anders als in Europa, wo Getreidefelder auch von wenigen Menschen angelegt und bewirtschaftet werden konnten, verlangte und verlangt der Reisanbau ein hohes Maß an Koordination, insbesondere für die Bewässerung. Karl Marx und später vor allem Karl August Wittfogel haben sich mit dieser sogenannten »asiatischen Produktionsweise« auseinandergesetzt. Auch der »orientalische Despotismus« wurde als pauschale Erklärung für das Verhalten der »Asiaten« bemüht.[4]

Kulturellen Determinismus sollte man nicht zu weit treiben. Auch in anderen Kulturen wird das Alter geachtet, werden Frauen unterdrückt und gibt es autoritäre Machtansprüche; auch anderswo wurde die Idee propagiert, dass der Einzelne sein Glück nur in der Gruppe finden könne. Es wäre allerdings falsch, so zu tun, als wären die Jahrhunderte des Lebens unter dem Einfluss konfuzianischen Gedankengutes völlig folgenlos geblieben. Auch wenn sich nicht immer jedermann daran hält: Gesellschaften haben Spielregeln, die oft erstaunlich beharrlich sind und sich nur langsam ändern.

Im heutigen Alltag stellen wir in beiden Teilen Koreas eine besondere Affinität zu klar geregelten zwischenmenschlichen Beziehungen fest. Zum typischen Ritual des Kennenlernens gehört es, neben dem in der Regel offensichtlichen Geschlecht auch das Alter, den Familienstand und die berufliche Position des Gegenübers zu erfragen. Danach richten sich dann die Form der Anrede, die in der Sprache verwendete Höflichkeitsform und andere Dinge, anhand derer sich Hierarchie ausdrücken lässt. Dem Besucher Nordkoreas fällt sofort die sehr formelle Kleidung der Menschen dort auf. Der westliche Anzug mit Hemd und Krawatte scheint die Standardkleidung der Männer zu sein. Das ist nicht nur Ausdruck einer gewissen Uniformisierung und des staatlichen Wunsches nach Unterdrückung der Individualität, wie sie Diktaturen zu eigen ist. Nach konfuzianischem Ideal soll das Äußere das Innere wiederspiegeln. In der Realität bedeutet das: Kleider machen Leute. Im Jahr 2004 bereiste ich Nordkorea als Teil einer EU-Delegation. Zwei europäische Diplomaten aus unserer Gruppe begaben sich in ausgewaschenen Jeans und T-Shirt, und ohne ihre Pässe, auf Erkundungstour in Pjöngjang und wurden prompt verhaftet, als sie »verdächtige« Fotos am Bahnhof machten. In korrekter Kleidung wäre ihnen das nicht passiert. Ich selbst bin am gleichen Tag zu Fuß und mit auf Dauerfeuer eingestellter Kamera durch die halbe Hauptstadt gewandert – im dunklen Anzug und völlig unbehelligt.

Neben der konfuzianischen Tradition gehören zum geistigen Erbe Nordkoreas die Erfahrung einer japanischen Militärdiktatur in den Jahren von 1910 bis 1945 und die Allianzen mit Stalins Sowjetunion und Maos China nach 1945. Dies sollte bedenken, wer auf demokratische Reformen von unten in Nordkorea hofft. Das Fehlen demokratischer Erfahrungen ist keine Entschuldigung für eine Diktatur, hilft aber, ihr Fortbestehen zu verstehen – und die ideologische Gefahr für das Regime, die durch das Eindringen von Informationen aus der Außenwelt entsteht.

Der seinerzeit moderne, fortschrittliche Konfuzianismus mit seiner Betonung der individuellen, durch Bildung optimierbaren Leistung erschien Ende des 14. Jahrhunderts vielen Koreanern als attraktive Alternative zum Buddhismus, der als Staatsreligion seinen Zenit längst überschritten hatte. Vor allem für jene Teile der Oberschicht, die im etablierten System von der Macht ausgeschlossen waren, war die neue Ideologie auch eine Chance für den Aufstieg.

Eine in Korea sehr bekannte Anekdote aus dieser Zeit illustriert ein interessantes Dilemma. Chŏng Mong-ju, ein von konfuzianischen Idealen geprägter junger Mann aus der Oberschicht Koryŏs, war mit den bestehenden Verhältnissen im Land unzufrieden. Er sah die Notwendigkeit einer Reform, verweigerte den Putschisten um Ri Sŏng-gye jedoch trotzdem die Gefolgschaft, da er als Konfuzianer seinem König unter jeglichen Umständen die Treue schuldete. Daraufhin wurde er ermordet.

Den Ort dieses Geschehens, die steinerne Sŏnjuk-Brücke, kann man noch heute in Kaesŏng besuchen. Die Geschichte des Chŏng Mong-ju und seines Dilemmas – sich für eine gute Sache einsetzen oder einem schlechten Herrscher die Treue halten – ist in Nordkorea Schulstoff und allgemein bekannt. Auf meine nicht ganz unschuldige Frage, wie sie sich denn entscheiden würden, wollten meine offiziell bestellten nordkoreanischen Begleiter, mit denen ich in Kaesŏng unterwegs war, nicht antworten.

Traditionen der Machtpolitik

Ri Sŏng-gye stürzte den König und etablierte 1392 die neue, konfuzianische Chosŏn-Dynastie. Bereits 24 Jahre zuvor war in China die Yuan-Dynastie beseitigt und die ebenfalls konfuzianische Ming-Dynastie gegründet worden. Es entstand eine Partnerschaft, die später als goldenes Zeitalter gelten würde. Ganz im Sinne konfuzianischen Denkens war von Gleichheit keine Rede; in China herrschte der Kaiser, in Korea »nur« ein König, der erst nach Bestätigung durch den in Beijing residierenden Sohn des Himmels wirklich legitimer Herrscher seines Landes war. Jährlich zogen Tributgesandtschaften die Westküste Koreas entlang, um Ginseng und andere Waren nach China zu bringen. Sie kannten das nötige Zeremoniell, sprachen Chinesisch, waren in den konfuzianischen Klassikern ausgebildet und wurden entsprechend mit Respekt am Hof empfangen. Beladen mit kostbaren Gegengeschenken kehrten sie zurück.

Sadaejuŭi, »dem Großen zu dienen«, war keine Schande – es war eine Ehre, die nur zivilisierten Völkern zukam. Japan wurde dieses Privileg nicht zuteil, wie in beiden Koreas nicht ohne Häme noch immer gern festgestellt wird. Wenn man heute in Nordkorea diesen Begriff nur mehr verächtlich gebraucht, dann ist damit vor allem die angebliche Speichelleckerei Südkoreas bei seinem »Meister« USA gemeint; mit etwas historischem Bewusstsein kann man allerdings auch eine versteckte Unabhängigkeitserklärung in Richtung Beijing vermuten.

Die Hauptstadt von Koryŏ und damit auch Zentrum des koreanischen buddhistischen Establishments war Kaesŏng; heute kennt man es als Standort der von beiden Koreas gemeinsam betriebenen Industriezone. Der neue Machthaber Ri verlagerte das Zentrum der Macht in seine neue Hauptstadt, das heutige Seoul. In einem zentralistischen Staat wie Korea war Präsenz in der Hauptstadt der Schlüssel zur Teilhabe an der Macht. Gregory Henderson beschreibt sehr überzeugend, dass im politischen System Koreas traditionell immer *um* das Zentrum konkurriert wurde, nicht *mit* ihm.[5] Alternative Machtzentren gab es nicht. Verbannung aus der Hauptstadt bedeutete das Ende der politischen Laufbahn. Noch heute ist es in Nordkorea ein Privileg, in der Hauptstadt Pjöngjang zu leben. Die Umsiedlung in die Provinz ist eine schwere Strafe mit negativen Konsequenzen für die Versorgung, den Zugang zu Bildung, die Lebensqualität und die Karrierechancen.

Indem also Kaesŏng die Hauptstadtfunktion verlor und der Zuzug nach Seoul streng geregelt wurde, entmachtete man mit einem Schlag und auf sehr effiziente Weise die gesamte Koryŏ-Elite. Für über 100 Jahre war es ihren Angehörigen sogar verboten, überhaupt an den konfuzianischen Beamtenprüfungen teilzunehmen.

Von direktem politischem Einfluss derart ausgeschlossen, wandten sich die wohlhabenden, gebildeten und gut vernetzten Reste der alten Führungsschicht dem Handel zu. Vorsichtige Vergleiche mit den in Europa diskriminierten Juden drängen sich auf. Die sogenannten Kaesŏnger Händler waren im konfuzianischen Korea eine Besonderheit.[6] Um 1900 waren ganze 80 Prozent der Bevölkerung von Kaesŏng kommerziell tätig, insbesondere im lukrativen Ginseng-Handel. Sie entwickelten ein eigenes Banksystem und erschlossen Handelsrouten im Inland und bis nach China. Es ist schon ein bemerkenswerter Zufall, dass eines der bekanntesten aktuellen Experimente Nordkoreas mit marktwirtschaftlich orientierter internationaler Wirtschaftskooperation ausgerechnet mit Kaesŏng verbunden ist.

Das Beispiel der Händler von Kaesŏng unterstreicht, dass Kommerz in der konfuzianischen Welt einen äußerst niedrigen Stellenwert einnahm; eine Bewertung, die in beiden Teilen Koreas bis heute Gültigkeit besitzt – auch im ultramaterialistischen Südkorea. Ansehen und Ehre waren nur im Staatsdienst zu erringen. Selbst die Bauern wurden höher geachtet als die Händler. Spezialisierte Handwerker gab es nur am Hof; überall sonst im Lande produzierten die Bauern ihre Güter des täglichen Bedarfs weitgehend selbst. Das, was wir in Europa mit Bürgertum verbinden, war bis zum Ende des 19. Jahrhunderts in Korea relativ unterentwickelt: städtisches Selbstbewusstsein, dezentrale Führung, Skepsis gegenüber dem Staat und bürgerlicher Stolz. Die Herausbildung eines Mittelstandes, ein Prozess, den wir gegenwärtig in Nordkorea beobachten können, ist vor diesem Hintergrund eine besonders bemerkenswerte Entwicklung.

Hochkultur und Selbstisolation

In den ersten zwei Jahrhunderten nach Etablierung der neuen Dynastie im Jahr 1392 (nach ihrem Gründer Ri-Dynastie[7] beziehungsweise nach dem Landesnamen Chosŏn-Dynastie genannt) erblühte Korea wirtschaftlich und kulturell. Der Austausch mit dem konfuzianisch gleichgesinnten Ming-China war intensiv und fruchtbar. Anfang des 15. Jahrhunderts vollbrachte Korea dann eine kulturelle Meisterleistung mit der Schaffung eines eigenen Alphabets. Nach streng wissenschaftlichen Kriterien wurde die mit kleineren Änderungen noch immer gültige und heute aus 24 Konsonanten und Vokalen bestehende Buchstabenschrift Han'gŭl[8] entwickelt.

Mithilfe der Han'gŭl-Schrift waren Lesen und Schreiben für einen Koreanisch sprechenden Erwachsenen problemlos innerhalb weniger Tage erlernbar. Um ihre auf formaler Bildung beruhenden Privilegien zu schützen, gelang es allerdings der *yangban* (zwei Gruppen) genannten Aristokratie, die neue Schrift als »Frauenschrift« zu verunglimpfen und ihre Verbreitung effektiv zu behindern. Bis Ende des 19. Jahrhunderts wurde sämtlicher offizieller Schriftverkehr weiterhin in klassischem Chinesisch abgewickelt. Einen koreanischen Martin Luther, der die konfuzianischen Klassiker ins Koreanische übersetzt hätte, gab es nicht. Die theoretisch für alle Koreaner offenen Prüfungen, die zwingende Voraussetzung für ein Amt waren, waren damit de facto weiterhin nur jenen Teilen der Bevölkerung zugänglich, die es sich leisten konnten, ihre Kinder vom siebten Lebensjahr an in klassischem Chinesisch auszubilden.

Trotzdem verhalfen konfuzianische Ethik und Ordnung dem Land zu einem gewissen Wohlstand. Dieser wurde nur durch die Überfälle zumeist japanischer Piraten gefährdet, die vor allem küstennahe Dörfer heimsuchten, die Bevölkerung töteten oder verschleppten und die Reisvorräte raubten. In ihrer Hilflosigkeit ging die Regierung in Seoul so weit, den Bau von Siedlungen zu unterbinden, die vom Meer aus sichtbar waren, um nicht die Aufmerksamkeit von Angreifern auf sich zu ziehen. Hier zeichnet sich ein Vorläufer jener Politik ab, die Korea später den Namen »Einsiedler-Königreich« eintragen sollte.

Ein traumatisches und in vielerlei Hinsicht richtungsweisendes Erlebnis war der nach seinem Anfangsjahr im chinesischen Kalender benannte Imjin-Krieg. 1592 bis 1598 führte Toyotomi Hideyoshi japanische Samurai nach Korea, um von dort China erobern zu können. Das Reich Chosŏn hatte den erfahreren Kriegern wenig mehr als den Mut der Verzweiflung und die mit Eisen beschlagenen Schiffe eines einzelnen Admirals entgegenzusetzen. Wenn Nordkoreas Regierung heute zur Sicherstellung der Landesverteidigung sogar Hunger in Kauf nimmt, dann ist die Bevölkerung vor dem Hintergrund solcher aktiv wachgehaltener historischer Erfahrungen zumindest bis zu einem gewissen Punkt bereit, dies zu akzeptieren.

Erst nachdem die Japaner der Grenze des chinesischen Ming-Reiches gefährlich nahegekommen waren, sandte China Entsatztruppen. Als Hideyoshi 1598 starb und der Krieg um seine Nachfolge entbrannte, zogen sich die Japaner aus Korea zurück. Ihr Abzug hinterließ nicht nur ein zerstörtes und im administrativen Chaos versunkenes Land; für die Koreaner hatte er auch einen faden Nachgeschmack wegen der nur zögerlichen Hilfe durch den großen Bruder China. Selbst wenn man dies in weiten Teilen der naiven, rückwärtsgewandten konfuzianischen Traumwelt der Seouler Aristokratie nicht wahrhaben wollte: Koreas strategische Rolle aus Sicht Beijings war immer die eines Pufferstaates. Angriffe sollten hier zunächst ohne großen Einsatz Chinas abgewehrt werden, und wenn es nicht anders möglich war, dann sollte ein Verteidigungskrieg mit all seinen zivilen Opfern und Verwüstungen möglichst hier und nicht im chinesischen Kernland stattfinden. Die immensen materiellen und sozialen Kosten hatte der Empfänger derartiger Hilfe gefälligst dankbar zu tragen. Dieses üble Spiel wiederholte sich in der späteren Geschichte Koreas. Wir finden hier ein weiteres Puzzlesteinchen für ein tieferes Verständnis des nordkoreanischen Beharrens auf maximaler Eigenständigkeit, auch und gerade im militärischen Bereich, und für den notorischen Mangel dieses Landes an Vertrauen in seine Verbündeten.

Korea erholte sich nie vollständig von der japanischen Invasion; die Glanzzeit des Reiches Chosŏn war vorüber. Doch schon 1627 und 1636 gab es weitere Einfälle fremder Mächte, diesmal auf dem Landweg von Norden her. Die Mandschu fegten in China die Ming-Dynastie hinweg und gründeten das Qing-Reich, das bis 1911 fortbestand. Korea gelang es erstmals seit Jahrhunderten, einen chinesischen Dynastiewechsel nicht mitzumachen. Man beugte sich der überlegenen Militärmacht, hielt sich jedoch insgeheim für die wahren Nachfolger der hoch verehrten Ming, verachtete die als Barbaren und Fremdherrscher angesehenen Qing und schmiedete düstere Umsturzpläne. Wie man sieht: Auch für einen gewissen Mangel an Sinn für machtpolitische Realitäten kann man in der koreanischen Geschichte Vorläufer finden.

Vom 17. Jahrhundert an wurde das weltabgewandte Verhalten des »Einsiedler-Königreiches« noch extremer. Im Jahr 1653 erlitt ein holländischer Seefahrer auf dem Weg nach Japan mit seiner Mannschaft Schiffbruch und wurde an die Küste Koreas getrieben. Dort hielt man ihn ganze 13 Jahre lang fest, was durchaus ein Glücksfall war, da andere Schiffbrüchige sofort hingerichtet wurden. Als ihm und acht Überlebenden schließlich die Flucht gelang, verfasste er ein wenig schmeichelhaftes Buch, das heute als erster detaillierter Bericht über Korea in einer westlichen Sprache gilt.[9]

Fairerweise sollte man anmerken, dass auch Japan bis Mitte des 19. Jahrhunderts mit Abschottung auf das als zunehmend bedrohlich angesehene Vordringen zuerst der Portugiesen, dann der Holländer und schließlich der Briten reagierte. In jedem Fall fällt es schwer, die historischen Vorläufer der heute zu beobachtenden isolationistischen Politik und der ausgeprägten Xenophobie in Nordkorea zu übersehen.

Äußere Einflüsse

Doch ebenso wenig, wie das heutige Nordkorea wirklich vollständig isoliert ist, war auch das späte Chosŏn-Reich unbeeinflusst von westlichen Ideen. Auf dem Weg über China gelangten unter anderem technische Entwicklungen und auch das Christentum nach Korea. Der Katholizismus wurde vor allem von jenen Mitgliedern der Oberschicht angenommen, die aus verschiedenen Gründen von der Macht ausgeschlossen waren. Als die zum Christentum übergetretenen Aristokraten und ihre Gefolgsleute zu einer politischen Bedrohung wurden, ließ der König ein Exempel statuieren. Im Jahr 1801 fand die erste von bis 1866 insgesamt vier großen Christenverfolgungen statt, in deren Folge Korea heute weltweit an vierter Stelle der Länder mit den meisten offiziell anerkannten Märtyrern steht.

Im 19. Jahrhundert erfuhr dank des wachsenden Einflusses der USA der Protestantismus zunehmende Verbreitung, vor allem im Volk. Pjöngjang, die heutige Hauptstadt Nordkoreas, hatte um 1890 über 100 Kirchen und galt Anfang des 20. Jahrhunderts aufgrund des immens hohen Anteils von Christen als christlichste Stadt in Ostasien, gar als das »Jerusalem des Ostens«.[10]

In diesem Zusammenhang ist es interessant zu wissen, dass Kim Il-sung, der Gründer und langjährige Führer Nordkoreas, aus der Nähe von Pjöngjang stammt und dass seine Mutter und ihre Familie Christen waren. Das dürfte nicht ohne Einfluss auf ihn geblieben sein. Wenn man sich die Art und Weise betrachtet, in der er und sein Sohn Kim Jong-il heute verehrt werden, dann sind Vergleiche in Ikonographie und Symbolik kaum vermeidbar. Eine von warmem Licht beleuchtete Holzhütte in tiefverschneiter Nacht als Geburtsstätte von Kim Jong-il, ein Stern, der bei seiner Geburt am Himmel erschien, die heilende Wirkung seiner Anwesenheit – dies sind nur einige Beispiele.

Insgesamt gesehen waren die westlichen Einflüsse in Korea bis Ende des 19. Jahrhunderts jedoch vergleichsweise schwach. Das änderte sich auf dramatische Weise im Jahr 1876, und erneut waren es die Japaner, die hier eine aus koreanischer Sicht sehr unrühmliche Rolle spielten.

Nur wenige Jahre zuvor, 1868, hatte Japan seine als »Meiji-Restauration« bekannte Modernisierungsbewegung gestartet. Es machte sich im Eiltempo auf, zu den imperialen Mächten Europas und den USA aufzuschließen. Ein unmittelbares Vorbild dafür war übrigens Deutschland, das sich nach dem Sieg Preußens gegen Frankreich 1870/71 einer ähnlichen Aufgabe gegenübersah.

Die Japaner modernisierten ihre Wirtschaft, ihre Verwaltung und ihre Armee. Ähnlich wie Deutschland unter Wilhelm II. sich seinen »Platz an der Sonne« durch die damals übliche Erwerbung von Kolonien sichern wollte, hielt auch Japan bald nach potentiellen Einflusssphären Ausschau. Bis nach Afrika reichten die Ambitionen nicht, doch Korea lag direkt vor der Haustür, war schwach und wurde noch von keiner der etablierten Westmächte beansprucht.

Kaum acht Jahre nach Beginn der Meiji-Restauration gelang es Japan, Korea einen ungleichen Vertrag aufzuzwingen. Der Vertrag von Kanghwa von 1876 folgte in seiner Struktur den Verträgen, die Japan zwei Jahrzehnte zuvor mit den USA hatte unterschreiben müssen. Japan erhielt extraterritoriale Rechte in Korea und erreichte die Öffnung von drei Häfen für den Handel, der im Prinzip auf eine wirtschaftliche Ausbeutung Koreas hinauslief. Wie in den meisten Verträgen der Folgezeit legte Japan auch besonderen Wert darauf, die Unabhängigkeit Koreas festzuhalten. Dies geschah vor dem Hintergrund, dass China völkerrechtlich als Schutzmacht Koreas angesehen werden konnte, was Japans Plänen einer Vereinnahmung der Halbinsel entgegenstand.

In der koreanischen Hauptstadt Seoul hoffte man naiv und stoisch auf den chinesischen Kaiser, dem doch selbst schon seit den Opiumkriegen die Macht zu entgleiten drohte. Eine interne Palastrevolte von jungen, mit dem als modern geltenden Japan sympathisierenden Aristokraten wurde 1884 niedergeschlagen. Ein Jahrzehnt später scheiterte ein von religiös-nationalistischen

Kräften, der Tonghak-Bewegung, angeführter Volksaufstand. Die Rebellen verfolgten unter anderem das Ziel, die Ausländer aus dem Land zu verjagen und nach dem Motto *tongdo sŏgi* (östlicher Weg, westliche Technik) eine an die eigenen Traditionen und Bedürfnisse angepasste Übernahme westlicher Ideen und Technologien zu betreiben. Die Parallelen zur heutigen *chuch'e*-Ideologie Nordkoreas sind frappierend.

Die Tonghak-Rebellion führte zum chinesisch-japanischen Krieg, den beide Länder auf koreanischem Territorium ausfochten. 1895 ging Japan aus dieser Auseinandersetzung als Sieger hervor. Übrigens entstand aus der niedergeschlagenen Tonghak-Bewegung eine noch heute in beiden Koreas präsente Religion, die in Nordkorea sogar durch eine offiziell zugelassene politische Partei, die »Partei der Freunde des Himmlischen Weges«, vertreten wird. Nein, das ist kein Schreibfehler.

Nachdem China seit 1895 als wichtigster Konkurrent um die Vorherrschaft in Korea ausgeschaltet war, baute Japan seine Präsenz auf der Halbinsel massiv aus. Handel, Investitionen, kultureller Austausch, umfangreiche Kredite an den bald hoffnungslos verschuldeten König und schließlich sogar die Übernahme einer modifizierten Form der japanischen Währung beraubten Korea lange vor der offiziellen Kolonisierung Schritt für Schritt seiner Souveränität.

Zur selben Zeit einigte sich Japan mit den westlichen Großmächten und sicherte sich so auch außenpolitisch den Einfluss über Korea. Russland wurde 1905 im Krieg besiegt; die damals führende Weltmacht Großbritannien und die USA unterzeichneten Verträge mit Tokio, die auf die Gewährung völliger Handlungsfreiheit für Japan auf der koreanischen Halbinsel hinausliefen – im Fall der USA übrigens im Gegenzug für den japanischen Verzicht auf die Philippinen, die danach mit kurzer Unterbrechung für Jahrzehnte unter der Kontrolle der USA standen.

Verzweifelt hatte der koreanische König Kojong schon 1897 seine völlige Souveränität vom chinesischen Reich erklärt und sein Land in *taehan cheguk* (Imperium Groß-Han) umbenannt. Er bezog sich damit auf die sogenannten drei Han-Staaten, die um den Beginn unserer Zeitrechnung auf der koreanischen Halbinsel existierten. Der heutige Name Südkoreas, *taehan minguk* (wörtlich: Volksland Groß-Han, offiziell: Republik Korea), leitet sich hiervon ab. 1907 entsandte der König eine Delegation zur Friedenskonferenz nach Den Haag, um gegen den durch Japan erzwungenen Protektoratsvertrag von 1905 zu protestieren. Die Delegation wurde nicht einmal empfangen.

Schwach, innerlich zerstritten, mit veralteten Strukturen und ohne internationale Unterstützung verlor Korea 1910 seine staatliche Souveränität und wurde zu einer Kolonie Japans.

Es ist kaum möglich, die Bedeutung dieser Erfahrung für die heutigen beiden Koreas überzubewerten. Da Japans Besetzung Koreas die ökonomische Abhängigkeit vorangegangen war, vermied es Südkoreas Diktator Park Chung-hee während des unter seiner Herrschaft erfolgreich betriebenen forcierten Wirtschaftsaufbaus in den 1960er und 1970er Jahren mit Nachdruck, im größeren Stil Direktinvestitionen ins Land zu lassen. Anstatt sich damit erneut in eine mögliche Abhängigkeit von Japan zu begeben, verschuldete sich Südkorea lieber, um die nötigen Investitionen zu finanzieren.

Auch im heutigen Nordkorea hat man nicht vergessen, dass dem Verlust der politischen Souveränität die wirtschaftliche Abhängigkeit vorausging. Die nationalistische *chuch'e*-Ideologie hat viele Seiten; ein Maximum an Autarkie gehört zweifellos dazu. Sobald Wirtschaftskontakte zu intensiv, zu wichtig und zu einseitig werden, schrillen in Pjöngjang die Alarmglocken. Man ist bereit, im Interesse der politischen Unabhängigkeit auch ökonomische Härten auf sich zu nehmen.

Auch die bis heute zu beobachtende Skepsis in beiden Koreas gegenüber Großmächten und deren Absichten lässt sich ohne weiteres auf das späte 19. beziehungsweise das frühe 20. Jahrhundert zurückführen. Das Gefühl, von China und vom Westen verraten oder im Stich gelassen worden zu sein, sitzt tief.

Die Perspektive der zwei Koreas auf Japan ist eigenartig gemischt. Im Süden wie im Norden ist man sich einig, dass der östliche Nachbar schwere Schuld auf sich geladen hat und mit dieser nicht adäquat umgeht. Deutschland und seine aktive Vergangenheitsbewältigung nach dem Zweiten Weltkrieg werden in Verhandlungen mit Japan gern als positives Beispiel genannt. Territorialstreitigkeiten mit Japan, wie etwa um die Insel Tokdo, sieht man daher als Ausdruck neokolonialer Ambitionen und begegnet ihnen entsprechend aggressiv.

Doch gleichzeitig waren die Koreaner auch vom Erfolg Japans beeindruckt. Verständlicherweise stellte man sich die Frage, wie dieses lange Zeit als unterlegen angesehene Land in so kurzer Zeit und so nachhaltig die Oberhand hatte gewinnen können. Nach 1945 förderten die USA dann intensiv die Kooperation Südkoreas mit Japan, sodass Parallelen bei der Wirtschaftsentwicklung unübersehbar sind – etwa beim Verhältnis von Staat und Wirtschaft, der Gründung großer Unternehmenskonglomerate und einer exportorientierten Wachstumsstrategie.

In Nordkorea bildet der Befreiungskampf gegen Japan die Basis des nationalen Mythos um Kim Il-sung. Dies macht eine positive Betrachtung Japans noch schwerer, als das in Südkorea der Fall ist. Junge Reformer, die um 1884 dem japanischen Beispiel nacheifern wollten, werden als unpatriotisch verurteilt. Und doch gibt es erstaunliche Parallelen. Der Slogan der japanischen Modernisierung im späten 19. Jahrhundert war *fukoku kyohei* – »Reiches Land, Starke Armee«. In Zeiten größter Bedrängnis nach dem Tod des Staatsgründers und einer massiven Hungersnot Ende der

1990er Jahre initialisierte dessen Sohn Kim Jong-il die Revitalisierung Nordkoreas unter dem auffallend ähnlich klingenden Motto *kangsŏng taeguk* (militärisch starkes und wirtschaftlich reiches Land). Es gibt auch Autoren, die auf die geistigen Verbindungen zwischen der militaristischen und rassistischen Tradition Japans und dem heutigen Nordkorea hinweisen.[11]

Die 35 Jahre währende Kolonialzeit war in jeder Hinsicht hart. Das Land wurde wirtschaftlich ausgebeutet und später zur Aufmarschbasis für die japanische Expansion nach China gemacht. Hunderttausende junge Frauen wurden zu Zwangsprostituierten in japanischen Militärbordellen. Ab Ende der dreißiger Jahre versuchte Japan schließlich, Korea zu assimilieren. Ab 1943 durfte die koreanische Sprache an den Schulen nicht mehr unterrichtet werden. Koreaner mussten japanische Namen annehmen und den japanischen Kaiser als Gottheit verehren. Symptomatisch für die Unterdrückung der Koreaner ist ein Vorfall bei den Olympischen Spielen 1936 in Berlin: Der Koreaner Son Ki-chŏng errang den Sieg im Marathonlauf. Die Goldmedaille musste er aber unter seinem japanischen Namen Son Kitei annehmen; in der Länderwertung ging sie an Japan.

Die Kolonialzeit war ein schwerer Schlag für den Nationalstolz der Koreaner. Deren Nationalbewusstsein hatte sich allerdings auch erst im Widerstand gegen den drohenden Verlust der Unabhängigkeit entwickelt. Von 1897 an besannen sich Intellektuelle endlich auf die Verwendung der Jahrhunderte zuvor entwickelten Buchstabenschrift Han'gŭl, um durch den Druck von Zeitungen und Flugblättern die Massen zu erreichen und auf die nationale Frage aufmerksam zu machen.

Der auf die Kolonialzeit zurückgehende und bis heute starke koreanische Nationalismus ist eindeutig defensiver Natur. Entstanden aus der Infragestellung der nationalen Identität durch einen äußeren Feind, gebärdet er sich bis in unsere Tage entsprechend militant. Es geht jedoch nicht darum, die Nachbarn zu koreanisieren, sondern Korea vor jeglichen Invasionsbestrebungen zu beschützen – dies allerdings mit allen Mitteln, die bis zur Selbstaufgabe reichen können. Kein Wunder also, dass es die Führung Nordkoreas heute recht leicht hat, trotz der ökonomischen und politischen Kosten die Bevölkerung von der Notwendigkeit von Atomwaffen und einer unnachgiebigen Haltung gegenüber ausländischen Militärmanövern zu überzeugen, die als Provokationen und ein Präludium zur Invasion des Heimatlandes angesehen werden.

Interner Machtkampf in Nordkorea nach 1945

Der Zweite Weltkrieg in Ostasien endete abrupt. Am 6. und 9. August 1945 warfen die USA Atombomben auf Hiroshima und Nagasaki ab, und schon am 15. August kapitulierte Japan. Dieser Tag wird heute in beiden Koreas als Tag der Befreiung gefeiert. Die Sowjetunion erklärte am 8. August Japan schnell noch den Krieg, um nicht durch eine plötzliche Kapitulation Tokios an der Wahrung ihrer territorialen Interessen in der Region gehindert zu werden. Japan kostete dieses Eingreifen einige Inseln im Norden, die seit dem Sieg gegen Russland von 1905 in seiner Gewalt waren und noch heute den Abschluss eines Friedensvertrages mit dem sich mittlerweile wieder Russland nennenden Nachbarn verhindern.[12]

Anders als die vom eigenen Erfolg völlig überraschten USA, deren Soldaten erst Anfang September eintrafen, waren sowjetische Einheiten noch für einige Tage in verlustreiche Kämpfe gegen japanische Verbände auf der koreanischen Halbinsel verwickelt. Auf dem diesbezüglichen Denkmal mitten im Moranbong-Park von Pjöngjang, im Volksmund »Befreiungsturm« *(haebangt'ap)* genannt, ist daher auch in russischer und koreanischer Sprache vermerkt, dass »die große Sowjetarmee … das koreanische Volk von der Pein der japanischen Besatzung befreit« hat. Das ist insofern bemerkenswert, als es in diametralem Gegensatz zur offiziellen nordkoreanischen Version der Geschichte steht. Diese Inschrift ist eines der vielen Rätsel in Nordkorea, für die ich trotz intensiver Suche keine zufriedenstellende Antwort finden konnte.

Offiziell war es nämlich Kim Il-sung[13], der nach zwei Jahrzehnten heroischen Partisanenkampfes weitgehend allein die Japaner besiegte und daher natürlicherweise zum Führer des befreiten Korea wurde. An dieses denkwürdige Ereignis erinnern gleich zwei nur wenige hundert Meter vom Befreiungsturm entfernte Monumente. Eines ist ein riesiges Mosaik, auf dem die Ansprache von Kim Il-sung an die ihn begeistert feiernden Massen anlässlich seiner triumphalen Rückkehr nach Pjöngjang dargestellt ist. Es ist einer Fotografie nachgebildet, auf deren frühesten Versionen im Hintergrund einige sowjetische Offiziere und Plakate von Lenin und Stalin zu erkennen sind.[14] Allerdings sind diese weder auf dem Mosaik noch auf Wiedergaben dieser Fotografie in heutigen nordkoreanischen Geschichtsbüchern sichtbar.

Das andere Monument ist das »Tor der triumphalen Rückkehr« (*kaesŏnmun*). Ähnlich wie sein etwas kleineres Pariser Pendant steht es in der Mitte eines mehrspurigen Kreisverkehrs, in dem die Frequenz der Fahrzeuge zwar noch nicht die der französischen Hauptstadt erreicht hat, aber dennoch deutlich gestiegen ist. Die zwei Zahlen auf den Säulen – 1925 und 1945 – stehen für das Jahr, in dem Kim Il-sung als 13-jähriger das Land in Richtung Mandschurei verließ, mit dem Schwur auf den Lippen, erst als Befreier wieder zurückzukehren, und für das Datum der Erfüllung seines Versprechens zwei Jahrzehnte später.

Tatsächlich besetzte die Sowjetunion von Mitte August 1945 an die ehemals japanische Kolonie Korea nördlich des 38. Breitengrades und begann, nach dem in Europa bekannten Schema das Land nach den eigenen Vorstellungen umzugestalten. Dazu gehörte die Enteignung der meisten Industriebetriebe, was kein allzu großes Problem darstellte, da sich diese in der Regel in japanischem Eigentum befunden hatten. Auf dem Land wurde der Boden an die überglücklichen Bauern verteilt. Gesetze und Kampagnen zur Alphabetisierung und zur Gleichstellung der Frau folgten.[15]

Diese Maßnahmen waren in der Bevölkerung sehr populär und stärkten die politische Führung in Pjöngjang. Doch wie setzte sich diese Führung zusammen?

Es lohnt sich, auch mit Blick auf aktuelle Entwicklungen in der Führungsriege Nordkoreas, mit ein wenig mehr Details auf den Prozess der Entstehung des heute monolithischen Systems aus einer Partei (Partei der Arbeit Koreas, PdAK) und einem Führer einzugehen. Kim Il-sung konnte nur unter vielen Mühen, gegen erhebliche innere Widerstände und mit allen Mitteln die Macht erringen. Dies ist ein wesentlicher Teil des Vermächtnisses, auf dem sein Sohn und Nachfolger Kim Jong-il (1994–2011) aufbaute und auf dem auch die Herrschaft von dessen Sohn Kim Jong-un (seit 2011) beruht.

Über die etwa ein Jahrzehnt währende interne Auseinandersetzung der diversen politischen Kräfte im Norden Koreas nach 1945 liegen uns sehr detaillierte Informationen vor.[16] Stärkste Gruppierung unmittelbar nach der Befreiung waren die überwiegend christlich-religiösen Nationalisten um Cho Man-sik, die gut organisiert und dank ihres aktiven Widerstandes gegen die koloniale Unterdrückung im Volk hoch angesehen waren. Sie stellten auch die meisten Vertreter in den nach dem Abzug der Japaner spontan überall im Lande gebildeten Organen der lokalen Selbstverwaltung, den Volkskomitees.

Neben den Nationalisten stellten die sich selbst als Linke bezeichnenden Kräfte die zweite große politische Gruppe, die zunächst in verschiedenen Parteien und Vereinigungen organisiert war. Zu den Linken zählten die im Land verbliebenen Mitglieder der Kommunistischen Partei (KP) Koreas, die oft wegen aktiven Widerstandes gegen Japan im Gefängnis gesessen hatten und daher Respekt bei den Menschen genossen (die sogenannten Einheimischen); ferner die koreanischen Kommunisten, die an der Seite der chinesischen Genossen gegen Japan gekämpft hatten und in der Regel Mitglieder der Kommunistischen Partei Chinas waren (Yenan-Faktion); eine Gruppe aus in der Sowjetunion geborenen und aufgewachsenen bilingualen ethnischen Koreanern, die dort oft schon eine Karriere in der Regierung oder der KP der Sowjetunion durchlaufen und eine gute Ausbildung genossen hatten (Sowjet-Faktion); und schließlich jene Koreaner, die als Partisanen in Korea oder Nordostchina gegen Japan gekämpft und dabei Unterstützung von Moskau erhalten hatten (Kapsan-Faktion). Letztere war die mit Abstand kleinste Gruppe; sie bestand zunächst nur aus rund fünfzig Personen, die von dem 1945 erst 33-jährigen Kim Il-sung angeführt wurde.

Um die gefährlich starken Nationalisten zu neutralisieren, schlossen sich diese linken Gruppen 1946 im Norden Koreas zusammen; im Süden wurde dies durch die amerikanische Besatzungsmacht verhindert. Doch noch immer lag die Zentrale der Kommunistischen Partei in Seoul, das die Hauptstadt des durch eine gemeinsame sowjetisch-amerikanische Kommission verwalteten Koreas war. Der in der sowjetischen Zone tätige Arm der KP Koreas vereinigte sich mit der etwas moderateren Neuen Volkspartei zur Partei der Arbeit Nord-Koreas, wobei »Nord-Korea« sich hier nicht auf ein Land, sondern auf den nördlichen Teil Koreas bezog. Man wollte explizit nicht in Konkurrenz zur zahlenmäßig sehr starken KP Koreas treten.

Erster Führer der neuen Partei war übrigens nicht Kim Il-sung, sondern der ehemalige Chef der Neuen Volkspartei, Kim

Tu-bong. Dieser wurde später als Vorsitzender des Ständigen Ausschusses der Obersten Volksversammlung (des Parlaments) Staatschef Nordkoreas und hatte dieses weitgehend symbolische Amt bis 1957 inne.

Mit vereinten Kräften und massiver Unterstützung durch die sowjetische Besatzungsmacht gelang es den Kommunisten, die Nationalisten aus den Volkskomitees und aus der Macht zu verdrängen. Sie wurden entweder in die PdAK assimiliert oder zogen sich in den Süden Koreas zurück. Kim Il-sung konnte seine Aufmerksamkeit nun auf die interne Auseinandersetzung in seiner Partei richten.

Nach einigen offenbar positiv verlaufenen Beratungsgesprächen mit Stalins Vertrautem, dem Geheimdienstchef Lawrenti Berija, war Kim Il-sung zum Vorsitzenden des Provisorischen Volkskomitees Nordkoreas und damit de facto zum Regierungschef im nördlichen Teil des Landes gemacht worden. Er hielt exzellente Kontakte zu Moskau und war auf diese Weise in der Lage, seine Macht auch in der Partei ständig auszubauen.

Dort bekämpften sich die oben genannten Faktionen nach dem Zusammenschluss der linken Kräfte und der Neutralisierung der Nationalisten. Zunächst wurden die »Einheimischen« von den drei anderen Faktionen angegriffen. Nach deren Beseitigung konzentrierte sich Kim Il-sung auf die Yenan-Faktion, der man unter anderem Misserfolge im Koreakrieg anlastete. Nach dem Tod Stalins 1953 wurde auch die Sowjet-Faktion zum Ziel von Säuberungen. Einen missglückten Putschversuch gegen ihn im August 1956 nutzte Kim Il-sung, um verbliebene Gegner in den Reihen der Partei zu beseitigen und endgültig die Dominanz seiner Kapsan-Faktion zu etablieren.

Für das Verständnis des heutigen Nordkorea ist es wichtig festzuhalten, dass sich Kim Il-sung die Macht in einem langen, komplizierten Prozess erkämpft hat. Er erwies sich dabei als geschickter Taktierer, der Bündnisse schnell formen und wieder auflösen konnte. Er besaß den nötigen Charme und das Charisma, um Alliierte zu gewinnen und Anhänger zu begeistern, sowie ein erhebliches Maß an Rücksichtslosigkeit gegenüber seinen Gegnern. Die sowjetische Seite hatte seine Fähigkeiten offenbar recht gut erkannt, seinen Drang zur Macht aber unterschätzt. Der Plan, den jungen Kim Il-sung als sowjetische Marionette zu nutzen, schlug fehl.

Kim Il-sung musste sich gegen weitaus stärkere und erfahrenere Gegner in der eigenen Partei durchsetzen. Das machte ihn unempfänglich für die Idee eines innerparteilichen Pluralismus und ließ ihn gegen die geringsten Anzeichen von Opposition sofort massiv vorgehen. Die Partei der Arbeit Koreas, wie sie seit der Gründung zweier koreanischer Staaten 1948 hieß, und das gesamte Land mussten sich seiner Forderung nach monolithischer Einheit unterwerfen. Abweichungen wurden nicht geduldet. Sicherheitshalber verzichtete Kim Il-sung aber auch auf waghalsige Experimente wie Chinas »Großen Sprung« und die Kulturrevolution. Anders als Mao wäre er nämlich vermutlich nicht in der Lage gewesen, die Macht nach dem resultierenden Chaos wieder an sich zu bringen.

Die Frage der Duldung von Abweichlern wird etwa dann relevant, wenn wir heute nach einer Opposition in Nordkorea fragen. In der Sowjetunion und den sozialistischen Ländern Ost- und Mitteleuropas gab es innerhalb der jeweiligen kommunistischen Parteien vor allem nach Ende der Stalin-Ära reformorientierte Gruppierungen, die sich vereinzelt sogar durchsetzen konnten. In Nordkorea hingegen war von solchen organisierten Bestrebungen in den letzten Jahrzehnten nichts zu sehen. Gelegentlich finden personelle Umschichtungen statt, Führungspersonen verschwinden oder sinken in der Rangordnung ab. Dies sind die einzigen Anzeichen für eine offenbar auf Disziplinierungsmaßnahmen beruhende Dynamik innerhalb der Führung Nordkoreas, deren Details wir trotz aller Bemühungen und von den Medien verbreiteter Gerüchte bestenfalls unvollständig verstehen. Reformen, wenn es sie denn gibt, gehen immer direkt von oben aus.

Spätestens seit 1956 war Kim Il-sung also der weitgehend unangefochtene Alleinherrscher in Partei und Staat Nordkoreas. Die folgenden Jahre und Jahrzehnte dienten der Festigung seiner Macht, dem Ausbau der Verehrung seiner Person, der Entwicklung und Konsolidierung einer eigenen pseudo-sozialistischen ideologischen Machtgrundlage und dem Heranziehen eines Nachfolgers.

Teilung Koreas

Die Teilung des Landes gilt heute in beiden Koreas als größte nationale Tragödie. Korea sieht sich dabei als Opfer von Großmachtinteressen.

Als alliierte Truppen 1945 den Kriegsgegner Japan zur Kapitulation zwangen, besetzten sie auch die koreanische Halbinsel, die seit 1910 unter japanischer Herrschaft gestanden hatte. Ähnlich wie Deutschland wurde Korea in zwei Besatzungszonen geteilt. Diese Teilung, die bis heute fortbesteht, hatte nicht hauptsächlich etwas mit Korea selbst zu tun, sondern war sozusagen ein Nebeneffekt anderer, aus Sicht der handelnden Mächte übergelagerter Interessen. Das macht die Teilung noch schmerzhafter, als sie es ohnehin schon ist.

Die Interessen der Großmächte in Korea um 1945 waren durchaus vielfältiger Art und reichten historisch weit zurück. So hatte bereits das zaristische Russland eine Aufteilung der Halbinsel entlang des 38. Breitengrades in eine eigene russische und eine japanische Einflusssphäre erwogen. Dem Zaren ging es dabei vor allem um die Sicherung der zum eisfreien Hafen Port Arthur (einem Teil des heutigen chinesischen Dalian) und dem dortigen Flottenstützpunkt führenden transmandschurischen Eisenbahnlinie. Japan hatte Korea kolonisiert, um vom dortigen Markt und den reichlich vorhandenen Rohstoffen zu profitieren, doch strategisch sollte Korea lediglich als Brückenkopf für das eigentliche Ziel Japans, die Expansion auf das asiatische Festland, dienen.

Warum sollte Korea nach der Niederlage Japans geteilt werden? Zum Zeitpunkt der Befreiung 1945 war Korea eine Kolonie, und hier lag vor allem aus Sicht Großbritanniens das Problem. Die Entlassung Koreas in die Unabhängigkeit nach dem Sieg über Japan hätte einen unangenehmen Präzedenzfall bedeutet. Indien war zwar das Kronjuwel des britischen Empire, doch gab es noch viele weitere koloniale Besitztümer, so auch in Südostasien: Brunei, Burma, Hongkong, Malaysia, Singapur und andere Gebiete. Die meisten dieser Kolonien waren ab 1941 von den Japanern besetzt worden. Sollten sie nach dem Abzug der japanischen Kolonialherren ebenfalls unabhängig werden? Diese Vorstellung war für London inakzeptabel. Entsprechend brachte Premier Churchill bei den diversen Besprechungen zur Nachkriegsordnung immer wieder den Vorschlag zur Sprache, Korea zunächst einer längeren Treuhandschaft zu unterstellen. Die Jahrhunderte koreanischer Zivilisation bewusst ignorierend, wurde dieser Vorschlag damit begründet, dass die Koreaner nach Abzug der Japaner nicht in der Lage sein würden, sich selbst zu verwalten, und daher der Anleitung durch den Westen bedürften.

Den anderen Parteien am Verhandlungstisch – Stalin, Roosevelt und gelegentlich auch Chiang Kai-shek – war das Schicksal Koreas weitgehend egal. Sie hatten andere Prioritäten im lange vor Ende des Krieges begonnenen Schacher um die Neuaufteilung der Welt. Letztlich einigte man sich auf der Konferenz von Kairo im Dezember 1943 darauf, dass Korea »zu gegebener Zeit«

frei und unabhängig sein solle. Eine Treuhandschaft von fünfzig Jahren war im Gespräch.

Als sich im August 1945 dann die Ereignisse überschlugen, wurden fünf Tage vor der japanischen Kapitulation zwei amerikanische Offiziere für wenige Minuten in einen Kartenraum geschickt, um eine für die USA möglichst günstige Demarkationslinie zu finden. Beim Blick auf die Karte sahen sie einen Strich – den 38. Breitengrad. Er teilt Korea in zwei ungefähr gleich große Bereiche. Die Hauptstadt Seoul lag knapp südlich dieser Linie und damit auf dem Gebiet der amerikanischen Besatzungsmacht. Einmal mehr wurde ohne Konsultation mit den Koreanern eine Entscheidung über das Schicksal ihrer Nation getroffen.

Die vom Norden her ins Land strömenden sowjetischen Truppen hätten nach dem Sieg über die Japaner am 15. August 1945 problemlos die gesamte Halbinsel besetzen können, da die Amerikaner noch viel zu weit entfernt waren und erst am 9. September in Korea landeten. Sie nahmen diese Gelegenheit aber nicht wahr. Die Gründe für die sowjetische Einhaltung der Absprache zur gemeinsamen Besetzung Koreas sind vielfältig. Zu nennen ist hier die Hoffnung Moskaus auf eine Teilung Japans in Besatzungszonen und auf die Erfüllung der Vereinbarungen auf dem europäischen Kriegsschauplatz durch die USA. Die Sicherung der östlichen Grenze Russlands war bereits durch die Präsenz im Norden Koreas erreicht.

Nach der Teilung Koreas in zwei Besatzungszonen gestaltete sich die Zusammenarbeit der Großmächte und ihrer lokalen Verbündeten schwierig. Der Widerstand gegen eine Treuhandschaft wuchs. Als Stalin überzeugt war, dass die von ihm unterstützten Kräfte hinreichend gestärkt waren, änderte Moskau seine Position und stellte sich gegen die zuvor befürwortete Treuhandschaft. Auf beiden Seiten der Demarkationslinie wurden die politischen Gegner mit äußerster Härte verfolgt, was zu gewaltigen Migrationsbewegungen und damit einer Polarisierung der politischen Kräfte führte. Beide Teile Koreas propagierten vehement die Einheit und eine gemeinsame Regierung, die allerdings jeweils unten den eigenen Vorzeichen stehen sollte. Unterschiedliche politische Vorstellungen, die Frage der Treuhandschaft, individuelle Machtinteressen, separate Wahlen und nicht zuletzt der aufkommende Kalte Krieg teilten Korea faktisch. Am 15. August 1948 wurde diese Teilung mit der Gründung der Republik Korea (Südkorea) formalisiert, auf die am 9. September 1948 die Gründung der Demokratischen Volksrepublik Korea (Nordkorea) folgte.

Der Koreakrieg

Umgehend zogen die sowjetischen Truppen aus Nordkorea ab. Sie hinterließen eine funktionierende Volkswirtschaft, ein stabiles politisches System und nicht zuletzt eine gut ausgebildete Armee mit schweren Waffen. Der politische Druck auf die USA, sich ebenfalls zurückzuziehen, wuchs. Im Süden war die Lage allerdings weit weniger stabil und das dortige Militär war bestenfalls eine mit leichten Waffen ausgerüstete Polizeitruppe. Kim Il-sung war daher überzeugt, dass der Süden ohne amerikanische Unterstützung bald kollabieren und sich freudig mit dem auch wirtschaftlich überlegenen Norden vereinen würde. Der Koreakrieg (1950 bis 1953) war der Versuch, diese Form der Vereinigung herbeizuführen. In Nordkorea gilt er als »Siegreicher Vaterländischer Befreiungskrieg«.

Darüber, wer am 25. Juni 1950 angegriffen hat, gibt es kaum noch Zweifel, auch wenn beide Seiten hierzu gegensätzliche Ansichten vertreten. Sowohl der Kriegsverlauf wie auch Dokumente aus nach 1991 geöffneten sowjetischen Archiven sprechen dafür, dass Nordkorea mit einem massiven Schlag den Widerstand der südkoreanischen Armee gebrochen und innerhalb von nur drei Wochen fast das ganze Land besetzt hat.[17]

Da die erst wenige Monate zuvor gegründete Volksrepublik China von den westlichen Mächten nicht als Mitglied des UN-Sicherheitsrates akzeptiert wurde und der Vertreter der Sowjetunion daraufhin dessen Sitzungen byokottierte, konnten sich die verbliebenen ständigen Mitglieder USA, Großbritannien und Frankreich innerhalb von Stunden auf eine Resolution und wenig später auf ein Mandat einigen. Den offiziell unter UN-Flagge kämpfenden US-Truppen und ihren Verbündeten gelang es in einem je nach Sichtweise mutigen oder riskanten Manöver, die völlig überraschten und ihres schnellen Sieges bereits gewissen nordkoreanischen Truppen einzukreisen und zu vernichten. Nicht zuletzt auf aktives Betreiben des südkoreanischen Präsidenten Syngman Rhee wurde nicht nur der Status quo ante hergestellt, sondern es erfolgte der Gegenstoß bis an die Grenze zur Volksrepublik China.

In diesem Moment stand die Welt am Rande des Dritten Weltkrieges. Die Reaktion der USA war auch deshalb so schnell und heftig ausgefallen, weil man hinter dem Einmarsch Kim Il-sungs einen Stellvertreterkrieg im Auftrag Stalins vermutete. Dies stellte sich zwar im Nachhinein als Fehleinschätzung heraus, im Juni 1950 jedoch musste man in Washington befürchten, dass eine nicht hinreichend entschiedene Reaktion zu ähnlichen Kriegen in Europa führen würde.

Auch China hielt lange still, bis amerikanische Truppen an seiner Grenze und Diskussionen über einen Atombombeneinsatz zu der diplomatischen Entscheidung führten, keine regulären Truppen, sondern sogenannte Volksfreiwillige ins Feld zu führen. Diese schlugen unter erheblichen Opfern, unter ihnen Maos in Nordkorea begrabener Sohn Anying, die UN-Truppen bis ungefähr an den 38. Breitengrad zurück. Mir kommt dies immer ein wenig seltsam vor, da dort keine natürliche Barriere existiert, die eine solche Frontlinie rechtfertigen würde. Bislang jedenfalls liegen keine Beweise für eine eventuelle Absprache zwischen Beijing und Washington vor. Nach zwei Jahre dauernden Verhandlungen, in deren Verlauf Nordkorea von den völlig überlegenen Luftstreitkräften der USA buchstäblich dem Erdboden gleichgemacht wurde – es fielen mehr Bomben als auf dem gesamten asiatischen Schauplatz des Zweiten Weltkrieges –, und dem Tod Stalins im März 1953 wurde schließlich am 27. Juli 1953 das noch heute de facto gültige Waffenstillstandsabkommen geschlossen.

Im heutigen Nordkorea sieht man den Koreakrieg als einen erfolgreichen Verteidigungskrieg gegen eine US-amerikanische Aggression an, als einen heldenmütigen Kampf David gegen Goliath. Daran erinnern unter anderem ein erst 2013 renoviertes Museum in der Hauptstadt und ein den amerikanischen Gräueltaten gewidmetes Museum in der Stadt Sinch'ŏn.

Ich habe dieses Museum mehrfach besucht. Auch als kritischer westlicher Besucher begreift man, dass man hier einer zwar einseitigen, aber vermutlich weitgehend sachlich korrekten Darstellung von Kriegsverbrechen gegenübersteht. Der Koreakrieg war ein ideologisch fundierter Bürgerkrieg, in dem die Frontlinie weite Teile des Landes mehrfach in beiden Richtungen überquerte. Einen fruchtbareren Boden für schlimmste Menschenrechtsverletzungen kann man sich kaum vorstellen. Auf beiden Seiten fanden ideologische Säuberungen statt, wurden private Rechnungen beglichen und die niedersten (un)menschlichen Triebe geweckt. Es ist wichtig, dass wir uns dies verdeutlichen, wenn wir über das heutige Verhältnis Nordkoreas zu den USA und zum Bruderland Südkorea nachdenken. Wir Deutschen dürfen uns glücklich schätzen, dass wir bei unserer Wiedervereinigung nichts Vergleichbares zu überwinden hatten.

Auch geopolitisch war der Koreakrieg ein Ereignis von großer Tragweite. Er verstärkte einen Prozess, in dem die USA Japan immer weniger als ehemaligen Kriegsgegner ansahen, sondern als den wichtigsten Verbündeten auf dem ostasiatischen Schauplatz des Kalten Krieges. Die im Vergleich mit Deutschland als mangelhaft kritisierte Aufarbeitung der Vergangenheit in Japan hat auch mit dieser Verschiebung der amerikanischen Interessen zu tun. In Westeuropa führte der Koreakrieg aus Furcht vor ähnlichen Ereignissen zum Aufbau einer gemeinsamen Streitmacht unter Einbeziehung der neu zu schaffenden Bundeswehr. Die Volksrepublik China war bis auf weiteres nolens volens ein Teil des Ostblocks geworden; erst Richard Nixon konnte Anfang der 1970er Jahre die oft nicht nur latente Feindschaft der Chinesen gegenüber der Sowjetunion nutzen und eine Annäherung der USA an China erreichen.

Der Krieg zementierte die Teilung Koreas und stärkte die jeweiligen Machthaber, deren Position nun stark symbolhafter Natur war. Mitten im Kalten Krieg stieg die Bereitschaft im Osten wie im Westen, mithilfe materieller Unterstützung für die jeweils den eigenen Werten entsprechende Seite die Überlegenheit des eigenen Systems zu demonstrieren. Vielen Menschen, die zuvor nie etwas von Korea gehört hatten, war das Land nun ein Begriff.

Nordkorea profitierte erheblich von dieser Hilfe. Zu den in Deutschland fast völlig unbekannten Projekten gehörte der Wiederaufbau der zweitgrößten Stadt des Landes, des an der Ostküste gelegenen Hamhŭng, durch die DDR in den Jahren 1954 bis 1962.[18] Da dieses Projekt auch die Ausbildung von Architekten und Städteplanern umfasste, findet man noch heute landesweit Elemente eben jenes Bauhausstils vor, in dem die deutschen Helfer seinerzeit ausgebildet worden waren. In den nordkoreanischen Medien wurde diese Hilfe irgendwann von »brüderlicher« zu »technischer« Unterstützung herabgestuft, bevor sie fast gänzlich aus der Berichterstattung und den Geschichtsbüchern verschwand.

Dieser aus ausländischer Sicht enttäuschende Mangel an Dankbarkeit gehört ebenso zu den frühen Lehren der Kooperation mit Nordkorea wie das äußerste Geschick, mit dem die Führung des Landes um ein Vielfaches stärkere Partnerländer zum eigenen Nutzen gegeneinander ausspielte. Vor allem der Streit zwischen der Sowjetunion und China, der sich schon in den 1950er Jahren abzeichnete und Anfang der 1960er Jahre vollends eskalierte, ist in diesem Zusammenhang exemplarisch.[19] Wie Archivdokumente belegen, nutzten nordkoreanische Diplomaten gezielt Hilfsangebote der einen Seite, um äquivalente Zugeständnisse von der anderen Seite zu bekommen, und umgekehrt.

Dieses durchaus einträgliche Verfahren währte allerdings nicht ewig. Kim Il-sung konnte sich nicht für die nach dem XX. Parteitag der KP der Sowjetunion 1956 geltenden Prinzipien der kollektiven Führung und friedlichen Koexistenz erwärmen, da sie seine Herrschaft bedroht und die Vereinigung mit dem Süden erschwert hätten. Er stand auch der zunehmend abenteuerlichen Politik Maos skeptisch gegenüber und war nicht bereit, sich von diesem zu waghalsigen Experimenten und offener Feindschaft zur ökonomisch und technologisch so attraktiven Sowjetunion überreden zu lassen. Als es nicht mehr anders ging, erklärte Kim Il-sung mit der von Anfang der 1960er Jahre an verstärkt propagierten *chuch'e*-Ideologie Nordkoreas Unabhängigkeit von Moskau und Beijing.

Damit war die Phase der Staatsbildung abgeschlossen und die Loslösung von der Vormundschaft starker »Verbündeter« vollzogen. Nordkoreas bis heute andauernder eigenständiger Entwicklungsweg begann, dessen Grundlage die vielfältigen Erfahrungen Koreas aus den vergangenen Jahrhunderten bilden. Die nordkoreanische Interpretation der Geschichte war und ist die

Basis der Legitimation des politischen Systems und seiner Führung.

Wenn man sich das heutige Nordkorea mit diesem Wissen anschaut, dann ergibt sich das Bild eines mit mehreren Lackschichten versehenen Gegenstandes. Ganz unten ist die Grundierung aus dem vor allem während der Yi-Dynastie ab 1392 kultivierten konfuzianischen Erbe, gefolgt von der Erfahrung der japanischen Kolonialzeit ab 1910 und dem Einfluss der Sowjetunion und Chinas nach 1945. Die äußere Schicht wird vom Wirken Kim Il-sungs und seiner Nachfolger gebildet, wobei Letztere eigene Farbtupfer setzen konnten, bis dato jedoch keinen komplett neuen Anstrich vorgenommen haben. Hier und da hat der Lack Schrammen, und es kommen tiefer liegende Schichten zum Vorschein. Gelegentlich haben sich die Lackierungen auch aufgelöst oder vermischt. Insgesamt bildet das heutige Nordkorea ein komplexes Muster aus den genannten Elementen, weshalb eine eindimensionale und die historischen Wurzeln ignorierende Betrachtung ebenso unvollständig wie irreführend wäre.

2

Ideologie und Führer: Was das Land im Innersten zusammenhält

Wenn ich einen Grund nennen müsste, warum es Nordkorea trotz Hungersnot, Tod des Staatsgründers und Kollaps der anderen sozialistischen Systeme noch gibt, dann würde ich ohne Zögern die Ideologie anführen – also die Existenz eines omnipräsenten, von Kindesbeinen an gelehrten und allgemein akzeptierten Systems der Weltanschauung mit einem kompromisslosen und umfassenden Wahrheitsanspruch. Die Ideologie mit dem in ihrem Zentrum stehenden Führer ist es, die den Menschen in Nordkorea ein Bündel von Werten vermittelt, das in der Vergangenheit von vielen von ihnen selbst über elementare physische Bedürfnisse wie Nahrung gestellt wurde. Falls das Regime eines Tages verschwindet, graduell oder abrupt, dann wird ein ideologischer Wandel oder der Verlust des Glaubens an die Ideologie die Ursache sein. Nicht umsonst äußerte sich Kim Jong-il 1995 mit Nachdruck: »Die wichtigste Lektion aus dem Zusammenbruch des Sozialismus in einigen Ländern ist, dass die Aushöhlung des Sozialismus mit der ideologischen Aushöhlung beginnt und dass ein Zusammenbruch an der ideologischen Front zu einem Zusammenbruch an allen Fronten des Sozialismus führt und letztlich im völligen Ruin des Sozialismus mündet.«[1]

Auch wenn ihre jeweilige spezifische Ausprägung hier und da nordkoreanisch eingefärbt ist, sind viele der in Nordkorea beobachtbaren Phänomene vom Grundsatz her typisch sozialistisch beziehungsweise totalitär. Da es in Deutschland dergleichen seit einem Vierteljahrhundert nicht mehr gibt und die einem solchen System innewohnende Logik und ihre Konsequenzen allmählich in Vergessenheit geraten, gehe ich zunächst auf einige allgemeine Wirkungsweisen der sozialistischen Ideologie ein, bevor ich den Führerkult, *chuch'e* und *sŏn'gun* als seine spezifisch nordkoreanischen Ausprägungsformen untersuche.

Sozialismus und die Gemeinschaft: Bewusst das Richtige tun

Ohne beherrschende Ideologie kann eine sozialistische Gesellschaft – im Unterschied zur Marktwirtschaft – nicht existieren. Warum das so ist, wird deutlich, wenn man sich die Grundidee eines staatssozialistischen Systems jener Art vor Augen führt, wie es von Lenin unter Berufung auf Marx erfunden und hernach in modifizierter Form in die verschiedensten Länder und Kontexte exportiert wurde.[2]

Die Basis eines solchen Systems ist, dass die Menschen das »Richtige« tun, um eine »bessere« Verteilung der wie überall knappen Ressourcen zu erreichen. Was für die Gesellschaft »richtig« und »gut« ist, muss jedoch definiert werden. Das ist eine der wesentlichen Funktionen der Ideologie. Bestimmte Eigenschaften beim Aufbau des Staatswesens (Bürokratie), des politischen Systems (Einparteiensystem) und im Umgang mit politischer Freiheit (Repression) resultieren direkt daraus.

Wohin Investitionen fließen, wie der Staat sein Budget ausgibt, wie individuelle Tätigkeiten entlohnt werden, wie die Verteilung von Konsumgütern organisiert ist – all das wird ideologisch begründet. Eine Ideologie hat daher neben den politischen und sozialen auch unmittelbare ökonomische Konsequenzen.

Ein wichtiges Problem, um dessen Lösung sich viele sozialistische Gesellschaften erfolglos bemüht haben, ist der Zusammenhang von Besitz und Verantwortung. Wer schon einmal in einer Wohngemeinschaft mit gemeinsamer Küche gelebt hat oder den Zustand einer öffentlichen mit dem der eigenen Sanitäreinrichtung vergleicht, der weiß, wovon die Rede ist. Die Bereitschaft, sich für die effiziente Verwendung und die Bewahrung von in privatem Besitz befindlichen Anlagen einzusetzen, ist höher, als das bei kollektivem Eigentum oder dem noch diffuseren Staatseigentum der Fall ist. Doch was in einer WG nur ärgerlich ist, kann für einen auf Gemeineigentum basierenden Staat existenzbedrohend sein. Dort ist das Einhalten von Vorgaben für »richtiges« Handeln keine wählbare Option, sondern unabdingbare Voraussetzung für das Funktionieren der Wirtschaft und der gesamten Gesellschaft. Entsprechend hoch ist die Bereitschaft, solches Handeln zu bewirken und notfalls auch zu erzwingen.

Um sich in einer westlichen Gesellschaft »richtig« zu verhalten, braucht der Einzelne kein Handbuch und keine Schulung. Adam Smith hat mit der »Unsichtbaren Hand« ein sehr kraftvolles Bild einer liberalen Wirtschaftsordnung geschaffen. Grob gesagt beruht sie weitgehend auf dem als natürlich angesehenen Eigennutz der Individuen, aus dem heraus diese unwillkürlich und ohne zentrale Anleitung »das Richtige« tun. Der Staat sichert lediglich die Eigentumsrechte, kümmert sich um öffentliche Güter und versucht, je nach Konsens in der jeweiligen Gesellschaft, mit der Umverteilung via Sozialsystemen dem Egoismus die Härte zu nehmen.

In staatssozialistischen Systemen hingegen gilt eine völlig andere Logik. Die Idee der »Unsichtbaren Hand« wird verworfen, individueller Eigennutz verurteilt. Ein Liberaler würde sagen, dass man die Menschen permanent dazu bewegt, gegen die eigene Natur zu handeln. Das Interesse des Einzelnen wird als deutlich geringer als jenes der Gemeinschaft angesehen. Letztere kann je nach Kontext ein Arbeitsteam, eine Militäreinheit oder die Partei sein. Als höchste und wertvollste Form der Gemeinschaft sieht man in Nordkorea die eigene Nation an. Nordkoreas Sozialismus ist zutiefst und offen nationalistisch, was ihn von den meisten anderen real existierenden Sozialismen deutlich unterscheidet.

Eine Ideologie ist nötig, um Menschen von bestimmten Verhaltensweisen abzubringen oder um sie zu bestimmten Handlungen zu bewegen. Religionen haben eine sehr ähnliche normative Zielsetzung, man denke etwa an die Zehn Gebote des Christentums. Sobald eine Religion zur verpflichtenden Staatsreligion wird, verschwimmen die Unterschiede zur Ideologie sehr schnell. Umgekehrt wird die nordkoreanische Ideologie oft mit einer Religion verglichen.

Soziales Verhalten ist bis zu einem gewissen Maße Bestandteil aller Gesellschaften. Das ergibt sich aus der Existenz der Familie und aus der in komplexen Gemeinschaften überlebensnotwendigen Arbeitsteilung. Bei der Ideologie geht es daher weniger um das Erzeugen von sozialem Handeln an sich, sondern um seine Wertegrundlage, seinen Umfang und die damit verbundenen Einschränkungen der Entscheidungsfreiheit des Einzelnen.

Eine Ideologie impliziert das Vorhandensein einer Institution, die sie formuliert, interpretiert, anpasst und verbreitet. Im Falle staatssozialistischer Systeme ist das »die Partei«, die einen monopolistischen Machtanspruch erhebt. In der Sowjetunion und China hieß sie Kommunistische Partei, in der DDR war es die Sozialistische Einheitspartei Deutschlands. In Nordkorea ist die Partei der Arbeit Koreas (PdAK) die Hüterin der Ideologie, die mehr oder weniger auf das weiter unten noch im Detail diskutierte *chuch'e* hinausläuft.

Da die Partei für die Ideologie zuständig ist und der Staat für die Praxis, ist in sozialistischen Systemen die Verschmelzung von

Partei und Staat typisch. Auch in Nordkorea ist dies der Fall. Gemeinsam setzen sich Partei und Staat dafür ein, das Handeln der Menschen zielgerichtet zu beeinflussen. Sie stellen Regeln auf, kontrollieren deren Einhaltung bis hin zur Bespitzelung und setzen sie mit allen verfügbaren Mitteln durch.

Die Schöpfer und Bewahrer sozialistischer Systeme sind immer von deren moralischer Überlegenheit und universeller Wahrheit ausgegangen; das ist in Nordkorea nicht anders. Darum ist die Toleranz gegenüber anderen Meinungen gering. Es ist wichtig, dass wir uns diese Kausalität in aller Klarheit verdeutlichen. Nur so kann man die oft extremen Mittel verstehen, die Staaten und Individuen zur Umsetzung ihrer Ideologien anwenden. Die Verfolgung politischer Abweichler, die erhebliche Einschränkung der persönlichen Freiheit und die Verletzung von Menschenrechten gehören dazu.

Fatal ist, dass das Unrechtsbewusstsein der Täter oft sehr gering ist. Der Glaube, dass der Zweck die Mittel heiligt, ist weit verbreitet. Diese Überzeugung klingt durch, wenn man sich etwa die Einlassungen hoher Nazis nach 1945 oder von Stasi-Offizieren nach 1990 vor Augen führt. Ein Klassiker ist die tragisch-komische Rede des stammelnden Ministers für Staatssicherheit Erich Mielke vor der Volkskammer der DDR am 13. November 1989: »Ich liebe doch alle … alle Menschen.«[3]

Auch wenn Repression letztlich die Konsequenz ist, beginnt die Einflussnahme mit Überzeugungsversuchen. Die Ideologen glauben an die eigenen Lehren und halten diese für richtig und gut. Sie sehen sich nicht als Unterdrücker, sondern als strenge Lehrer. Was wir üblicherweise unter dem Begriff Propaganda zusammenfassen, fällt in diesen Bereich. Die staatlichen Medien wie Zeitungen, Radio und Fernsehen werden dem von der Partei vorgegebenen Zweck der zielgerichteten Bildung der Menschen untergeordnet. Es geht nicht um objektive Information oder gar

Unterhaltung, sondern um die Vermittlung von Werten und Handlungsanweisungen.

Ich empfehle zum besseren Verständnis den Besuch einer beliebigen Internetpräsenz nordkoreanischer Medien.[4] Der paternalistisch-belehrende Ton ist unüberhörbar. Die Menschen lesen über die schlimme Lage der Koreaner im Süden und über die Verbrechen der USA. Sie erfahren, wie man weltweit Nordkorea und seinen Führer verehrt. Sie hören von diversen Erfolgen in der Produktion und in anderen Bereichen. Ergänzt werden diese politischen Inhalte durch die Aufklärung über die einzigartigen und überlegenen Errungenschaften der koreanischen Kultur. Belehrender Ton, Schwarz-Weiß-Malerei, permanente und ermüdende Wiederholung lassen keine Zeifel an der Absicht der Unterweisung aufkommen.

Die Menschen Nordkoreas werden durch die Medien nicht zuletzt über die neuesten Aktivitäten des Führers in Kenntnis gesetzt, wobei solche Berichte zugleich oft die Aufforderung zu noch größeren Anstrengungen enthalten.[5] Ein Achtungzeichen setzte Kim Jong-un im Mai 2012, wenige Monate nach seiner Machtübernahme, als er ungewöhnlich scharfe Kritik übte, die über die Medien landesweit verbreitet wurde. Er besuchte einen Vergnügungspark nahe des Geburtshauses seines Großvaters Kim Il-sung bei Pjöngjang und fand dort zerborstene Gehwegplatten, abgeplatzte Farbe und auf dem Gehweg sprießendes Unkraut vor. Im dazugehörigen Medienbericht hieß es: »Er stellte fest, dass die Kader und Verantwortlichen des Vergnügungsparks einen viel zu gering ausgeprägten Willen besitzen, den Menschen zu dienen. Dies ist nicht nur eine praktische Frage, sondern eine Sache der ideologischen Einstellung, sagte er in ernstem Ton.«[6]

Hier versteckt sich nicht nur die implizite Aussage, dass für Missstände im Land nicht der Führer oder das System, sondern inkompetente Beamte zuständig sind. In diesen Worten liegt auch eine schreckliche Drohung. Man erkennt, dass kleinere Fehltritte im »weltlichen« Bereich nach Belieben einer mangelhaften ideologischen Einstellung zugeschrieben werden können, was sie zu einem ideologisch-politischen Vergehen und damit zu einem Kapitalverbrechen macht. Meine eigene Erfahrung in Diktaturen besagt, dass es solche einerseits sehr deutlichen, andererseits aber ambivalenten Bedrohungsszenarien sind, die die Menschen zutiefst verunsichern und das System ungeheuer mächtig machen. Man weiß, dass es Regeln gibt, dass ein Verstoß geahndet wird und dass man unter aufmerksamer Beobachtung steht. Doch wie diese Regeln konkret aussehen, wie die Strafe sein wird und wann sie über einen hereinbricht – das bleibt unklar. Diese Kombination aus Angst und Ambivalenz führt bei den meisten Menschen zu vorauseilendem Gehorsam und Selbstregulierung.

Kein Bereich des Lebens ist in ideologisch fundierten Systemen frei vom Einfluss der Ideologie. Die Kunst in all ihren Formen ist in Nordkorea ebenfalls der Propaganda untergeordnet.[7] Eine der frühesten uns bekannten Aktivitäten von Kim Jong-il, Sohn und Nachfolger des Staatsgründers Kim Il-sung sowie Vater des gegenwärtigen Führers Kim Jong-un, hatte mit dem Film zu tun. Man kann dies heute in einem vom ihm verfassten Buch unter anderem in deutscher Sprache nachlesen.[8] Im Kern steht die Aussage, dass Kunst um der Kunst willen wertlos ist. Kunst und Kultur müssen einem Zweck dienen: »Den Menschen zu revolutionieren und dabei zu Kommunisten zu erziehen – das bildet den Hauptinhalt der revolutionären Werke.«[9]

Neben den Medien und der Kunst ist auch der Alltag in Nordkorea von Ideologie und Propaganda geprägt. Für den westlichen Besucher ist sie in Form von überall sichtbaren Monumenten und Losungen besonders präsent: »Lasst uns der Partei der Arbeit Koreas die höchste Ehrerbietung entgegenbringen«, »Die Sonne des 21. Jahrhunderts, der große Führer Genosse Kim Jong-un«, »Lasst uns das Zentralkomitee der Partei mit Kim Jong-un als Zentrum mit unserem Leben verteidigen«, »Monolithische Einheit«, »Lasst uns gemäß den Anweisungen der Partei unser Land, unsere Heimat noch schöner aufbauen«.

Vielerorts hängen Lautsprecher, aus denen Propaganda erklingt. Man findet sie in der U-Bahn, an den Arbeitsstellen und selbst in Wohnhäusern. Morgens fahren Lautsprecherwagen durch die Straßen und verbreiten die neuesten Parolen. Auf Baustellen stehen Lieferwagen mit mehreren auf das Dach montierten Lautsprechern, aus denen die Bauarbeiter mit Anfeuerungen, dem Verlesen offizieller Dokumente oder mit revolutionären Liedern beschallt werden. Hier scheint die Devise »viel hilft viel« zu gelten. Die Boxen sind auf volle Lautstärke aufgedreht und quäken hoffnungslos übersteuert. Propaganda im Sozialismus ist selten subtil.

Erfahrungsgemäß reagieren die Menschen mit Anpassung und Abstumpfung. Ideologisches Anfeuern wird zum Teil des Alltags und verliert damit seine Wirkung. Die Folge ist eine ständige Intensivierung der Agitation, die für externe Beobachter dann schnell grotesk und übertrieben wirkt.

Versagt die Propaganda irgendwann aufgrund der Gewöhnung an die ewig gleichen Reize, übernimmt physische Repression die Aufgabe, die Menschen dazu zu bewegen, das »Richtige« zu tun. Hier schließt sich der Kreis zur Frage der Menschenrechte, deren Verletzung in staatssozialistischen Systemen beinahe zwangläufig ist. Eine nachhaltige und tiefgreifende Verbesserung der Menschenrechtslage in Ländern mit solchen Verhältnissen kann daher nur dann eintreten, wenn sich die Gesellschaft von der staatstragenden Ideologie trennt, und sei es auch nur de facto. China ist hierfür ein Beispiel.

Wie die Menschen wirklich denken, bleibt jedoch sowohl dem Besucher wie auch dem System selbst meist verborgen.

Ich würde auf Basis meiner vielen Gespräche mit Nordkoreanern, darunter auch solche, die das Land verlassen haben und daher relativ offen sprechen können, argumentieren, dass die Ideologie in Nordkorea noch immer von der großen Mehrheit verinnerlicht und mitgetragen wird. Das hat mit der engen Verknüpfung von Ideologie und Nationalismus zu tun, mit der vom Staat aktiv aufrechterhaltenen Kriegs- und Belagerungsmentalität und dem nahezu ungebrochenen Informationsmonopol des Staates.

Allerdings lehrt gerade die Erfahrung der DDR auch, mit solchen Einschätzungen vorsichtig zu sein. Viele derer, die am 7. Oktober 1989 winkend an der Tribüne mit Erich Honecker und seiner Altherrenriege vorbeizogen, hatten im Herzen längst mit ihm und seinem System abgeschlossen und unterstützten nur Tage später die Wende. Der zunehmende Wohlstand einer wachsenden mittelständischen Schicht in Nordkorea und die vor allem aus China ins Land fließenden Informationen sind die Grundlage dafür, dass auch in Nordkorea die monolithische Ideologie schwächer wird. Kim Jong-ils Warnung vor »ideologischer Aushöhlung« von 1995 könnte sich bewahrheiten.

Der Kopf der Gesellschaft

Im Zentrum der nordkoreanischen Ideologie steht der Führer. Die Ideologie wäre ohne ihn nicht vollständig, da nur der Führer entscheiden kann, was allgemein und im nordkoreanischen Kontext »gut« und »richtig« ist. Oft spricht man daher auch vom *suryŏngch'eje*, dem »Führersystem«. Die Gesellschaft gilt als soziopolitischer »Körper«, dessen »Kopf« der Führer ist. Ohne Kopf, so bekommt man in Nordkorea zu hören, kann die Gesellschaft nicht überleben.

Nordkorea war beziehungsweise ist weltweit beileibe nicht das einzige totalitäre System mit einem Diktator an der Spitze. Und doch unterscheidet sich die Position des nordkoreanischen Führers selbst von der Mao Zedongs oder Josef Stalins. Der Grad der Monopolisierung der Macht durch eine einzige Person, die Dauer der ungebrochenen Existenz des Führersystems und die Tatsache, dass es mittlerweile zwei Fälle der direkten dynastischen Nachfolge durch Söhne des Vorgängers gab – das ist für ein sich sozialistisch nennendes Land einzigartig.

Kim Il-sung hat das Führersystem Nordkoreas geschaffen. Dabei orientierte er sich zunächst am Vorbild Stalins. Das ist nachvollziehbar, da der Umbau der nordkoreanischen Gesellschaft nach dem Zweiten Weltkrieg nach sowjetischem Muster erfolgte. Doch Stalin starb 1953. Nach der Kritik an dessen Terrorregime durch Nikita Chruschtschow setzten sich Mitte der 1950er Jahre in der Sowjetunion Ideen von kollektiver Führung durch. Spätestens von diesem Zeitpunkt an begann Kim Il-sung, seine Ideologie von den Vorgaben aus Beijing und Moskau zu lösen und seinen eigenen Weg zu beschreiten.

Die Rolle des Führers und die Forderung nach absoluter Loyalität zu ihm sind in Nordkoreas ideologischem Kanon an verschiedenen Stellen niedergeschrieben. Eine besonders prominente Position nehmen dabei die sogenannten »Zehn Prinzipien für die Errichtung des Monolithischen Ideologischen Systems« ein.[10] In diesen »Zehn Prinzipien« wiederholt sich, in verschiedenen Variationen, immer nur ein Thema – das der absoluten und ungeteilten Loyalität zum Führer. Das Dokument wurde nach der letzten uns bekannten größeren internen Säuberungsaktion der Partei der Arbeit Koreas in Jahre 1967 verabschiedet und markiert den Abschluss des Aufstiegs von Kim Il-sung zum unangefochtenen und einzigen Führer der nordkoreanischen Gesellschaft. Eine Aktualisierung fand Mitte 2013 statt, bei der hauptsächlich der Name von Kim Jong-il zu dem seines Vaters hinzugefügt wurde.

Eine Begleiterscheinung des Führersystems ist die übersteigerte Verehrung des Führers, die wir unter dem Begriff Personenkult kennen. Dieser wurde schon in den späten 1950er Jahren von DDR-Diplomaten in internen Berichten kritisiert, auch wenn nach außen brüderliche Freundschaft und Geschlossenheit zur Schau gestellt wurden:

> Um die Person des Genossen Kim Ir Sen[11] wird ein großangelegter Personenkult betrieben. Alle Leistungen des koreanischen Volkes werden nur ihm zugeschrieben. Kim Ir Sen unternimmt nichts zur Unterbindung des Personenkultes mit all seinen negativen Auswirkungen. In der letzten Zeit verstärkte sich die Verfolgung von Genossen, die eine andere Meinung vertreten. Sie werden aufs Land, zur Arbeit in die Bergwerke, an die Staudämme und auch in Lager geschickt. Diese Repressalien werden vor allem gegen ehemalige Studenten und Facharbeiter u. a., die in europäischen sozialistischen Ländern gearbeitet und studiert haben, angewandt.[12]

Der Personenkult zählt neben der mit ihm eng verbundenen Propaganda zu den auf westliche Besucher besonders verstörend wirkenden Aspekten der nordkoreanischen Wirklichkeit. Sichtbarster Ausdruck sind mehrere hundert im ganzen Land verteilte überlebensgroße Bronzestatuen von Kim Il-sung, von denen viele bereits um eine weitere von Kim Jong-il ergänzt wurden. Es gibt eine noch viel größere Zahl an gigantischen Mosaiken und Wandbildern. Diese bilden in der oft von grauem Beton oder ockerfarbener Erde geprägten Landschaft Nordkoreas helle, in leuchtenden und fröhlichen Farben gehaltene Inseln der Sauberkeit, der Ordnung und des Glücks.

Starke Überbewertung, Überbetonung der Führerrolle. der Einzelpersönlichkeit in Politik, Gesellschaft, Geschichte

Die Statuen und Mosaiken fungieren als Kultstätten. Man besucht sie zu Feiertagen, lässt sich davor fotografieren. Hochzeitspaare legen dort Blumensträuße nieder. Sportler widmen ihre Siege dem Führer. Die höchste Universität des Landes trägt den Namen Kim Il-sungs. Alle Nordkoreaner tragen auf Abzeichen die Abbilder der zwei verstorbenen Führer über dem Herzen.

Die Konterfeis von Kim Il-sung und Kim Jong-il haben in jeder Wohnung einen gesetzlich streng geregelten Ehrenplatz. Die Literatur Nordkoreas ist voll von Berichten über Heldentaten, die die Menschen unter Einsatz ihres eigenen Lebens zur Rettung dieser Bilder bei Katastrophen wie Bränden oder Schiffsunglücken vollbacht haben. Die euphorische Lobpreisung der oft übernatürlichen, in jedem Falle aber außergewöhnlichen Eigenschaften der Führer ist in unzählige Sprachen übersetzt worden.[13] Die in Schulzeugnissen an oberster Stelle gelisteten fünf Schulfächer sind »Revolutionäre Aktivitäten des Großen Führers Generalissimo Kim Il-sung«, »Revolutionäre Geschichte des Großen Führers Generalissimo Kim Il-sung«, »Revolutionäre Aktivitäten des Großen Führers General Kim Jong-il«, »Revolutionäre Geschichte des Großen Führers General Kim Jong-il« und »Revolutionäre Geschichte der antijapanischen Heldin Mutter Kim Jong-suk«.[14]

Man sollte sich als Ausländer davor hüten, sich gegenüber Nordkoreanern über diese auf uns befremdlich wirkenden Phänomene lustig zu machen. Kritik am Führerkult wird in Nordkorea als Angriff auf den Führer und die Ideologie und als Vergehen gegen die Nation gewertet. Der 1994 im Alter von 82 Jahren verstorbene Kim Il-sung ist das zentrale Symbol Nordkoreas. Seit dessen Tod 2011 versucht man, seinen Sohn Kim Jong-il mit ihm zu einer Einheit zu verschmelzen.

Für den nordkoreanischen Personenkult bis Mitte der 1990er Jahre war es charakteristisch, den Verehrten übernatürliche, in jedem Falle außerordentliche Eigenschaften zuzuschreiben. Diese

stellten einen Teil der Legitimation für deren Machtfülle
schlossen im Fall der ersten beiden Führer Kim Il-sung u
Jong-il neben der Fähigkeit zur Wunderheilung auch besondere, mit ihnen in Verbindung gebrachte Naturereignisse (Baumblüte im Herbst) und kosmische Erscheinungen ein. Bei der Geburt von Kim Jong-il etwa erschien ein besonders heller Stern; nach seinem Tod erhoben sich landesweit Kraniche in die Luft, die im Konfuzianismus weitreichende Bedeutung haben. Symbolik und tatsächlicher Glaube sind dabei oft schwer zu trennen, wie auch das Vorwort eines dem Leben von Kim Jong-il gewidmeten Buches zeigt:

> Genosse Kim Dschong Il[15] ist nicht nur der Hüter des politischen Lebens des koreanischen Volkes, sondern auch der Retter seines physischen Lebens. Wenn es um die Gesundheit der Werktätigen geht, spart er an nichts, läßt ihnen alles zugute kommen und bringt ihnen, ohne Rücksicht auf sich selbst zu nehmen, unermeßliches Glück … Seine Liebe ist wirklich groß, sie macht Kranke wieder gesund und erweckt neues Leben, gleich dem Frühjahrsregen, den das geheiligte Land trinkt … All das ruft bei den Völkern der Welt Bewunderung hervor und läßt sie uns beneiden …

Weit mehr als das physische Leben zählen allerdings das politische Leben und die in dieser Hinsicht umfassende Fürsorge des Führers:

> Das politische Leben des Menschen ist das edelste, das seinen Wert bestimmt. Während das physische Leben begrenzt ist, ist das politische unbegrenzt und ewig. Deshalb kann es keine größere Fürsorge geben, als den Menschen das politische Leben zu geben und sich um es zu kümmern. Genosse Kim

> Dschong Il ist stets auf die koreanischen Menschen bedacht. Er gibt ihnen das politische Leben, das weder von den Eltern noch von der Natur ererbt werden kann, und setzt sich dafür ein, daß dieses Leben durch die Praxis und den Kampf in der Gesellschaft mehr Glanz bekommt. Diese Fürsorge kommt in der Liebe zum Ausdruck, mit der er alle Menschen im fruchtbringenden revolutionären Kampf und beim Aufbau führt, sie ständig revolutioniert und nach dem Vorbild der Arbeiterklasse umformt, sie mit der einzig wissenschaftlichen, der Dschutsche-[*chuch'e*-]Weltanschauung wappnet und so zu souveränen Menschen entwickelt …[16]

Man muss einräumen, dass seit Mitte der 1990er Jahre eine gewisse Anpassung in der ideologischen Sprache stattgefunden hat. Übernatürliche und mythische Szenarien und Bilder sind nun deutlicher symbolisch. Geblieben sind jedoch die zentrale Position der Führer im ideologischen System und die übersteigerte Lobpreisung von deren persönlichen Eigenschaften und ihrer Leistungen. Auch die Forderung nach totaler Loyalität hat nicht im Geringsten nachgelassen.

Ein Mitteleuropäer wird in obigem Zitat eine deutliche Parallele zum christlichen Seelenbegriff erkennen. Bemerkenswert ist in diesem Zusammenhang, dass Kim Il-sungs Mutter Kang Pansŏk und sein Großvater Kang Ton-uk bekennende Protestanten waren. Als Vater gilt in Nordkorea allerdings nicht Gott, sondern der Führer; die Mutter ist nicht die Kirche, sondern die Partei. Die konfuzianischen Begriffe *ch'ung* und *hyo*, Treue zum Herrscher und Respekt vor den Eltern, werden ideologisch geschickt miteinander verknüpft. Gelegentlich findet man deshalb auch in der westlichen Literatur die These, dass der Kult um Kim Il-sung nach außen nationalistische und nach innen religiöse Züge trägt.[17]

Neben dem Rückgriff auf die Tradition werden auch historische Leistungen angeführt, um die Legitimität der totalen Herrschaft des Führers zu begründen. Kim Il-sung hat, das lernt in Nordkorea jedes Kind, das Land von den Japanern befreit, er hat es gegen die amerikanische Aggression verteidigt, und er hat den sich um die Menschen sorgenden Staat aufgebaut. Bis heute weigern sich selbst nach Südkorea geflüchtete Nordkoreaner häufig, ein negatives Wort über Kim Il-sung zu verlieren.

Die verbale und bildliche Darstellung der Führer lässt eine Reihe von Standards erkennen. Sehr dominant sind patriarchalische Motive, die den Führer als fürsorglichen, gelegentlich auch gestrengen, aber stets liebenden Vater des Volkes zeigen. Kim Il-sung wird oft als brillanter Stratege und verwegener Kämpfer und General dargestellt, obwohl – wie auch bei seinem Sohn und seinem Enkel – auffällt, dass er in der Öffentlichkeit selten Uniformen trug. Auch die Statuen der Führer tragen meist Zivil.

Eine weitere Führerpose ist die des Managers, der sich mit hinter dem Rücken verschränkten Armen und vorgerecktem Bauch ein Bauprojekt oder eine Fabrikanlage erklären lässt oder mit ausgestrecktem Arm eine Anweisung gibt, die ob ihrer Genialität die mit dem unvermeidlichen Notizbuch ausgestatteten Anwesenden in Bewunderung versetzt. Den Führer erlebt man auch als weisen Theoretiker und Administrator, der konzentriert an seinem Schreibtisch sitzt und in der Regel nachts noch für sein Land arbeitet.

Interessant sind Bilder, die den Führer zusammen mit Ausländern zeigen. Kim Il-sung ist hier ganz der souveräne Staatsmann, der mit würdevoller Miene seine ihm weit unterlegenen und entweder zutiefst beeindruckten oder ihm begeistert zujubelnden Gäste empfängt. Selbst auf Fotografien bemüht man sich um diesen Eindruck der Überlegenheit. Wer einmal an die innerkoreanische Grenze nach P'anmunjŏm fährt, dem empfehle ich, sich die im dortigen Museum gezeigten Fotografien der Waffenstillstandsverhandlungen aus den frühen 1950er Jahren genau anzusehen. Diese sind sehr gezielt ausgewählt und in einigen Fällen auch nachbearbeitet worden, indem man Teile von Fotografien kombiniert hat. Die Amerikaner fassen sich auf diesen Fotos entweder mit der Hand an den Kopf (Verzweiflung) oder wenden sich um, weil sie Rat von ihren Mitarbeitern einholen (Hilflosigkeit), während die nordkoreanischen Vertreter in überlegener Pose mit klarem, geradeaus gerichtetem Blick und voll Selbstbewusstsein abgelichtet sind.

Im Kontrast zur Darstellung dieses Abstands, der zu Ausländern herrscht, stehen Bilder, auf denen Kim Il-sung mit Kindern oder einfachen Bauern zu sehen ist. Hier sitzt er am Boden, lächelt sein strahlendes Lächeln und ist offenkundig eins mit dem Volk. Immer wieder wird auch die Bescheidenheit des Führers hervorgehoben, die sich etwa darin äußert, dass er auf die Vergoldung seiner überlebensgroßen Statuen verzichtete und stattdessen schlichte Bronze wählte.

Eines der Ölgemälde, die ich besonders bezeichnend finde, heißt »Die Nacht, als der Führer uns besuchte«.[18] Man sieht ein Mädchen, das mit einem Reisigbesen den Schnee vor ihrem traditionellen, strohgedeckten einstöckigen Bauernhaus wegfegt. Die Hauptrolle spielen in diesem Bild jedoch zwei hohe weiße, mit braunem Leder abgesetzte Männerstiefel. Sie stehen mit den Hacken zum Haus auf einem erhöhten Platz, während eine Stufe darunter, die Spitzen zu diesen Stiefeln weisend, flache Schuhe respektvoll ausgerichtet sind. Dieser »Appell der Schuhe«, ihre Größe, Position und Anordnung symbolisieren sehr anschaulich die strenge hierarchische Ordnung, die zwischen dem Führer und seinem Volk besteht.

Überlegenheit wird durch Reiterposen, oft auf einem weißen Pferd, oder durch die Körpersprache des Führers und seiner

Umgebung ausgedrückt. An den bildlichen Darstellungen fällt auf, dass die Perspektive so gewählt ist, dass der Kopf des Führers immer über die Köpfe anderer abgebildeter Menschen hinausragt. Ausnahmen sind nur der Nachfolger und Kinder. In Schriften sind Führerzitate und ihre Namen immer hervorgehoben, entweder indem sie fett oder in größerer Schrift gedruckt werden. Das Foto des Führers ist in Büchern und Zeitungen in der Regel von einer besonderen Umrandung umgeben und darf weder geknickt noch zu profanen Zwecken (wie etwa Verpackungen) entweiht werden. Es gibt eine Reihe von Liedern, die zur Verehrung der Führer gesungen werden. Für Kim Il-sung sind dies etwa das schon im Juli 1946 geschriebene »Lied vom General Kim Il-sung«, »Unsere Große Sonne, General Kim Il-sung« und »Das Lied für den Führer Kim Il-sung«.

Die gesammelten Werke des Staatsgründers und auch die seines Sohns dienen als Quelle für die in jeder Publikation unvermeidlichen Zitate. Kim Il-sungs Lehren füllen Hunderte von Bänden. Sie gelten als Gipfel der Weisheit und werden intensiv studiert, auswendig gelernt, zitiert und rezitiert. Mittlerweile gibt es diese Werke sogar als Android-App für die in Nordkorea produzierten Tabletcomputer »Samjiyŏn« und »Arirang«.

Den Führungsstil von Kim Il-sung, den sein Sohn und sein Enkel übernommen haben, würde man bei uns als »Mikromanagement« bezeichnen. Die Führer bereisen das Land intensiv und äußern sich bei sogenannten Vor-Ort-Anleitungen *(hyŏnji kyosi* beziehungsweise *hyŏnji chido)* selbst zu den kleinsten und unwichtig erscheinenden Fragen. Kritiker haben darauf verwiesen, dass dieser persönliche Führungsstil vor allem Misstrauen und Mangel an Delegationsfähigkeit demonstriert. Andere Autoren sprechen von Paternalismus oder verweisen darauf, dass dieses Verfahren dem jeweiligen Führer den Nimbus der Omnipräsenz verleiht und ihn auf diese Weise viele Menschen persönlich erleben können, was seine Position stärkt.[19] Ein Gott zum Anfassen sozusagen.

Der Geburtstag von Kim Il-sung am 15. April 1912, dem »Tag der Sonne«, ist der höchste Feiertag im Land. Seit Ende der 1990er Jahre hat Nordkorea sogar eine eigene, mit dem Geburtsjahr von Kim Il-sung als Jahr 1 beginnende Zeitrechnung. 2014 ist also das Jahr *chuch'e 103*.

Eine spezielle Orchideenhybride, die Kim Il-sungs Namen trägt, wurde 1964 von einem indonesischen Bewunderer eigens gezüchtet. Die violett-rote Blüte dient in bildlichen Darstellungen oder bei öffentlichen Aufführungen gern als Metapher für den Führer. Sein Sohn Kim Jong-il wird durch eine leuchtend rote Begonie, die Kimjongilia, symbolisiert.

Dinge, die Kim Il-sung berührt oder gesehen hatte, wurden zu Reliquien und, falls klein genug, liebevoll unter Glas gestellt. Eine rote Plakette mit Goldschrift verweist auf das bedeutende Ereignis und schließt den geheiligten Ort oder Gegenstand häufig von der Benutzung durch normale Sterbliche aus. Dies gilt etwa für den mittleren der drei Fahrstühle im Hochhaus der Kim-Il-sung-Universität in Pjöngjang. Steine, auf denen Kim Il-sung bei Wanderungen rastete, sind eingezäunt.

Derlei Verehrung bezieht sich bislang zum größten Teil auf Kim Il-sung. Zu Lebzeiten seines Sohnes Kim Jong-il wurden vergleichsweise wenige diesem gewidmete heilige Orte und Gegenstände geschaffen. Seit seinem Tod und der Machtübernahme durch Kim Jong-un Ende 2011 beginnt sich dies zu ändern, wobei sowohl die Verehrung von Kim Jong-il als Einzelperson zugenommen hat als auch die Verschmelzung von Kim Il-sung und Kim Jong-il zu einer Einheit zu beobachten ist.

Der Tisch im Lesesaal der Kim-Il-sung-Universität, an dem sein Sohn Kim Jong-il seinerzeit seine Studien betrieb, ist mit weißem Tuch bedeckt. Die schönsten Plätze in den Gebirgen des

Landes wurden mit metertief in den Fels gehauenen Zitaten und Sinnsprüchen der Führer geschmückt.

Im Kult insbesondere um Kim Il-sung wurden häufig traditionelle nationale Symbole integriert. Dies gilt etwa für den in Korea seit Jahrhunderten als heilig angesehenen Paektusan (Paektu-Berg[20]), einen Vulkan an der koreanisch-chinesischen Grenze und den mit über 2700 Metern höchsten Berg des Landes. In der Nähe soll Kim Il-sung seinen Partisanenkampf gegen die Japaner geführt haben, und am Fuße des Paektusan steht auch das offizielle Geburtshaus von Kim Jong-il, in dem er am 16. Februar 1942 unter bescheidenen Umständen und inmitten des Befreiungskampfes das Licht der Welt erblickt haben soll.

Parallelen zum tief in der chinesischen Tradition der Außenpolitik verwurzelten Konzept des Tributes findet man in der sogenannten Freundschaftsausstellung. Diese befindet sich in einem in klassisch-koreanischem Stil aus Beton mit einem grünglasierten Ziegeldach erbauten Gebäude in der landschaftlich reizvollen Umgebung des Myŏhyang-Gebirges, rund 200 Kilometer nordöstlich von Pjöngjang. Hinter riesigen Bronzetüren sind dort alle Geschenke ausgestellt, die Kim Il-sung und seinem Sohn jemals gemacht wurden – vom Salzstreuer aus der DDR über eine Maschinenpistole aus dem Nahen Osten bis hin zu einem Auto von Stalin. Sowohl Ausländer wie auch Nordkoreaner werden regelmäßig dorthin gebracht. Frauen in traditionellen Kleidern mit Zeigestöcken erklären die Exponate, die als Zeichen des Respekts der ganzen Welt vor den Führern angesehen werden. Fotografieren ist dort übrigens verboten; auf die Frage nach den Gründen habe ich bisher nie eine Antwort erhalten.

Zu Kim Il-sungs sechzigstem Geburtstag, der in Korea einen kompletten aus fünf mal zwölf Tierkreiszeichen bestehenden Zyklus abschließt und daher unter der Bezeichnung *hwan'gap* im Leben eines Menschen eine besondere Bedeutung hat, wurden vor allem in der Hauptstadt Monumentalbauten errichtet. Zu diesen gehören die landesweit größte Statue auf dem Mansudae-Hügel und das bereits erwähnte Kaesŏnmun (»Tor der triumphalen Rückkehr«), im Westen als Triumphbogen bekannt. Das Monument der *chuch'e*-Ideologie, ein 170 Meter hoher Turm am Ufer des Taedong-Flusses mit einer nachts von innen flackernd erleuchteten roten Fackel an der Spitze, wurde 1982 anlässlich des 70. Geburtstages von Kim Il-sung gebaut. Der Turm besteht aus 25 550 grauen Granitblöcken, je einer für jeden Tag der bis dahin siebzig Lebensjahre des Führers. Zu Ehren von Kim Jong-il oder Kim Jong-un wurden noch keine vergleichbaren Monumentalbauten errichtet, allerdings wurde der Statue Kim Il-sungs auf dem Mansudae-Hügel im April 2012 eine ebenso große Bronzestatue seines Sohnes zur Seite gestellt.

Im Zusammenhang mit Kim Jong-il findet sich besonders oft das Motiv der Selbstaufopferung. Sein Tod im Dezember 2011 in einem Zug auf dem Weg zu einer seiner »Vor-Ort-Anleitungen« inmitten eines Schneesturmes wird auf Bildern, in Texten und in Museen als Folge seiner unermüdlichen Arbeit zum Wohle der Menschen dargestellt. Sein Patriotismus *(aegukjuŭi)* wird in Losungen besonders hervorgehoben.

Der Kult um die Führer hat eine wichtige Funktion als Teil der Ideologie. Je nach deren Anforderungen unterliegt er daher Anpassungen und Veränderungen. Vor allem die Parolen und Losungen werden regelmäßig überarbeitet. So wurde nach dem Tode Kim Jong-ils 2011 die Verheißung »Der Große Führer Kim Il-sung wird auf immer mit uns sein« um den Namen von Kim Jong-il ergänzt. Kim Il-sungs letzte Ruhestätte in seinem ehemaligen Palast, seit 2012 »Palast der Sonne« genannt, wurde erweitert und beherbergt nun die einbalsamierten Körper beider verstorbener Führer. Eine eigene Straßenbahnlinie führt zu diesem Mausoleum.

Der Besuch gilt für Nordkoreaner als große Ehre. Westliche Gäste durchlaufen die gleiche Prozedur wie die Einheimischen. Man passiert eine Sicherheitskontrolle wie am Flughafen, bevor man sich auf den Weg durch die typische, auf Einschüchterung abzielende Architektur der Macht begibt. Auf einem Laufband wird man durch lange, hohe Gänge gefahren und an einer Zwischenstation in einer Art Luftschleuse vom Staub der Straße befreit, bevor man vorbei an Ehrengarden und durch weitere Türen, Gänge und unter dem Klang getragener Musik und bei gedämpftem Licht schließlich das Allerheiligste erreicht. Der Sarg des Führers wird umrundet, wobei man sich an drei Seiten (außer am Kopfende) zu verneigen hat. Danach wird man noch durch Räume geführt, in denen diverse nationale und internationale Auszeichnungen des Verblichenen wie Medaillen, Ehrenurkunden und auch die während der Vor-Ort-Anleitungen verwendeten Eisenbahnwaggons zu sehen sind.

Der Umgang mit den verschiedenen Formen der Verehrung für die Führer Nordkoreas ist für ausländische Besucher nicht leicht. Ob Tourist, Staatsgast oder Geschäftsmann – man wird mit wenigen Ausnahmen dazu veranlasst, sich zumindest vor den Statuen auf dem Mansudae-Hügel und im Mausoleum zu verneigen. Eine Weigerung wird von den Begleitern akzeptiert, aber gleichzeitig als höchste Beleidigung angesehen, die das Verhältnis während des gesamten Aufenthaltes und danach nachhaltig prägt. Huldigt man einem Diktator, oder bezeugt man einem nationalen Symbol seinen Respekt? Auch wenn ich mich angesichts der Rolle, die die Führer für die Ideologie und das Selbstverständnis des Landes spielen, für letztere Option aussprechen würde, muss ein jeder Besucher hier seine individuelle Entscheidung treffen.

Kim Jong-il und die Frage der dynastischen Nachfolge

Wie jeder Unternehmens- oder Staatsgründer stand Kim Il-sung in seinen späteren Jahren vor der Frage, was nach seinem Tod geschehen sollte. Seine Hyperpräsenz als Übermensch war da kein geringes Problem, auch für die Ideologie. Kann man einen einzigartigen Führer ersetzen? Und ist es in einem sich sozialistisch nennenden System möglich, den eigenen Sohn zum Nachfolger zu machen, ohne die Glaubwürdigkeit und damit die ideologische Stabilität zu gefährden?

Die Nachfolge durch eine kollektive Führung kam für Kim Il-sung nicht in Frage, denn sein System baute auf dem Führer als Kernkomponente auf. Ein neuer Führer wurde also gebraucht. Zwar sollte dieser loyal zu Kim Il-sung stehen, doch musste er trotzdem eine eigene Rolle haben; eine Kopie des nicht kopierbaren Originals wäre ein Widerspruch in sich gewesen. Kim Jong-il wurde daher in der Doppelfunktion als oberster Interpret und als Bewahrer des Erbes seines Vaters zum Nachfolger aufgebaut.

Um das Verhältnis zwischen Vater und Sohn Kim zu beschreiben, habe ich mich oft des Sonne-Mond-Vergleiches bedient. Der unter Kim Il-sungs zahlreichen Titeln auftauchende Begriff »Sonne der Nation« ist in vielerlei Hinsicht wörtlich zu nehmen. So stecken hinter den koreanischen Silben »il-sung« (*il-sŏng*) zwei chinesische Zeichen, die so viel wie »aufgehende Sonne« bedeuten. Man kann sich die im Zentrum der Gesellschaft stehende Führerperson auch als Sonne vorstellen, um die sich nicht nur alles dreht, sondern die auch alle sie umkreisenden Himmelskörper, so klein und unbedeutend diese auch sein mögen, erst durch ihr Licht zum Leuchten bringt. Ein Volk ohne Führer wäre wie ein Sonnensystem ohne Sonne.

Kim Jong-il war in dieser Konstellation der Mond, der hell scheint – weil er von der Sonne angestrahlt wird. Anders als in einer monarchischen Erbfolge hat Kim Jong-il auch nach dem Tod seines Vaters klugerweise nie versucht, seinerseits zur Sonne zu werden. Er trug stattdessen Sorge, dass die Sonne Kim Il-sung für immer und so hell wie möglich erstrahlte – und ihn, Kim Jong-il, besonders erhellte.

Dabei war es nicht vor vornherein klar, dass Kim Jong-il diese Rolle erhalten würde. Zwar war er der älteste Sohn, und man könnte mit Blick auf die konfuzianische Tradition argumentieren, dass er damit zwangsläufig die Nummer eins in der Erbfolge war. Doch allein schon die Tatsache, dass er selbst seinen drittgeborenen Sohn Kim Jong-un zum Nachfolger wählte, widerspricht einer solchen Sicht.

Noch heute erntet man Schweigen oder ausweichende Antworten, wenn man etwa nach dem Schicksal von Kim Yong-ju fragt, dem lange in der Regierung tätigen jüngeren Bruder Kim Il-sungs. Er verschwand im April 1975, kurz nachdem Kim Jong-il zunächst inoffiziell von seinem Vater zum Nachfolger auserkoren worden war, weitgehend aus der politischen Öffentlichkeit und war nicht mehr in der Partei tätig. Heute hat er die zeremonielle Position eines Ehrenvizevorsitzenden des Präsidiums der Obersten Volksversammlung inne, des nordkoreanischen Parlaments. Er wurde 2014 in dieser Funktion bestätigt, darin erschöpfen sich aber seine öffentlichen Auftritte. Kim Pyong-il, ein Halbbruder von Kim Jong-il, ist seit 1998 Botschafter der DVRK in Polen – spielt aber in der Tagespolitik keine erkennbare Rolle.

Im Verlauf mehrerer Jahrzehnte erwarb sich Kim Jong-il die Berechtigung für die Übernahme des Postens als Oberster Prophet und Erster Jünger. Einen Anfang machte er mit eigenen Vor-Ort-Anleitungen bei Filmschaffenden, außerdem unternahm er große Anstrengungen zur Kodifizierung der Ideologie und zur strikten Ausrichtung der Partei auf die Person und die Lehren seines Vaters. Bald wurde er sowohl vom Volk als auch von der Elite als die rechte Hand des Führers anerkannt. Seit Februar 1974 wurde er offiziell als »Parteizentrum« (*tang chung'ang*) bezeichnet und galt intern als Nachfolger. Ein entscheidender Schritt war die nun auch öffentliche Ernennung Kim Jong-ils zum Nachfolger seines Vaters auf dem VI. und bisher letzten Parteitag der PdAK im Jahr 1980. Indem Kim Il-sung, der unumstößliche oberste Führer des Landes, diese Entscheidung öffentlich verkündete, war sie nicht mehr anfechtbar, ohne dass man das gesamte System in Frage gestellt hätte.

Bis 1994 war Kim Jong-il als designierter Nachfolger sowohl auf Bildern als auch bei Medienauftritten, Vor-Ort-Anleitungen und ähnlichen Anlässen fast immer gemeinsam mit seinem Vater zu sehen. Bildliche Darstellungen wie Fotos, Gemälde und Mosaiken aus jener Zeit zeigen häufig einen über die Maßen zufriedenen, in der Regel passiv zuhörenden Vater, dem sein aktiver Sohn respektvoll und gleichzeitig dynamisch etwas erklärt oder zeigt. Alle anderen Personen halten einen ehrerbietigen Mindestabstand zu den beiden Führern.

Interessant ist, dass die dynastische Nachfolge weder in der Verfassung noch an anderer Stelle ausdrücklich niedergelegt ist. Und doch scheint es aus Sicht des Systems bis heute keine andere Option zu geben. Auch wenn ich der Ansicht bin, dass langfristig nur eine kollektive Führung die politische Stabilität sichern könnte, scheint ohne eine Anpassung der Ideologie eine Abweichung vom System des lebenden Führers noch immer keine Option zu sein. Diese Anpassung wird offenbar als nicht opportun oder als zu riskant angesehen. Ich spreche hier vom *lebenden* Führer, weil es durchaus denkbar wäre, das Führersystem auf Basis der *verstorbenen* Führer aufrechtzuerhalten und gleichzeitig die tatsächliche Verantwortung für das Land auf mehrere Schultern zu verteilen. Die Voraussetzungen dafür sind mit der 1998 erfolgten posthumen Ernennung von Kim Il-sung zum »Ewigen Präsidenten« und 2012 der seines Sohnes zum »Ewigen Generalsekretär« der Partei und zum »Ewigen Vorsitzenden« der Nationalen Verteidigungskommission durchaus vorhanden.

Als Kim Il-sung 1994 starb, verzichtete Kim Jong-il für drei Jahre auf die Übernahme jeglicher neuen Funktion und auf öffentliche Auftritte. Man hat viel über die Gründe für diese lange Abwesenheit spekuliert. Im Gespräch waren unter anderem eine dreijährige Trauerzeit nach konfuzianischem Vorbild, eine Phase des versteckten internen Machtkampfes sowie eine Reaktion auf die Hungerkatastrophe in den Jahren 1995 bis 1997.

Allerdings war auffallend, wie sehr es Kim Jong-il nach seiner formellen Machtübernahme 1997 vermied, die Person seines Vaters durch seine eigene zu ersetzen. Auch weiterhin gab es keine bronzene Kim-Jong-il-Statue, keine Straße und kein Platz wurden nach ihm benannt, nicht einmal auf den Geldscheinen tauchte sein Abbild auf. Die traditionelle Neujahrsansprache des Führers an sein Volk wurde für die nächsten 17 Jahre durch einen von den großen Zeitungen des Landes herausgegebenen Leitartikel ersetzt. Dieser wurde zwar nicht von Kim Jong-il unterzeichnet, man ging innerhalb und außerhalb Nordkoreas allerdings davon aus, dass er von ihm verfasst wurde. Kim Jong-il machte sich auch nicht zum Präsidenten des Landes, sondern regierte in seiner Eigenschaft als Vorsitzender der Nationalen Verteidigungskommission. Ganz offensichtlich war Kim Jong-il daran gelegen, das machtvolle Image seines Vaters nicht durch Hinzufügungen zu verwässern.

Kim Jong-il änderte zwar seinen eigenen Titel von »Geliebter Leiter« *(chin'aehanŭn chidoja)* zu »Großer Führer« *(widaehan ryŏngdoja)*, übernahm jedoch nicht den Titel seines Vaters, *wida-*

ehan suryŏng.[21] Die deutsche Sprache stößt bei der Übersetzung an ihre Grenzen; denn *widaehan suryŏng* heißt ebenfalls »Großer Führer«.

Viele bereits zu Lebzeiten seines Vaters eingeführte Traditionen behielt Kim Jong-il bei. So wird etwa sein Geburtstag am 16. Februar 1942 schon seit Jahrzehnten als offizieller Feiertag begangen. Ich war neben fünf deutschen Kommilitonen und Hunderten anderen Besuchern zum Zweck der Erhöhung der Ausländerquote 1992 bei den Feierlichkeiten aus Anlass des 50. Geburtstags anwesend. Die Zeremonie fand in einer großen Halle statt. Der etwas gequält dreinschauende Jubilar auf seiner Ehrentribüne nahm endlose Glückwünsche und Darbietungen entgegen, darunter den mit viel Inbrunst, aber wenig Talent vorgetragenen Lobgesang eines Diplomaten aus dem arabischen Raum. Meine Rolle war zum Glück für alle Beteiligten auf die des passiven Statisten beschränkt. Mit großem Erstaunen habe ich an diesem 16. Februar 1992 allerdings vor dem Gebäude die größte Ansammlung an Mercedes-Limousinen wahrgenommen, die ich je gesehen habe. Alle Farben, Typen und Baujahre schienen unter diesen Dienstwagen der hochrangigen Gäste aus Partei, Militär und Staat vertreten zu sein.

Trotz aller Kontinuitätssignale: Sowohl ideologisch wie auch wirtschaftspolitisch setzte Kim Jong-il wichtige eigene Aspekte. Seine Amtszeit begann unter einem denkbar ungünstigen Stern. Die Anfang der 1990er Jahre erfolgte plötzliche Umstellung des Handels mit dem Ostblock, vor allem mit Russland, auf Devisen hatte schlimme Folgen für die nordkoreanische Wirtschaft. Zwar litt sie wegen der insgesamt niedrigeren Handelsquote nicht so sehr wie die Transformationsländer in Osteuropa, aber vor allem der Import von Erdöl wurde zum Problem. Bis dahin wurde das billig eingekaufte russische Öl in Wärmekraftwerken zu Strom oder in Raffinerien zu Treibstoff gemacht. Es diente aber auch als Grundstoff für die chemische Industrie, insbesondere für die Düngemittelherstellung.

Als dann eine Reihe von Überschwemmungen und Dürren hinzukam, war die chronisch ineffiziente sozialistische Planwirtschaft nicht mehr in der Lage, genügend Nahrungsmittel herzustellen. Gleichzeitig flossen wie jedes Jahr erhebliche Mittel in die Landesverteidigung, die angesichts des Verlustes des atomaren Schutzschirmes der Sowjetunion eine besonders hohe Priorität genoss. Als Konsequenz kam es zu einer Krise, die man trotz widersprüchlicher Angaben zur Zahl der Toten als Hungersnot bezeichnen muss. Das System der staatlichen Lebensmittelverteilung brach zusammen. Die Menschen halfen sich selbst, vor allem durch semilegalen Grenzverkehr mit China und durch einfachste marktwirtschaftliche Aktivitäten.

Selbst das strikte Verbot der landesinternen Mobilität verlor für einige Zeit seine Wirkung. Bis heute dürfen sich Nordkoreaner nämlich auch innerhalb ihres eigenen Landes eigentlich nur mit Passierscheinen bewegen; vor den Städten und an Straßenkreuzungen gibt es Kontrollposten, und Fremde müssen umgehend bei den Behörden gemeldet werden.

Die Führung war geschockt und ließ die Menschen gewähren. Im Zuge einer Verfassungsänderung 1998 billigte sie Teile der spontan entstandenen neuen Strukturen, etwa die sogenannten Küchengärten, deren zulässige Fläche deutlich vergrößert wurde.

Im Juni 2000 kam es zum bereits für 1994 geplanten, damals aber am plötzlichen Tod Kim Il-sungs gescheiterten ersten innerkoreanischen Gipfeltreffen. Für Kim Jong-il war diese Zusammenkunft ein Erfolg auf der ganzen Linie. Ich habe mich damals in Seoul in Südkorea aufgehalten und erinnere mich noch gut, wie die Stimmung in dem straff antinordkoreanischen Land plötzlich zu seinen Gunsten umschwenkte. Statt eines stotternden und linkischen Kim Jong-il, wie man es erwartet hatte, übertrugen die Fernsehbildschirme einen souveränen, freundlich lächelnden Staatsmann, der dem älteren südkoreanischen Präsidenten Kim Dae-jung gegenüber den nötigen Respekt zeigte und tadelloses Koreanisch sprach. Die südkoreanischen Behörden hatten zuvor jahrelang Gerüchte verbreitet, nach denen Kim Jong-il aufgrund einer Verletzung nach einem Autounfall nicht mehr richtig sprechen könne.

Als der Gastgeber dann noch eine Reihe von Toasts ausbrachte und sich als humorvoll und einigermaßen trinkfest erwies, gab es kein Halten mehr. Bis heute steht in Südkorea gemäß dem Nationalen Sicherheitsgesetz der Besitz von Werken Kim Il-sungs und Kim Jong-ils sowie von Schriften und Gegenständen, mit denen der Norden verherrlicht wird, per Gesetz unter Strafe. Nordkoreanische Internetseiten sind geblockt. Und plötzlich trugen die Menschen auf den Straßen Seouls für einige Tage T-Shirts mit dem Konterfei Kim Jong-ils. Das war ein bemerkenswerter Anblick.

Kim Dae-jung erhielt für das Gipfeltreffen den Friedensnobelpreis. Kim Jong-il ging leer aus, jedoch soll aus dem Süden viel Geld nach Nordkorea geflossen sein. Seine politischen Gegner werfen Kim Dae-jung vor, den Gipfel gekauft zu haben. Etwa 400 Millionen US-Dollar sollen auf dem Umweg über die Firma Hyundai an Nordkorea gezahlt worden sein, ohne dass Klarheit über deren Verwendung herrschte. Viele seiner Unterstützer haben sich danach gefragt, warum Kim Dae-jung diese Zahlungen nicht offen und transparent geleistet hat; die Menschen Südkoreas hätten sie vermutlich als geringen Preis für die damit erzielte innerkoreanische Annäherung gesehen. Diese völlig unnötig dubiose Affäre kostete Kim Dae-jung und seine »Sonnenscheinpolitik« genannte Strategie der Annäherung später ihre mehr als verdiente Reputation.

Wichtigstes Ergebnis des ersten innerkoreanischen Gipfeltreffens war die Einrichtung einer gemeinsamen Industriezone nahe der nordkoreanischen Stadt Kaesŏng, genau an der Demarkationslinie und nur eine Autostunde von der südkoreanischen Hauptstadt Seoul entfernt. Als ich im Oktober 2004 mit einer EU-Delegation kurz nach dem offiziellen ersten Spatenstich dort war, konnte ich es noch immer nicht glauben – Kim Jong-il hatte tatsächlich den Bau einer kapitalistischen Enklave auf seinem Territorium zugelassen.

Allerdings hatte er schon zuvor seine Reformbereitschaft demonstriert. Im Jahr 2002 gab es gleich mehrere bemerkenswerte Maßnahmen. Dazu gehörte die erste Begegnung mit einem japanischen Premierminister in der Geschichte Nordkoreas, bei der Kim Jong-il nicht nur die lange als Propagandalüge abgestrittene Entführung japanischer Staatsbürger zugab, sondern dafür auch um Entschuldigung bat und fünf Überlebenden umgehend die Rückkehr nach Japan gestattete. Im Juli 2002 gab es wirtschaftliche Veränderungen, die bis dato echten Reformen am nächsten kommen. Und im Herbst 2002 versuchten die Nordkoreaner, eine Sonderwirtschaftszone in der Nähe der Stadt Sinŭiju an der nordwestlichen Grenze zu China zu eröffnen.

Keine dieser Maßnahmen war vom gewünschten Erfolg gekrönt. Die Normalisierung mit Japan fand nicht statt, ebenso wenig flossen japanische Reparationszahlungen in Milliardenhöhe, die man sich als Gegenleistung erhofft hatte. Die Wirtschaftsreformen stecken noch immer in ihrer Anfangsphase. Die Zone bei Sinŭiju wurde von China durch die Verhaftung ihres designierten Leiters innerhalb von nur wenigen Tagen nach der Ankündigung auf Eis gelegt.

Dass Kim Jong-il der Erfolg bei seinen Reformversuchen meist versagt blieb, hat eine ganze Reihe von Gründen. Mangelhaftes Verständnis der Wirkungsweise marktwirtschaftlicher Mechanismen gehört dazu sowie die Annahme, dass man diese begrenzt und isoliert von einem größeren Systemwandel umsetzen könnte. In mancher Hinsicht wurde Kim Jong-il auch mit widrigen Umständen konfrontiert. Die Katastrophe vom 11. September 2001 war nicht vorhersehbar, ebenso wenig der darauf folgende »Krieg gegen den Terror«, in dessen Zusammenhang George W. Bush in einer Rede im Januar 2002 Nordkorea als Teil der »Achse des Bösen« anprangerte. Wirtschaftskooperation mit dem Westen, die für Reformen unverzichtbar war, wurde damit erschwert. Auch die Reaktion der japanischen Öffentlichkeit auf das nordkoreanische Eingeständnis der Entführung japanischer Staatsbürger vom Herbst 2002 war anders, als von vielen Beobachtern innerhalb und außerhalb Nordkoreas erwartet worden war. Anstatt eine diplomatische Normalisierung zu unterstützen und umfassende Wirtschaftshilfen zu befürworten, verlangte man das Ende jeglicher Zusammenarbeit bis zur bis heute nicht erfolgten vollständigen Aufklärung der Angelegenheit.

Spätestens seit der Invasion der USA im Irak im März 2003 sank die nordkoreanische Bereitschaft zu riskanten Reformen auf einen Tiefstand. Es gab noch vereinzelte halbherzige Veränderungsversuche, die aber von sicherheitspolitischen Bedenken, die sich mit Macht in den Vordergrund drängten, überlagert wurden. Die Militär-Zuerst-Politik gewann an Einfluss, und 2006 und 2009 gab es die ersten beiden nordkoreanischen Atomtests. Der dritte Test fand im April 2013 unter Kim Jong-un statt. In der Wirtschaft war die Rückkehr zu einer konservativ-sozialistischen Politik zu beobachten, die auf die Stärkung von Plan und Staat setzte.

Im Jahr 2008 erlitt Kim Jong-il im Alter von erst 66 Jahren offenbar einen Schlaganfall. Die Frage der Nachfolge wurde somit viel früher akut, als man das erwartet hatte. Bis dahin gab es keine zuverlässigen Anzeichen dafür, dass ein Nachfolger aufgebaut werden sollte.

Wenn es je eine interne Debatte über eine auf Kim Jong-il folgende kollektive Führung gegeben haben sollte, so war diese folgenlos. Als Kim Jong-il Monate nach seiner Erkrankung abgemagert, leicht hinkend und um Jahre gealtert wieder in der Öffentlichkeit erschien, wurde klar, dass möglichst bald eine Nachfolgelösung präsentiert werden musste. Für den Aufbau und die Etablierung eines Kollektivs wären viel Zeit und ein gesunder, vitaler Führer nötig gewesen. Stattdessen entschied man sich nun für die schneller umsetzbare Variante der dynastischen Nachfolge. Zu den Besonderheiten der Nordkoreaforschung gehört, dass nicht genau bekannt ist, wer diese Entscheidung getroffen hat. Die Partei? Die Familie Kim? Ein kleiner Kreis aus einflussreichen Personen? Wir wissen es nicht.

Kim Jong-un

Kim Jong-il hatte, soweit wir wissen, drei legitime Söhne. Der Älteste, Kim Chŏng-nam, lebt in Macao und hat sich durch einen missglückten Disneyland-Besuch in Japan, als er mit einem falschen Pass aufflog, und später durch ausführliche Interviews mit westlichen Medien beizeiten für die Position als oberster Führer unmöglich gemacht. Ob Absicht oder Ungeschick: Jedenfalls kann er dadurch die Früchte seiner privilegierten Herkunft genießen, ohne von Amt und Würden belastet zu sein oder sich um interne Machtkämpfe sorgen zu müssen.

Der zweite Sohn, Kim Chŏng-ch'ŏl, ist angeblich keine starke Führungspersönlichkeit. Wir verdanken diese Erkenntnis einem illustren japanischen Staatsbürger, der für einige Jahre der persönliche Sushi-Koch der Familie Kim gewesen sein will und bei seinen zahlreichen Interviews gern unter seinem Decknamen Kenji Fujimoto und mit Kopftuch und Sonnenbrille auftritt. Man tut gut daran, solche Einschätzungen mit einer gewissen Vorsicht zu genießen; sie könnten aber auch zutreffen.

Der dritte und jüngste Sohn von Kim Jong-il ist Kim Chŏng-ŭn (Kim Jong-un). Er wurde vermutlich 1983 oder 1984 geboren, wobei zu erwarten ist, dass sein Alter eines Tages offiziell auf das Geburtsjahr 1982 zurückgeführt werden wird. Etwas Ähnliches war bereits mit dem 1941 geborenen Kim Jong-il geschehen. Vielleicht will man die Bedeutsamkeit bestimmter Jahre steigern, indem man dafür sorgt, dass sich runde Geburtstage der Führer in ihnen konzentrieren, vielleicht sind es ästhetische oder gar pragmatische Erwägungen, denn drei aufwändig gefeierte runde Geburtstage nacheinander würden das Land sehr teuer kommen. Wie dem auch sei, das Jahr 1912 als Geburtsjahr von Kim Il-sung ist die Ausgangsbasis, Kim Jong-il ist offiziell genau 30 Jahre danach geboren und Kim Jong-un vermutlich weitere 40 Jahre später. Als Tag seiner Geburt wird der 8. Januar angenommen. Dies ist zwar noch kein offizieller Feiertag, im Januar 2014 erfolgte aber eine halboffizielle Bestätigung dieses Datums durch einen gewissen Dennis Rodman. Der exzentrische ehemalige US-amerikanische Basketball-Star ist, soweit in dieser Konstellation überhaupt möglich, zu einer Art Freund von Kim Jong-un geworden. Er besuchte den nordkoreanischen Führer just an jenem Tag in Pjöngjang und fiel unter anderem durch das in den westlichen Medien ausführlich kommentierte Singen eines Geburtstagsständchens für den Diktator auf.[22] Dies wertet man als Bestätigung des Geburtsdatums von Kim Jong-un.

Von 2009 an berichteten Flüchtlinge von Gerüchten über einen »Jungen General« und seine Verherrlichung durch Lieder wie »Schritte« *(palkŏrŭm)*. Doch erst im Herbst 2010 wurde Kim Jong-un erstmals der Öffentlichkeit präsentiert. Ende September wurde der Zivilist ebenso wie seine Tante Kim Kyŏng-hŭi, eine Schwester Kim Jong-ils, zunächst zum General ernannt. Wenige Tage später fand die in der Geschichte der PdAK erst dritte Delegiertenkonferenz der Partei statt. Zwischen 1945 und 1980 hatte es insgesamt sechs Parteitage und zwei Delegiertenkonferenzen gegeben. In den folgenden 30 Jahren gab es kein einziges derartiges Großereignis.

Kim Jong-un wurde zum Vize-Vorsitzenden der unter direkter Leitung seines Vaters stehenden Zentralen Militärkommission der Partei gewählt beziehungsweise ernannt, jedoch nicht zum Mitglied des Politbüros. Wider Erwarten gab Kim Jong-il keine seiner Machtpositionen ab. Stellvertreterposten wurden unter verschiedenen Getreuen aufgeteilt. Offenbar war der Plan, Kim Jong-un erst mit der Zeit als neuen Führer aufzubauen. In einem Bericht in der Parteizeitung wurde sein Name nur an vierter Stelle genannt. Kim Jong-il hat seinen Sohn niemals explizit zum Nachfolger bestimmt. Auch die Tatsache, dass es sich bei Kim Jong-un um seinen (jüngsten) Sohn handelt, wurde offiziell nie ausdrücklich erwähnt. Verwandtschaftsverhältnisse der Führer werden nicht diskutiert und auch nicht offiziell bestätigt. Es handelt sich um ein Tabuthema, was vermutlich die vom Normalen weit entrückte Stellung der Führer untermauern soll.

Als am 19. Dezember 2011 die staatlichen Medien den Tod Kim Jong-ils verkündeten, gab es keinen offiziellen Nachfolger. Die seit der Delegiertenkonferenz von 2010 neu erstarkte Partei übernahm daher die Rolle des Königsmachers und erklärte Kim Jong-un zum »Großen Nachfolger der revolutionären Sache des *chuch'e* und herausragenden Führer von Partei, Armee und Volk«.[23] Offenbar gab es noch nicht einmal genug gemeinsame Fotos von Kim Jong-il und seinem jüngsten Sohn. Auf einer Sonderbriefmarke sind beide in trauter Zweisamkeit zu sehen, wobei am Boden noch die Schatten der aus dem Bild herausretuschierten Umstehenden zu erkennen sind. Das Originalfoto war zuvor in den staatlichen Medien veröffentlicht worden. Diese Verlegenheitslösung könnte man als Hinweis darauf werten, dass trotz seiner schweren Krankheit der Tod von Kim

Jong-il für die nordkoreanische Propagandamaschine unerwartet früh kam – oder dass sich niemand getraut hatte, für diesen Fall vorzusorgen.

Relativ früh wurde klar, auf welcher Grundlage sich der Machtübergang vollziehen sollte. Von Anfang an und bei den verschiedensten großen und kleinen Anlässen betonte Kim Jong-un seine besondere Sorge um die materiellen Lebensumstände des Volkes. Er wollte sich offenkundig seine Legitimität durch tatsächliche, im Alltag spürbare Verbesserungen erwerben. Er hätte auch kaum andere Optionen gehabt, da er aufgrund seiner Jugend weder eine fiktive Lebensleistung für sich reklamieren noch eine unmittelbare Nähe zu Kim Il-sung, der Quelle aller Macht, beanspruchen konnte.

Ganz ohne Ideologie ging es aber nicht. Ohne die geringste Verzögerung begann man in Nordkorea mit der posthumen Deifizierung von Kim Jong-il, die sich parallel zur ebenfalls neuen Verschmelzung der beiden verstorbenen Führer vollzog. Schon von Januar 2012 an wurden Doppelstatuen errichtet beziehungsweise bestehende Kim-Il-sung-Statuen um Abbilder von Kim Jong-il ergänzt. Seit 2012 heißt Kim Jong-ils Geburtstag »Tag des hell leuchtenden Sterns«. Ein solcher soll am Tag seiner Geburt im eisigen Februar 1942 über der geheimen Hütte am heiligen Berg Paektu am klaren Nachthimmel aufgegangen sein. Nach diesem Stern *(kwangmyŏngsŏng)* ist übrigens auch der nordkoreanische Satellit benannt, der im Dezember 2012 mit einer Rakete erfolgreich ins All geschossen wurde.

Der omnipräsente Slogan »Der Große Führer Kim Il-sung wird auf ewig mit uns sein« wurde durch den Namen Kim Jong-ils erweitert. Um im schon angesprochenen Bild zu bleiben: Da die von seinem Vater (dem »Mond«) ausgehende Legitimität zu schwach und sein Großvater (die »Sonne«) zu weit weg ist, werden beide zu einer Einheit verschmolzen, die sowohl über die nötige Strahlkraft als auch die hinreichende Nähe zu Kim Jong-un verfügt.

In diesem Zusammenhang fällt auf, wie sehr sich Kim Jong-un, der ihm in seiner fülligen Statur ohnehin ähnelt, äußerlich und in seinem Verhalten an seinem Großvater Kim Il-sung orientiert. Dies geht bis hin zum Haarschnitt, dem dunklen hochgeschlossenen Anzug und dem Strohhut, wie ihn Kim Il-sung öfter trug. Wie dieser sucht Kim Jong-un den körperlichen Kontakt zu seinen Landsleuten. Was für seinen Personenschutz sicher ein Alptraum ist, wirkt auf die Nordkoreaner volksnah; der »Führer zum Anfassen« kommt gut an. Auch dass er sich an Festtagen und bei anderen Anlässen direkt an sein Volk wendet und das unter seinem Vater übliche Neujahrseditorial in der Zeitung wieder durch eine Neujahrsansprache ersetzt hat, erinnert an Kim Il-sung.

Kim Jong-un hat allerdings auch sehr frühzeitig eigene Akzente gesetzt. Nur wenige Monate nach seinem Machtantritt im Dezember 2011 wurde am 11. April 2012 die mittlerweile vierte Delegiertenkonferenz der Partei abgehalten. Dabei wurde Kim Jong-il nach dem Vorbild seines 1998 per Verfassungsänderung zum »Ewigen Präsidenten« erklärten Vaters nun seinerseits zum »Ewigen Generalsekretär der PdAK« bestimmt. Die Leitideologie, die im Wesentlichen eine Verbindung aus Führerprinzip und *chuch'e* beziehungsweise *sŏn'gun* bedeutet, wurde in Kimilsungismus-Kimjongilismus umbenannt und Kim Jong-un auf die neugeschaffene Position des Ersten Sekretärs der PdAK berufen.

Bei der wenige Tage darauf folgenden jährlichen Sitzung des Parlaments wurde Kim Jong-il entsprechend posthum zum »Ewigen Vorsitzenden der Nationalen Verteidigungskommission« erklärt. Kim Jong-un erhielt den neu geschaffenen Posten des »Ersten Vorsitzenden« dieser Kommission, was ihn laut Artikel 100 der Verfassung auch zum Obersten Führer *(ch'oego ryŏngdoja)* der Demokratischen Volksrepublik Korea (DVRK) macht. Damit übernahm er sowohl die Macht in der Partei wie auch im Militär. Die Regierungsgeschäfte werden offiziell einem Premier überlassen, der ähnlich wie in Südkorea jedoch eher einem Exekutor von Anweisungen des obersten Führers gleichkommt und kaum eine wesentliche eigenständige Rolle in der Politik spielt. Völlig ignorieren sollten wir den Premier und das Kabinett allerdings nicht; wenn überhaupt, dann wären technokratische Wirtschaftspragmatiker genau hier zu finden.

Am 13. April 2012 sollte, rechtzeitig zum zwei Tage später begangenen 100. Geburtstag von Kim Il-sung, eine dreistufige Rakete mit einem Satelliten in den Orbit geschossen werden. Damit deutete sich schon an, dass auch der neue Führer wohl nicht bereit sein würde, das Verteidigungsprogramm des Landes samt Interkontinentalraketen und Nuklearsprengköpfen auf dem Status quo zu halten oder gar aufzugeben.

Der offiziell angekündigte Start schlug fehl. Während man in der Vergangenheit jedoch derartige Misserfolge geleugnet hatte, wurde das Scheitern dieses Mal umgehend eingeräumt. Ich hielt mich gerade zu diesem Zeitpunkt in Pjöngjang auf und wurde sowohl über die Staatsmedien wie auch von meinen Begleitern informiert. Ein Optimist würde dieses Vorgehen als Zeichen von Offenheit und Pragmatismus unter dem neuen Führer interpretieren. In jedem Falle war dies ein ungewöhnliches Verhalten für eine Diktatur, die üblicherweise ihre Leistungen in einem mehr als rosigen Licht darstellt.

Dies blieb nicht das einzige ungewöhnliche Vorkommnis. Mitte April wurde nur vier Monate nach seinem Tod auch eine monumentale, über 20 Meter hohe Statue von Kim Jong-il auf dem Mansudae-Hügel in Pjöngjang enthüllt, dem zentralen Ort des Führerkultes um Kim Il-sung. Um für den Neuzugang Platz zu machen, wurde die Statue des Staatsgründers zur Seite gerückt. Mehr noch, sie wurde komplett überarbeitet: Das zuvor ernste

Gesicht von Kim Il-sung wurde älter gemacht und mit einem Lächeln und einer Brille versehen. Der Mao-Anzug wich einem westlichen Anzug mit Krawatte. Wahrscheinlich soll das Altern der Kim-Il-sung-Statue das Vater-Sohn-Verhältnis wiederspiegeln, und man kann darüber spekulieren, ob das Lächeln auf beiden Gesichtern Zufriedenheit mit dem Erreichten und Optimismus für die Zukunft ausdrückt.

Für den westlichen Betrachter hat so etwas bestenfalls unterhaltenden Charakter, doch wie sind diese Modifikationen vor dem Hintergrund der nordkoreanischen Ideologie zu interpretieren? Die Hinzufügung von Kim Jong-il ist dem schon erwähnten Versuch des neuen Führers geschuldet, den nahen, aber vergleichsweise kraftlosen Vater mit dem zwar fernen, doch starken Großvater zu verschmelzen. Aber Kim Il-sung ist nicht irgendjemand, mit dessen Bild man leichtfertig spielen kann, sondern der gottgleich verehrte Befreier, Gründer und Beschützer des Landes. Er ist die Quelle aller Macht, sein Abbild ist das höchste Symbol, sein Geburtsjahr markiert die Zeitrechnung. Seine Statue auf dem Mansudae-Hügel stand dort 40 Jahre lang und war den Menschen ebenso geläufig, wie der Cristo Retendor es für die Menschen in Rio de Janeiro und ganz Brasilien ist. Ohne den Vergleich mit Religionen oder etablierten Marken zu weit treiben zu wollen: Ein so im öffentlichen Bewusstsein verankertes, machtvolles Symbol zu verändern scheint ziemlich riskant. Wir wissen nicht, wie die Menschen in Nordkorea darüber denken; die Führer und die Ästhetik ihrer Darstellung werden grundsätzlich nicht diskutiert, schon gar nicht mit Ausländern.

Im Herbst 2012 wurden beide Statuen übrigens erneut verhüllt. Die sicher nicht billige Überarbeitung resultierte lediglich darin, dass Kim Jong-il nun statt eines westlich geschnittenen Mantels einen Parka trägt. Man fragt sich, ob man sich das nicht früher hätte überlegen können, ob die linke Hand nicht weiß, was die rechte macht, und ob der neue Führer bereits als allmächtiger und zur Willkür neigender Diktator agiert. Einmal mehr bleiben uns nur Spekulationen.

Neben der vergleichsweise rasanten Formalisierung seiner Machtposition – Kim Jong-il hatte seinerzeit drei Jahre lang damit gewartet – und der entsprechenden Anpassung der Ideologie und Symbolik des Systems setzte Kim Jong-un auch andere, neue Akzente im Rahmen einer Politik, die man wohl am ehesten mit »Brot und Spiele« beschreiben kann. Beispiele sind zahlreich. Vergnügungsparks in der Hauptstadt wurden renoviert oder neu errichtet, ein Delphinarium gebaut, ein Wasserpark mit den auch bei uns üblichen langen Rutschen kam hinzu, und ein Reitstall der Armee wurde in einen öffentlichen Reitpark umgewandelt. Bisherige Krönung dieser Unterhaltungsoffensive ist ein Skigebiet im Osten des Landes nahe der Stadt Wŏnsan, wo bis Ende 2013 nach alpinem Vorbild Abfahrtspisten verschiedener Schwierigkeitsstufen nebst touristischer Infrastruktur errichtet wurden. Eine Besonderheit ist, dass daraus gleich eine neue, typisch sozialistische Kampagne zur Steigerung der Arbeitsproduktivität gemacht wurde. Das ist insofern bemerkenswert, als es sich beim »Tempo vom Masik-Pass« nicht um die üblichen produktiven Projekte wie etwa eine Stahlfabrik oder einen Staudamm handelt. Das Skigebiet passt vielmehr zu den neuen strategischen Schwerpunkten Sportförderung und Ausbau des Tourismus. Man wird sehen, wie sich das mit den herrschenden ideologischen Vorstellungen von sozialistischem Heldentum vereinbaren lässt.

Im Sommer 2012 verblüffte Kim Jong-un das In- und Ausland damit, dass plötzlich an seiner Seite eine gutaussehende und westlich-elegant gekleidete junge Frau auftauchte, die sich nach einigem Rätselraten als seine Ehefrau »Genossin Ri Sŏl-ju« herausstellte. Von nun an war sie bei Kim Jong-uns offiziellen Auftritten beinahe immer anwesend, bis sie für einige Wochen ebenso plötzlich verschwand und dann mit deutlich sichtbaren Zeichen einer Schwangerschaft wieder auftauchte. Um den Jahreswechsel 2012/13 herum wurde eine Tochter geboren. Angesichts des bisherigen Bemühens in Nordkorea, das Privatleben der Führer als Tabuthemen zu behandeln, muss man eine solche Offenheit als wirklich außergewöhnlich betrachten.

Doch die ungewöhnlichen Ereignisse waren damit nicht zu Ende. Im Sommer 2012 spekulierte man im Ausland über die Bedeutung einer in den Medien übertragenen Performance im Beisein des Führers und seiner Gattin, bei der unter anderem Disney-Figuren auftraten. Waren dies versteckte Signale an die USA oder nur der Ausdruck von schlechtem Geschmack? Hatte Nordkorea überhaupt die Rechte für eine solche Aufführung erworben? Diese mehr oder weniger wichtigen Fragen lassen sich vorerst nicht beantworten, aber für unsere Sicht auf Nordkorea ist relevant, dass es solche den Erwartungen widersprechende Ereignisse überhaupt gibt – auch wenn ich sie nicht überbetonen will, da wir ihren Hintergrund nicht immer verstehen.

Daher nur noch ein letztes Kuriosum – die neu und unter direkter Anleitung Kim Jong-uns geschaffene Moranbong-Band. Sie war ebenfalls 2012 erstmals öffentlich zu sehen. Besonders humoristisch aufgelegte Beobachter würden sie als nordkoreanische Antwort auf die Girlbands im südkoreanischen K-Pop sehen. Fest steht, dass es sich hier um eine deutlich modernisierte Variante der sonst aus Nordkorea bekannten, eher altbacken wirkenden Unterhaltungsgruppen handelt. Die nach dem beliebtesten Park der Hauptstadt benannte Moranbong-Band besteht komplett aus jungen, attraktiven weiblichen Mitgliedern, die bevorzugt in sehr kurzen, westlich geschnittenen Röcken oder Kleidern auftreten und ihre jeweiligen Instrumente – von der Stimme über elektrische Violine bis zur E-Gitarre – perfekt beherrschen. Die Songs sind allesamt hochpolitisch und preisen zumeist die Führer und ihre Errungenschaften, besingen die Liebe zu ihnen, zur Heimat und zum Militär.

Kim Jong-un will sich offenbar auch über die inhaltlich starre, aber in der Form variable Unterhaltungsindustrie unter Rückgriff auf recht simple und daher besonders effektive Mittel (»sex sells«) der Sympathie der Jugend versichern. Die spärliche Bekleidung und lasziven Bewegungen der Künstlerinnen bilden einen auffallenden Kontrast zum sonst von eher konservativen Moralvorstellungen geprägten Nordkorea. Bereits im Flugzeug nach Pjöngjang wird man über die Bildschirme mit einem Videoauftritt der Damen beglückt, und selbst im Erdgeschoss des erstaunlich kommerziellen Chuch'e-Turms kann man ihre DVDs kaufen. Eines Abends konnte ich das vom staatlichen Fernsehen übertragene Gastspiel der Band in einer Provinzstadt verfolgen; sie erhielt einen fast an einen Staatsbesuch erinnernden Empfang mit langem Spalier und jubelnden Massen.

Neben dem Entertainment gibt es allerdings auch »harte« Politikfelder, auf denen Kim Jong-un radikale Entscheidungen getroffen hat. Dazu gehört die Personalpolitik oder zumindest jener Teil davon, den man als Ausländer auf dem Weg der Berichterstattung der staatlichen Medien mit verfolgen kann. Ein erstes prominentes Beispiel ist der rasante Aufstieg und ebenso schnelle Abstieg von Ri Yŏng-ho. Dieser war noch im September 2010 in den Rang eines Vizemarschalls erhoben worden und wurde danach Mitglied des Präsidiums des Politbüros sowie Vizevorsitzender der mächtigen Zentralen Militärkommission der Partei. Lange Zeit munkelte man, er sei der zweite Mann hinter Kim Jong-un und von größter Bedeutung für die Zukunft. Im Juli 2012 wurde der 67-Jährige plötzlich »wegen Krankheit« von allen seinen Ämtern entbunden. Über die tatsächlichen Hintergründe können wir wie so oft vorerst nur spekulieren.

Als zweiter Mann zu gelten scheint dem so Geehrten kein Glück zu bringen. Im Dezember 2013 kam es zum in der nordkoreanischen Geschichte bislang spektakulärsten Fall einer Abberufung. Chang Sŏng-t'aek (Jang Song-thaek), Ehemann der Schwester von Kim Jong-il und damit Onkel von Kim Jong-un, wurde im staatlichen Fernsehen und auf der ersten Seite der Parteizeitung in einem ungewöhnlich detaillierten Artikel diverser Verbrechen beschuldigt. Am 8. Dezember fand eine erweiterte Sitzung des Politbüros der Partei im Beisein von regulären und alternierenden Mitgliedern sowie ausgewählten Führungskräften aus Partei und Militär statt, auf der man Chang sektiererischer Handlungen anklagte, insbesondere der Untergrabung der einheitlichen Führung der Partei, der Doppelzüngigkeit und des mangelnden Respekts gegenüber den verstorbenen und dem amtierenden Führer. Chang habe eine Faktion in der Partei geschaffen und die Reihen seiner Unterstützer gestärkt, indem er kriminelle Elemente in die Abteilungen des Zentralkomitees gebracht habe. Chang habe die Kontrolle der Partei über Strafverfolgungsbehörden und Polizei geschwächt und den Klassenkampf und die demokratische Diktatur[24] aufgegeben.

Neben diesen besonders schwerwiegenden ideologischen Anklagepunkten wurden ihm außerdem Wirtschaftsverbrechen vorgeworfen. Er habe die Bemühungen zur Verbesserung des Lebensstandards der Bevölkerung untergraben, das eigentlich für die Wirtschaft zuständige Kabinett umgangen, Rohstoffe ins Ausland zu billigen Preisen verschachert und die inländische Produktion geschädigt.

Nach nordkoreanischer Logik muss ein derartiges Verhalten von moralischer Verkommenheit begleitet sein. Und in der Tat komplettierte man die Liste der Anklagen mit Infektion durch die kapitalistische Lebensart, Korruption und Beziehungen zu mehreren Frauen. Chang habe, so hieß es, in Hinterzimmern von Luxusrestaurants gespeist, Drogen genommen und während eines gesundheitsbedingten Auslandsaufenthaltes große Geldsummen in Casinos verspielt.[25]

Chang wurde aufgrund seiner Verbrechen zum Tode verurteilt und hingerichtet, begleitet von Apellen an die Bevölkerung und die Partei, die Reihen zu schließen und die monolithische Einheit mit Kim Jong-un als einheitlichem Zentrum *(yuil chungsim)* zu verteidigen. Da in der Anklage eine ganze Gruppe und unterstützende Elemente erwähnt wurden, geht man von einer Säuberungswelle aus, über die bisher allerdings kaum Details an die westliche Öffentlichkeit gedrungen sind.

Der Fall Chang wirft viele Fragen auf, etwa, wer die Anklage gegen ihn zusammengestellt hat. Haben wir hier einen internen Machtkampf miterlebt? Wie wird sich die Führung des Landes verhalten – verängstigt mit noch größerer Loyalität reagieren oder eine Revolte planen, da niemand sicher sein kann, nicht der Nächste zu sein? Mit Stand vom Juni 2014 sieht es so aus, als habe die öffentliche Verurteilung von Chang Kim Jong-un gestärkt. Doch können wir uns der langfristigen Wirkung nicht sicher sein. Immerhin hat er damit vielen Menschen in Nordkorea erstmals die Option vor Augen geführt, gegen den Führer sein zu können. Das war für die meisten Nordkoreaner bisher nicht vorstellbar. Und die Tatsache, dass sich ein solch verbrecherisches Element jahrzehntelang im Zentrum der Führung aufhalten konnte, spricht nicht gerade für die Weitsicht und Überlegenheit des obersten Führers.

Dass auch Wirtschaftsverbrechen in dieser Deutlichkeit angesprochen wurden, hat mich damals auch zu der Vermutung veranlasst, dass es darum gehen könnte, einen Schuldigen für die sich nicht wie erwartet entwickelnde Wirtschaftslage zu präsentieren.[26]

Aufstieg und Fall von Ri Yŏng-ho und Chang Sŏng-t'aek zeigen, dass Kim Jong-un sehr schnell weitreichende Entscheidungen in der Personalpolitik zu fällen in der Lage ist. Nimmt man diese Entscheidungen zusammen mit weiteren Beispielen von entschiedenem, wenngleich oft eigenwilligem Verhalten als Anhaltspunkt, so dürfen wir annehmen, dass der neue Führer trotz seiner Jugend und trotz der nur kurzen und unvollständigen Vorbereitungszeit mit Stand von Mitte 2014 die Macht weitgehend in den eigenen Händen hält. Auch wenn er keinesfalls allein regieren kann, so lässt sich doch die These von der Marionette Kim Jong-un nur schwer aufrechterhalten.

Nebenbei verdeutlicht gerade das Beispiel von Chang Sŏngt'aek, wie wenig wir über die internen Abläufe an der Spitze Nordkoreas wissen. Unter Berufung auf angeblich bestens informierte Kreise wurde der Onkel seit einigen Jahren, und in verstärktem Maße seit dem Tode von Kim Jong-il, als Graue Eminenz dargestellt, die die eigentliche Macht in den Händen halte und Kim Jong-un als willenloses Geschöpf benutze. Offenbar war dies eine Fehleinschätzung. Wir können davon ausgehen, dass es noch weitere gibt.

Mittlerweile lassen sich auch Anfänge eines Personenkults um Kim Jong-un beobachten. Zwar existieren von ihm weder Statuen, noch gibt es Straßen, die nach ihm benannt sind, und die Bilder seiner Großeltern und seines Vaters, die in Wohnungen der Nordkoreaner hängen, wurden noch nicht um sein Konterfei ergänzt. In öffentlichen Gebäuden und in den Medien sieht man sein Abbild zwar, aber noch nicht als überdimensionales Einzelporträt.

Slogans zu seiner Verherrlichung finden sich jedoch bereits überall im Land, und ihre Zahl steigt. Über den Schulen des Landes wurde in der dort üblichen Inschrift der Name von Kim Jong-il durch den seinen ersetzt: »Vater Kim Jong-un, wir danken Dir«. Auch beim jährlichen Massenspektakel *Arirang* wird er gewürdigt. Die offizielle Vergangenheit des neuen Führers ist allerdings noch in Dunkel gehüllt. Weder seine in westlichen Medien kolportierte Zeit in einem Berner Internat noch eine andere Variante der Geschichte seiner Jugend wurde bislang in den Staatsmedien Nordkoreas veröffentlicht. Aller Erfahrung nach sollte dies aber in nicht allzu ferner Zukunft geschehen.

Eine Blume mit dem Namen Kim Jong-uns gibt es, soweit ich weiß, ebenfalls noch nicht. Allerdings vergab der neue Führer im April 2012 an eine auffallend an die Kimilsungia erinnernde Orchidee, die vom Pjöngjanger Institut für Blumenzucht kultiviert wurde, den Namen Manbokia (*manbok* bedeutet »großes Glück«, aber auch »Sattheit«). Es ist nicht auszuschließen, dass dies eines Tages die Kimjongunia wird.

Chuch'e

Laut Artikel 3 der Verfassung in der Ausgabe aus dem Jahr 2010 bildet *chuch'e* die ideologische Grundlage des politischen Systems der DVRK. Man verwendet es oft auch als Synonym für Kimilsungismus beziehungsweise seit 2012 für Kimilsungismus-Kimjongilismus.[27]

Der aus den zwei chinesischen Zeichen für »Herr« und »Körper« zusammengesetzte Begriff *chuch'e* (Herr des eigenen Körpers) wird oft als »Subjekt« übersetzt. Dies impliziert, im Gegensatz zum passiven »Objekt«, eine aktive Rolle. Und darum geht es auch, um die altbekannte Frage nämlich, ob man als Mensch sein Schicksal in die eigenen Hände nehmen und es aktiv gestalten oder ob man sein Dasein passiv ertragen soll.

Zur Bedeutung von *chuch'e* gibt es unzählige Publikationen in Dutzenden Sprachen. Zumindest ein Zitat des Ideologiestifters will ich hier anführen:

> Die Dschutsche-Ideologie bedeutet, daß die Volksmassen[28] der Herr in der Revolution und beim Aufbau sind, daß sie als die treibende Kraft dabei auftreten. Mit anderen Worten, diese Ideologie bedeutet, daß jeder selbst Herr seines Schicksals ist, daß jeder auch die Kraft besitzt, sein Schicksal zu entscheiden. Die Dschutsche-Ideologie beruht auf dem philosophischen Grundsatz, daß der Mensch der Herr aller Dinge ist und er über alles entscheidet.[29]

Der Sinn dieser Sätze erschließt sich erst dann richtig, wenn man den historischen Kontext beachtet, aus dem sie stammen. In der Geschichtsschreibung Nordkoreas heißt es, dass Kim Il-sung *chuch'e* erstmals am 28. Dezember 1955 in einer Rede vor den Propagandisten der Partei erwähnte.[30] Oft findet man auch Hinweise darauf, dass er den Grundgedanken bereits in seiner Zeit des antijapanischen Partisanenkampfes entwickelt hat.

Allerdings scheint es so, dass man in Nordkorea große Anstrengungen unternommen hat, um die Geburtsstunde der Idee vorzudatieren. Brian Myers[31] weist auf Basis der Auswertung offizieller nordkoreanischer Publikationen und Medien darauf hin, dass auf diese erste Erwähnung im Jahr 1955 eine lange Pause folgte, in der der Begriff kaum verwendet wurde. Erst seit Anfang der 1960er Jahre gewann die *chuch'e*-Ideologie an Boden und wurde ab Mitte der 1960er Jahre zunehmend intensiv als die herrschende ideologische Lehre in Nordkorea propagiert.

Je nachdem, welche Entstehungszeit wir nun annehmen, ändert sich der ursprüngliche Sinn und Zweck des *chuch'e*-Gedankens. 1955 stand Nordkorea noch fest an der Seite der Sowjetunion, in der Partei hingegen gab es heftige interne Kämpfe. *Chuch'e* hätte vor diesem Hintergrund eine primär innenpolitische Bedeutung gehabt und das Ziel, solche Personen und Gruppierungen zu brandmarken, deren Gesinnung nicht hinreichend nationalistisch war.

Wenn wir der Argumentation von Myers folgen und die eigentliche Entstehung von *chuch'e* in den 1960er Jahren ansiedeln, dann wäre die ursprüngliche Bedeutung dieser Ideologie aber sehr stark außenpolitischer Natur gewesen. Der Ostblock war ab Ende der 1950er Jahre von der bereits beschriebenen Rivalität zwischen Moskau und Beijing gekennzeichnet. Sowjetische Überlegungen zur friedlichen Koexistenz und zur kollektiven Führung machten Kim misstrauisch. In der Kubakrise von 1962, als sich die USA und die Sowjetunion in einem gefährlichen Machtpoker gegenüberstanden und die unmittelbare Gefahr eines neuen, atomaren Weltkrieges drohte, hatte der sowjetische Regierungschef Chruschtschow schließlich gegenüber dem zu allem entschlossen wirkenden US-Präsidenten Kennedy nachgegeben. Für den Fall einer ähnlichen Konfrontation auf der koreanischen Halbinsel konnte Pjöngjang sich folglich nicht auf die Unterstützung Moskaus verlassen, zumal diese ja bereits im Koreakrieg ausgeblieben war.

Das hätte eine stärkere Zuwendung zu China nahegelegt; allerdings war der große Nachbar dabei, sich nach der Katastrophe des Großen Sprungs und auf dem Weg zur Kulturrevolution auf gefährliche Art zu radikalisieren. Kim Il-sung traute auch hier dem Frieden kaum und musste daher, ob er wollte oder nicht, einen eigenen, dritten Weg finden.

Dieser Weg musste eine Reihe von Voraussetzungen erfüllen. Er durfte nicht allzu offenkundig als Sonderweg erkennbar sein, da in der damaligen bipolaren Welt des Kalten Krieges die nominelle Zugehörigkeit zu einem der beiden Lager überlebenswichtig war – zumal für ein Land wie Nordkorea an der Schnittstelle der zwei Machtblöcke. Das Etikett »sozialistisch« war sowohl für den inneren ideologischen Zusammenhalt wie auch für die

Kooperation mit den »Bruderländern« des Ostblocks elementar und durfte nicht aufgegeben werden.

Ferner musste die neue Ideologie möglichst flexibel sein und dem Führer die Möglichkeit einräumen, das tun zu können, was er für richtig hielt, ohne dass er durch allzu detaillierte Dogmen eingeschränkt würde. Überhaupt musste die Ideologie mit der Existenz eines Führers zumindest kompatibel sein, im Idealfall sie sogar zwingend bedingen. Nicht zuletzt war und ist es im Falle Koreas immer auch wichtig, Raum für Nationalismus zu lassen.

Chuch'e erfüllt all diese Wünsche auf ebenso einfache wie wirkungsvolle Weise. Im Einklang mit den Gedanken Maos weist die Ausformulierung der Idee auf die offensichtliche Tatsache hin, dass sich sowohl Länder als auch Epochen voneinander unterscheiden. Daraus lässt sich ableiten, dass auch die Wege zur Bewältigung anstehender Aufgaben differieren können. Denn wenn eine Person links von einem bestimmten Punkt steht und eine rechts davon, dann müssen beide in unterschiedliche Richtungen gehen, um zum gleichen Punkt zu gelangen.

Die Übertragung dieses Gedankens auf den Sozialismus und Korea führt dann zu dem logisch klingenden Schluss, dass aufgrund der unterschiedlichen Gegebenheiten die sozialistische Praxis in Korea zwangsläufig anders aussehen müsse als in der Sowjetunion oder China. Der Schlüssel zum Erfolg ist somit die kreative Anwendung der Grundprinzipien der sozialistischen Ideen auf die konkrete Situation Nordkoreas. Die Unfähigkeit, die Theorien von Marx und Lenin korrekt und kreativ an die eigenen, landes- und zeitspezifischen Bedingungen anzupassen, wird in Nordkorea übrigens als Erklärung für das Scheitern des Sozialismus in den Ländern des Ostblocks um 1990 herangezogen.

Diese »korrekte und kreative Anpassung« wiederum ist eine Aufgabe, die nur der Führer verstehen und bewältigen kann.

Der ideologische Ansatz Nordkoreas sieht im Unterschied etwa zum Sozialismus in der DDR keineswegs vor, den Bürgern die grundlegende Funktionsweise des Systems zu erklären, damit sie innerhalb dieses Rahmens eigenverantwortliche Entscheidungen treffen können. Vielmehr ist die Ideologie darauf ausgerichtet, das Wort des Führers zur unumstößlichen und nicht hinterfragbaren Autorität zu machen und seine Anweisungen, nicht die Erwägungen dahinter, zu propagieren. Widersprüche sind keine Widersprüche, sondern Ausdruck der Unfähigkeit des Einzelnen, die Gedanken und die Weisheit des Führers zu verstehen, denn: Die Wege des Führers sind für den Normalbürger unergründlich – wozu würde er sonst einen Führer brauchen.

Somit ließ *chuch'e* Kim Il-sung nicht nur freie Hand bei der Gestaltung der Politik in Nordkorea, sondern garantierte ihm auch die bereits diskutierte unverzichtbare Schlüsselrolle.

Die Kodifizierung der Ideologie vollzog sich über einen längeren Zeitraum. In den frühen siebziger Jahren wurde das »philosophische Prinzip« des *chuch'e* verkündet: Der Mensch ist der Herr über alles und entscheidet alles. Was zunächst als Trivialität erscheint, ist bei näherem Hinsehen ein frontaler Angriff auf Marx. Dieser hatte nämlich ganz im Trend des 19. Jahrhunderts erklärt, »Naturgesetze« der menschlichen Gesellschaft und ihrer Entwicklung entdeckt zu haben. Diese seien objektiv, also vom Einzelnen nicht beeinflussbar, ebenso wie ein Gegenstand zu Boden und nicht nach oben oder zur Seite fällt, wenn man ihn loslässt. Dabei ist es völlig egal, wer den Gegenstand fallen lässt und wie sehr er sich wünscht, er möge nicht nach unten fallen. Marx positionierte sich damit gegen Hegel, den er nach Aussage von Friedrich Engels vom Kopf wieder auf die Füße gestellt hatte.[32] Kim Il-sung stellte ihn wieder zurück.

Auf die Marx'sche Logik von der Unveränderlichkeit der Gesetze gesellschaftlicher Entwicklung stütz(t)en sich aber die

Machtansprüche der meisten sozialistischen Ideologien. Sie gingen davon aus, dass der Sieg des Kommunismus (mit dem Sozialismus als Übergangsphase) auf wissenschaftlicher Basis steht und unvermeidlich ist, eine Art Newtonscher Apfel der Menschheitsentwicklung. Auch wurde der Kommunismus als höchste Stufe der Entwicklung bezeichnet. Parallelen zu Francis Fukuyamas inhaltlich allerdings völlig anders ausgerichtetem Diktum vom »Ende der Geschichte« sind erkennbar. In seiner volkstümelnden Art formulierte Erich Honecker seine Variante dieser Unvermeidlichkeit nur einige Wochen vor seinem erzwungenen Rücktritt unter Rückgriff auf August Bebel so: »Den Sozialismus in seinem Lauf hält weder Ochs noch Esel auf.«[33]

Indem nun laut *chuch'e* der Mensch »Herr über alles« ist, wird seine Unterwerfung unter gesellschaftliche Gesetzmäßigkeiten verneint, also der Kern des Marxismus verworfen. Alles ist möglich, wenn es der Mensch nur will. Den Sozialismus »in seinem Lauf« gibt es so nicht, denn es ist der Mensch, der ihn vorantreibt, anstatt von ihm mitgerissen zu werden. Eventuelle individuell-liberale Schlussfolgerungen, die einem hierbei kommen könnten, wurden übrigens sofort durch die an die konfuzianische Harmonielehre erinnernde These unterdrückt, dass sich der Einzelne nur im Kollektiv verwirklichen kann, welches wiederum einen Führer braucht.

Mit der Veröffentlichung von Kim Jong-ils Werk »Über die chuch'e-Idee« anlässlich des 70. Geburtstages seines Vaters im Jahre 1982 gilt die Systematisierungsphase als abgeschlossen.[34] Die Weiterentwicklung dauert noch heute an und mündete zuletzt insbesondere in die Militär-Zuerst-Ideologie *(sŏn'gun sasang),* auf die ich gleich zu sprechen komme. Die Schriften von Kim Il-sung und Kim Jong-il zum *chuch'e* und deren Interpretationen umfassen inzwischen Hunderte von Bänden; zusammen bilden sie das, was man heute in Nordkorea »Kimilsungismus-Kimjongilismus« nennt.

Einige grundlegende Gedanken und Begriffe kehren dabei jedoch immer wieder. Dazu gehört *charyŏk kaengsaeng* (wörtlich: aus eigener Kraft wiedergeboren werden, ins Englische mit »self reliance« übersetzt). Das Leitprinzip der Unabhängigkeit wird durch vier Begriffe konkretisiert: *chuch'e* in der Ideologie, Selbstbestimmung *(chaju)* in der Politik, Selbstvertrauen *(charip)* in der Wirtschaft und Selbstverteidigung *(chawi)* in militärischen Angelegenheiten.

Wenn man sich die diversen nordkoreanischen Publikationen zum Thema durchliest, dann fällt auf, dass *chuch'e* eigentlich recht arm an konkreten Inhalten ist. Zwar ist der Autarkiegedanke ein wesentlicher Bestandteil, insbesondere in seiner Anwendung auf die Praxis mit dem Ziel, so viel wie möglich aus eigener Kraft zu leisten. Dieses Prinzip finden wir aber auch außerhalb Nordkoreas, etwa als Politik der Importsubstitution in der Entwicklungsökonomik. Es sind daher vor allem die Abkehr vom Dogmatismus des Marxismus-Leninismus und die daraus erwachsende Ambivalenz und Flexibilität, die *chuch'e* interessant und im Kontext sozialistischer Ideologien außergewöhnlich machen.

Bemerkenswert ist überdies, dass der Nationalismus Nordkoreas so unverbrämt zum Vorschein kommt. John Jorganson geht sogar so weit, die gesamte *chuch'e*-Idee als »landesspezifischen ethnischen Nationalismus«[35] zu klassifizieren. Die meisten anderen sozialistischen Länder haben es wenigstens mit einem Lippenbekenntnis zum finalen Satz aus dem Kommunistischen Manifest versucht: »Proletarier aller Länder, vereinigt euch!« Inzwischen ist dieser Wahlspruch vom Titelblatt der Parteizeitung *Rodong Sinmun* verschwunden. In der Tat widerspricht der Klassengedanke von Marx dem Nationalismus, da die Arbeiterklasse über Ländergrenzen hinweg die ebenfalls globale Klasse der Bourgeoisie bekämpfen soll. So war es jedenfalls gemeint, als noch von der Weltrevolution geträumt wurde. In Nordkorea ist man frappierend offen mit Formulierungen wie »unsere Nation zuerst«, »unser Land ist das beste« und »unsere Art des Sozialismus«. Aber auch Formulierungen wie »unsere Rasse zuerst« werden gelegentlich gebraucht.

Was bedeutet *chuch'e* heute? *Chuch'e* war einmal die ideologische Unabhängigkeitserklärung Nordkoreas von den übermächtigen sozialistischen Verbündeten Moskau und Beijing. Diese Rolle muss es heute nicht mehr spielen. Während ich noch 1991 landesweit häufig Spruchbänder mit der Parole »*urisik sahoejuŭi*« (unsere Art von Sozialismus) gesehen habe, sind diese weitgehend aus dem Straßenbild verschwunden.

Heute dominiert der Nationalismus, der unter anderem das Verhältnis zum erdrückend dominanten Wirtschaftspartner China bestimmt. Die oft hergestellte Analogie, nach der *chuch'e* mit dem Streben nach völliger Autarkie gleichzusetzen wäre, ist in dieser extremen Form allerdings falsch. *Chuch'e* besagt lediglich, dass man bei Kontakten mit dem Ausland aufpassen soll, nicht die eigene Unabhängigkeit zu gefährden und die eigenen Handlungsoptionen einzuschränken. Illustriert wird dies durch das sehr populäre Motto: »Die Füße fest auf dem eigenen Boden, richtet die Augen auf die Welt«.[36]

Chuch'e ist eine der wichtigsten Begründungen für das Führerprinzip und eine Quelle der Legitimität für Kim Il-sung und all jene, die sich auf ihn berufen. In dieser Funktion ist *chuch'e* noch heute relevant und mächtig. Aufgrund ihrer Flexibilität bietet die Ideologie zumindest theoretisch auch Raum für Reformen in der Wirtschaft und im politischen Bereich.

Die vielleicht wichtigste Funktion von *chuch'e* ist aber die vielen Nordkoreanern untrennbar scheinende Verbindung von Sozialismus, Führer und Nationalismus. Der Nation kommt dabei die oberste Priorität zu: »Die Nation steht über Klasse und Schicht, und das Vaterland steht über Theorie und Ideologie.«[37] Opposition gegen ein System, das sich auf eine derartige Ideologie stützt, ist ungleich schwerer, als wenn man einfach nur gegen eine in Floskeln und Papierbergen erstarrte geriatrische Bürokratie ankämpfen würde. Mit seiner nationalistischen Strategie hat Nordkorea sogar in Südkorea einen gewissen Erfolg, sehr zur verständlichen Bestürzung der dortigen Führung.

Die Militär-Zuerst-Ideologie *Sŏn'gun*

Die Übersetzung »Militär zuerst« oder im Englischen *»military first«* verleitet dazu, als Kern der Idee die Militarisierung der Gesellschaft zu vermuten. Das ist allerdings nur teilweise richtig, da diese spätestens seit dem Koreakrieg bereits gegeben war.

Zum Zeitpunkt der erstmaligen Erwähnung des Begriffes *sŏn'gun* Ende der 1990er Jahre, bei der Aufwertung zur Ideologie *(sŏn'gun sasang)* im Januar 2003 und bei der Aufnahme des Begriffes in die Verfassung 2009 war es nur schwer vorstellbar, dass der Grad der Militarisierung Nordkoreas noch gesteigert werden könnte. Zahlenmäßig hat die nordkoreanische Armee längst die natürlichen Grenzen einer Bevölkerung von insgesamt rund 25 Millionen Menschen erreicht. Im Alltag Nordkoreas dominieren Uniformen aller Art. Die »freiwilligen« Wehrdienstzeiten für junge Männer betragen oftmals zehn Jahre. Auch Frauen dienen im Militär oder in paramilitärischen Einheiten. Unternehmen, Schulen und Verwaltung halten regelmäßig Wehrübungen ab. Schulkinder tragen Schuluniformen. Auch gehen sie nicht, sie marschieren – morgens zur Schule, am Nachmittag zu außerschulischen Aktivitäten wie Arbeitseinsätzen oder Massengymnastik. Gemälde, Bücher und Lieder verherrlichen soldatisches Heldentum und fordern zum Kampf gegen die Feinde des Landes auf. Die Wirtschaft steht im Dienste der Landesverteidigung; das

Militär unterhält sogar eigene Unternehmen, die nicht der regulären staatlichen Planung unterstehen. Das ganze Land lebt in einer Art permanentem Kriegszustand, den der amerikanische Wissenschaftler und Publizist Selig Harrison treffend als »Belagerungsmentalität« *(siege mentality)* bezeichnet hat.[38]

Vielleicht haben sich im Zuge der allmählichen Aufwertung der Militär-Zuerst-Idee die tatsächlichen Militärausgaben noch um ein paar Prozentpunkte erhöht, wie auch das Tempo bei der schon seit Jahrzehnten stattfindenden Entwicklung von Atomwaffen und dreistufigen Raketen gesteigert wurde. Doch all das reicht nicht aus, um zu erklären, warum man eigens eine neue Ideologie erfinden musste. Das verfügbare Instrumentarium wäre mehr als hinreichend gewesen, um diese graduellen Steigerungen zu rechtfertigen.

Warum wird dann Kim Jong-il in Nordkorea als herausragender Theoretiker gefeiert, dem mit *sŏn'gun* der große Wurf gelungen ist? Auch hier liefert die Entstehungsgeschichte Hinweise. Die erstmalige Erwähnung des Begriffes fällt in die Zeit der Hungersnot in den Jahren 1995 bis 1997, die heute »Schwerer Marsch« *(konanŭi haenggun)* genannt wird. Unter der gleichen Bezeichnung gibt es in der offiziellen Geschichte der antijapanischen Partisanenbewegung eine an Chinas »Langen Marsch« erinnernde Begebenheit, in der die Truppen von Kim Il-sung von Dezember 1938 bis März 1939 eine Reihe schwerer Kämpfe nördlich der koreanischen Grenze westlich des Paektusan führen mussten.

Man könnte also argumentieren, dass die Führung mit dem Begriff *sŏn'gun* auf die antijapanische Tradition hinweisen und die Zeit der Entbehrungen in den 1990er Jahren mit einem historisch-patriotischen Motiv versehen wollte. In der Tat wurde und wird in Nordkorea argumentiert, dass die Ursache für die Hungersnot sowohl eine Verkettung von Naturkatastrophen als auch die Sanktionspolitik der USA gewesen sei. Man befand sich also quasi im entbehrungsreichen Widerstandskampf gegen den westlichen Versuch des Aushungerns, der es mit sich brachte, dass dem Militär Vorrang eingeräumt werden musste. Allerdings hatten bereits Ende der fünfziger Jahre DDR-Diplomaten Tendenzen der Führung Nordkoreas kritisiert, den Menschen unter Hinweis auf den antijapanischen Kampf harte Lebensbedingungen zuzumuten und unbedingten Einsatz abzufordern. Die grundlegende Idee, in Zeiten der nationalen Krise an den antikolonialen Kampf zu erinnern, war also nicht wirklich neu.

Interessant ist der Zeitpunkt, zu dem der Begriff im jährlichen Neujahrsleitartikel Nordkoreas auftauchte: im Januar 2003. Damals war der Angriff der USA auf den Irak in der letzten Phase der Vorbereitung, bevor er mit einem »Furcht und Schrecken« *(shock and awe)* genannten massiven Luftschlag am 19. März 2003 tatsächlich begann. Nur ein Jahr zuvor, am 29. Januar 2002, war Nordkorea die zweifelhafte Ehre zuteilgeworden, in einer Rede von US-Präsident George W. Bush an die Nation gemeinsam mit Irak und Iran als Teil der »Achse des Bösen« *(axis of evil)* angeprangert zu werden. Die Angriffsvorbereitungen zeigten, dass dies offenbar mehr als nur Worte waren. Entsprechend könnte man argumentieren, dass sich Nordkorea durch die USA bedroht fühlte und daher den Stellenwert der Landesverteidigung steigern wollte. Doch auch hier haben wir das Problem, dass die Bedrohung zwar durchaus real und massiv, vielleicht auch gestiegen, aber keineswegs neu war. Immerhin hatte es ja bereits, nach nordkoreanischer Diktion, einen Überfall durch die USA im Jahr 1950 gegeben.

Worum ging es also wirklich bei *sŏn'gun*? Eine Antwort findet sich, wenn man die Betonung nicht auf *gun* (Militär) legt, sondern auf *sŏn* (zuerst). Weitere Klarheit bringt folgendes Zitat von Kim Jong-il aus der Parteizeitung *Rodong Sinmun*, dem meistgelesenen Presseerzeugnis in Nordkorea mit dem Charakter eines offiziellen Mitteilungsblattes:

> Laut der *sŏn'gun*-Politik unserer Partei ist nicht die Arbeiterklasse [*rodong kyegŭp*], sondern die Volksarmee [*inmin kundae*] die Hauptkraft der Revolution. Dies ist der Beginn einer neuen Einschätzung der Frage nach der Hauptkraft der Revolution und der Aufgabe der Armee beim revolutionären Aufbau.[39]

Aus Sicht des Marxismus-Leninismus ergibt ein solcher Satz vor dem Hintergrund der Klassenlogik überhaupt keinen Sinn. Danach muss die Partei die Hauptkraft der Revolution sein, da sie die Arbeiterklasse vertritt; die Armee kann es nicht sein, weil sie über keine eigenständige politische Rolle verfügt, sondern Instrument des Staates ist, der wiederum von der Partei in Vertretung der herrschenden Arbeiterklasse kontrolliert wird. Die Einführung der *sŏn'gun*-Ideologie ist also nach der durch *chuch'e* vollzogenen Trennung vom Primat der Materie über das Bewusstsein der zweite Schritt in der Loslösung Nordkoreas von den Grundlagen des Marxismus-Leninismus.

Dies ist allerdings in der Tat ein Schritt, der einen neuen ideologischen Schlüsselbegriff rechtfertigt und auch erklärt, warum man in Nordkorea *sŏn'gun* als Weiterentwicklung von *chuch'e* bezeichnet. Es handelt sich hier keinesfalls um Kaffeesatzleserei. Im Jahr 2012 wurden sogar die Porträts von Lenin und Marx vom zentralen Kim-Il-sung-Platz in Pjöngjang entfernt.[40] Schon im März 2003 hatte die Parteizeitung unter eindeutiger Bezugnahme auf das Kommunistische Manifest von 1848 erklärt:

> In der vergangenen Epoche wurde es in der sozialistischen Politik als unantastbare Formel angesehen, die Arbeiterklasse in den Vordergrund zu stellen. Es ist jedoch unmöglich, dass *vor eineinhalb Jahrhunderten entwickelte Theorien und Formeln* [Hervorhebung RF] der heutigen Realität entsprechen. Die

> Frage der Hauptkraft der Revolution ist nicht in allen Epochen und Gesellschaften gleich und kann auch nicht nur vom Klassenstandpunkt aus gelöst werden. Welche Klasse, Schicht oder gesellschaftliche Gruppierung zur Hauptkraft der Revolution werden kann, wird durch ihre Rolle beim revolutionären Aufbau definiert.[41]

Es scheint also recht eindeutig zu sein, dass die Schaffung der neuen Ideologie den Zweck hatte, sich noch weiter – vielleicht endgültig – vom klassischen Sozialismus des früher in der Sowjetunion und ihren Satelliten propagierten und praktizierten Marxismus-Leninismus zu entfernen. Aber wozu das Ganze? Solche ideologischen Winkelzüge sind schließlich aufwändig und nicht ohne Risiko. Die ideologische Unabhängigkeit von Beijing und Moskau war bereits Jahrzehnte zuvor durch *chuch'e* gesichert worden. Den mit ihrem eigenen Wirtschaftswachstum und den daraus resultierenden Problemen gut beschäftigen chinesischen Nachbarn sind die Auswüchse der nordkoreanischen Ideologie auf ihrer abstrakten Ebene mittlerweile ohnehin relativ egal.

Es liegt daher nahe, den Zweck von *sŏn'gun* im Inland zu suchen. Hierzu gibt es verschiedene Theorien. Eine ist, dass das Militär sich auf diesem Wege im Machtkampf mit der Partei einen Vorteil verschaffen will. Dies ist nicht gänzlich auszuschließen, aber doch unwahrscheinlich, da sämtliche Offiziere auch Parteimitglieder sind und daher im Zweifelsfalle die Partei nicht entmachten, sondern einfach übernehmen würden.

Es gibt auch die These, dass Kim Jong-il zur Festigung seiner Macht das Militär brauchte, da es in der Partei kritische Strömungen gab. Die Geschichte zeigt aber, dass es in einem solchen Fall wohl eher zu einer ideologischen Säuberung innerhalb der Partei gekommen wäre, möglicherweise mit Unterstützung des Militärs. Die Substitution der Partei durch das Militär erscheint kaum nachvollziehbar. Ein Diktator wäre sehr fahrlässig, wenn er dem Militär eine politische Führungsrolle einräumen würde, schließlich gehört ein Militärputsch zu den häufigen Ursachen diktatorischen Machtverlustes.

Eine weitaus überzeugendere Antwort auf der Suche nach dem eigentlichen Sinn der *sŏn'gun*-Ideologie offenbart sich, wenn man die Absicht einer graduellen Modernisierung nach chinesischem Muster unterstellt. Die Grundidee von Deng Xiaoping war die Einführung der Marktwirtschaft unter gleichzeitiger Bewahrung des Machtmonopols der Kommunistischen Partei. Die Chinesen nennen das »sozialistische Marktwirtschaft«.

Dieses Modell hat aber mindestens einen entscheidenden Schwachpunkt. Vereinfacht gesagt soll die Aussicht auf materiellen Wohlstand zu härterer Arbeit, zu Innovation und Risikobereitschaft anregen. Wenn aber nun Einzelne auf diesem Wege tatsächlich reich werden – und das müssen sie, denn nur dann würde dieses Anreizsystem auch tatsächlich funktionieren –, dann werden sie auch Eigentümer an Produktionsmitteln, sobald dieser Reichtum über ein neues Auto hinausgeht und zur Gründung eines eigenen Unternehmens oder zum Kauf eines Aktienpaketes privater Firmen führt. Mitglieder der Arbeiterklasse, die dem Aufruf des Staates zu wirtschaftlicher Aktivität unter neuen Bedingungen willig gefolgt sind, würden im Erfolgsfalle zu Bourgeois werden und damit zu Feinden des Staates.

Die *sŏn'gun*-Ideologie löst dieses Dilemma genial nach Manier der Zerschlagung des gordischen Knotens: Die Zugehörigkeit zur Arbeiterklasse muss weder nachgewiesen noch verteidigt werden – sie ist einfach nicht mehr relevant. Stattdessen demonstriert man die Treue zum System durch die Zugehörigkeit zum Militär, der Hauptkraft der Revolution.

Aber wer gehört eigentlich zum Militär? Der Arbeiterklasse konnte man nicht beitreten; die Mitgliedschaft war an die individuellen ökonomischen Verhältnisse gebunden und mehr oder weniger automatisch und unumstößlich. Beim Militär ist das anders, hier ist es eine rein politische Entscheidung, ob man ihm angehört oder nicht. Es ist nämlich völlig offen, ob nur aktive Soldaten oder auch Reservisten zum Militär zählen. Was ist mit Unternehmen und deren Mitarbeitern und Zulieferern, die für das Militär tätig sind, oder mit Unternehmen, durch deren Gewinne das Militär finanziert wird? Wie verhält es sich mit den Familien von Militärangehörigen? Die Zugehörigkeit zu dieser neuen Gruppe der Auserwählten kann also nahezu willkürlich, oder sagen wir flexibel und kreativ, durch die politische Führung geregelt werden. Wenn eines Tages die auch in Nordkorea bereits begonnene allmähliche wirtschaftliche Modernisierung zur Herausbildung einer Unternehmerschicht führt, wird es deshalb Konflikte zwischen neuer Realität und alter Ideologie nicht geben.

Unter Kim Jong-un ist es vergleichsweise ruhig um *sŏn'gun* geworden. Doch das impliziert nicht notwendigerweise eine größere Neigung zum Frieden oder eine Bevorzugung der Partei gegenüber dem Militär. Es könnte auch einfach bedeuten, dass die ideologische Rechtfertigung von marktwirtschaftlichen Reformen gegenwärtig nicht die wichtigste Sorge der Führung ist.

3

Das politische System: Die drei Säulen der Macht

Die Ideologie Nordkoreas spiegelt sich in der formalen Struktur des politischen Systems des Landes wider, die durch eine Dreiteilung in Partei, Staat und Militär gekennzeichnet ist. Diese Einheiten sind auf vielfältige Weise miteinander verflochten und sollten daher nicht getrennt voneinander betrachtet werden. Die elitäre Partei ist das Bindeglied; über allem steht der Führer.

Es klingt paradox, und doch ist es in gewissem Sinne folgerichtig: Je wichtiger ein Element des politischen Systems Nordkoreas ist, umso weniger gesichertes Wissen haben wir darüber und umso mehr sind wir auf Gerüchte und Vermutungen angewiesen. Am meisten wissen wir über den aus Parlament und Exekutive bestehenden Staat, doch selbst hier bleiben noch immer viele Fragen offen. Am wenigsten ist uns, neben dem Führer selbst, über die internen Strukturen und Abläufe in Partei und Militär bekannt. In diesem Kapitel will ich das vorhandene Wissen präsentieren, auch wenn es lückenhaft ist.

Ich beginne mit der Verfassung. Sie wurde in verschiedenen Formen publiziert, in Pjöngjang konnte ich im September 2013 allerdings nur die Variante von 2010 in gedruckter Form erwerben. Auf der offiziellen Internetseite Nordkoreas gibt es die aktuelle Version auf Koreanisch; die deutsche und die englische Übersetzung des Grundgesetzes sind aus dem Jahr 2010 und damit veraltet. Auch südkoreanische Internetseiten einschließlich jener des Vereinigungsministeriums oder des North Korea Laws Information Center bieten nur die Grundgesetze von 1948, 1972, 1992, 1998, 2009 und 2010.[1]

Und doch ist die Verfassung noch eines der transparentesten Gesetze Nordkoreas. Hingegen gilt das Statut der Partei der Arbeit Koreas als eine Art Geheimdokument. Es liegt uns nur in veralteten Versionen und auch nur auszugsweise vor. Was das Militär angeht, so ist die Lage noch undurchsichtiger. Ich werde mich hierzu trotz der solchen Quellen gegenüber angebrachten Skepsis auf inoffizielle Informationen und auf Berichte von Überläufern stützen müssen.

Die Verfassung

Ein Grundgesetz gibt vor allem darüber Auskunft, wie die Dinge sein *sollten* – nur richten sich die Machthaber nicht zwangsläufig in allen Punkten danach. Das gilt für viele Staaten und insbesondere für Diktaturen. Unter diesem Gesichtspunkt muss man auch die nordkoreanische Verfassung betrachten. Einen wichtigen Aspekt, der sich aus der deutschen Erfahrung ableitet, sollte man dabei jedoch im Blick behalten: Abseits der gegenwärtigen Umsetzung der Verfassung könnte hier die – womöglich einzige – rechtliche Grundlage für eine eventuelle spätere juristische Aufarbeitung der Vergangenheit liegen. Ein Artikel, der heute vielleicht noch wie eine hohle Phrase klingt, kann bei einer Änderung der politischen Situation zur Grundlage einer Anklage werden.

Die erste Verfassung der Demokratischen Volksrepublik Korea, kurz DVRK, damals unübersehbar nach sowjetischem Vorbild gestaltet, wurde vom Parlament im Zuge der Staatsgründung im September 1948 angenommen. 1972 wurde sie durch die sogenannte »Sozialistische Verfassung« ersetzt, die seither mehrfach überarbeitet und zuletzt im April 2013 geändert wurde.

Die Präambel der Verfassung von 2013 definiert die DVRK als »*chuch'e*-sozialistisches Land, das die Ideen von Kim Il-sung und Kim Jong-il umsetzt«.[2] Kim Il-sung wird seit 1998 als Ewiger Präsident, Kim Jong-il seit 2012 als Ewiger Vorsitzender der Nationalen Verteidigungskommission festgeschrieben. Nordkorea definiert sich explizit in Beziehung auf diese zwei Personen, ihre Ideen und Taten. Die Präambel endet mit den Worten:

> Die DVRK und das gesamte koreanische Volk werden unter der Führung der PdAK den Großen Führer Genossen Kim Il-sung als den ewigen Präsidenten der Republik und den großen Führer Genossen Kim Jong-il als den ewigen Vorsitzenden der Nationalen Verteidigungskommission verehren, ihre Ideen verteidigen und deren Umsetzung vorantreiben sowie die *chuch'e*-Revolution vollenden. Die sozialistische Verfassung der DVRK ist eine Kim-Il-sung-Kim-Jong-il-Verfassung. Sie bildet die rechtliche Verkörperung der vom Großen Führer Genossen Kim Il-sung und dem Großen Führer Kim Jong-il entwickelten, auf dem *chuch'e* basierenden Ideologie des Staatsaufbaus und der entsprechenden Errungenschaften.

Ebenso in den Verfassungsrang erhoben ist die Selbstwahrnehmung als »ideologische Großmacht«, »Militärmacht« und »Atommacht«. Vor allem Letzteres stößt auf den Widerstand der USA, die es ablehnen, den entsprechenden Status Nordkoreas anzuerkennen. Mit der 2013 erfolgten Verankerung in der Verfassung hat Kim Jong-un deutlich gemacht, wie wenig er von dieser Weigerung hält und wie illusorisch die Hoffnung ist, sein Land werde sich das Atomprogramm einfach ausreden oder billig abkaufen lassen.

Die Verfassung enthält mit Stand vom Herbst 2013 eine Präambel und insgesamt 172 Artikel, die in sieben Kapitel gruppiert sind. Ich werde hier auf einige ausgewählte Artikel eingehen.

Kapitel 1 befasst sich in 19 Artikeln mit der Politik. Artikel 1 dokumentiert den Anspruch der DVRK, das gesamte koreanische Volk zu vertreten, wenngleich laut Artikel 9 der Sieg des Sozialismus nur im Norden zu erreichen ist. Dies spiegelt die Widersprüchlichkeit der tatsächlichen Politik Nordkoreas wider. Einerseits tut man sich schwer damit, die Teilung Koreas zu akzeptieren und Südkorea als souveränen Staat anzuerkennen. Beide Koreas sind zwar seit dem 17. Dezember 1991 Mitglied der UNO, aber diplomatische Beziehungen haben sie nicht. Andererseits gibt es eine Bereitschaft zum pragmatischen Umgang miteinander, der seinen Ausdruck unter anderem in den innerkoreanischen Gipfeltreffen von 2000 und 2007 sowie diversen innerkoreanischen Wirtschaftsprojekten findet. Zu Letzteren zählen die Industriezone Kaesŏng und das derzeit auf Eis liegende Tourismusprojekt im Kŭmgang-Gebirge, bei uns auch als Diamantgebirge bekannt. Das Wiedervereinigungskonzept Nordkoreas sieht die parallele Existenz zweier Systeme unter dem Dach einer Konföderation vor, was man mit etwas gutem Willen als positives Signal in Richtung einer Anerkennung Südkoreas werten könnte.

In Artikel 3 sind *chuch'e* und *sŏn'gun* als Leitideologie festgelegt. Artikel 5 macht den von Lenin entwickelten demokratischen Zentralismus zum Funktionsprinzip aller staatlichen Organe, die laut Artikel 6 direkt und geheim zu wählen sind. Prinzipiell geht es dabei um eine sehr hierarchische Gliederung der Machtorgane mit klarer Über- beziehungsweise Unterordnung der einzelnen Ebenen, daher der Begriff des Zentralismus. Gleichzeitig findet zumindest nominell eine Wahl der Leitungsebenen von unten nach oben statt, die Führung hat nach unten Rechenschaftspflicht und kann abgesetzt werden – jedenfalls theoretisch. Dies hat dem Zentralismus den Beinamen »demokratisch« eingetragen, wobei Demokratie als Herrschaft der Mehrheit über die Minderheit und damit als Diktatur der Arbeiterklasse definiert ist.

Der Schutz der Menschenrechte ist in Artikel 8 geregelt, auch wenn die Formulierung »Der Staat soll … die Menschenrechte respektieren und schützen« denkbar knapp ausfällt. Eine Konkretisierung in Form von Gesetzen und Verordnungen ist mir nicht bekannt. Angesichts der Nordkorea regelmäßig vorgeworfenen Verletzung der Menschenrechte ist dieser Passus in der Verfassung allerdings bemerkenswert.

Man ist sich in Pjöngjang der Tragweite entsprechender Anschuldigungen des Westens durchaus bewusst, vor allem weil sie die gewünschte intensivere Teilhabe am internationalen wirtschaftlichen Austausch verhindern. So ist die Führung offensichtlich bereit, zumindest kosmetische Verbesserungen vorzunehmen. Ähnliches war bereits vor einigen Jahren in der Frage der Produktion von Drogen und Falschgeld geschehen; beide sind heute in der Berichterstattung über das Land kaum mehr ein Thema.

Im Sommer 2013 berichtete ausgerechnet das einer pro-nordkoreanischen Haltung unverdächtige US-amerikanische *Committee for Human Rights in North Korea*, dass zwei der sechs als Internierungslager identifizierten Einrichtungen geschlossen wurden und die Schätzung der Zahl der Insassen von bisher über 200 000 auf nur mehr 80 000 bis 120 000 reduziert werden muss. Um keinen falschen Eindruck entstehen zu lassen: Jeder einzelne politische Gefangene, der brutalen Misshandlungen ausgesetzt ist, ist einer zu viel.[3] Auch über die Gründe für die rückläufige Zahl der Insassen sollte man sich keinen Illusionen hingeben. Doch offenbar ist die Zahl der Neuinternierungen in den Lagern, zu denen Beobachter keinen Zutritt erhalten, gesunken, gerüchteweise wird auch das Prinzip der Sippenhaft nicht mehr strikt angewendet.

Nicht zuletzt sollte man erwähnen, dass es auch eine typisch nordkoreanische Haltung in der Menschenrechtsfrage gibt. Man stellt die westliche Definition in Frage und wirft seinerseits den

USA vor, angesichts der hohen Zahl von Obdachlosen im eigenen Land, der Elektrozäune an der Grenze zu Mexiko und der tausendfachen Tötungen im Irak der weltweit größte Menschenrechtsverletzer zu sein. Hier eine Reaktion aus den Staatsmedien auf einen UN-Menschenrechtsbericht von 2008: »Was Menschenrechte angeht, so sollten vor allem die USA kritisiert werden, der größte Verbrecher gegen die Menschenrechte in der Welt.«[4]

Die führende Rolle der Arbeiterklasse ist in Artikel 10, die Führung durch die Partei der Arbeit Koreas in Artikel 11 der Verfassung festgeschrieben. Das in anderen sozialistischen Ländern unter der Bezeichnung »Diktatur des Proletariats« bekannte Prinzip heißt in Artikel 12 »Diktatur der Volksdemokratie« *(inmin minjujuŭi tokjae)*. Die Massenlinie sowie der *ch'ŏngsan-ri*-Geist sind vom Staat laut Artikel 13 zu implementieren.

Das ursprünglich aus China stammende Konzept der Massenlinie beinhaltet die Forderung, alles mit den Augen der Massen zu sehen, auf diese zu hören und von ihnen zu lernen; neudeutsch würden wir vermutlich von »bottom-up« sprechen. Der *ch'ŏngsan-ri*-Geist ist eine konkrete Form der Umsetzung dieses Gedankens. *Ch'ŏngsan-ri* ist ein Musterdorf (*ri* bedeutet Dorf) mit kollektiver Landwirtschaft südlich der Hauptstadt Pjöngjang. In den 1960er Jahren hatte Kim Il-sung hier bei einer Vor-Ort-Anleitung die Anweisung gegeben, Entscheidungen über die Produktion auf lokaler Ebene zu treffen und die Bauern an den entsprechenden Prozessen zu beteiligen. Heute erinnert unter anderem ein riesiges Bronzemonument an dieses Ereignis.

Das Dorf ist Bestandteil touristischer Programme. Ich war mehrmals dort und war vor allem überrascht, wie wenig herausgeputzt der Ort ist. Bei seiner zentralen propagandistischen Bedeutung und angesichts der Tatsache, dass man westliche Besucher dorthin fährt, hätte ich weder schlammige Wege noch kleine Häuser mit abblätterndem Putz und alter Farbe erwartet.

Kinder rannten lärmend hinter unserem Bus her, als wir durch einen Tunnel fuhren, der sich quer durch einen Hügel mitten im Dorf zieht und vermutlich eine Art Luftschutzbunker ist. Auf der anderen Seite des Tunnels ragten mit Tarnnetzen kaschierte Vierlings-Flaks in den Himmel, am Straßenrand zeigte uns ein verlegener, aber freundlicher Bauer voll Stolz seine mit einem Hanfstrick am Hals gefesselte Ziege. Auf der Zufahrt zum Dorf konnte ich an einem Frühjahrstag beobachten, wie eine Frau auf der Wegkreuzung Korn für Korn eine Handvoll Mais auflas, die offenbar von einem längst davongefahrenen Fahrzeug gefallen war. Es gibt sicher ärmere Dörfer in Nordkorea als *Ch'ŏngsan-ri*, aber definitiv auch reichere und attraktivere. Warum der sonst für seine Bemühungen um einen besonders guten Eindruck bekannte Staat hier die Show nicht weitergetrieben hat, kann ich nicht sagen – das ist eines der vielen Mysterien, die Nordkorea umgeben.

Die in Artikel 13 einst ebenfalls erwähnte *ch'ŏllima*-Bewegung wurde bereits 1998 gestrichen. Das ist durchaus bemerkenswert, da es sich dabei um die 1958 begonnene nordkoreanische Version des chinesischen »Großen Sprungs nach vorn« gehandelt hat, bei dem es im Kern um forcierte wirtschaftliche Entwicklung durch den massenhaften Einsatz von Arbeit ging. Das entsprechende Monument befindet sich jedenfalls noch immer an zentraler Stelle in Pjöngjang. Es stellt ein der chinesischen Mythologie entstammendes legendäres Pferd *(ma)* dar, das dank seiner Flügel an einem Tag 1000 Ri (Li) *(ch'ŏlli)*, also rund 400 Kilometer, zurücklegen konnte und damit zum Symbol für hohes Tempo wurde. Viele Produkte des Landes, etwa ein in die Jahre gekommenes Traktormodell, tragen den Namen *Ch'ŏllima*.

Kapitel 2 der Verfassung widmet sich in zwanzig Artikeln der Wirtschaft. Sozialistische Produktionsbeziehungen und Unabhängigkeit sind die zwei Grundprinzipien der Wirtschaftsordnung. Es gibt drei Formen von Eigentum: staatliches, kollektives und privates. Laut Artikel 20 befinden sich die Produktionsmittel in den Händen des Staates und kollektiver Organisationen; Letzteres gilt vor allem in der Landwirtschaft. Der in Artikel 24 ausgeführte Schutz des Privateigentums einschließlich des Vererbungsrechtes bezieht sich nicht auf produktives Kapital. Allerdings werden explizit die Früchte aus »Nebentätigkeiten« wie der Pflege von Küchengärten und anderen »legalen Aktivitäten« als Privateigentum geschützt. Damit stehen sowohl die Erträge aus privater Landwirtschaft wie auch die Einkommen aus dem Handel auf Märkten, die vom Staat genehmigt wurden, unter dem Schutz der Verfassung.

Der Staat ist einziger Eigentümer aller natürlichen Ressourcen, von Eisenbahnen, Luftverkehrsanlagen, Post- und Telekommunikationseinrichtungen, der nicht näher definierten »wichtigsten« Produktionsanlagen, von Häfen und Banken.

Artikel 25 erwähnt die Abwesenheit von Steuern und die Pflicht des Staates, den Menschen die notwendigen Bedingungen für den Erwerb von Lebensmitteln, Kleidung und Wohnung bereitzustellen. Speziell zu den Steuern ist anzumerken, dass diese auf dem Wege der Gewinnaneignung durch den Staat als Eigentümer der Betriebe natürlich trotzdem fließen. Ausländische Unternehmen und Joint Ventures zahlen formal Steuern. Im Zuge der 2013 eingeführten Möglichkeit für die einheimischen Unternehmen, die Löhne individuell festzulegen, ist auch mit einer Änderung des bestehenden Inländersteuerrechtes zu rechnen, gegebenenfalls unter einer anderen Bezeichnung.

Bei den Effizienzanreizen ist der Staat laut Artikel 32 angehalten, materielle und ideologisch-moralische Mittel zu kombinieren, was wir je nach Position als halb volles oder halb leeres Glas bewerten können. Immerhin hat man offenbar verstanden, dass die Menschen auf ideelle Anreize allein nicht im nötigen Maße reagieren werden. Ein Optimist wird auch bei den Regelungen zur Buchführung Pragmatismus feststellen, wenn laut Verfassung unter anderem auf »Kosten, Preise und Profit« zu achten ist. Artikel 34 legt allerdings unmissverständlich fest, dass die Volkswirtschaft Nordkoreas eine Planwirtschaft *(kyehoek kyŏngje)* ist. Artikel 37 hingegen ermutigt zur Gründung von Joint Ventures mit ausländischen Partnern und zum Investment in Sonderwirtschaftszonen. Deutlich spiegelt sich in der Verfassung die Widersprüchlichkeit der gegenwärtigen Wirtschaftspolitik in ihrem Bemühen, einerseits an sozialistischen Prinzipien festzuhalten und andererseits marktwirtschaftliche Mechanismen zu integrieren.

Kapitel 3 der Verfassung widmet sich in den Artikeln 39 bis 57 der Kultur. Dass dafür ganze 19 Artikel verwendet werden, ist beachtlich und zeigt den hohen Stellenwert, den entsprechende Aktivitäten offenbar aus ideologischen Gründen für die Führenden im Lande haben. In Artikel 42 wird explizit gefordert, sich von der überkommenen Gesellschaft zu lösen und eine sozialistische Lebensart einzuführen. Der 2012 unter dem neuen Führer Kim Jong-un geänderte Artikel 45 legt fest, dass einschließlich eines Vorschuljahres die Pflichtschulzeit zwölf Jahre beträgt, ein Jahr länger als zuvor. Die Zeit des zusätzlichen Schuljahres ist ausdrücklich dem Erwerb praktisch relevanten Wissens, unter anderem aus den Bereichen Technik und IT, vorbehalten. Angesichts der bisherigen Dominanz der Ideologie ist dies ein bemerkenswert pragmatischer Schritt.

Bildung ist in der DVRK laut Artikel 47 kostenlos, ebenso wie das Gesundheitssystem (Artikel 56 und Artikel 72). Artikel 49 verpflichtet alle Kinder im Vorschulalter zum Besuch von Kinderkrippe und Kindergarten. Der Umweltschutz ist in Artikel 57 festgeschrieben, was kein bloßes Lippenbekenntnis ist, sondern das Resultat nüchternen Kalküls. Bei den smoggeplagten chinesischen Touristen wirbt man zum Beispiel mit der klaren, reinen Luft Nordkoreas. Außerdem hat man verstanden, dass die Abholzung von Berghängen zur Schaffung neuer Anbauflächen oder zur Versorgung mit Feuerholz die aufgrund starker Niederschlagshäufung während des Sommers ohnehin große Gefahr von Flutkatastrophen noch verstärkt hat. Und schließlich bieten alternative Energien wie Windkraft und Solarenergie eine willkommene Reduktion der Abhängigkeit von Erdölimporten. Ihre dezentrale Erzeugung ist nicht zuletzt aus militärstrategischer Sicht interessant. Bei einer Fahrt durchs Land fallen auch sofort die zahllosen Solarpanele auf, die überall auf Fenstersimsen und Balkons angebracht sind. In einem Dorf, das offenbar eine Musterfunktion hat, habe ich auch einen Wald aus kleinen Windrädern gesehen, eines für jedes Haus. Selbst in der Hauptstadt Pjöngjang findet man Solarzellen an einer wachsenden Zahl von Straßenlaternen. Im Landkreis Onch'ŏn, gleich neben dem Thermalbad von Ryonggang, baute 1998 das amerikanische Nautilus Institute eine größere 15-kW-Windkraftanlage, die noch heute zu sehen ist.[5]

Kapitel 4 befasst sich in nur vier Artikeln (58 bis 61) in eher allgemeiner Form mit der Landesverteidigung. Das ist angesichts der Bedeutung, die das Militär in Nordkorea zweifellos hat, sicher auffällig. Offenbar ist es nicht die Verfassung, die hier die wesentliche gesetzgeberische Rolle spielt. Das Militär ist ein Sonderbereich und ebenso wie die Partei speziellen Regelungen unterworfen.

Die 25 Artikel von Kapitel 5 (Artikel 62 bis 86) legen die Rechte und Pflichten der Bürgerinnen und Bürger der DVRK dar. Hier ist zum Beispiel vom kollektivistischen Prinzip »Einer für alle, alle für einen« die Rede (Artikel 63), aber auch von der Garantie demokratischer Grundrechte und Freiheiten sowie des materiellen und kulturellen Wohlstandes. Wahlberechtigt sind die

Bürger mit Vollendung des 17. Lebensjahres. Die Freiheit der Presse, Rede, Versammlung, Demonstration und Bildung von Vereinigungen ist in Artikel 67 der Verfassung festgelegt. Artikel 68 garantiert Religionsfreiheit, mit der diffusen Einschränkung, dass diese nicht missbraucht werden darf, um fremdländische Kräfte ins Land zu holen oder die staatliche beziehungsweise gesellschaftliche Ordnung zu stören. Laut Artikel 70 besteht das Recht auf Arbeit; Artikel 83 legt auch die Pflicht dazu fest. Die Entlohnung erfolgt auf Basis des sogenannten sozialistischen Prinzips (Arbeit nach Fähigkeit, Bezahlung nach Leistung).

Die Reisefreiheit und die Freiheit der Wahl eines Wohnortes sind in Artikel 75 garantiert. Hier widerspricht die Wirklichkeit nachweislich dem geschriebenen Wort. Nordkoreaner haben weder die Möglichkeit, nach Belieben und ohne Genehmigung im eigenen Land umherzureisen, noch ihren Wohnort selbst zu bestimmen; von Auslandsreisen ganz zu schweigen.

Eine Wehrpflicht ist in der Verfassung nicht festgeschrieben; stattdessen ist in Artikel 86 nur allgemein von der Pflicht zur Landesverteidigung die Rede, zu den konkreten Bestimmungen wird auf die geltenden Gesetze verwiesen. Entsprechend schwer fällt es, Klarheit über die tatsächliche Dauer des Militärdienstes zu erhalten. In westlichen Publikationen werden in der Regel zehn Jahre genannt; bei Gesprächen in Nordkorea in den Jahren 2012 und 2013 wurde mir von verschiedenen Personen unabhängig voneinander erklärt, dass der Wehrdienst freiwillig sei und maximal drei Jahre dauere. Es könnte hier also eine Reform gegeben haben; die Tatsache, dass das Heiratsalter bei Männern in der Regel noch immer bei Ende 20 liegt, spricht jedoch eher für eine faktische langjährige Wehrpflicht. Frauen dienen nicht in den regulären Truppen, es gibt aber spezielle Einheiten, die nur aus Frauen bestehen. Frauen sind ferner Teil der überall im Land in den Bildungseinrichtungen oder an den Arbeitsplätzen stattfindenden paramilitärischen Übungen. Man erkennt diese Einheiten im Alltag daran, dass sie zwar einheitliche Uniformen tragen, aber offenbar privates Schuhwerk – gelegentlich sogar mit Absätzen – und im Winter eigene Handschuhe nutzen, was dem einheitlichen Olivgrün der Uniformen bunte Farbtupfer hinzufügt.

Die Oberste Volksversammlung

Da Nordkorea offiziell eine Demokratie ist, gibt es dort auch ein Parlament. Es trägt den Namen Oberste Volksversammlung (*ch'oego inmin hoeŭi*; OVV) und ist laut Artikel 87 der Verfassung das höchste staatliche Organ.

Die Legislaturperiode beträgt fünf Jahre, bei »unvermeidlichen Umständen« kann diese aber auch ausgedehnt werden (Artikel 90 der Verfassung). Sitzungen des Parlaments finden ein- bis zweimal im Jahr statt.

Das Präsidium der OVV ist laut Artikel 88 der Verfassung das höchste Machtorgan zwischen den Parlamentssitzungen. Der Vorsitzende des Präsidiums der OVV empfängt die Botschafter anderer Länder bei deren Antrittsbesuch und repräsentiert die DVRK laut Artikel 117 der Verfassung. Er hat also die Funktion des nominellen Staatsoberhauptes inne, vergleichbar dem Bundespräsidenten der Bundesrepublik Deutschland. Seit 1998 ist Kim Yŏng-nam (Jahrgang 1928) der Vorsitzende. Er war zuvor seit 1983 Außenminister unter Kim Il-sung und kann als einer der am längsten in einem Spitzenamt befindlichen Politiker Nordkoreas angesehen werden. Angesichts der hohen Frequenz, in der andere Mitglieder dieser Gruppe auf- und wieder abgestiegen sind, nötigt sein Beharrungsvermögen Respekt ab.

Die Kompetenzen des Parlamentes sind in Artikel 92 der Verfassung niedergelegt. Dazu gehören unter anderem Verfassungsänderungen und die Annahme und Revision von Gesetzen. Die OVV legt die Grundprinzipien der Innen- und Außenpolitik fest. Der jährliche Budgetbericht des Parlaments zählt zu den wenigen direkten offiziellen Informationen über die nordkoreanische Volkswirtschaft. Die OVV diskutiert und bestätigt nicht nur den zumindest teilweise in den Medien publizierten Staatshaushalt, sondern auch den Wirtschaftsplan, über den in den letzten Jahren keine konkreten Daten nach außen gedrungen sind.

Das Parlament hat zudem eine Reihe von personellen Befugnissen. Dazu zählt an erster Stelle die Wahl oder Abberufung des Ersten Vorsitzenden der Nationalen Verteidigungskommission, der immerhin der oberste Führer des Landes ist. Auch die Wahl oder Abberufung der Vizevorsitzenden und der Mitglieder der Nationalen Verteidigungskommission obliegt der OVV, dies allerdings nur entsprechend den Empfehlungen des Ersten Vorsitzenden. Auch der Premier und seine Stellvertreter werden vom Parlament bestimmt, gleichfalls der Generalstaatsanwalt und der Oberste Richter.

Außerplanmäßige Sitzungen der OVV können auf Initiative des Präsidiums oder auf Wunsch von mindestens einem Drittel der Abgeordneten einberufen werden. Gesetze können mit einfacher Mehrheit erlassen oder geändert werden; für Verfassungsänderungen bedarf es einer Zwei-Drittel-Mehrheit. Die eigentliche Arbeit des Parlaments findet in den jeweiligen Ausschüssen statt, deren Tätigkeit jedoch für Außenstehende vollkommen intransparent ist.

In den Provinzen und regierungsunmittelbaren Städten, den Städten und Stadtbezirken sowie den Landkreisen gibt es lokale Volksversammlungen, die eine Art kommunale Parlamente bilden.[6] Die Amtszeit der Abgeordneten beträgt hier vier Jahre. In der Zeit, in der die lokalen Volksversammlungen nicht tagen, übernehmen lokale Volkskomitees als Teil der Exekutive die Geschäfte.

Die bislang letzten Wahlen zur Obersten Volksversammlung fanden regulär am 9. März 2014 statt. Alle Wahlbezirke nominierten Kim Jong-un als Kandidaten, der sich schließlich für einen Wahlbezirk entschied und dort auch 100 Prozent aller Stimmen erhielt.[7] Es ist in Nordkorea üblich, dass die Führer bei jeder Wahl in einem anderen Wahlbezirk antreten; das soll zeigen, dass sie dem gesamten Land verpflichtet sind und nicht einer bestimmten Region.

Die landesweite Wahlbeteiligung war so hoch, wie man das angesichts der Tatsache, dass sie als Loyalitätsbezeugung zur Führung verstanden wird, erwarten konnte. 99,97 Prozent der Wähler gaben ihre Stimme ab, und alle stimmten für die Kandidaten. Die Namen der 686 gewählten Abgeordneten wurden in den staatlichen Medien veröffentlicht, allerdings nur in deren koreanischer Version.

Man geht in Nordkorea sehr offen damit um, dass die Wahlen dort eine ganz andere Funktion erfüllen, als das in westlichen Demokratien der Fall ist. Die staatlichen Medien zitierten pronordkoreanische Japaner mit den Worten: »Wahlen in kapitalistischen Ländern sind der Wettbewerb zwischen einer kleinen Handvoll von reichen und mächtigen Personen. In der DVRK hingegen sind sie ein Synonym für die Freude, Repräsentanten aus der Gruppe der einfachen Leute zu wählen. Die Wahlen werden zu einer wichtigen Gelegenheit, die feste Einheit [aus Volk und Führer] zu demonstrieren.«[8] Andere Zitate enthalten Passagen wie: »Die Wahl der Kandidaten ist der Ausdruck tiefen Dankes gegenüber dem Land« und »Durch die Wahlen konnte ich meiner Pflicht als Bürger der DVRK nachkommen.«[9]

Interessant finde ich, dass ein Parlamentssitz in Nordkorea offenkundig keine Dauergabe ist. In der Regel wird etwa die Hälfte der Abgeordneten nicht erneut als Kandidat aufgestellt. Dank der Tatsache, dass die staatlichen Medien bei OVV-Wahlen ungewöhnlich freigiebig mit Daten sind, wissen wir ferner, dass weder Angehörige des Militärs noch der Arbeiterklasse das Parlament dominieren. Diese Gruppen stellen nur etwa 17 beziehungsweise 13 Prozent der Abgeordneten. Neben den etwa 11 Prozent Bauern entstammen 43 Prozent der 2014 gewählten Abgeordneten den Reihen der Bürokraten.[10]

Das ist ein bemerkenswert klares Eingeständnis der Tatsache, dass es sich bei Nordkorea, wie auch bei anderen sozialistischen Systemen, vor allem um eine riesige Bürokratie handelt. Während man aber in der DDR zumindest formal versucht hat, die »führende Rolle der Arbeiterklasse« mit diversen Tricks zu belegen – meine soziale Herkunft beispielsweise wurde auf diversen Formularen beharrlich als »Arbeiterklasse« angegeben, da mein inzwischen promovierter Vater in seiner Jugend eine Lehre zum Schlosser gemacht hatte –, hat man in Nordkorea derlei Narreteien längst aufgegeben.

Nur 16,3 Prozent der 2013 gewählten Abgeordneten der OVV waren übrigens Frauen, was angesichts der seit 1946 bestehenden Gesetzgebung zur Gleichstellung und der aktiven Beteiligung der Frauen am Arbeitsprozess recht wenig ist; einmal mehr klaffen Anspruch und Wirklichkeit hier weit auseinander. Etwa 94 Prozent der Abgeordneten haben einen Hochschulabschluss. Zwei Drittel der Abgeordneten entstammen der Altersgruppe zwischen 40 und 59 Jahren.

Soweit wir von Flüchtlingen und aus Gesprächen vor Ort wissen, ist die Identifikation der Nordkoreaner mit ihren Abgeordneten eher schwach ausgeprägt. Zwar weiß man, für wen man bei der Wahl gestimmt hat, doch ein enges Verhältnis zum Abgeordneten wie etwa in den USA besteht nicht. Das ist durchaus nicht ungewöhnlich; vor allem dann, wenn über Listen gewählt wird, kann man eine solche eher schwache Verbindung auch in westlichen Demokratien beobachten. Die Loyalität der Abgeordneten gehört verständlicherweise eher den Parteigremien, die ihnen einen oberen Listenplatz gegeben haben, und weniger den Wählern.

In Nordkorea verhält sich das ähnlich. Die Wahl zur OVV selbst ist lediglich ein formaler Prozess, da es nur einen Kandidaten pro Sitz gibt; es gibt Autoren, die die Wahl vor allem als eine Art Volkszählung ansehen.[11] Verpflichtet fühlen sich die Parlamentarier daher in erster Linie denen, die sie für diese sichere Kandidatur ausgewählt haben. Das letzte Wort in dieser Beziehung hat die Partei, was übrigens auch für Kandidaten aus dem Kreise des Militärs gilt.

Die spannende Frage ist: Wie bekommt man das Vertrauen der Partei? Das funktioniert wie anderswo auch. Ambitioniert muss man sein, Verbindungen haben, ein guter Netzwerker sein und höchste Loyalität zur Schau stellen. Der Wettbewerb, der in einer westlichen Demokratie auf die Wahl und das Gewinnen von Stimmen konzentriert ist, findet in Nordkorea weitgehend hinter den Kulissen in Form von bürokratischer Konkurrenz um das Wohlwollen und das Vertrauen der Vorgesetzten statt. Das heißt nicht, dass dieser Konkurrenzkampf weniger intensiv und hart wäre – Außenstehende bemerken ihn nur nicht so einfach.

Vor diesem Hintergrund sollte man sich davor hüten, das nordkoreanische Parlament, wie in den internationalen Medien üblich, mit dem Beiwort »rubberstamp« zu versehen und es als bloße Formalie zu betrachten. In der Tat trifft die wichtigsten Entscheidungen im Land der Führer, unterstützt durch die Partei und geschützt vom Militär. Doch die Oberste Volksversammlung ist keinesfalls eine Ansammlung gesichtsloser Marionetten ohne eigenen Willen. Man sollte sie sich besser als eine Gruppe von mehreren hundert ambitionierten und erfolgreichen Apparatschiks vorstellen, von denen sich jeder Einzelne in einem harten internen Wettbewerb gegen unzählige Konkurrenten durchgesetzt hat. Diese Leute kennen die Spielregeln des Systems genau;

darum sind sie so weit gekommen. Solange das System stabil ist, werden sie ihre Köpfe gesenkt halten und genau das tun, was man ihnen sagt; im Gegenzug genießen sie soziale und materielle Privilegien wie eine bessere Wohnung, höhere Rationen und soziales Prestige.

Was Entscheidungen von nationaler Bedeutung angeht, ist von ihnen Passivität zu erwarten. Aktiver werden die Abgeordneten dort, wo es Flexibilität gibt, etwa bei Fragen der lokalen Verwaltung. Korea ist trotz seiner relativ geringen Größe bekannt für die Rivalität zwischen seinen Regionen. Der Norden ist da keine Ausnahme. Während in Südkorea vor allem die Auseinandersetzung zwischen der südwestlichen Honam-Region und der südöstlichen Yŏngnam-Region das politische Geschehen bestimmt, sind es in Nordkorea die zwei P'yŏng'an-Provinzen im Westen, die im Konkurrenzkampf mit den zwei Hamgyŏng-Provinzen im Osten liegen. Einig sind sich alle Provinzen im Neid auf die Hauptstadt Pjöngjang, wohin die meisten Ressourcen fließen und wo der Zugang zum innersten Zirkel der Macht liegt.

Keine Probleme mit der obersten Führung zu bekommen und dabei gleichzeitig das Vertrauen derer zu rechtfertigen, denen er seinen Posten verdankt, besitzt höchste Priorität für einen OVV-Abgeordneten. Das geschieht am besten dadurch, dass er lokale Interessen vertritt. Ein Beispiel: Der Führer beschließt, dass das Land ein neues Ski-Resort braucht. Diese Entscheidung wird nicht hinterfragt, sondern enthusiastisch unterstützt. In aller Bescheidenheit kann ein Abgeordneter aber vorschlagen, dass seine Heimatregion ein besonders gut geeigneter Ort für dieses Projekt wäre. Gleiches gilt für andere attraktive Projekte, etwa Sonderwirtschaftszonen.

Ein Blick auf die letzten Monate der DDR zeigt überdies, wie sich ein solches Parlament in seiner Tätigkeit und seiner Bedeutung wandeln kann, wenn die Systemstabilität nicht mehr gegeben ist. Die Volkskammer hatte jahrzehntelang eine ähnliche Reputation wie Nordkoreas Oberste Volksversammlung. Doch sobald die SED ab Oktober 1989 Zeichen der Schwäche erkennen ließ, nutzen viele Abgeordnete die Gelegenheit und zeigten eine zuvor kaum geahnte Initiative und Kritikfähigkeit, die die Volkskammer bis zu den Wahlen vom März 1990 zu einem der wichtigsten Organe der Reform der DDR machten. Ein ähnliches Szenario könnte man sich auch in Nordkorea vorstellen, wenn die Umstände entsprechend wären.

Nicht vergessen sollte man, dass in der DDR die Wahlen zunehmend zu einem Mittel der Bürger wurden, ihre Unzufriedenheit mit dem System auszudrücken. Zwar konnte man ebenso wie in Nordkorea nicht zwischen alternativen Kandidaten wählen, aber man konnte seinen Wahlzettel ungültig machen. Als dieser Trend zu mächtig wurde, fälschte die Regierung die Ergebnisse der Kommunalwahlen auf so eklatante Weise, dass entsprechende Vorwürfe bei den ersten Montagsdemonstrationen in Leipzig und bei ähnlichen Kundgebungen eine Hauptrolle spielten. Aus Nordkorea sind uns keine derartigen Trends des zivilen Ungehorsams bekannt; aber zumindest theoretisch bestünde die Möglichkeit dazu. Auch dann, wenn man sich des Ergebnisses sicher zu sein glaubt, kann es riskant sein, die Menschen nach ihrer Meinung zu fragen.

Politische Parteien in Nordkorea

Trotz der Tatsache, dass man im Zusammenhang mit Nordkorea eigentlich immer nur von einer Partei hört – der Partei der Arbeit Koreas, PdAK –, hat das Land, wie die meisten sozialistischen Staaten, ein Mehrparteiensystem.

Die ideologische Begründung dafür ist der Übergangscharakter des Sozialismus, der im Gegensatz zum endgültigen Ziel, dem

Kommunismus, noch Elemente der alten Gesellschaft in sich trägt und daher auch diesen Raum bieten muss. Um gleichzeitig den in der Verfassung verankerten alleinigen Führungsanspruch der Kommunistischen Partei zu gewährleisten, sind die Parteien in einem Dachverband zusammengeschlossen und können nicht einzeln zu Wahlen antreten. Solche Dachverbände erhielten häufig einen landesspezifischen ideologischen Anstrich; in der DDR war es der Antifaschismus, in Nordkorea ist es die Wiedervereinigung.

Nordkoreas »Demokratische Front für die Vereinigung des Vaterlandes« ist das Pendant zur »Nationalen Front« in der DDR, in der die Parteien und Massenorganisationen zusammengeschlossen waren. Gegründet am 22. Juli 1946, ist die Demokratische Front das Instrument der Herrschaft der PdAK über die anderen Parteien.

Aktuelle Daten zur konkreten Sitzverteilung liegen mir nicht vor; zuletzt habe ich solche Informationen für die 2009 gewählte 12. OVV finden können. Im 2009 gewählten Parlament gehörten 601 Abgeordnete der Partei der Arbeit Koreas an. Die Sozialdemokratische Partei Koreas (*sahoeminjudang*), gegründet am 3. November 1945, hat etwa 25 000 Mitglieder, zumeist aus dem sogenannten Kleinbürgertum. Sie stellte im Parlament von 2009 insgesamt 51 Abgeordnete.

Weitere 21 Parlamentarier waren Mitglieder der nationalistisch-religiösen *Ch'ŏndo-Chong'u*-Partei. Sie wurde am 8. Februar 1946 gegründet und hat rund 15 000 Mitglieder, hauptsächlich Bauern. Ihre Geschichte reicht bis zum Kampf gegen die Fremden und ihren Einfluss in der zweiten Hälfte des 19. Jahrhunderts zurück. Bekannt wurde diese sogenannte Tonghak-Bewegung durch den Aufstand im Jahr 1894/95, der zum chinesisch-japanischen Krieg führte. Die *Ch'ŏndo-Chong'u*-Partei ist aufgrund ihrer religiösen Fundierung für ein sozialistisches Land besonders ungewöhnlich und zeigt einmal mehr, wie wenig man Nordkorea in einfachen Schwarz-Weiß-Kategorien erfassen kann. Auch werden Kim Il-sung und Kim Jong-il immer wieder in den nordkoreanischen Medien mit dem Sinnspruch »an die Menschen glauben, als wären sie der Himmel« *(inminwich'ŏn)* zitiert, der sehr an den Wahlspruch der Tonghak-Bewegung »die Menschen sind der Himmel« *(innaech'ŏn)* erinnert.[12]

Zu den anderen politischen Organisationen in Nordkorea zählen: der Gewerkschaftsverband, der Verband der Kimilsungistischen Jugend, der Verband der Werktätigen der Landwirtschaft Koreas, und der Demokratische Frauenbund Koreas. Eine Besonderheit in Nordkorea ist, dass die Bürgerinnen und Bürger – anders als in vielen anderen sozialistischen Ländern – nur Mitglied *einer* der genannten Parteien beziehungsweise eines der Verbände sein können.

Für die anderen Parteien und Massenorganisationen Nordkoreas gilt, was ich auch schon zum Parlament geschrieben habe. Sie sind im Augenblick wenig relevant, da das System stabil ist und die Macht einzig in den Händen der PdAK liegt. Erneut könnte jedoch das Beispiel der DDR ein Hinweis darauf sein, wie sich dies bei einem Wandel der politischen Verhältnisse ändern könnte. Die Vereinigungsverhandlungen fanden zwischen Politikern aus CDU West und der ehemaligen DDR-Blockpartei CDU Ost statt, und heute stellt die CDU die aus Ostdeutschland stammende deutsche Bundeskanzlerin.

Exekutive

Wenn man vom Staat als einer Säule der Macht in Nordkorea spricht, meint man üblicherweise die Exekutive. Diese unterliegt laut Verfassung der Kontrolle durch das Parlament, de facto ist sie ein Instrument des Führers und der Partei. An ihrer Spitze steht der Erste Vorsitzende der Nationalen Verteidigungskommission (NVK), der laut Artikel 100 der Verfassung der oberste Führer der DVRK und laut Artikel 102 der Oberkommandierende der Streitkräfte ist. Seit der Umbenennung von »Vorsitzender« zu »Erster Vorsitzender« im April 2012 hat Kim Jong-un diese Funktion inne. Seine Amtszeit entspricht jener der Obersten Volksversammlung, eine Wiederwahl ist möglich.

Der Erste Vorsitzende der NVK lenkt laut Artikel 103 der Verfassung die Geschicke des Staates, leitet persönlich die Tätigkeit der NVK, ernennt führende Militärkader oder beruft sie ab, ratifiziert oder kündigt internationale Verträge, erlässt Amnestien und kann den Krisen- beziehungsweise Kriegszustand sowie die Generalmobilmachung ausrufen. Er ist formal dem Parlament gegenüber rechenschaftspflichtig, was jedoch angesichts der immer wieder eingeforderten unbedingten Loyalität zum Führer sicher nicht wörtlich zu verstehen ist.

Die Nationale Verteidigungskommission ist laut Artikel 106 der Verfassung das oberste Regierungsorgan der DVRK. Sie besteht aus dem Ersten Vorsitzenden, dem stellvertretenden Vorsitzenden und einer nicht näher angegebenen Zahl von Mitgliedern. Sie hat diverse in Artikel 109 festgelegte Aufgaben. Unter anderem führt sie Aufsicht darüber, dass die Befehle des Ersten Vorsitzenden der NVK erfüllt werden. Um das zu gewährleisten, darf sie auch Entscheidungen der anderen Staatsorgane aufheben, falls sie diesen Befehlen zuwiderlaufen. Militärische Ränge vom Generalmajor an aufwärts werden von der NVK verliehen. Mitglieder der NVK werden üblicherweise während der jährlichen Parlamentssitzungen ernannt und abberufen, worüber die staatlichen Medien berichten. Man geht allgemein davon aus, dass die NVK derzeit die oberste Führungselite des Landes repräsentiert.

Dem Kabinett *(naegak)* widmen sich Artikel 123 bis 136 der Verfassung. Es ist die oberste staatlich-administrative Einrichtung und besteht aus dem Premierminister *(ch'ongni)*, den derzeit vier Vizepremiers,[13] den Vorsitzenden der diversen Komitees, 28 Ministern und weiteren Funktionsträgern. Für ihre Amtszeit gelten die gleichen Bestimmungen wie bei der OVV. Die Aufgaben des Kabinetts (Artikel 125) decken sich mit denen ihrer internationalen Äquivalente. Es trägt Verantwortung für den Staatshaushalt und für die diversen Sektoren der Volkswirtschaft einschließlich des Außenhandels.

Das Kabinett gilt außerhalb Nordkoreas als der Ort, wo am ehesten technokratisch orientierte und reformfreundliche Pragmatiker vermutet werden. Hier handelt es sich einmal mehr um Gerüchte, mit denen man vorsichtig umgehen sollte. In jedem Falle sollte man wissen, dass es eine Parallelstruktur zum Kabinett innerhalb der Partei gibt, über die die Arbeit der Exekutive stark und direkt beeinflusst wird. Das Kabinett ist also sicher nicht der Ort, wo über wirtschaftspolitische Maßnahmen einschließlich von Reformen *entschieden* wird; es könnte jedoch Ursprungsort entsprechender Ideen sein und ist im Falle einer Entscheidung jedenfalls mit der Umsetzung betraut.

In diesem Zusammenhang kommt dem Premierminister als dem Chef des Kabinetts eine besondere Rolle zu. Man kann ihn sich als eine Art Top-Manager vorstellen, der zwar formal keinen bestimmenden Einfluss auf die strategische Planung des Vorstandes besitzt, diese aber umzusetzen hat und daher vermutlich auch zu beeinflussen sucht.

Als im April 2013 Pak Pong-ju diese Position erhielt, steigerte dies den Optimismus, dass es vielleicht Wirtschaftsreformen geben würde. Immerhin hatte er das Amt schon einmal inne, als im Juli 2002 weitreichende Veränderungen verkündet wurden. Bislang hat sich diese Hoffnung aber nicht erfüllt.

Die Struktur des Kabinetts ist in unregelmäßigen Abständen Veränderungen unterworfen. Es besteht aus Ministerien und weiteren Einrichtungen, darunter Akademie der Wissenschaften und Staatsbank. Die staatliche Plankommission erarbeitet den (seit Jahren nicht mehr publizierten) zentralen Wirtschaftsplan und ist für seine Umsetzung zuständig. Was das gegenwärtig konkret bedeutet, wissen wir nicht, da hierüber nichts an die Öffentlichkeit dringt.

Die staatliche Überwachung obliegt dem Ministerium für Volkssicherheit, das man somit als Pendant zur Stasi in der DDR sehen könnte. Das Ministerium für Öffentliche Sicherheit entspricht dem Innenministerium und ist die oberste Polizeibehörde. Der vorrangige Ausbau der Hauptstadt Pjöngjang findet seinen Ausdruck in der Existenz eines eigens dafür verantwortlichen Ministeriums. Im Jahre 2012 wurde das Ministerium für Nationale Ressourcenentwicklung neu geschaffen; im Jahr 2013 kamen das Ministerium für Atomindustrie und das Büro für Weltraumentwicklung hinzu.

Eine Besonderheit der administrativen Struktur Nordkoreas sind die Einwohnergruppen (*inminban*), die sich aus rund 20 bis 50 Haushalten mit einem Vorsteher zusammensetzen.[14] Dieser ist für das Wohlverhalten der Mitglieder seiner Gruppe persönlich verantwortlich. Im Gegenzug ist er mit weitreichenden Kompetenzen ausgestattet, die bis zu unangekündigten Kontrollbesuchen mitten in der Nacht reichen, um nach subversivem Material wie frei abstimmbaren Radios, südkoreanischen DVDs und Ähnlichem zu suchen. Die Einwohnergruppen erfüllen eine Reihe von Funktionen. Sie garantieren eine nahezu lückenlose Überwachung nach innen und nach außen, da Fremde im Bereich einer solchen Gruppe sofort gemeldet werden. Darüber hinaus erleichtern sie die Ausführung von Arbeitseinsätzen und ähnlichen Aktivitäten. Eine nordkoreanische Erfindung ist dies allerdings nicht; bereits während der Chosŏn-Zeit (1392 bis 1910) gab es ein »System der Fünf Familien«, das im 15. Jahrhundert nach chinesischem Vorbild eingeführt worden war und der politischen Kontrolle sowie der Eintreibung von Steuern diente.

Im nordkoreanischen Alltag sieht man diese *inminban* ständig in Aktion. Sie sind daran erkennbar, dass hier Zivilisten aller Geschlechter und Altersgruppen tätig sind, bevorzugt am Wochenende oder nach Feierabend.

Ich erinnere mich an einen sehr kalten Wintertag Anfang 1992, als ich auf dem langen Fußweg zum auf der anderen Seite des Taedong-Flusses gelegenen Diplomatenclub eine Brücke überquerte. Der Geburtstag von Kim Jong-il würde in wenigen Tagen gefeiert werden. Eine vor allem aus Frauen bestehende *inminban* war damit beschäftigt, mit bloßen Händen, Putzlappen und etwas Wasser die von den Autoabgasen angeschwärzten, hellblau gestrichenen Eisenstäbe des Straßengeländers zu putzen. Als ich einige Stunden später zurückkam, war das Putzwasser am Boden festgefroren.

Ein anderes Mal konnte ich vom Fenster meines Wohnheimes aus die Verteilung von Chinakohl beobachten, die dank *inminban* in sehr geordneten Bahnen verlief. Ein Lastwagen kam an, kippte den Kohl ab, und sofort begann die Bildung kleinerer Häufchen, die an die Familien verteilt wurden. In den nächsten Tagen waren die Frauen dann mit dem *kimjang* beschäftigt, der Herstellung des von keiner koreanischen Tafel wegzudenkenden *kimch'i*, der im Winter ein wichtiger Vitamin-C-Lieferant ist.[15]

In letzter Zeit, da die Regierung besonderes Augenmerk auf die Verschönerung der Städte legt, sieht man sehr oft auch *inminban* bei der Arbeit an Gehwegen oder beim Anlegen von kleinen Gartenanlagen vor ihren Häusern.

Partei der Arbeit Koreas

Die Partei der Arbeit Koreas (PdAK), oder einfach die Partei, ist das bedeutendste Machtorgan in Nordkorea. Sie durchdringt und kontrolliert alle anderen Organisationen einschließlich des Militärs. Ihre beherrschende Rolle als Bewahrerin der Ideologie wurde bereits angesprochen; hier soll es, soweit angesichts der uns vorliegenden Informationen möglich, um ihre organisatorische Struktur gehen.

Diese folgt weitgehend dem allgemein üblichen Aufbau der Parteien in den sozialistischen Ländern, der im Großen und Ganzen dem sowjetischen Muster entspricht. Kleinste Organisationseinheit ist die in der Regel an eine Produktions-, Verwaltungs- oder Militäreinheit gebundene Parteizelle oder Grundorganisation, in der die Mitglieder von einem Parteisekretär geleitet werden. Grundorganisationen werden jeweils zu übergeordneten Einheiten zusammengefasst, bis die Provinz/Bezirksebene erreicht ist. Dort liegt sozusagen die lokale Exekutive der Partei. Oberstes Organ, vergleichbar mit einem Parlament, ist der theoretisch alle fünf Jahre zusammentretende Parteitag *(tang taehoe),* auf dem die verschiedenen lokalen Organisationen durch gewählte Abgeordnete repräsentiert werden. Gerüchten zufolge wurde die Fünfjahresregel bei der Delegiertenkonferenz im Jahr 2010 aus den Statuten gestrichen. Der VI. und bislang (Mitte 2014) letzte Parteitag fand 1980 statt.

Der Parteitag wählt ein Zentralkomitee *(chung'ang wiwŏnhoe;* ZK), das zwischen den Parteitagen die Aufgaben der Parteiführung wahrnimmt und sich zu Plenarsitzungen trifft. Allerdings fand zwischen 1993 und 2010 keine einzige dieser Sitzungen statt. Zwischen den Plenarsitzungen des ZK ist das Politbüro *(chŏngch'iguk)* die eigentliche Führung der Partei. Das Politbüro ist eine Art Präsidium oder Ständiges Komitee des ZK. Auch das

Politbüro hat ein Führungsgremium, das Präsidium des Politbüros *(chŏngch'iguk samuwiwŏnhoe)*.

Im Sekretariat des ZK *(pisŏguk)* existieren Abteilungen *(chŏnmunbusŏ)*. Sie sind das parteiinterne Pendant zur Exekutive und können daher als so etwas wie ein zweites Kabinett betrachtet werden (mit den Sekretären des ZK als eine Art Minister). Zu den Abteilungen innerhalb der PdAK gibt es unterschiedliche Angaben, ihre Zahl beträgt ungefähr 25. Da das Parteistatut in Nordkorea in seinem vollen Wortlaut als Geheimdokument behandelt wird und die Struktur offenbar häufig Veränderungen unterliegt, ist eine verbindliche Aussage hierzu schwierig. Erwähnenswert sind aber in jedem Falle besondere Einrichtungen, die auch passenderweise kryptische Namen tragen. Dazu gehören »Büro 35« (Auslandsgeheimdienst), »Büro 38« (Devisenbeschaffung) und »Büro 39« (Devisenverteilung).[16]

Neben dem Sekretariat gibt es in der Partei noch die Militärkommission, die Inspektionskommission und die Kontrollkommission.

Die PdAK ist eine der stärksten und ohne Zweifel die bedeutendste politische Vereinigung in der DVRK. Beim VI. Parteitag 1980 vertraten 3220 Delegierte circa drei Millionen Mitglieder, das heißt 12,2 Prozent der Bevölkerung. Die Parteitage fanden auch vorher schon nicht immer im regulären Abstand von fünf Jahren statt (1946, 1948, 1956, 1961, 1970); die lange Pause seit 1980 ist trotzdem ungewöhnlich. Auf entsprechende Nachfrage wurde mir in Nordkorea erklärt, dass Parteitage nur dann stattfänden, wenn etwas Außergewöhnliches passiert oder zu entscheiden sei. Offenbar fielen weder der Kollaps der Sowjetunion und des Ostblocks noch der Tod von Kim Il-sung 1994 oder die Hungersnot in den Jahren 1995 bis 1997 in diese Kategorie.

Ende September 2010 fand dann eine sogenannte Delegiertenkonferenz *(taep'yojahoe)* der PdAK statt, die dritte ihrer Art nach 1958 und 1966 und die erste nach einer Pause von 44 Jahren. Es ist nicht ganz einfach, den Unterschied zum Parteitag zu verstehen; offenbar gibt es vor allem ein anderes Verfahren zur Auswahl der Delegierten. Die Aufgaben scheinen ähnlich zu sein. Ziel der Delegiertenkonferenz von 2010 war die lange hinausgezögerte, angesichts des sich rapide verschlechternden Gesundheitszustandes von Kim Jong-il aber offenbar nicht mehr aufschiebbare Regelung der Nachfolgefrage.

Das ging einher mit einer erheblichen formalen Stärkung der Partei als Institution der Macht, indem lange unbesetzte Posten nun wieder gefüllt und die reguläre Funktionsfähigkeit der obersten Organe wenn nicht wiederhergestellt, so doch erheblich verbessert wurde. Die Delegierten wählten 124 Mitglieder des Zentralkomitees und 105 Kandidaten des ZK. Aus dem Kreis der ZK-Mitglieder wurden 17 ins Politbüro berufen, weitere 15 wurden zu Kandidaten des Politbüros. Drei Verwandte von Kim Jong-il erhielten Posten innerhalb der Partei. Sein Sohn Kim Jong-un wurde zum Vizevorsitzenden der Zentralen Militärkommission, dessen Tante Kim Kyŏng-hŭi wurde zum Mitglied des Politbüros und ihr mittlerweile hingerichteter Ehemann[17] Chang Sŏng-t'aek wurde zum Kandidaten des Politbüros ernannt.

Nach ungewöhnlich kurzer Zeit angesichts der Pause von 44 Jahren, die es vorher gegeben hatte, fand im April 2012 eine weitere Delegiertenkonferenz statt. Diese hatte den Zweck, die bereits im Dezember 2011 de facto erfolgte Machtübernahme durch Kim Jong-un auf der Parteiebene formal zu bekräftigen. Kim Jong-il wurde, wie bereits beschrieben, zum »Ewigen Generalsekretär« der Partei erklärt und die Leitideologie in Kimilsungismus-Kimjongilismus umbenannt. Die Position des Ersten Sekretärs der Partei wurde neu geschaffen und mit Kim Jong-un besetzt, der auch zum Vorsitzenden der Zentralen Militärkommission und Mitglied des Präsidiums des Politbüros aufstieg.

Das Militär und das Atomprogramm

Das Militär ist eine der unter Experten umstrittensten Komponenten des politischen Systems Nordkoreas. Der Führer ist bei offiziellen Auftritten von Militärs umgeben, bekleidet selbst einen hohen militärischen Rang, die Militär-Zuerst-Ideologie wird nach innen und nach außen propagiert, und nicht zuletzt ist Nordkorea vor allem mit militärischen Aktionen wie der Entwicklung des Atomprogramms in unseren Medien präsent. Bilder von riesigen Menschenmassen bei Militärparaden auf dem Kim-Il-Sung-Platz prägen das Image Nordkoreas im Westen und haben es sogar in die TV-Werbung geschafft.[18] Ist das Land also eine Militärdiktatur, die von einer Junta aus hohen Offizieren beherrscht wird?

Ich habe mich bereits dazu geäußert, dass ich die These vom Militär als eigenständiger politischer Kraft für nicht zutreffend halte. Es ist ein Instrument, das sich in den Händen des Führers und der Partei befindet. Nordkorea wird *mit* dem Militär regiert, nicht *vom* Militär. Wenn ich in Nordkorea die Frage stelle, ob die Partei oder das Militär wichtiger sei, dann erhalte ich üblicherweise die Antwort, dass gemäß dem Motto *ilsimtangyŏl* (ein Herz und eine Seele) Armee und Partei als Einheit betrachtet werden. Was so viel heißt wie: Die Frage ist nicht sinnvoll. Alle drei Führer trugen beziehungsweise tragen bei ihren öffentlichen Auftritten so gut wie nie Uniform.

Das Risiko, dass sich das Militär verselbstständigt oder von Rivalen genutzt wird, besteht allerdings. Chang Sŏng-t'aek wurde im Dezember 2013 nicht zuletzt deshalb hingerichtet, weil er es gewagt hatte, eine eigene Gruppe von Loyalisten um sich herum aufzubauen und diese auch militärisch auszurüsten. Angeblich kam es sogar zu einem Feuergefecht zwischen seinen Privattruppen und regulären Militäreinheiten.[19] Doch gerade angesichts dieses Vorfalles, wenn er denn zutrifft, sollte man vom Führer Nordkoreas ein noch stärkeres Bemühen erwarten, das Militär unter Kontrolle zu bringen, anstatt ihm die gefährliche Kombination aus physischer und politischer Macht zuzugestehen. Die im April 2014 öffentlich geäußerte Kritik des Führers an ungenügenden Leistungen der kommandierenden Offiziere einer von ihm besuchten Militäreinheit deutet in diese Richtung, insbesondere, weil sich Kim dabei auch kritisch zum Einsatz von Soldaten im nicht-militärischen Bereich geäußert hat. Dabei ging es ihm wohl weniger darum, dass seit Jahrzehnten die Armee als eine Art kostenlose Arbeitstruppe eingesetzt wird, um Straßen und Staudämme, Monumente und zuletzt sogar Skigebiete zu bauen. Vielmehr gilt es aus Sicht des Führers zu verhindern, dass das Militär wirtschaftlich eine Macht wird, die es letztlich auch politisch zum Staat im Staate machen könnte.[20]

Nordkorea verfügt über eine im Verhältnis zur Größe der Bevölkerung sehr große Armee, wobei die Trennlinie zwischen regulären und paramilitärischen Truppen fließend ist. Offiziell werden jährlich rund 16 Prozent des Staatshaushaltes für das Militär ausgegeben, man vermutet aber im Westen, dass die tatsächlichen Ausgaben weit darüber liegen.

Über Truppenstärken der nordkoreanischen Streitkräfte liegen zum Teil sehr unterschiedliche Zahlen aus amerikanischen Quellen vor. In einem Bericht an den Kongress von 2012 ist seitens des Pentagon unter anderem von 4100 Panzern, 960 000 Mann Bodentruppen, 730 Kampfflugzeugen, 70 U-Booten und diversen Raketensystemen die Rede.[21]

In die Schlagzeilen der westlichen Presse und auf die Agenden diverser Sicherheitskonferenzen ist Nordkoreas Militär wegen seines Atomprogramms in Kombination mit dem Raketenprogramm gerückt. Kritisiert wird nicht nur die Bedrohung, die davon ausgeht, sondern auch, dass die für solche Programme erforderlichen enormen Mittel besser zur Versorgung der notleidenden Bevölkerung oder zur Förderung wirtschaftlicher Entwicklung eingesetzt werden sollten. Die Führung Nordkoreas hält dem entgegen, dass eine blühende Wirtschaft nutzlos ist, wenn sie mit militärischer Schwäche und Angreifbarkeit erkauft wird, und stellt daher ausdrücklich die Landesverteidigung nach vorn. In Gesprächen mit Nordkoreanern hatte ich den Eindruck, dass diese Logik in der Bevölkerung geteilt wird. Seit März 2013 wird in Nordkorea die parallele Entwicklung von Wirtschaft und Atomwaffen als neue Politik propagiert.

Neben der oben bereits angeführten Verletzung der Menschenrechte stellt das nordkoreanische Atomprogramm den wichtigsten Grund für internationale Sanktionen dar. Es behindert damit eine Integration Nordkoreas in die internationale Gemeinschaft.

Die Ursprünge des Atomprograms liegen weit zurück. Kim Il-sung soll den Wunsch nach dem Besitz dieser Furcht einflößenden Waffen schon während des Koreakrieges (1950 bis 1953) entwickelt haben. Immerhin erwogen seinerzeit die USA den Einsatz von Atomwaffen. Vor allem aber waren es zwei eher kleinere Atombomben gewesen, die im August 1945 zur plötzlichen Kapitulation der einst so übermächtig scheinenden Kolonialmacht Japan geführt hatten. Das hatte Eindruck hinterlassen.

Von den 1960er Jahren an war Nordkorea in Kooperation mit der Sowjetunion aktiv in der Nuklearforschung tätig. Als Sohn eines Atomphysikers habe ich in den 1970er Jahren mehrere Jahre im Städtchen Dubna bei Moskau gelebt und kann daher auf Basis der Angaben meines Vaters bestätigen, dass im Atomforschungszentrum auch nordkoreanische Wissenschaftler beschäftigt waren.

Eines Abends erzählte mein Vater beim Abendessen eine Anekdote über koreanische Wissenschaftler und deren Familien, die wie in Dubna üblich einzeln in verschiedenen Wohnhäusern untergebracht waren und dort, wie auch wir, Deutsche, Polen, Russen, Ungarn, Vietnamesen und viele andere Nationalitäten als Nachbarn hatten. Diese beschwerten sich jedoch regelmäßig über den für sie unerträglichen Geruch, der aus den Wohnungen der Koreaner drang. Es stellte sich heraus, dass dort der unverzichtbare *kimch'i* hergestellt wurde, bei dessen Gärung ein sehr intensiver, alles durchdringender und beharrlich haftender säuerlicher Kohl-Knoblauch-Duft entsteht. Wer einmal wie ich den Fehler gemacht hat, *kimch'i* mit anderen Lebensmitteln in einen Kühlschrank zu legen, der weiß, wie penetrant dieses Aroma sein kann. Die Nordkoreaner in Dubna wollten auf den *kimch'i* nicht verzichten, die Nachbarn den Geruch nicht ertragen. Die Lösung war schließlich, alle koreanischen Familien gemeinsam in einem Wohnblock unterzubringen. Aus heutiger Sicht würde ich vermuten, dass dies der nordkoreanischen Botschaft und den dort mit der Überwachung ihrer Landsleute betrauten Sicherheitsbeamten mehr als recht war; vielleicht haben sie es sogar bewusst herbeigeführt.

Hier enden allerdings meine Insiderkenntnisse zum nordkoreanischen Atomprogramm. Ich bin im Sommer 2011 noch einmal mit dem Zug von Moskau nach Dubna gefahren und fand die Stadt trotz der vergangenen 33 Jahre nahezu unverändert vor. Auf einem Plakat vor dem Kulturhaus prangten die achtzehn Fahnen der noch immer am gemeinsamen Atomforschungszentrum beteiligten Nationen. Die deutsche Fahne war nicht dabei, sehr wohl aber die der DVRK.

Der nordkoreanische Atomreaktor in Yŏngbyŏn rückte 1993 erstmals in das Blickfeld der westlichen Öffentlichkeit. Die damalige Clinton-Administration war kurz davor, einen gezielten Militärschlag gegen diese Anlage zu führen, bis im Oktober 1994 dank der Intervention des ehemaligen US-Präsidenten Jimmy Carter ein Rahmenabkommen geschlossen werden konnte. Ich habe viele Jahre später mit Jimmy Carter sprechen können, der noch immer zu Recht stolz ist auf seine damalige diplomatische Leistung, die vermutlich einen Krieg verhindert hat.

Das Rahmenabkommen von 1994 sah unter anderem vor, dass Nordkorea im Austausch gegen Rohöllieferungen und zwei durch die KEDO (Korea Energy Development Organization) gebaute Leichtwasserreaktoren seine alten Kernkraftwerke schließen und das angesammelte waffenfähige Material aufgeben würde.[22] Ich habe 2002 in New York von Charles Kartman, dem Leiter von KEDO, viel über diese Einrichtung gelernt. Ebenso wie Kartman haben mir gegenüber auch Hans Blix, der ehemalige Leiter der Internationalen Atomenergiebehörde, und Siegfried Hecker, ein führender Experte aus Stanford, der Nordkoreas Atomreaktor mehrfach besucht hat, das Ende von KEDO und die damit gegebene Chance auf eine Eindämmung des Atomprogramms sehr bedauert.

Die USA und Nordkorea werfen sich heute gegenseitig vor, das Rahmenabkommen gebrochen zu haben. Fakt ist, dass die Leichtwasserreaktoren nie gebaut wurden und dass Nordkorea im Herbst 2002 gegenüber einem Vertreter der USA bestätigte, weiterhin über ein Atomwaffenprogramm zu verfügen. Nordkorea sieht seine bislang drei Atomtests (2006, 2009 und 2013) als defensive Maßnahmen im Sinne einer Abschreckungsstrategie. Die USA sehen sie als Bruch diverser internationaler Abkommen und Verstöße gegen Resolutionen des UN-Sicherheitsrates. Ein vierter Atomtest ist zu erwarten und danach noch weitere.

Bei der Frage nach einer Lösung dieses Problems sollte man nicht übersehen, dass das Atomprogramm aus Sicht der nordkoreanischen Führung verschiedene Funktionen hat. Es ist nicht nur eine Sicherheitsgarantie gegen einen Angriff der USA. Es ist auch einer der wenigen Bereiche, in dem man Südkorea einen Schritt voraus ist. Ferner ist es ein Erfolg, den die Führung der sonst wenig verwöhnten Bevölkerung präsentieren kann.

Besonders fatal ist der Umstand, dass die überproportionale Beachtung, die Nordkorea international findet, ironischerweise eben mit dem Atomprogramm zusammenhängt. Wenn man davon ausgeht, dass Nordkoreas Führung diese Aufmerksamkeit wichtig ist, da sie unter anderem in diplomatischen und wirtschaftlichen Gewinn umgemünzt werden kann, warum sollte sie dann deren Ursache aufgeben?

Vor diesem Hintergrund und nachdem 2013 der Status als Atommacht demonstrativ in der Verfassung verankert wurde, ist nicht von einer raschen Beilegung des Problems auszugehen. Es wird sich zeigen, ob die internationale Gemeinschaft einen Weg finden wird, mit einem nuklear aufgerüsteten Nordkorea umzugehen, oder ob das Programm ein dauerhaftes Hindernis für jegliche ernsthafte Kooperation bleiben wird. Abzuwarten ist auch, ob das durch die Atomwaffen geschaffene Sicherheitsgefühl die Führung in Pjöngjang zu ideologisch riskanten Reformen ermutigt oder ob es aufgrund der trügerischen Sicherheit den Reformdruck von der Führung nimmt.

Ende März 2013 verkündete Kim Jong-un auf einer Plenartagung des ZK der Partei explizit, dass für ihn der Status als Atommacht und die wirtschaftliche Entwicklung untrennbar verbunden seien. Diese unter dem Namen *byungjin (pyŏngjin)* bekannte Politik bezieht sich auf einen von Kim Il-sung 1962 in einem anderen Zusammenhang verwendeten Ausdruck und besagt wörtlich »zwei Dinge gleichzeitig voranbringen«. Ich habe diese Äußerung von Kim Jong-un als Ende der Militär-Zuerst-Politik interpretiert, da nun die Entwicklung der Wirtschaft einem militärischen Ziel gleichgestellt wurde.[23] Darüber, wie realistisch ein solches Vorhaben ist, lässt sich streiten; so stellt sich die Frage, wie Nordkorea die benötigten Ressourcen erwirtschaften möchte, ohne gleichzeitig erhebliche Anstrengungen zur Verbesserung der Produktivität zu unternehmen. Diese wäre dauerhaft nur über marktwirtschaftliche Reformen und eine außenwirtschaftliche Öffnung erreichbar.

Kehren wir an diesem Punkt noch einmal zur Frage nach dem Machtverhältnis zwischen den drei Säulen Staat, Partei und Militär zurück: Es ist keinesfalls klar, ob das Atomprogramm das Militär stärkt oder nicht vielleicht schwächt. Der Einsatz derartiger Waffen ist ohne Zweifel eine ausschließlich politische Entscheidung, und die liegt bei der obersten Führung des Landes. Denkbar wäre auch, dass mit dem Hinweis auf die Atomwaffen Forderungen der Militärs nach höheren Ausgaben für konventionelle Waffensysteme abgewiesen werden. Die angesichts der unklaren Lage bei der Wehrpflicht zumindest vorstellbare Möglichkeit einer faktischen Truppenreduktion würde gut in diese Argumentationslinie passen. Aus einer möglichen machtpolitischen Sicht des Militärs könnte der erfolgreiche Aufbau eines Atomwaffenarsenals also ein Pyrrhussieg sein.

4

Die Wirtschaft: Ein ungeschliffener Diamant

Die Wirtschaft Nordkoreas war lange Zeit typisch sozialistisch. Mehr als zwei Jahrzehnte nach dem Zusammenbruch des Ostblocks können wir uns kaum noch vorstellen, was das konkret bedeutet hat. Ein ökonomisches System, in dem es kein Interesse am Verkaufen gibt, ist für viele von uns schlicht undenkbar; Kaufen und Verkaufen bilden doch die Essenz einer jeden Volkswirtschaft, oder nicht? Doch vielleicht sollte ich die Problematik einfach an zwei konkreten Beispielen verdeutlichen.

Kaufen und Verkaufen im realexistierenden Sozialismus

Zunächst ein Blick zurück in die DDR der frühen 1980er Jahre. Ich war so um die 15 Jahre alt, meine Mutter war zur Kur gefahren, und es war Sonntagmittag. Mein Vater hatte keine Lust zu kochen, wir beide hatten Hunger, also gingen wir in das nahegelegene Restaurant »Lindenhof« in Leipzig-Grünau. Die Speisekarte brachte uns der mürrische Kellner nach etwas mehr als einer halben Stunde. Unsere Getränke bestellten wir bei der Gelegenheit gleich mit, doch das nutzte nicht viel. Es geschah nichts mehr. Nach einer weiteren Stunde des ergebnislosen Herumsitzens sind wir wutentbrannt, doch auch resigniert und mit leerem Magen gegangen. Ich kann noch heute schwer verstehen, warum wir überhaupt so lange geduldig gewartet haben. Doch dieses zugegeben extreme Beispiel – man wurde in Restaurants der DDR durchaus auch schnell und gut bedient – zeigt im Kern, dass wir als Kunden kaum wirkliche Macht hatten. Kaum jemand wollte unser nicht besonders wertvolles Geld, die Preise waren noch dazu staatlich geregelt und niedrig.

In Nordkorea habe ich allerdings eine kaum für möglich gehaltene Steigerung erlebt. Als ich im Oktober 1991 nach Pjöngjang zum Studium flog, für mehrere Monate im Winterhalbjahr, dachte ich bei nur 20 Kilogramm Freigepäck schon etwas intensiver darüber nach, was ich einpacke und was nicht. Als gelernter DDR-Bürger nahm ich Kaffee, Batterien und dergleichen mit. Zu den Dingen, die ich zu Hause ließ, gehörte eine Kaffeetasse. Ich glaubte zu wissen: Wenn man keine besonderen ästhetischen Forderungen stellt, dann wird sich so etwas in jeder Mangelwirtschaft finden lassen. Gleich am ersten Tag nach meiner Ankunft ging ich ins »Kaufhaus Nr. 1«, damals das erste Haus am Platz. Es dauerte auch nicht lange, da hatte ich im zweiten Stock eine ganze Pyramide mit in der Tat *sehr* blumig verzierten Kaffeetassen gefunden. Die Genossin Verkäuferin lächelte unsicher, ich nahm all mein Koreanisch zusammen und verlangte eines der keinen Meter von meinem Gesicht entfernten kleinen Kunstwerke. Die Antwort kam prompt und überraschend: »Haben wir nicht.« Da ich an ein Missverständnis glaubte, formulierte ich schnell um und benutzte zur Sicherheit auch noch meine pantomimischen Fähigkeiten – mit dem Resultat, dass die offenbar mühsam aufrechterhaltene Fassade der Selbstbeherrschung der guten Frau zerbröckelte und das Lächeln auf ihrem Gesicht von einem Ausdruck offener Panik abgelöst wurde. Sie stürmte wortlos davon, und ich ging mit vielen Fragezeichen im Kopf, aber ohne Kaffeetasse, wieder zurück ins Wohnheim.

Was war geschehen? Nun, sie *wollte* mir vielleicht sogar eine Tasse verkaufen, aber sie *konnte* nicht. Denn Jahre zuvor hatte der Große Führer Kim Il-sung bei einer seiner zahllosen Vor-Ort-Anleitungen betrübt die Bemerkung fallen gelassen, wie sehr es ihn doch schmerze, wenn er in den Regalen seines schönen Landes so unschöne leere Stellen sehe. Vermutlich wollte er sagen: Produziert mehr. Doch die ihn wie immer dicht umkreisenden Kader, diensteifrig mit Notizblock und Stift in der Hand jedes Wort für die Nachwelt festhaltend, verstanden etwas ganz anderes: Der Führer wünscht keine Lücken im Regal. Typisch Bürokratie. Der Sinn der Anweisung war irrelevant, es galt vor allem, sie auszuführen. Das musste auch bei unmöglichen Wünschen möglichst wortgenau passieren. Till Eulenspiegel oder die Schildbürger hätten ihre Freude daran gehabt.

Von diesem Moment an waren die Regale der staatlichen Verkaufseinrichtungen also voll, und zwar immer. Kein Führer und kein ausländischer Besucher konnte mehr wissen, ob es etwas zu kaufen gab oder nicht. Leider wussten die Nordkoreaner das nun auch nicht mehr, jedenfalls nicht nach einem raschen Blick in die Regale, denn die waren ja immer gefüllt. Wenn tatsächlich Ware geliefert wurde, dann landete diese in Bündeln auf dem Boden oder wurde hastig auf dem Tresen aufgestapelt und sofort abverkauft. Dass es tatsächlich etwas gab, merkte man daran, dass jemand etwas kaufte. In der DDR war es der sogenannte Netzblick, mit dem der aufmerksame Konsument anhand der von anderen im sicherheitshalber immer mitgeführten stabilen Nylonnetz stolz heimgetragenen Beute erkannte, dass es zum Beispiel Apfelsinen gab. Kurze Frage noch nach dem Ort des wundersamen Geschehens, und schon eilte man hin und stellte sich an. Es stimmt übrigens wirklich, dass eine lange Schlange in der Tat zunächst einmal instinktiv zum Anstellen verleitete; erst dann fragte man den Vordermann, was es denn gebe.

Die Dinge haben sich in Nordkorea seither geändert, zum Teil in erheblichem Maße. Um die Tragweite dieser Änderungen zu verstehen, die uns, verglichen mit unserer eigenen Lebenswelt, unspektakulär und kaum bemerkenswert erscheinen, sollten wir uns kurz mit den Charakteristika einer sozialistischen Wirtschaft beschäftigen. Diese war über Jahrzehnte Realität in der DVRK und ist für die Nordkoreaner der Vergleichsmaßstab zur Einschätzung ihrer heutige Lage.

Das Wirtschaftssystem und seine Schwächen

Die Wirtschaft Nordkoreas ist von einer Vielzahl starker Widersprüche gekennzeichnet. Dem hochmodernen und kostenintensiven Atom- und Raketenprogramm stehen enorme Probleme bei der Versorgung der Bevölkerung mit Grundnahrungsmitteln gegenüber, deren Konsequenzen von chronischer Unterernährung bis hin zu Hungersnöten reichen. Dabei bieten die geographische Lage zwischen einigen der größten und dynamischsten Märkten der Welt, die reichen Rohstoffvorkommen und die weitgehend gut ausgebildete, disziplinierte Bevölkerung realistische Chancen für Wachstum und wirtschaftlichen Erfolg. Doch kämpft das Land mit einer typisch staatssozialistischen Bürokratisierung wirtschaftlicher Abläufe, einem radikalen Wirtschaftsnationalismus, unzureichender Auslastung der Produktionskapazitäten, veralteten Anlagen, Energiemangel und fehlenden Deviseneinnahmen. Sanktionen sind der politische Preis für eine ultranationalistische Außenpolitik und die beharrliche Weigerung, sich an internationale Normen anzupassen, die man als schlecht verhüllte westliche Vorgaben betrachtet.

Auch wenn es gelegentlich so scheinen mag: Nordkorea ist in vielerlei Hinsicht »anders«, aber es ist durchaus kein Sonderfall. Viele Charakteristika des nordkoreanischen Wirtschaftssystems sind systembedingt, auch wenn ihre Ausprägung oft typisch lokal ist. Es gibt kaum etwas, das mit unserem vorhandenen wirtschaftswissenschaftlichen Instrumentarium nicht zu verstehen wäre.

Die nordkoreanische Wirtschaft ist nahezu vollständig in staatlicher Hand, Privateigentum in der Produktion gibt es nicht. Zwar wurden seit zwei Jahrzehnten keine detaillierten Wirtschaftspläne mehr publiziert, doch findet die Zuweisung von Ressourcen weiterhin über die zentrale Planungsbürokratie statt. Zu den unvermeidlichen Konsequenzen zählen niedrige Produktivität, fehlende Innovation und chronischer Mangel. Die Wirtschaft ist dafür zuständig, dass politische Ziele umgesetzt werden; Rentabilität spielt dabei eine bestenfalls untergeordnete Rolle. Der Markteintritt und der Marktaustritt sind streng reglementiert: Weder kann ein ambitionierter Unternehmer eine Firma gründen, noch werden eigentlich bankrotte Staatsunternehmen geschlossen. Die daraus resultierende Stabilität und Arbeitsplatzsicherheit erkauft sich das Land mit Armut. Ineffizienz wird zum Dauerzustand.

Quantitative Indikatoren (wie viel) haben gegenüber qualitativen Indikatoren (wie gut) eine spürbar größere Bedeutung. Ein oft auftretendes Kennzeichen entsprechender Volkswirtschaften ist etwa eine gewisse Uniformität in der Kleidung. Diese hat nicht immer nur ideologische Ursachen. Die Planungsbürokratie kann nämlich zwar den Bedarf an einer bestimmten Zahl von Hosen in bestimmten Größen verstehen, aber nicht das Bedürfnis nach individuellen Unterschieden in Farbe, Stoff und Schnitt. So war es bis vor wenigen Jahren durchaus üblich, dass im Stadtbild von Pjöngjang plötzlich und in großer Zahl gleichartige Kleidungsstücke auftraten, zum Beispiel weiße Wollschals. Darin spiegelte sich oft auch eine Extremvariante der sozialistischen Planwirtschaft wider – die Rationierung. Kleidung und Luxusgegenstände wie Fernseher wurden oft zu den Geburtstagen der Führer verteilt. Heute erleben wir hier ein Mischsystem. Verteilungen gibt es nach wie vor, aber die Versorgungsmöglichkeiten sind deutlich vielfältiger geworden, und zumindest die Hauptstadt ist nun etwas »bunter«.

Problematisch ist in der sozialistischen Wirtschaft die fehlende regulierende Wirkung von Preisen, wie sie auch in Nordkorea lange Zeit zu beobachten war. Im sozialistischen System werden Preise politisch gesetzt. Bestenfalls reflektieren sie eine Schätzung der tatsächlichen Kosten und Wertverhältnisse, schlimmstenfalls sind sie völlig willkürlich oder unterliegen politischen Erwägungen. Grundbedürfnisse wie Lebensmittel oder Mieten werden in der Regel stark subventioniert, während sogenannte Luxusgüter oft erhebliche Preisaufschläge erfahren. Die Reaktionen darauf waren einerseits wie zu erwarten – der Konsum subventionierter Güter ging nach oben. Die staatlichen Planer in der DDR müssen regelrecht verzweifelt gewesen sein, wenn die Bäckereien des Landes ihre Verkaufszahlen nach Berlin meldeten und es sich herausstellte, dass jeder DDR-Bürger offenbar Unmengen an Brot aß. Sie konnten nicht ahnen, oder nichts dagegen tun, dass manche Bauern das im Vergleich zum regulären Futter viel billigere frische Brot kauften, um es an ihre Schweine zu verfüttern. Deren Fleisch konnten sie später zu staatlich gestützten Preisen mit hohem Gewinn verkaufen. Oft landeten altbackene halbe Brotlaibe auch einfach im Biomüll, trotz aller Kampagnen, mit denen der Staat solcher Verschwendung zu begegnen suchte. Ich wage zu behaupten, dass kaum jemand etwas gegen eine Verdopplung der Brotpreise gehabt hätte; für die alten Herren im Politbüro war das aufgrund ihrer persönlichen historischen Erfahrungen aber ein absolutes Tabu.

Gerade bei künstlich überhöhten Preisen reagierten die Menschen in sozialistischen Systemen wie der DDR allerdings nicht immer wie erwartet. Anstatt weniger nachzufragen, zahlten sie die horrenden Preise einfach, da sie oft ohnehin zu viel nutzloses Geld auf dem Konto hatten. Am Ende zählte nur noch der *Zugang* zu bestimmten Produkten; Geld war in bestimmten Grenzen Nebensache. Die Geschichten, die sich in der DDR um die Beschaffung von Autos unter Umgehung der oft jahrzehntelangen Wartezeiten rankten, würden ganze Bände füllen.

Nordkorea ist nicht die DDR, und der Kauf eines Autos oder die Verschwendung von subventionierten Grundnahrungsmitteln sind keine nordkoreanischen Probleme – jedenfalls noch nicht. Doch selbst in der gegenwärtigen Situation eines dualen Systems aus gestützten staatlichen und relativ freien Marktpreisen führen das oft zu geringe Angebot sowie mangelhaftes Vertrauen in die staatliche Wirtschaftspolitik zu enormen Preisschwankungen, Unsicherheit, Horten und Spekulation. Eine auch nur ansatzweise stimmige Wirtschaftsplanung ist damit fast unmöglich.

Fatal ist auch die Signalwirkung des verzerrten Preissystems auf die zumeist staatlichen Unternehmen. Diese haben wegen der fehlenden Angst vor einem Konkurs nur einen schwachen Anreiz, effizient mit ihren Ressourcen umzugehen. Sie produzieren in der Regel nicht nur zu wenig und in mangelhafter Qualität, sondern auch zu teuer und wenig innovativ. Man kann so etwas übrigens in allen großen bürokratischen Apparaten mit sogenannter »weicher Budgetbeschränkung« wie etwa Behörden, staatsnahen Betrieben oder Großkonzernen beobachten. In sozialistischen Systemen gibt es allerdings besonders viele solche Einrichtungen.

Einen lehrreichen Eindruck von deren Funktionsweise erhielt ich selbst im Werkzeugmaschinenkombinat »7. Oktober« in Leipzig, in dem ich als Schüler einer zehnklassigen Polytechnischen Oberschule im Rahmen des Fachs »Produktive Arbeit« ab der 7. Schulstufe direkten Kontakt mit der mir sonst nur aus Lehrbüchern bekannten Arbeiterklasse haben durfte. Das war aufschlussreich, zumal ich deren führende Rolle ja in Wort und Tat zu vertreten hatte. Jedenfalls erzählten meine Kollegen bei einem der vielen ausgedehnten Aufenthalte im vom marzipanartigen Geruch von Handwaschpaste erfüllten Pausenraum, dass man im vergangenen Monat den Plan für Schrott nicht erfüllt habe. Kurzerhand habe man eine nagelneue Stahlplatte mit dem Schneidbrenner in kleine Stückchen zerlegt und dem bereits gesammelten Schrott hinzugefügt. Plan erfüllt, Problem gelöst. Sorgen wegen zu hoher Kosten? Keine Spur, höchstens Stolz darauf, dass man dem System einmal mehr ein Schnippchen geschlagen hatte.

Neben den Unternehmen blieben auch die Arbeitskräfte nicht von den Auswirkungen des sozialistischen Anreizsystems verschont. Da ihnen weder Arbeitslosigkeit drohte noch eine Gehaltsminderung möglich war, beziehungsweise weil diese angesichts der eingeschränkten Funktion des Geldes kaum ernsthafte Folgen gehabt hätte, war die Arbeitsproduktivität in sozialistischen Volkswirtschaften deutlich niedriger als unter marktwirtschaftlichen Bedingungen.

Ich erinnere mich noch heute an die Mischung aus Verblüffung und Ärger, mit der ich die Geschichte eines Kollegen hörte, der mit mir gemeinsam am Freitagabend im Leipziger Jugendclub »Victor Jara« Dienst tat. Unser Job war es, randalierende Betrunkene höflich, aber bestimmt hinauszugeleiten. Wir mussten also nüchtern bleiben und hatten viel Zeit für Gespräche. Ich stand kurz vor dem Abitur, er hatte gerade seine Lehre als »Zerspanungsfacharbeiter« beendet – ein Wort zur Beschreibung von Tätigkeiten wie Bohren, Drehen, Fräsen und Schleifen, an dem ein Victor Klemperer sicher seine Freude hatte. Beiläufig erwähnte mein Kollege, dass er von der kommenden Woche an wieder auf Nachtschicht sei. Auf mein Mitgefühl reagierte er verständnislos; Nachtschicht sei doch das Allerbeste! Nun war es an mir, große Augen zu machen. Es stellte sich heraus, dass er gegen 22 Uhr am Arbeitsplatz erschien, zwei Werkstücke anfertigte und sich dann schlafen legte. Kurz vor sechs Uhr klingelte der Wecker, er machte noch zwei Werkstücke und war nun frisch und ausgeruht für einen freien Tag. Dass sein Gehalt wegen der Schichtzuschläge auch noch über dem meines Vaters (eines promovierten Atomphysikers) lag, raubte mir einen beträchtlichen Teil meines naiven Glaubens an die Überlebensfähigkeit unseres Wirtschaftssystems.

Auch dies ist nur eine nicht repräsentative, subjektive Anekdote. Es gab in der DDR und den anderen sozialistischen Ländern viele Menschen, die aus innerer Überzeugung heraus fleißig und verantwortungsbewusst arbeiteten – mein Vater zum Beispiel. Das änderte aber nichts daran, dass das Gesamtresultat weit hinter seinen Möglichkeiten zurückblieb. Das ist, als ob zehn Mann in einem Boot sitzen, aber nur vier nach Kräften rudern, während die anderen sechs nur so tun. In Nordkorea hat man lange Zeit mit mäßigem Erfolg versucht, dieses systemische Problem durch politisch-ideologische Kampagnen wie etwa die oben bereits angesprochene *ch'ŏllima*-Bewegung zu lösen. Trotz nachweisbarer Anfangserfolge sind solchen Versuchen Grenzen gesetzt. Ich freue mich schon jetzt auf die zweifellos reichlich vorhandenen Geschichten aus dem nordkoreanischen Ableger von Absurdistan, die uns eines Tages erreichen werden.

Da Märkte in einer Planwirtschaft nicht existieren, fehlt in staatssozialistischen Systemen typischerweise ein Arbeitsmarkt. Die Logik der Planung, wie sie etwa bei der Güterproduktion besteht, wird auch bei den Humanressourcen angewendet. Eine Behörde sammelt mehr oder weniger zuverlässige Daten und errechnet den Bedarf für bestimmte Berufsgruppen, oft mehrere Jahre im Voraus. Entsprechend wird im staatlichen Bildungssystem ausgebildet. Damit gibt es weder einen starken Wettbewerb unter den Arbeitskräften, noch ist man auf unerwartete Entwicklungen vorbereitet. Auf der Seite der Arbeitgeber besteht allerdings durchaus eine Art bürokratische Konkurrenz um die besten

Arbeitskräfte, mit der Konsequenz, dass wirtschaftlich und/oder politisch schwache Bereiche chronisch unterbesetzt sind und mit nicht optimal qualifiziertem Personal zurechtkommen müssen.

Auch in einem solchen Umfeld gibt es allerdings Trendwechsel; so galt in Nordkorea lange Zeit eine Karriere in der Partei oder im Militär als besonders erstrebenswert, während in den letzten Jahren Positionen in der Wirtschaft, vor allem in Bereichen, die mit dem Ausland kooperieren, an Attraktivität gewonnen haben. Seit Anfang 2013 ist es gerüchteweise den nordkoreanischen Unternehmen möglich, die Gehälter ihrer Mitarbeiter selbst zu bestimmen. Das wäre in der Tat ein revolutionärer Durchbruch auf dem Wege zu einem Arbeitsmarkt, mit noch unabsehbaren Folgen. Doch vorerst sind dies nur Gerüchte, denen ich mich im Kapitel über die Reformen näher widme.

Wenn es keine funktionierenden Märkte und keine realistischen Preise gibt, dann wundert es wenig, dass staatssozialistische Systeme auch durch die Abwesenheit einer Währung gekennzeichnet sind, die die elementaren Funktionen des Geldes als universelles Tauschmittel, Wertaufbewahrungsmittel und Rechenmittel wahrnehmen könnte. Geld gibt es zwar durchaus, auch wenn Nordkorea es durch Rationierung der meisten Güter in den 1980er Jahren zeitweilig bemerkenswert weit in den Hintergrund hat drängen können. In seinen Funktionen war und ist es noch immer sehr eingeschränkt. Der Währungsumtausch von 2009 hat das den Menschen nochmals verdeutlicht, als der Staat über Nacht eine neue Währung einführte und damit willkürlich alle größeren Vermögen in lokaler Währung enteignete.[1]

Während meiner Studienzeit 1991/92 existierten in Nordkorea sogar drei Währungen nebeneinander: der bunte Inländer-Wŏn für die Koreaner; der rote Wŏn für sozialistische Ausländer aus China, Vietnam und Kuba; und der blau-grüne Wŏn für kapitalistische Ausländer wie mich. Das führte dazu, dass ich mit meiner im Austausch gegen D-Mark oder US-Dollar erhaltenen Währung noch nicht einmal U-Bahn fahren oder auf der Straße ein Eis kaufen konnte, weil dafür die Inländerwährung verlangt wurde. Diese hatte ich jedoch nicht und durfte sie auch nicht besitzen; ebenso wie die Eisverkäuferin im Moranbong-Park rein gar nichts mit meinen Kapitalisten-Wŏn anfangen konnte. Am Ende löste sich das Problem dadurch, dass ein freundliche Passant mir das Eis spendierte oder dass ich am Eingang zur U-Bahn ohne zu zahlen von der mürrisch dreinschauenden Aufsichtsperson durchgewinkt wurde.

Nicht ohne Stolz darf ich berichten, dass sich aus diesem Anfang der 1990er Jahre bestehenden Währungschaos auch interessante Möglichkeiten zum zivilen Ungehorsam ergaben. So waren die Preise einheitlich in Wŏn ausgewiesen; eine Diskriminierung fand über den für Westler deutlich ungünstigeren Umtauschkurs statt. Ich besorgte mir also von chinesischen Kommilitonen im nicht ganz legalen Austausch gegen US-Dollar rote Sozialisten-Wŏn und kaufte damit ein in D-Mark gerechnet deutlich billigeres Zugticket nach Beijing, als das mit meinen blau-grünen Wŏn möglich gewesen wäre. Misstrauischen Fragen nach der Berechtigung für den Besitz dieser Währung konnte ich durch Vorweisen meines noch bis 1995 gültigen DDR-Reisepasses begegnen. Trotz zweifelnder Blicke: Die deutsche Wiedervereinigung hatte sich offenbar noch nicht überall herumgesprochen. Ich erinnere mich übrigens noch heute an den verblüfften Gesichtsausdruck eines unserer Sprachlehrer an der Universität in Pjöngjang, als er erfuhr, dass wir einfach so – nur, weil wir dort einmal hinfahren wollten – ein Zugticket nach China gekauft hatten. Eine Auslandsreise ohne staatlichen Auftrag schien ihm 1991 offenbar undenkbar.

Der Mangel an echtem Geld stellt auch ein erhebliches Problem für den Außenhandel sozialistischer Wirtschaften dar, mit teils dramatischen Folgen. Der Staat kann nämlich theoretisch versuchen, fehlende inländische Produktion durch Importe zu kompensieren. Hierfür sind aber Devisen nötig, und diese wiederum sind Mangelware, da die Inlandswährung nicht konvertierbar ist und der Außenhandel nicht wirklich floriert. In der DDR waren die Folgen vor allem peinlich und bizarr. Man stelle sich die Verblüffung und bald folgende Verbitterung vor, als einer meiner Freunde seine gerade erst zur Jugendweihe erhaltene 600 Mark teure digitale »Ruhla«-Armbanduhr – das war in der DDR ein Monatsgehalt – in einem von Verwandten aus Westdeutschland mitgebrachten Katalog unter dem Markennamen »Anker« wiederfand, wo sie nur wenige D-Mark kostete. Es schien keine Grenzen für den als entwürdigend empfundenen Devisenhunger Honeckers zu geben. Es wurde nahezu alles an den Westen verkauft, bis hin zu politischen Gefangenen.[2]

Entsprechend widerwillig lieferte man seine Produkte an jene, die kein »richtiges« Geld besaßen – die sozialistischen Bruderländer. In der Regel betrieb man im Ostblock daher sogenannten *barter-trade*, also den Austausch Ware gegen Ware. Der Rat für gegenseitige Wirtschaftshilfe RGW, englisch COMECON, war eine Art Clearingstelle, wo man mithilfe der künstlichen Recheneinheit Transferrubel unter erheblichen Anstrengungen einen Ringtausch gigantischen Ausmaßes organisierte.[3] Dabei versuchte jeder Handelsminister, möglichst auf dem Weltmarkt unverkäufliche Produkte an den sozialistischen Partner zu bringen und sich seinerseits nicht allzu viel wertlosen Tand andrehen zu lassen.

Nordkorea war ein Meister darin, seine Bruderländer zu ungünstigen Verträgen oder gar einseitigen Transfers zu nötigen. Die klagenden Berichte von Handelsattachés der DDR-Botschaft in Pjöngjang füllen ganze Aktenbände.[4] Unter Berufung auf internationale Solidarität und unter geschickter Ausnutzung von Eitelkeiten und Rivalitäten gelang es Kim Il-sung, immer wieder als Sieger aus solchen kleinen Handelskriegen hervorzugehen. Interessant ist, dass auch nach dem Zusammenbruch des Ostblocks dieses Spiel bis zu einem gewissen Grad weitergespielt wird – mit alten Freunden und neuen Feinden.[5]

Grundsätzlich hat es Nordkorea aber so weit wie möglich vermieden, auf Importe zu setzen. In dieser mit dem *chuch'e*-Begriff eng verbundenen Importsubstitution liegt einer der Gründe für die Armut des Landes, aber auch dafür, dass es trotz größter Schmerzen den Kollaps des Ostblocks überlebt hat.

Seit wenigen Jahren erst kann man in Nordkorea eine Veränderung beobachten. Treibende Kraft für den Wandel war wohl vor allem die Hungersnot der Jahre 1995 bis 1997. Offensichtlich hat die Führung erkannt, dass das System eine weitere derartige Krise nicht überleben wird. Entsprechend hat man sich zu Veränderungen entschlossen, die wir optimistisch »Reformen« nennen könnten. Inzwischen verkauft die Führung in Pjöngjang zwar noch keine politischen Häftlinge, wohl aber die reizvolle koreanische Landschaft an westliche Touristen, Hafenanlagen und Bodenschätze an Investoren, und Zehntausende Arbeitskräfte an südkoreanische, chinesische und russische Unternehmen.

Wirtschaftswachstum

Die meisten Analysen zur Wirtschaft eines Landes beginnt man mit Daten zum Bruttosozialprodukt und seiner Entwicklung. Solche allgemeinen Zahlen sind nicht unumstritten, aber sie vermitteln eine ungefähre Vorstellung von der Leistung der jeweiligen Volkswirtschaft und zeigen, ob sich das Land in einer Krise, in Stagnation oder im Aufschwung befindet.

Die fragwürdige Aussagekraft von makroökonomischen Indikatoren ist im Falle Nordkoreas jedoch das geringere methodische Problem. Stattdessen hat man es mit fehlenden Daten oder mit stark voneinander abweichenden Schätzwerten zu tun. Semistaatliche südkoreanische Quellen gehen zum Beispiel davon aus, dass das Bruttosozialprodukt Nordkoreas im Jahr 2011 um 0,8 Prozent und 2012 um 1,2 Prozent auf knapp 30 Milliarden US-Dollar gewachsen ist, es beträgt also circa 1220 US-Dollar pro Kopf der circa 24,5 Millionen Menschen zählenden Bevölkerung.[6] Hingegen schätzt das ebenfalls südkoreanische Hyundai Research Institute[7] das BSP-Wachstum Nordkoreas für 2011 auf 4,7 Prozent und nennt einen Wert pro Jahr und Kopf von 720 US-Dollar.

Und wie sieht man das in Pjöngjang? Offiziell gar nicht, denn nordkoreanische Statistiken zum Wirtschaftswachstum werden nicht veröffentlicht. Es ist also wieder ein wenig Kreativität verlangt, um zumindest einen Hinweis zu erhalten. Wenn wir nämlich wissen, dass Nordkoreas Wirtschaft bis auf wenige Ausnahmen staatlich ist, dann müsste uns doch der Staatshaushalt eine gute Näherungslösung für die Frage nach dem Wachstum bieten können. Vergessen sollten wir für einen Moment, dass die Zahlen zum Staatshaushalt nicht vertrauenswürdig sind und dass die Daten zu jenem Teil der Wirtschaft nicht enthalten sind, der sich in den Händen der Militärs befindet.[8]

Dieser Umweg hat einen entscheidenden Vorteil: Die Medien Nordkoreas veröffentlichen jährlich Angaben zum Wachstum der Einnahmen und Ausgaben des Staatshaushalts. Auch hier hofft man allerdings vergebens auf Vollständigkeit. Just als ich sie nach den Reformen vom Juli 2002 als Richtwert für eine Schätzung der offiziellen Inflationsrate verwenden wollte, hörte Nordkorea im Jahr 2003 auf, absolute Werte zum Budget in einheimischer Währung zu publizieren. Es werden nur noch Prozentangaben gemacht – bestenfalls. Bei vielen Einzelpositionen ist auch lediglich von »hohem Wachstum« die Rede, und in verschiedenen Jahren wird nicht immer über die gleichen Positionen berichtet.

Dem an Nordkorea interessierten Ökonomen wird somit eine erhebliche Frustrationstoleranz abverlangt. Das kann man aber durch viel Mühe und etwas Glück wieder ausgleichen. So ist mir zum Beispiel aufgefallen, dass die offiziellen Daten zum Staatshaushalt durchaus bemerkenswert sind: Anstatt, wie man das bei sozialistischer Propaganda mit ihren angeblich perfekten Wahlergebnissen und ständiger Planübererfüllung erwarten würde, immer nur zu steigen, erkennen wir eine beachtliche Variation und können in Grafik 1 sogar einzelne Phasen der Wirtschaftspolitik nachweisen, wie etwa die Reformphase 2002 bis 2005 oder den Machtwechsel 2011/12.

Wirtschaftswachstum auf Basis der offiziellen Daten zum Staatshaushalt

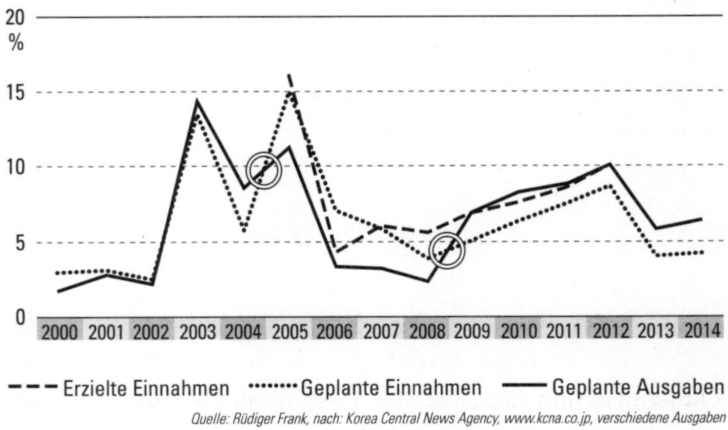

Quelle: Rüdiger Frank, nach: Korea Central News Agency, www.kcna.co.jp, verschiedene Ausgaben

Ermutigend ist auch, dass die aus der Grafik ablesbaren Werte zwar nominell von den deutlich niedrigeren Schätzungen aus Südkorea abweichen, zu diesen aber eine erstaunliche Korrelation zeigen. Ein Korrelationskoeffizient von r=0,66 in den Jahren 2005 bis 2012 sagt im Prinzip, dass Anstieg und Fall der offiziellen nordkoreanischen Budgetzahlen und der von Südkorea geschätzten Werte für das Wirtschaftswachstum ungefähr parallel stattgefunden haben.

Wenn man die Kaffeesatzleserei – und viel mehr ist dies leider nicht – noch etwas weitertreibt, dann sieht man, dass bis 2004 und seit 2009 die geplanten Ausgaben schneller wachsen als die geplanten Einnahmen. Nordkorea geht also von einem Defizit aus. Wie wird dieses finanziert – durch Neuverschuldung? Das wäre bemerkenswert, da sich das Land an den internationalen Finanzmärkten nicht refinanzieren kann. Spielen hier einseitige Transfers eine Rolle, zum Beispiel aus China?

Nicht zuletzt sieht man auch für die Jahre 2013 und 2014 deutlich gesenkte, also gegebenenfalls realistischere Wachstumsraten. Sollten diese dem Einfluss von Kim Jong-un oder von ihm ausgewählter Funktionäre wie dem seit 1. April 2013 amtierenden Premier Pak Pong-ju geschuldet sein, dann dürfen wir bezüglich des Realitätssinns und Pragmatismus der neuen Führung optimistisch sein.

Bodenschätze

Nordkorea hat ein Staatsgebiet von rund 123 000 Quadratkilometern und eine moderat wachsende Bevölkerung von rund 25 Millionen Einwohnern. Anders als Südkorea verfügt der Norden über eine ungewöhnlich günstige Ausstattung mit Bodenschätzen. Auf dem heutigen Gebiet der DVRK finden sich unter anderem Gold, Eisenerz, Kupfer, Nickel, Graphit, Anthrazit, Braunkohle, Silber, Zink, Blei, Wismut, Tungsten, Molybdän, Kaolin, Fluorit, Baryt, Alaun, Glimmer, Quecksilber, Mangan, Asbest und Magnesit.

Nach Schätzungen aus den USA und Südkorea gibt es 112 Minen in Nordkorea, davon 78 zum Abbau von Metallen (Eisen: 19,

Gold: 19, Kupfer: 8), 14 von Nichtmetallen und 20 Kohleminen. Nordkoreas Jahresproduktion wichtiger Mineralien in den Jahren 2007 bis 2011 wurde wie folgt eingeschätzt (Werte gerundet): Gold: 2 Tonnen, Silber: 20 Tonnen, Kupfer: 12 000 Tonnen, Eisenerz: 5200 Tonnen, Blei: 13 000 Tonnen, Zink: 70 000 Tonnen, Magnesit: 1200 Tonnen, Steinkohle: 24 000 bis 41 000 Tonnen. Damit liegt Nordkorea bei der Kohleproduktion auf Rang 21 weltweit zwischen Rumänien und der Mongolei.[9] Eine wesentliche Steigerung in der Produktion wurde in den letzten Jahren wurde nur bei Steinkohle festgestellt.[10]

Eine australische Quelle geht davon aus, dass die Reserven Nordkoreas an Wolfram (zum Beispiel für Glühfäden in Lampen), Molybdän (eine wichtige Komponente von Stahllegierungen), Blei, Baryt und Fluorid zu den zehn größten weltweit gehören.[11] Der Gesamtwert nordkoreanischer Bodenschätze wurde von der gleichen Quelle auf über 2 Billionen US-Dollar geschätzt. Das südkoreanische North Korea Resource Institute schätzte den Wert der Bodenschätze Nordkoreas im August 2012 hingegen auf 9,7 Billionen US-Dollar.[12] Diese Spanne zeigt schon, dass es sich nicht zuletzt angesichts schlechten Zuganges und schwankender Preise nur um grobe Schätzungen handeln kann. Dennoch wird das enorme Potential hinreichend deutlich.

Die Firma SRE Minerals berichtete im Dezember 2013, ein Abkommen mit der nordkoreanischen Korea Natural Resources Trading Corporation zur Erschließung gigantischer Vorkommen an Seltenen Erden im etwa 200 Kilometer nördlich von Pjöngjang liegenden Kreis Chŏngju geschlossen zu haben. Das Vorkommen an leichten und schweren Seltenen Erden wird auf 216 Millionen Tonnen geschätzt, was bisher weltweit bekannten Ressourcen im Umfang von etwa 160 Millionen Tonnen gegenübersteht.[13]

Allerdings ist all das in weiten Teilen noch die sprichwörtliche Taube auf dem Dach. Nordkorea war lange nicht in der

Lage, diese Bodenschätze auch zu heben oder von den oft schwer zugänglichen Lagerstätten abzutransportieren. Dieses Problem wird in jüngster Zeit vor allem mithilfe chinesischer Partner angegangen. Von den 138 zwischen 1997 und August 2010 gegründeten chinesisch-nordkoreanischen Joint Ventures waren 41 Prozent im Bereich des Bergbaus angesiedelt. Diese Zahl steigt kontinuierlich; Anfang 2011 waren bereits etwa 200 chinesische Unternehmen in Nordkorea aktiv.[14]

In Südkorea hält sich die Begeisterung für dieses Engagement Chinas verständlicherweise in Grenzen. Nicht nur, dass auf diesem Weg Geldmittel bereitgestellt werden, die für die Erhaltung des Systems in Nordkorea wichtig sind. Auch weiß man, dass heute von den Chinesen abgebaute Rohstoffe nach einer eventuellen Wiedervereinigung der beiden Koreas nicht mehr in den gemeinsamen Haushalt fließen können.

Landwirtschaft

Die erhebliche Bedeutung der reichen Rohstoffvorkommen wird nicht zuletzt angesichts der prekären Lage der Nahrungsmittelversorgung Nordkoreas deutlich. Warum verwendet man die Einnahmen aus dem Export der Bodenschätze nicht, um Lebensmittel zu importieren?

Offensichtlich hat die Regierung Nordkoreas entschieden, dass es höhere Prioritäten gibt; dazu zählen vor allem die Landesverteidigung und die Wahrung der nationalen Unabhängigkeit. Menschenrechtsgruppen werfen der Führung in Pjöngjang aufgrund dieser Wahl vor, die eigene Bevölkerung bewusst hungern zu lassen und damit ihrer Verantwortung gegenüber den Menschen nicht nachzukommen. Vehement wird auch kritisiert, dass die privilegierte Lebenssituation der Elite im krassen Gegensatz zur Versorgungslage der Mehrheit steht, vor allem außerhalb der Hauptstadt.[15]

Dabei geht es um nicht besonders viel Geld, jedenfalls nicht für ein so rohstoffreiches Land. Schätzungen des UN World Food Programme gehen davon aus, dass Nordkorea aktuell etwa 340 000 Tonnen Reis oder Reisäquivalent in Form anderer stärkehaltiger Nahrungsmittel importieren muss.[16] Es wäre somit im ungünstigsten Fall eine halbe Million Tonnen zu importieren. Bei einem Weltmarktpreis von rund 500 US-Dollar pro Tonne beliefen sich die Ausgaben auf eine Viertelmilliarde US-Dollar, zuzüglich Kosten für Transport, Lagerung und Verteilung. Diesen Betrag kann Nordkorea aufbringen. Es ist in der Tat naheliegend, eine politische Entscheidung zu vermuten, wenn die Menschen Hunger leiden, während gleichzeitig Rohstoffe in großem Umfang exportiert werden und Deviseneinnahmen generieren.

Als der neue Führer Kim Jong-un unmittelbar nach seiner Machtübernahme verkündete, dass die Verbesserung des Lebensniveaus der Menschen sein Hauptanliegen sei, dann könnte das durchaus mehr als nur eine Sonntagsrede gewesen sein.[17] Bei allen Zweifeln an ihrer Realisierbarkeit kann man auch die im Frühjahr 2013 verkündete neue Politik der Parallelität von Atomprogramm und Wirtschaftsentwicklung vor allem als Versuch der Umsetzung dieser neuen Priorität verstehen, nachdem jahrelang die Landesverteidigung an oberster Stelle gestanden hatte.[18]

In Nordkorea gehen der Staat und seine Funktionäre sowohl gegenüber In- wie auch Ausländern mit der Frage der Lebensmittelknappheit übrigens relativ offen um. Man spricht von einer sehr schweren Zeit und von Hunger in den 1990er Jahren. Auch heute noch wird in offiziellen Verlautbarungen und in individuellen Gesprächen eingeräumt, dass die Versorgungslage angespannt ist. Allerdings ist man bei der Erklärung für die Ursachen wenig selbstkritisch. Neben internationalen Sanktionen werden in erster Linie Naturkatastrophen als Wurzeln des Übels angeführt, ebenso die grundsätzlich ungünstigeren Bedingungen für die Landwirtschaft im Norden.

Sehen wir uns dazu die relativ gesicherten Fakten an. Die klimatischen Bedingungen für Landwirtschaft sind vor allem im Norden Koreas tatsächlich nicht ideal. Kurz gesagt sind die Temperaturschwankungen im Jahresverlauf hoch, und die Niederschläge sind über das Jahr hinweg sehr asymmetrisch verteilt. Auf der koreanischen Halbinsel begegnen sich zwei Klimazonen. Eine Entfernung von nur 600 Kilometern macht bei gleicher Seehöhe einen Unterschied der durchschnittlichen Januar-Temperatur von 10 Grad aus. Und selbst wenn man weniger extreme Punkte vergleicht: 2009 lag die Jahresmitteltemperatur in der südkoreanischen Hauptstadt Seoul mit 12,9 °C um fast drei Grad höher als in Sinŭiju (9,9 °C), der nur 350 Kilometer entfernten Grenzstadt zu China im Nordwesten.[19] Im Zeitraum 1981 bis 2010 lag die Mitteltemperatur in Nordkorea im Durchschnitt 4 Grad unterhalb des Wertes für Südkorea.[20] Nicht umsonst war vor der Teilung Koreas der Süden die Kornkammer des Landes.

Der Großteil des jährlichen Niederschlages (1981 bis 2010: 60 Prozent) fällt in der Monsunzeit im Juli und August und ist oft von starken Stürmen begleitet. In besonders feuchten Jahren kann der Durchschnittswert um 90 Prozent überschritten werden, in besonders trockenen Jahren wird er um bis zu 57 Prozent unterschritten. Der deutsche Geograf Hermann Lautensach stellte nach ausgiebiger Feldforschung 1945, also vor Gründung Nordkoreas, fest, dass Trockenheit und Überschwemmungen und damit erhebliche Bodenerosion und Versandung des Bodens nahezu unausweichlich sind.[21] Das sollte man berücksichtigen, wenn man die Schuld an Naturkatastrophen ausschließlich den nordkoreanischen Politikern zuweist, auch wenn diese einiges dazu beigetragen haben, das Problem zu vertiefen.

Die Lebensmittelproduktion findet in Nordkorea zumeist in Kooperativen statt. Hochproduktive private Anbauflächen, sogenannte »Küchengärten«, sind explizit in der Verfassung verankert. Sie spielen für die betroffenen Haushalte eine wichtige, wegen ihrer geringen Größe gesamtwirtschaftlich jedoch eine untergeordnete Rolle. Es gibt etwa 1,7 Millionen Bauernhaushalte in Nordkorea. Jeder von ihnen hat einen Küchengarten von 100 Quadratmetern, was gemeinsam mit den kleineren Stadtgärten insgesamt eine Fläche von etwa 25 000 Hektar an faktisch privat genutztem Land ergibt.[22] Zu den nicht ideologischen staatlichen Maßnahmen zur Steigerung des Outputs gehören Neulandgewinnung, vor allem an der flachen Westküste, und Flurbereinigung. Seit 2004 und zuletzt im Sommer 2012 wurde auch immer wieder über die Einrichtung quasi-privater Kleinkooperativen berichtet, wobei viele dieser Maßnahmen bald wieder rückgängig gemacht wurden.

Aufgrund der bergigen Struktur sind nur etwa 17 Prozent der Fläche Nordkoreas landwirtschaftlich nutzbar. 2010 betrug nach südkoreanischen Angaben die landwirtschaftliche Anbaufläche rund 2 Millionen Hektar.[23] Laut der Ernährungs- und Landwirtschaftsorganisation der Vereinten Nationen FAO waren 2013 die Anbauflächen der einzelnen Kulturen etwa 547 000 Hektar für Reis, 527 000 Hektar für Mais, 29 000 Hektar für Kartoffeln und 70 000 Hektar für Weizen, Gerste, Soja und andere Produkte.[24]

In den letzten Jahren ist bei der landwirtschaftlichen Produktion in Nordkorea ein leichtes Wachstum zu beobachten. Die Produktion betrug 2013 etwa 2,9 Millionen Tonnen Reis, 2 Millionen Tonnen Mais, 296 000 Tonnen Kartoffeln, 163 000 Tonnen Sojabohnen und 66 000 Tonnen andere Getreide und Feldfrüchte. Hinzu kamen aus Frühkulturen Weizen, Gerste und Frühjahrskartoffeln.

Nordkoreas Landwirtschaft produziert auch in guten Jahren immer hart an der Grenze zur Unterversorgung; die Krisenanfälligkeit ist daher enorm hoch. Nach aktuellen Schätzungen für die Ernte 2013/2014 geht die FAO von einer Gesamtproduktion von knapp 6 Millionen Tonnen aus, was umgerechnet in Reisäquivalent etwa 5,03 Millionen Tonnen bedeutet. Gleichzeitig sieht die FAO einen Gesamtbedarf von circa 5,4 Millionen Tonnen, es fehlen also ungefähr 340 000 Tonnen Reisäquivalent. Dabei ist zu beachten, dass aufgrund von Transport- und Lagerverlusten sowie der Verwendung als Saatgut für das nächste Jahr real deutlich weniger für den Verbrauch zur Verfügung steht, als zunächst geerntet wird. Wenn man im Herbst durch das Land reist, dann fallen sofort auf Straßen und Plätzen die mal größeren, mal kleineren gelben Flächen auf, die man beim Näherkommen als zum Trocknen ausgelegte Maiskörner erkennt. Doch oft regnet es auch, und gelegentlich fahren Autos über den Mais.

Die Dringlichkeit der Lösung des Versorgungsproblems ist auch der Führung Nordkoreas bewusst. Die Landwirtschaft wird in offiziellen Verlautbarungen regelmäßig als »Hauptfront des Wirtschaftsaufbaus« bezeichnet, und das alte Kim-Il-Sung-Zitat »Reis bedeutet Sozialismus« erfreut sich nach wie vor großer Beliebtheit.[25]

Der für die Landwirtschaft betriebene Aufwand ist dementsprechend hoch. Im Jahr 2008 waren nach südkoreanischen Angaben über 8,5 Millionen Menschen, das sind fast 37 Prozent aller Nordkoreaner, in der Landwirtschaft beschäftigt. Zum Vergleich: In Südkorea betrug der Anteil nur 6,6 Prozent.[26] Hinzu kommt die regelmäßige Mobilisierung der Stadtbewohner für die Reisauspflanzung im Frühjahr und für die Ernte im Herbst, die Schulen und Büros für Wochen in gespenstischer Stille zurücklässt. Selbst die deutsche Botschaft beteiligte sich gelegentlich, allerdings wohl eher symbolisch.[27] Die in den 1960er Jahren propagierten »Vier Modernisierungen« (Mechanisierung, Elektrifizierung, Bewässerung, Chemie) zeigen, welche Herausforderungen bestehen. Der Anteil manueller Arbeit ist immer noch sehr hoch, da Maschinen zwar vorhanden sind, oft aber aus Mangel an Ersatzteilen oder Treibstoff auf Zugtiere oder Menschenkraft zurückgegriffen werden muss. So waren 2004 nur 57 Prozent der damals rund 64 000 Traktoren Nordkoreas einsatzbereit, 2013 waren es wieder 73 Prozent.[28]

Bewässerung ist gerade für den Nassfeldanbau von Reis entscheidend. Sie hängt in weiten Teilen vom Betrieb von Pumpen ab, die wiederum Energie benötigen. Man versucht, dieses Problem durch den Bau neuer Kleinkraftwerke sowie von neuen, auf natürlicher Gravitation basierenden Bewässerungsanlagen wie etwa dem kürzlich fertiggestellten *Paengma-Ch'ŏlsan*-Aquädukt zu lösen. Dies braucht seine Zeit und kann das Problem nur mildern. Letztlich bedingt der Mangel an Treibstoff und elektrischem Strom auch eine niedrigere Lebensmittelproduktion.

Eine ebenso von Strom und Erdölimporten abhängige Schlüsselressource für die Landwirtschaft ist chemischer Dünger. Der Düngemittelverbrauch hat sich seit 1989 radikal um fast zwei Drittel reduziert; hier liegt eine der Hauptursachen für die Nahrungsmittelknappheit seit den 1990er Jahren und die drastischen Produktionsrückgänge.[29] Laut FAO lag 2013 die Düngemittelproduktion bei nur 10 Prozent des Bedarfs, die Hektar-Erträge erreichten nur 50 Prozent der Werte der 1980er Jahre.[30]

Da die einheimischen Produktionsanlagen nicht genügend Dünger herstellen können, besteht eine große Abhängigkeit von externen Lieferungen, meist in Form von Hilfsgütern. Laut dem nordkoreanischen Ministerium für Landwirtschaft wurden 2010 fast 500 000 Tonnen Düngemittel verbraucht, doppelt so viel wie 2004. Davon kamen 24 000 Tonnen als humanitäre Hilfe ins Land, etwa 275 000 Tonnen wurden importiert. Die inländische Produktion betrug ca. 200 000 Tonnen. Das ist durchaus beachtlich, denn 2004 waren es noch 56 000 Tonnen.[31]

Fassen wir alle Erkenntnisse zusammen, dann kann man sagen, dass die Landwirtschaft Nordkoreas unter einer Kombination negativer Faktoren leidet. Eine zu geringe Anbaufläche und ungünstige klimatische Bedingungen werden durch ein ineffizientes Anreiz- und Organisationssystem, den Mangel an notwendigen Ressourcen (wie Strom, Ersatzteile für Maschinen und Düngemittel) und die Abhängigkeit von entsprechenden ausländischen Lieferungen verschärft. Energiekrisen, Ölpreissteigerungen und eine Rezession im Industriebereich tragen das ihre zur schwierigen Lage bei. Da vorhandene Flächen intensiv für die Landwirtschaft genutzt werden, gibt es außerdem Probleme mit Bodenermüdung und Erosion und den daraus resultierenden größeren Schäden bei Starkregen.

Die Nordkoreaner versuchen Abhilfe zu schaffen, indem sie an der Westküste seit Jahrzehnten in Marschgebieten Neuland gewinnen, um die nutzbaren Flächen zu erweitern. Da Kunstdünger rar und teuer ist, wird den Menschen vom Staat die Verwendung von natürlichem Dünger empfohlen. Man versucht, die Produktion durch die Einführung modernen Saatgutes zu steigern, optimiert die Nutzung von Boden, der für den Reisanbau nicht geeignet ist, durch die Aussaat von anderen Feldfrüchten wie etwa Kartoffeln. Dem Mangel an Protein und Fett will man durch die staatlich geförderte Haltung von Ziegen, die besonders genügsame Nutztiere sind, begegnen, und neuerdings wird Brachland zur Haltung größerer Viehherden in Weideland umgewandelt. Ein Beispiel ist das 20 000 Hektar umfassende *Sep'o*-Flachland, etwa 80 Kilometer südwestlich der Hafenstadt Wŏnsan.[32]

Die Umwandlung von Brachland in Weideland steht offenbar im Zusammenhang mit den neuesten Versuchen, die Versorgungslage zu verbessern. Kim Jong-un hat angeblich angewiesen, die Zucht von solchen Nutztieren stark einzuschränken, die Getreide als Futter benötigen. Dazu gehören vor allem Schweine und Geflügel, die bislang die Hauptlieferanten von tierischem Eiweiß und Fetten waren. Stattdessen sollen die entsprechenden Anlagen auf grasfressende Tiere umgestellt werden, insbesondere Rinder, Ziegen und Kaninchen. Die Erfahrung anderer Länder zeigt, dass solche radikalen Eingriffe katastrophale Folgen haben können. Klassische Beispiele für fatale Fehlentscheidungen vom Ende der 1950er Jahre sind »dichteres Säen und tieferes Pflügen« aus dem chinesischen Großen Sprung und die Einführung von sogenannten Rinderoffenställen in der DDR.

Experten gehen davon aus, dass eine, wenn auch knappe, Selbstversorgung mit landwirtschaftlichen Produkten unter idealen Bedingungen möglich ist.[33] Abgesehen davon, ob das wirklich erreichbar ist, muss man sich fragen, ob Selbstversorgung tatsächlich die beste Lösung ist. Wenn man sich die Stärken und Schwächen der nordkoreanischen Wirtschaft vor Augen führt, dann scheint es langfristig klüger, nach dem Vorbild anderer Industrienationen knappe Ressourcen zunehmend aus der Landwirtschaft in die Industrieproduktion zu verlagern und vor allem Grundnahrungsmittel zu importieren. Dass dies in der Realität strategisch durchaus riskant ist und darum eine nachhaltige Verbesserung der Beziehungen Nordkoreas zu den in der Weltwirtschaft den Ton angebenden USA voraussetzt, ist unbestritten. Doch wie sehen die Möglichkeiten der einheimischen Industrie überhaupt aus, Devisen für Importe zu verdienen und Arbeitsplätze für die Bauern anzubieten?

Industrie

Um es vorwegzunehmen, die komparativen Kostenvorteile Nordkoreas liegen derzeit tatsächlich eindeutig im Bereich des verarbeitenden Gewerbes. Dazu bedarf es nicht einmal einer tiefgreifenden Analyse der einzelnen Sektoren; historische, strukturelle und soziale Betrachtungen zeigen dies nachdrücklich.

Die Industrialisierung Koreas fand unter den Japanern vor allem in der zweiten Hälfte der von 1910 bis 1945 dauernden Kolonialzeit statt. Nachdem Japan Korea zunächst nur als Absatzmarkt für die Produkte der eigenen sich entwickelnden Industrie genutzt hatte, sollte es ab Ende der 1920er Jahre zur militärischen und wirtschaftlichen Basis für die japanische Expansion auf dem Festland werden. Neben dem Aufbau einer modernen Transport- und Kommunikationsinfrastruktur führte dies vor allem zu Investitionen im Bereich der Schwer- und Chemieindustrie sowie in der Energieerzeugung. Die wichtigsten Anlagen wurden im Norden Koreas errichtet, was sich bei der Teilung sehr negativ auf Südkorea auswirkte.

Zwar wurden diese Anlagen im Koreakrieg fast komplett zerstört, doch der Wiederaufbau nach 1953 ging relativ schnell vonstatten. Die Strukturen und das Know-how waren bereits vorhanden, die politischen Allianzen mit dem Ostblock brachten das nötige Kapital, und die Diktatur sicherte den gezielten Einsatz der knappen Ressourcen in der als strategisch identifizierten Industrie. Die reichen Rohstofflagerstätten des Landes ermöglichten den Aufbau und Betrieb einer Stahlproduktion und in ihrer Folge eines Schwermaschinenbaus. Billige Erdölimporte aus der Sowjetunion bildeten die Grundlage der Chemieindustrie. Elektroenergie kam aus Wasserkraft und Kohle.

Eine Alphabetisierungskampagne und später das staatliche Bildungssystem produzierten ein gut ausgebildetes Heer an Arbeitskräften, die unter der Diktatur dazu auch noch diszipliniert und gut organisiert waren. Eigene Universitäten und das Auslandsstudium in den Ländern des Ostblocks sorgten ferner für das Entstehen einer technischen Intelligenz aus Ingenieuren, Wissenschaftlern und Ärzten. Als ein Erfolg dieser Anstrengungen gilt die Erzeugung von Vinalon, einer aus den heimischen Rohstoffen Anthrazit und Kalkstein bestehenden Kunstfaser. Zwar war diese streng genommen schon 1939 entwickelt worden, ab 1961 begann aber die massenhafte Produktion im Werk in Hamhŭng. Auch die international heftig kritisierte Entwicklung von Atomwaffen, Interkontinentalraketen, Satelliten und neuerdings Drohnen ist nüchtern betrachtet ein Zeugnis der hohen Fähigkeiten der nordkoreanischen Techniker.

Aus südkoreanischen Zahlen zur Struktur der nordkoreanischen Wirtschaft wird deutlich, dass es sich hier bereits um eine Industrienation handelt. Der Anteil des aus Landwirtschaft, Fischerei und Bergbau bestehenden Primären Sektors am Bruttosozialprodukt ist nach einer Expansion in den krisenhaften 1990er Jahren wieder auf unter 21 Prozent im Jahr 2010 gesunken. Auch der Tertiäre Sektor, die Dienstleistungen, blieb weitgehend konstant bei über 40 Prozent, während sich beim Anteil des verarbeitenden Gewerbes seit 2000 ein kontinuierliches und durchaus beachtliches Wachstum von 25 auf 36 Prozent erkennen lässt. Im Jahr 1990, als die Kooperation mit dem Ostblock noch sehr eng war, nahm der Sekundäre Sektor allerdings noch fast 43 Prozent ein.[34] Man erkennt hier die erheblichen Umbrüche, die sich in Nordkoreas Wirtschaft seit 1990 ereignet haben. Die Struktur von 1990 als eine Art Idealzustand zu interpretieren und die aktuelle Entwicklung damit zu vergleichen wäre allerdings ein Fehler. Vielmehr würde ich argumentieren, dass sich Nordkorea seit 1990 in einer zeitweise sehr schmerzhaften Phase des Umbaus befindet, der den Realitäten des weltwirtschaftlichen Umfelds Rechnung trägt. Ebenso wie seinerzeit die Volkswirtschaften Osteuropas ist Nordkorea ein Land in der Transformation vom staatssozialistischen zu einem marktwirtschaftlich orientierten System – nur dass hier das Tempo des Strukturwandels niedriger und der erreichte Fortschritt deutlich geringer ist.

In Nordkorea gibt es neun wichtige Industriegebiete, die vielfach schon während der japanischen Kolonialzeit entwickelt worden sind. Vier davon liegen im Osten entlang der Küste. Im Norden ist dies das Gebiet um Ch'ŏngjin mit seiner Metallindustrie und einem modernen Hafen, Richtung Süden unmittelbar gefolgt von Kimch'aek mit seinem großen Stahlwerk, Hamhŭng als Zentrum der Chemieindustrie und der traditionsreichen Hafenstadt Wŏnsan mit einer Erdölraffinerie und Maschinenbaubetrieben. Im Südwesten befindet sich das Gebiet um Haeju, zu dem auch Kaesŏng gehört, wo sich unter anderem Chemieindustrie angesiedelt hat. An der Westküste folgt in nördlicher Richtung das Gebiet um die Hauptstadt Pjöngjang mit einer Vielzahl von Unternehmen der Metall- und Textilindustrie, Maschinenbau, Elektronik und Nahrungsmittelverarbeitung. Nördlich davon liegt das Gebiet um Anju, ein Zentrum der Kohleproduktion. Nahe der Grenze zu China liegt Kanggye mit dem Schwerpunkt Maschinenbau und Holzverarbeitung. Die Grenzstadt Sinŭiju schließlich im äußersten Nordwesten ist ein Zentrum des Handels mit China, aber auch als Standort der Leicht- und Textilindustrie bekannt.[35]

Es gibt sie also, die nordkoreanische Industrie. Sie hat eine relativ lange Tradition, hat ein erhebliches Gewicht gegenüber den anderen Sektoren und ist im Land auf verschiedene Standorte verteilt. Es gibt Rohstoffe und gut ausgebildete, disziplinierte Arbeitskräfte. Gleichzeitig hören wir immer wieder von den Schwierigkeiten der nordkoreanischen Wirtschaft. Wo also liegt das Problem?

Genau genommen sind es deren drei. Zunächst, wenig überraschend, ist die systemimmanente Ineffizienz einer staatssozialistischen zentralen Planwirtschaft zu nennen. Das zweite Problem zeigt sich am eindrücklichsten auf nächtlichen Satellitenaufnahmen, auf denen Nordkorea im Gegensatz zu den hell erleuchteten

Nachbarländern fast komplett dunkel ist: der Mangel des Landes an Elektroenergie. Dieser führt dazu, dass Produktionsanlagen oft weit unterhalb ihrer Kapazitätsgrenze operieren. Vor allem für die in Nordkorea vorherrschende Schwer- und Chemieindustrie ist die Unterversorgung mit Strom ein schweres Manko. Man mag es der Regierung glauben oder nicht; die Behauptung, man verfolge das Atomprogramm auch zu zivilen Zwecken, erscheint vor diesem Hintergrund jedenfalls nicht abwegig, zumal das Land über eigene Lagerstätten an Uran verfügt. Als im Jahr 1994 das Rahmenabkommen mit den USA zur Beilegung des ersten Atomstreites unterzeichnet wurde, schloss dieses auch das nie erfüllte Versprechen des Aufbaus von zwei Leichtwasserreaktoren durch das 2006 eingestellte internationale Konsortium KEDO ein. Die Kernkraftwerke wurden dringend benötigt, denn Anfang der 1990er Jahre hatte sich der eigentlich als großer Fortschritt gedachte Bau von Erdölkraftwerken als schwerer Fehler herausgestellt. Aus sowjetischen Freunden waren nach dem Zusammenbruch des Ostblocks russische Partner geworden, und deren Öl gab es von nun an nur noch zu Weltmarktpreisen in harter Währung, die Nordkorea nicht zahlen konnte oder wollte. Das Ende der Heizkessel kam, als man stattdessen vom Westen als Hilfsgut geliefertes Öl verwendete, das mit einer viel höheren Temperatur verbrannte und die Anlagen zerstörte. Inzwischen hat man mit dem Bau des großen Wasserkraftwerkes von Hŭich'ŏn und vieler kleinerer Kraftwerke eine gewisse Verbesserung erreicht, ist aber noch weit von einer befriedigenden Lösung der Energiefrage entfernt.

Das dritte Problem der nordkoreanischen Industrie ist ihre Isolation. Sie ist in weiten Teilen selbstgewählt, als Konsequenz der Unterordnung wirtschaftlicher Entscheidungen unter das Primat von Politik und Ideologie. Hinzu kommen Sanktionen.

Sanktionen

Sanktionen gehören zu den umstrittensten Mitteln der Außenpolitik. Ihre Wirksamkeit wird von wissenschaftlichen Studien stark bezweifelt,[36] und doch sind sie erstaunlich beliebt und verbreitet. Ein Grund wird wohl die Tatsache sein, dass sie sich gegenüber der Öffentlichkeit gut als entschlossene Maßnahme darstellen lassen, im Gegensatz zu Militäraktionen aber keine eigenen Opfer fordern. Opfer auf der Gegenseite, die gerade in demokratischen Staaten eine Intervention schnell unpopulär machen können, bleiben im Fall von Sanktionen zudem weitgehend unbeachtet.

Nordkorea war seit Beginn seiner Existenz, spätestens aber seit dem Koreakrieg von Sanktionen betroffen.[37] Sie konnten durch die Unterstützung des sozialistischen Lagers zumindest teilweise kompensiert werden, solange es den Kalten Krieg gab. Man kann daher davon ausgehen, dass der von Sanktionen ausgehende Druck auf die Wirtschaft Nordkoreas seit Anfang der 1990er Jahre deutlich gestiegen ist.

Die vielfältigen Sanktionen gegen Nordkorea betreffen den Bereich der Diplomatie und die Reisetätigkeit von nordkoreanischen Staatsbürgern, in erster Linie aber die Wirtschaft. Hier geht es um Beschränkungen des Handels, vor allem der Einfuhr bestimmter Produkte, und um Beschränkungen von Finanztransaktionen.

Die schwerwiegendsten Sanktionen gegen Nordkorea wurden entweder unilateral von den USA oder multilateral von der UNO verhängt. Die UNO-Sanktionen ließen sich erst nach dem Ende des Kalten Krieges durchsetzen, da zuvor die nordkoreanischen Partnerländer VR China und Sowjetunion im UN-Sicherheitsrat Strafmaßnahmen mit ihrem Veto verhinderten. China macht dies teilweise bis heute, sieht sich allerdings zunehmend internationalem Druck ausgesetzt, seine schützende Hand zurückzuziehen. Auch ist man in China selbst immer unzufriedener mit der nordkoreanische Politik, vor allem in der Atomfrage.

Die USA haben das Mittel der Sanktionen im Rahmen ihrer Außenpolitik nicht nur gegenüber Nordkorea sehr aktiv eingesetzt. Bei zwei Dritteln der 104 zwischen dem Zweiten Weltkrieg und 1990 verhängten UN-Sanktionen waren sie die treibende Kraft.[38] Gerade in der nach den terroristischen Anschlägen vom 11. September rapide veränderten Atmosphäre müssen amerikanische und nichtamerikanische Unternehmen ernsthafte Konsequenzen befürchten, wenn sie in Geschäfte mit Nordkorea verwickelt sind. Das ist vor allem dann der Fall, wenn sie gleichzeitig auch auf dem amerikanischen Markt aktiv sind oder in den USA über konfiszierbares Eigentum verfügen. Die oft komplizierte Rechtslage führt dazu, dass man im Zweifelsfalle ganz auf Geschäfte mit Nordkorea verzichtet, selbst wenn diese nicht den Sanktionen unterliegen, um nicht ins Fadenkreuz der US-Behörden zu gelangen. Derartiger vorauseilender Gehorsam und Selbstzensur führten schon häufig zu frustrierenden Erlebnissen für westliche Geschäftsleute, die vergeblich nach Partnern für ihre legalen Tätigkeiten in Nordkorea suchten. Ein sehr anschauliches Beispiel ist die Geschichte von Felix Abt, einem Schweizer Unternehmer, der unter anderem mit der Produktion kostengünstiger Generika die schwierige medizinische Lage im Lande verbessern wollte.[39]

Sanktionen gegen Nordkorea wurden wegen der Menschenrechtslage und wegen der heimischen Waffenproduktion verhängt. Dabei geht es sowohl um den Besitz als auch die Weitergabe von Atomwaffen, Raketen und der zugehörigen Technologie an andere Staaten. Wenn man bedenkt, dass Nordkorea seit 2006 drei Atomtests und zuletzt im Dezember 2012 auch einen Satellitenstart erfolgreich absolviert hat, muss man allerdings an der Effektivität der Sanktionen zweifeln. Sie mögen zwar eine verzögernde Wirkung haben, können aber offensichtlich die Weiterentwicklung der neuen Waffensysteme nicht grundsätzlich verhindern.

Bei der Auswahl der konkreten Sanktionsmaßnahmen sind teilweise skurrile Entscheidungen zu beobachten. So hielt sich in Washington hartnäckig das Gerücht, dass Kim Jong-il verdienten Unterstützern seines Regimes gerne teuren französischen Cognac schenkte. Daraufhin verbot man nach dem ersten Atomtest von 2006 in der Resolution Nr. 1718 des UN-Sicherheitsrates die Lieferung von diesen und anderen Luxusgütern nach Nordkorea in der Hoffnung, dass dadurch die Loyalität der Elite abnehmen und ein Regimewandel wahrscheinlicher werden würde. Hier hatte man wohl doch ein wenig zu sehr von sich auf andere geschlossen. Die Liste merkwürdiger Maßnahmen ließe sich fortsetzen; so untersagte der Bundesrat der Schweiz 2013 einem eidgenössischen Unternehmen, Liftanlagen für ein in Nordkorea neu gebautes Skigebiet zu liefern.[40]

Fairerweise muss man einräumen, dass die meisten Sanktionen rechtlich einwandfrei sind. Sie sind ein Mittel der Gewalt gegen ein Regime, das sich trotz aller Warnungen und trotz wiederholter Verhandlungsversuche weigert, internationale Bedenken zu Menschenrechtsverletzungen und der Entwicklung von Massenvernichtungswaffen ernst zu nehmen. Man kann dies nicht einfach hinnehmen, doch welche Möglichkeiten hat man außer Sanktionen? Angesichts der geopolitischen Lage wäre eine begrenzte oder gar eine umfassende militärische Intervention höchst riskant; immerhin ist China ein Nachbarland, das schon 1950 auf das Vorrücken amerikanischer Truppen in Korea mit einem Gegenangriff reagiert hat. Seoul, die Hauptstadt Südkoreas mit 12 Millionen Einwohnern und noch einmal so vielen Menschen im Umland, liegt nur 60 Kilometer von der demilitarisierten Zone entfernt und ist damit eine Geisel der in großer Zahl entlang der Grenze aufgestellten konventionellen nordkoreanischen Artillerie.

Nordkorea hingegen sieht sich als Opfer. Man argumentiert, dass man die Waffen zur Verteidigung gegen übermächtige Gegner brauche und dass Fälle wie etwa Libyen zeigten, was einem kleinen Land ohne solche Garantien passieren könne.[41] Gleichzeitig prangert man die westliche Doppelmoral an, da es bestimmten Ländern erlaubt ist, Atomwaffen und Interkontinentalraketen zu besitzen, während dies anderen untersagt wird. Die USA hätten es leicht, ein Atomtestverbot zu verhängen, nachdem sie selbst in Hunderten von Tests die nötigen Daten gesammelt hätten. Entsprechend macht die Führung in Pjöngjang die nicht näher definierte atomare Abrüstung der gesamten Region zu einer Grundvoraussetzung für ein mögliches Ende des eigenen Atomprogramms.

Eine Lösung des Konflikts ist derzeit nicht in Sicht, auch wenn sie keineswegs unmöglich ist. Sie würde allerdings bedeuten, die Existenzberechtigung des gegenwärtigen Regimes in Nordkorea zu akzeptieren, was für viele politische Kräfte in Südkorea, den USA und auch in Europa inakzeptabel ist.

Meine Position zu den Sanktionen ist von der Tatsache geprägt, dass sie wie eine mittelalterliche Belagerung in der Regel die Falschen treffen.[42] Eine UN-Studie hat gezeigt, dass nur 2 Prozent der Sanktionen gegen autoritäre Regimes von einer gewissen Erfolgswahrscheinlichkeit gekennzeichnet sind.[43] Demgegenüber stehen die Chancen eines Individuums, zum Opfer von gegen das eigene Land verhängten Sanktionen zu werden, im umgekehrten Verhältnis zur verfügbaren politischen Macht. In anderen Worten, die Armen und Schwachen trifft es zuerst, die Machthaber zuletzt. Wenn diejenigen, die Sanktionen verhängen, dies in Rechnung stellen und davon ausgehen, dass ihre Maßnahmen zum Beispiel eine Hungersnot auslösen, die möglicherweise einen Volksaufstand gegen das zu stürzenden Regime herbeiführt, dann ist dies aus meiner Sicht ein zu hoher Preis. Wir stehen hier zweifellos vor einem schweren moralischen Dilemma.

Die Befürworter von Sanktionen gegen Nordkorea sehen sich bei deren Umsetzung vor zwei wichtige Probleme gestellt. Erstens ist es bei langandauernden Maßnahmen zu erwarten, dass Wege zu ihrer Umgehung gefunden werden. Den Import von französischem Cognac etwa kann man auch über ein Drittland organisieren, China zum Beispiel. Zweitens unterliegen Sanktionen der gleichen Beschränkung wie Leitzinssenkungen; irgendwann ist der Handlungsspielraum ausgeschöpft. Die Androhung von Sanktionen gegen Nordkorea verliert so im Laufe der Zeit ihre Wirksamkeit.

Einer der spektakulärsten Fälle von Sanktionen in den letzten Jahren war das Vorgehen der US-amerikanischen Finanzbehörde gegen eine kleine in Macao ansässige Bank unter Berufung auf Abschnitt 311 des *Patriot Act*.[44] Der *Banco Delta Asia* (BDA) wurde vorgeworfen, in Geldwäscheaktionen Nordkoreas verwickelt zu sein. Allein die Ankündigung einer entsprechenden Untersuchung Ende September 2005 führte zu einem Run auf die Bank. Sämtliche Geschäftspartner von BDA sahen sich einem Generalverdacht ausgesetzt, viele zogen ihre Einlagen ab. Die Guthaben Nordkoreas bei der Bank wurden sofort eingefroren. Zwar handelte es sich nur um die relativ geringe Summe von 25 Millionen US-Dollar, die symbolische Wirkung war aber enorm. Sie schreckte so gut wie alle internationalen Finanzinstitutionen von Geschäften mit Nordkorea ab, das nun seinen Außenhandel mittels großer Koffer voll Bargeld abwickeln musste.

Fatalerweise war erst wenige Tage zuvor bei der vierten Runde der Sechs-Parteien-Gespräche in Beijing zum Zwecke der Denuklearisierung der koreanischen Halbinsel ein großer Durchbruch erzielt worden. In der Gemeinsamen Erklärung vom 19. September 2005 hieß es unter anderem, dass Nordkorea all seine Atomwaffen aufgeben, dem Vertrag zur Nonproliferation wieder beitreten und Inspektionen der Internationalen Atomenergiebehörde wieder zulassen wolle.[45] Zwar betonten die USA, dass es keinen Zusammenhang gebe, doch Pjöngjang interpretierte die Sanktionen gegen die BDA als Wortbruch und kündigte seinerseits die Einhaltung der Erklärung vom September 2005 auf. Ein Jahr später zündete das Land seine erste Atombombe.

Außenhandel

Angesichts der oben geschilderten Fakten zu Landwirtschaft und Industrie liegt es nahe, dass die wirtschaftlichen Probleme Nordkoreas langfristig nur über exportorientiertes Wachstum und den Import von Technologie, Kapital, Rohstoffen und Lebensmitteln zu lösen sind. Südkorea hat es in den 1960er Jahren während der Entwicklungsdiktatur unter General Park Chung-hee vorgemacht: Importsubstitution gepaart mit Exportförderung und dem zielgerichteten Einsatz knapper Ressourcen in strategischen Bereichen der Wirtschaft, all das gewährleistet von einem dem Willen des Staates unterliegenden Finanzsektor.[46]

Trotz der vor allem gegen die Wirtschaft gerichteten umfassenden Sanktionen betreibt Nordkorea einen Austausch mit anderen Ländern, und das in beachtlichem Ausmaß, wenngleich der Handel sehr einseitig ausfällt, häufig schwankt und weit hinter seinen Möglichkeiten zurückbleibt.

Da die einheimische Währung Wŏn (internationales Kürzel KPW) international nicht akzeptiert wird, sind Deviseneinnahmen aus dem regulären Außenhandel eine wichtige, wenngleich nicht die einzige Quelle für Importe. Die vom Westen erhobenen Vorwürfe, dass Nordkorea Falschgeld produziere, mit Drogen handele und Nuklear- und Raketentechnologie verkaufe, zeigen, dass der Druck zum Erwirtschaften von Devisen gegebenenfalls zu einer Verlagerung von Aktivitäten aus dem legalen in den illegalen Bereich führen kann. Allerdings haben sich seit ungefähr 2010 Nachrichten über entsprechende Aktivitäten deutlich reduziert, sodass man je nach Perspektive von der Unrichtigkeit der Anschuldigungen oder einem Rückgang der entsprechenden illegalen Aktivitäten ausgehen kann.[47]

Eine Besonderheit des Außenhandels gegenüber den meisten anderen Bereichen der nordkoreanischen Wirtschaft ist die relativ gute Datenlage aufgrund sogenannter »reverse statistics«, also der Erhebung entsprechender Daten bei den verschiedenen Handelspartnern. Zwar bestehen Zweifel hinsichtlich der Vollständigkeit und es gibt Korrekturbedarf aufgrund technischer Faktoren, doch können wir mit Abstrichen relativ sicher sein, hier verwertbare und zuverlässige Angaben zu erhalten. Die beste Quelle hierfür ist die südkoreanische *Korea Trade-Investment Promotion Agency* (KOTRA).

Ein Blick auf Grafik 2 zeigt: Trotz der bewusst schwach gehaltenen Bindungen an den Ostblock nahm der Außenhandel Nordkoreas um 1990 schweren Schaden. Fast alle zuvor aus politischen Gründen für vorteilhaft gehaltenen Abkommen mit der DVRK wurden entweder aufgekündigt oder so umgestellt, dass nur noch wirklich benötigte nordkoreanische Güter gekauft wurden und umgekehrt Lieferungen nur auf der Basis von Weltmarktpreisen erfolgten. Entsprechend brach der Außenhandelsumsatz Nordkoreas ein, von circa 4,2 Milliarden US-Dollar im Jahre 1990 auf wenig mehr als 2,5 Milliarden im Jahre 1991. Der Tiefpunkt wurde 1998 mit 1,4 Milliarden US-Dollar erreicht.[48]

Nordkoreas Außenhandel 1990–2013, in Millionen US-Dollar

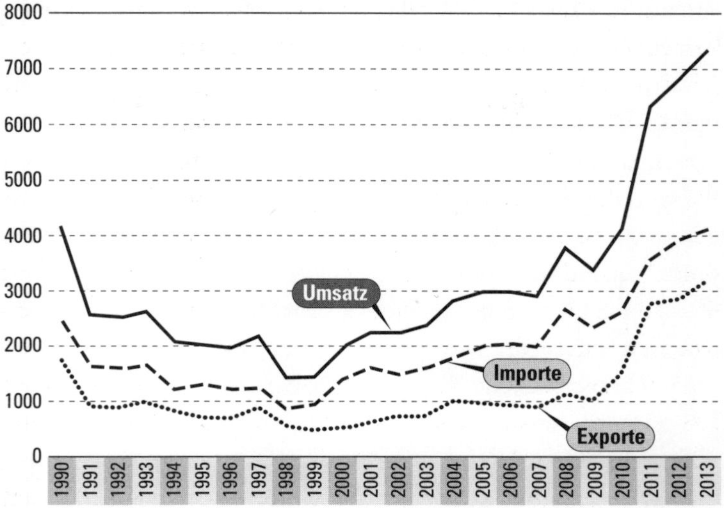

Quelle: KOTRA[49]

Der Außenhandelsumsatz Nordkoreas (ohne den Handel mit Südkorea) ist seither wieder erheblich gestiegen und betrug 2013 über sieben Milliarden US-Dollar. Die mit Abstand wichtigsten Exportprodukte mit einem Anteil von fast 60 Prozent waren im Jahr 2012 mineralische Produkte, vor allem Steinkohle und Eisenerz, sowie Textilien (17 Prozent). Mineralien, vor allem Erdöl, waren mit etwa 21 Prozent auch das wichtigste Importprodukt, gefolgt von Maschinen und Fahrzeugen (16 Prozent) und Textilien (14 Prozent). Haupthandelspartner mit weitem Abstand vor allen anderen und über 88 Prozent des Umsatzes im Jahr 2012 war China. Der bilaterale Handel belief sich auf 6 Milliarden US-Dollar.[50] Diese Zahl sollte man sich vor Augen führen, wenn etwa unsere Medien behaupten, Nordkorea sei dringend auf die durch die Sonderwirtschaftszone Kaesŏng generierten Devisen angewiesen. Nach inoffizieller Auskunft eines für das Management der Zone zuständigen südkoreanischen Regierungsbeamten erwirtschaftet Nordkorea dort nämlich pro Jahr Einnahmen von nur 12 Millionen US-Dollar. Rechnet man die Lohnzahlungen von rund 144 US-Dollar pro Monat an die etwa 53 000 Arbeiterinnen hinzu, sind das Gesamteinnahmen von unter 100 Millionen US-Dollar. Das ist viel Geld, aber nur ein Sechzigstel des Außenhandels mit China.

Im zeitlichen Verlauf der Außenhandelsentwicklung sind einige Dinge bemerkenswert. Der Haupthandelspartner Sowjetunion verschwand Anfang der 1990er Jahre von der Spitze der Statistiken, als man auf Devisen umstellte und politische Gefälligkeiten abgeschafft wurden. Im Jahr 2001 war Japan mit seiner großen koreanischen ethnischen Minderheit, von der ein großer Teil pronordkoreanisch ist, der wichtigste Handelspartner Nordkoreas. Seit dem Herbst 2002 ist der bilaterale Außenhandelsumsatz jedoch schlagartig auf fast null gesunken. Nach den Ursachen muss man nicht lange suchen: Nachdem sich mit Kim Jong-il und Junichiro Koizumi im September 2002 erstmals Vertreter beider Seiten zu einem Gipfeltreffen zusammengefunden hatten, wühlte die Frage der in den 1970er Jahren nach Nordkorea entführten japanischen Staatsbürger die japanische Öffentlichkeit auf, und es kam statt zu der erhofften Normalisierung zu einem nahezu völligen Abbruch der Beziehungen. Stattdessen ist der Handel mit China sowohl absolut wie auch relativ permanent gestiegen und hat wie gezeigt mittlerweile ein Niveau erreicht, das man in Pjöngjang offen als beunruhigend ansieht.

Diese Dynamik zeigt zweierlei. Nordkorea ist bereit, ökonomische Vorteile zu opfern, wenn politische Erfordernisse dies nötig erscheinen lassen; und es ist in der Lage, Verluste in den bilateralen Beziehungen mit einem Partner durch Stärkung der Kooperation mit anderen Partnern auszugleichen. Dies illustriert auch ein Kerndilemma des Umganges mit Nordkorea. Aufgrund der unterschiedlichen Interessenlagen der einzelnen Partnerländer und des daraus resultierenden Fehlens einer koordinierten Nordkoreapolitik ist es Pjöngjang immer wieder gelungen, restriktive Maßnahmen zu konterkarieren.

Mitte 2014 zeichnete sich eine deutliche Verbesserung der Handelsbeziehungen mit Russland ab. Der Besuch des russischen Vizepremiers Ende April 2014 war der höchstrangige seit 1985.[51] Wenige Tage zuvor hatte das russische Parlament beschlossen, 90 Prozent der seit Jahrzehnten bestehenden Staatsschulden Nordkoreas, eine Summe von etwa 10 Milliarden US-Dollar, abzuschreiben.[52] Der bilateriale Handel stieg 2012/13 um 37 Prozent. Es ist sicher kein Zufall, dass all dies zu einer Zeit geschieht, in der Russlands regionaler Rivale China wegen der Atompolitik Nordkoreas versucht hat, den Druck auf das Nachbarland zu erhöhen. Die Annäherung Nordkoreas an Russland, die hier und da auf Kosten der Beziehungen zu China geht, spiegelt sich auch in einem eigenen Abschnitt des weiter unten geschilderten Massenspektakels »Arirang« wider, der 2013 grundlegend modifiziert wurde. Inwiefern ein »Kalter Krieg 2.0« Russland und China erneut in eine Allianz gegen die USA treiben wird, ist noch unklar. Nordkorea würde von einer solchen Situation zweifellos profitieren, da es dann Teil eines Lagers wäre und dessen Mitgliedsstaaten um seine Kooperation buhlen würden, wie das auch schon während des ersten Kalten Krieges der Fall war.

Der innerkoreanische Handel ist ein Opfer der politischen Umstände, insbesondere des Streits um das nordkoreanische Atomprogramm. Er besteht hauptsächlich aus Hilfslieferungen von Nahrungsmitteln und Dünger Richtung Norden sowie Reimporten von Produkten der Leichtindustrie, die in der Sonderwirtschaftszone Kaesŏng von südkoreanischen Firmen mit preisgünstigen nordkoreanischen Arbeitskräften produziert wurden. Von wirklichem Handel kann beim innerkoreanischen Güteraustausch derzeit nicht die Rede sein. Der Gesamtumsatz lag 2012 bei etwa 2 Milliarden US-Dollar, wobei sich der leichte Überschuss zugunsten Nordkoreas von knapp 200 Millionen US-Dollar aus der in Nordkorea erfolgten Lohnveredelung erklärt.[53] In anderen Worten, Südkorea liefert Rohstoffe und halbfertige Produkte an in Nordkorea tätige südkoreanische Firmen, was aus Seouls Perspektive rein rechnerisch als Export zählt. In Nordkorea werden diese dann durch den Einsatz nordkoreanischer Arbeitskräfte zu Endprodukten verarbeitet und wieder nach Südkorea zurückgeschickt, was in der Statistik als Import Südkoreas aus Nordkorea auftaucht. Die Differenz bei den Preisen dieser Lieferungen ist der Betrag, der primär in Form von Lohnkosten in Nordkorea verbleibt. Eigentlich handelt Südkorea aber mit sich selbst.

Nach der Umstellung vom Handel mit sozialistischen »Bruderländern« auf Handel mit kapitalistischen »Feindesländern« würde man nun eine möglichst ausgeglichene Bilanz zwischen den Handelspartnern erwarten. Dennoch wies die nordkoreanische Außenhandelsbilanz zwischen 1990 und 2012 in jedem einzelnen Jahr ein Defizit zwischen 0,3 und 1,5 Milliarden US-Dollar auf. Das sind kumulativ rund 18 Milliarden US-Dollar in 23 Jahren, eine beachtliche Summe. Ein Handelsbilanzdefizit bedeutet, dass ein Land mehr importiert, als es exportiert, also mehr ausgibt, als es einnimmt. Schulden oder Finanztransfers in der Gegenrichtung sind die unvermeidliche Folge, doch woher kommen diese Mittel? Nordkorea ist schon seit Längerem nicht in der Lage, Kredite bei internationalen Finanzinstitutionen aufzunehmen. Die eigene Währung ist nicht konvertibel, die heimische Notenpresse kann das Problem also auch nicht lösen.

Die naheliegende Erklärung ist, dass es Nordkorea trotz des Kollapses des Ostblocks gelungen ist, ein Empfänger von politisch motivierten einseitigen Transfers in beträchtlicher Höhe zu bleiben. Und in der Tat: Eine Studie des US-amerikanischen *Congressional Research Service* bestätigt, dass allein die Vereinigten

Staaten in den Jahren 1995 bis 2011 den angesichts von Sanktionen und harscher Schelte erstaunlichen Betrag von 1,3 Milliarden US-Dollar in Form von humanitärer und Entwicklungshilfe an Nordkorea gezahlt haben.[54] Andere Quellen massiver Transfers, die Nordkorea helfen, seine Bilanz auszugleichen, waren Südkorea und China, etwa in Form politisch motivierter Kredite zu günstigen Konditionen und mit langen Laufzeiten.

Ein Beispiel von vielen soll zeigen, wie kreativ Pjöngjang bei der Geldbeschaffung sein kann. Nordkorea engagiert sich unter anderem im Rahmen der *United Nations Framework Convention on Climate Change* (Rahmenübereinkommen der Vereinten Nationen über Klimaänderungen; UNFCCC). Dabei ist Nordkorea vor allem am Aufbau von Kapazitäten im umweltfreundlichen Energiebereich interessiert. Im Mittelpunkt steht der *Clean Development Mechanism* (CDM), eines der Instrumente zur Treibhausgasreduzierung des Kyoto-Protokolls. Derzeit betreibt Nordkorea sechs im Rahmen des CDM verifizierte Projekte, und man kann davon ausgehen, dass ihre Zahl weiter wachsen wird. Das würde zum Erwerb einer größeren Menge von Emissionsrechten führen, die das Land dann gewinnbringend verkaufen könnte. Die derzeit vorhandenen 200 000 Emissionsrechte Nordkoreas haben einen Wert von jährlich etwa 1 Million US-Dollar.[55]

Es gibt eine ganze Reihe von unkonventionellen Wegen, auf denen Nordkorea Devisen verdient. Dazu gehört der Bau des Grand Panorama Museum in Siem Reap, Kambodscha. Angeblich erhält Nordkorea im Gegenzug für zehn Jahre die Eintrittsgelder. Verantwortlich für den Bau war das Mansudae-Kunststudio, das mit seinen etwa 4000 Mitarbeitern in Nordkorea vor allem für die Produktion von die Führer verherrlichenden Monumenten wie Statuen, Mosaiken und Gemälden bekannt ist. Diese Fertigkeiten werden auch andernorts geschätzt; aus afrikanischen

Ländern gibt es Aufträge in Höhe von etwa 150 Millionen US-Dollar, unter anderem Statuen, die Simbabwes Diktator Robert Mugabe geordert hat.[56]

In den letzten Jahren, beginnend noch unter Kim Jong-il, lassen sich verstärkte Versuche der Außenhandelsförderung beobachten, wobei traditionell größter Wert auf staatliche Kontrolle gelegt wird. Diese wird durch das Außenhandelsmonopol des Staates sichergestellt, das direkte und unabhängige Handelsbeziehungen einzelner Unternehmen ausschließt. In jüngerer Zeit gab es eine Lockerung dieses Monopols auf dem Wege der Schaffung von Sonderwirtschaftszonen. Der erfolgreichste Fall ist Kaesŏng an der Grenze zu Südkorea. Neuerdings werden aber auch Anstrengungen unternommen, den Handel mit China und Russland in der Zone Rasŏn im Nordosten sowie jenen mit China bei Sinŭiju im Nordwesten auszubauen. In offensichtlichem Zusammenhang mit der Aufwertung der Rasŏn-Zone wurden Anfang Januar 2010 Pläne bekannt, eine staatliche Entwicklungsbank zu gründen. Aufgabe dieser Bank soll die Finanzierung von Entwicklungsprojekten und die Zusammenarbeit mit internationalen Finanzinstitutionen und Geschäftsbanken sein.

Doch letztlich werden alle diese Anstrengungen nur bedingt erfolgreich sein, solange die grundlegenden Eigenschaften des Systems bestehen bleiben, vor allem was die Abwesenheit von Privateigentum, Wettbewerb und realistischen Preisen angeht. Ist Nordkorea reformbereit und reformfähig? Im nächsten Kapitel will ich versuchen, eine Antwort zu geben.

5

Reformen: Ein Schritt vorwärts, zwei zurück

Den Menschen geht es vergleichsweise schlecht, die Wirtschaft nutzt ihr Potential nicht, der Ostblock ist Geschichte, und selbst der große Nachbar China ist auf dem direkten Weg in die Marktwirtschaft. Das allein sollte genügen, um der Führung in Pjöngjang die Notwendigkeit von Reformen mehr als deutlich zu machen. Warum hört man die Signale nicht? Oder ist man etwa längst dabei, auf sie zu reagieren? Und worum geht es eigentlich genau? Bevor wir uns in den nächsten Kapiteln den Sonderwirtschaftszonen Nordkoreas und den neuesten Entwicklungstrends unter Kim Jong-un zuwenden, will ich zunächst einen Blick auf die wirtschaftspolitischen Entwicklungen vor und vor allem nach dem Zusammenbruch des sozialistischen Ostblocks werfen und mit dem noch immer erstaunlich weit verbreiteten Vorurteil aufräumen, dass in Nordkorea die Zeit stehengeblieben sei.

Reform versus Reförmchen

Nicht jede Veränderung ist eine Reform, auch wenn sie sich als solche gebärdet oder so gesehen wird. Ich folge in der Definition dessen, was man sich in einem sozialistischen System darunter vorstellen sollte, der Arbeit von Janos Kornai.[1] Eine Reform verdient demnach nur dann diesen Namen, wenn sie tiefgreifend ist und möglichst umfassend stattfindet, also »ans

Eingemachte« geht. Zunächst ist eine Reform keine Revolution im Sinne einer weitreichenden Umwälzung. Sie ist Evolution; es geht um substantielle Veränderungen am bestehenden System, nicht um dessen Beseitigung. Letztere wird allerdings, auch wenn sie friedlich und graduell geschieht, in der Regel die letzte Konsequenz von Reformen sein.

Um *tiefgreifend* zu sein, muss die Reform eines staatssozialistischen Wirtschaftssystems die Frage der Eigentumsrechte neu klären, Privateigentum an Produktionsmitteln zulassen, damit den Wettbewerb fördern und das Anreizsystem verändern. Hierin unterscheiden sich übrigens auf grundsätzliche Weise staatssozialistische von kapitalistischen Systemen, selbst wenn diese streng reguliert und autoritär sind. Die Gründung, Führung und Veräußerung privater Unternehmen muss erlaubt sein, es muss einen freien Markt für Waren und Dienstleistungen geben, Produktions- und andere Entscheidungen müssen dezentral von den einzelnen Wirtschaftssubjekten getroffen werden dürfen. Kurz gesagt müssen staatliches Eigentum in der Produktion und die zentrale Planwirtschaft abgeschafft oder zumindest aus ihrer dominanten Rolle gedrängt werden. Grundlage solcher Forderungen ist die Annahme, dass Verantwortung durch Eigentum und Wettbewerb letztlich zu mehr Effizienz führen, also dazu, dass mit den vorhandenen Mitteln mehr produziert wird und dass Produktionsziele – zum Beispiel die Vollversorgung mit Grundnahrungsmitteln – mit einem minimalen Einsatz von Ressourcen erreicht werden können.

Um *umfassend* zu sein, darf sich eine Reform nicht auf einen Sektor oder eine bestimmte Zeitspanne beschränken. Die Freigabe von Eigentum und die Abschaffung der zentralen Lenkung müssen die meisten Bereiche der Volkswirtschaft betreffen. Es nützt wenig, wenn etwa nur der Markt für Mobiltelefonie liberalisiert wird, alle anderen Sektoren aber weiterhin staatlich kontrolliert bleiben, wenn die neuen Freiheiten nur in einer von neun Provinzen gelten oder wenn es sich um nur in den Sommermonaten wirksame Regeln handelt.

Ein recht intensiv diskutiertes Thema ist die Frage, ob auch Ideologie und Einparteienherrschaft notwendigerweise im Zuge einer echten Reform weichen müssen. Im Prinzip muss die Antwort hier »ja« lauten, denn schließlich entmachtet sich die Partei selbst, wenn sie ihrem Machtinstrument, dem Staat, die Kontrolle über die Wirtschaft entzieht. Der Fall Chinas zeigt aber, dass die politische Seite der Reform offenbar der wirtschaftlichen nachgelagert sein kann. Auch könnte man mit Blick auf die KP Chinas argumentieren, dass Pluralismus zunächst in der Form von Strömungen und Gruppierungen innerhalb der Partei entstehen kann, bevor er sich eines Tages in der formalen Etablierung eines Mehrparteiensystems äußert.

Nun ist es allerdings so, dass die mangelhafte Funktionsweise des sozialistischen Systems relativ bald nach seiner Etablierung unübersehbare Probleme produziert und damit die Führung zu Reaktionen bewegt. Ich habe diese etwas informell »Reförmchen« genannt, um sie von den eigentlichen Reformen abzugrenzen. Kornai hat sich für den sachlicheren Begriff »Perfektionierungsmaßnahmen« entschieden, meint aber das Gleiche. Er versteht darunter drei Handlungsbereiche. Dazu gehört die Reorganisation von Verwaltungseinheiten, etwa die Gründung neuer Ministerien oder die Verschmelzung von Abteilungen. Am 18. Juni 2014 gaben die nordkoreanischen Medien beispielsweise bekannt, dass das bis dahin bestehende Ministerium für Außenhandel (*muyŏksŏng*) durch Zusammenlegung mit der Kommission für Joint Ventures und Investitionen sowie dem Staatlichen Wirtschaftsentwicklungskomitee in das neue Ministerium für Auswärtige Wirtschaftliche Angelegenheiten *(taewoekyŏngjesŏng)* umgewandelt werden soll. Man zögert, den Außenhandel zu liberalisieren – will ihn aber gleichzeitig intensivieren.[2]

Der zweite Bereich ist die Reorganisation der Wirtschaft, also die Zusammenlegung von Unternehmen und deren vertikale Integration. Das hat in der Regel zur Herausbildung großer Kombinate geführt, die möglichst viele Zulieferer wichtiger Inputs in sich vereinen. Schließlich befasst sich neben diesen strukturellen Anpassungen eine dritte Gruppe von Perfektionierungsmaßnahmen mit der Optimierung von Prozessen. Dabei geht es um die Verbesserung der Planung und Kontrolle durch die Einführung von Datenverarbeitung, eine Anpassung der Planvorgaben, die Einführung materieller Anreizsysteme wie etwa Prämien oder auch die intensive Nutzung von ideologischen Kampagnen.

Die Erkenntnis, dass solche kosmetischen Änderungen bestenfalls eine kurzfristige Wirkung haben werden, dass es aber zwecks wirklicher Lösung der Effizienzprobleme keine Alternative zu einer echten Reform gibt, scheint für viele Menschen innerhalb sozialistischer Staaten, einschließlich der Führung, enorm schwer erreichbar zu sein. Ich spreche hier durchaus selbstkritisch aus eigener Erfahrung. Wenigstens war ich damit nicht ganz allein; lange vor der friedlichen Revolution vom Oktober 1989 hatten viele Menschen in der DDR vor allem über eine gründliche Verbesserung ihres Landes nachgedacht, nicht über dessen ersatzlose Streichung. Oft konnte man die Meinung hören, das System an sich sei nicht schlecht, es werde nur unzureichend umgesetzt.

Ich sehe das heute anders; das System selbst ist der Kern des Problems. Dies jedoch zu verstehen und dann auch noch entsprechend zu reagieren ist nicht zuletzt angesichts der starken ideologischen Komponente – sozialistische Systeme sind mit dem meist historisch untermauerten Glauben an die eigene moralische Überlegenheit verbunden – sowohl für die Führung wie auch die Bevölkerung sozialistischer Länder nicht leicht. Reformen im Sinne Kornais setzen aber eben diese Einsicht voraus.

Wenn man sich diese Kriterien ansieht, dann ist die Frage, ob es in Nordkorea bereits eine Reform gegeben habe, eindeutig negativ zu beantworten. Auch habe ich meine Zweifel, ob die gegenwärtige Führung um Kim Jong-un bereits verstanden hat, dass zur Erreichung ihrer ehrgeizigen wirtschaftspolitischen Ziele an der grundlegenden Reform von Eigentumsverhältnissen und Koordinationsmechanismen kein Weg vorbeiführt.

Man muss an dieser Stelle einräumen, dass sich eine reformbereite Regierung einem erheblichen politischen Risiko aussetzen würde. Dieses ergibt sich allein schon aus der sogenannten post-transformativen Rezession, also aus dem Umstand, dass Reformen üblicherweise einige Zeit benötigen, bevor sie die erhofften besseren Ergebnisse liefern, und bis dahin aufgrund der Zerstörung der alten Strukturen zunächst ein Produktionsrückgang zu erwarten ist. Auch die historischen Erfahrungen wie etwa die der Sowjetunion sind eher ungeeignet, Reformenthusiasmus auszulösen. Immerhin wurde der Initiator der Reformen in der späten Sowjetunion, Michail Gorbatschow, wenige Jahre nach Beginn seines Programms zum »Umbau« (Perestroika) des Landes gestürzt. Selbst in China konnte die Regierung nach einem Jahrzehnt der Reformen im Juni 1989 auf dem Platz des Himmlischen Friedens nur knapp eine Revolution verhindern.

Im Falle Nordkoreas kommt noch die Existenz Südkoreas als Gegenentwurf und Konkurrent hinzu, sowie der Umstand, dass die mächtigen USA ihr Auge auf das Land gerichtet haben. Verständlich, dass Pjöngjang in einer solchen Situation besser keinen Fehler machen will und im Zweifelsfall lieber nichts tut, anstatt die Existenz des Regimes aufs Spiel zu setzen. Die Leidtragenden einer solchen Verzögerung dringend nötiger Reformen sind, wie immer, die Menschen. Dennoch gibt es einige durchaus bemerkenswerte Veränderungen in Nordkorea, die im Westen oft zu wenig registriert und anerkannt werden. Das ist fatal, weil hier friedliche Lösungsansätze für wichtige Fragen wie die Atomproblematik oder die Menschenrechtssituation liegen.

Sozialistische Perfektionierungsmaßnahmen in Nordkoreas Wirtschaft

Staatssozialistische Systeme leiden trotz bester Absichten in der Regel unter Ineffizienz und Mangel. Nach Kornai werden diese Probleme dann deutlich, wenn die unmittelbar auf die Revolution folgende »heroische Phase« des Sozialismus vorüber ist, die gewöhnlich nur wenige Jahre dauert. In der DDR war sie spätestens mit dem Volksaufstand vom 17. Juni 1953 zu Ende.[3]

In Nordkorea gab es keine derart deutliche Zäsur, was unter anderem mit dem Koreakrieg zusammenhängt. Dieser versetzte das Land in einen Ausnahmezustand, der von der Führung bis heute wachgehalten wird. Durch direkte Repression, vor allem aber durch die Erzeugung einer Belagerungsmentalität wird die Bereitschaft zum Erdulden unbefriedigender Arbeits- und Lebensverhältnisse erhöht und die Neigung zum Widerstand reduziert. Eine besonders ungewöhnliche Lösung des Problems der nur begrenzten Dauer der heroischen Phase des Sozialismus hatte übrigens Mao Zedong im Sinn. In einer an Joseph Schumpeter[4] erinnernden Logik wollte er durch die ständige kreative Zerstörung des Bestehenden die Revolution in der VR China verstetigen, also die heroische Phase des Sozialismus samt ihrer überdurchschnittlichen Opferbereitschaft in seinem Land nie enden lassen. Wir wissen heute allerdings, wie die Kulturrevolution endete: in Chaos, Zerstörung, Leid und Rückschritt.[5]

Nordkorea begann 1945 mit einer Reihe von weitreichenden Veränderungen und konnte nach dem Koreakrieg unter anderem von massiven Hilfen aus dem sozialistischen Lager profitieren. Es dauerte daher bis Anfang der 1960er Jahre, bis sich die Führung zu größeren Korrekturen veranlasst sah. Nach der *ch'ŏllima*-Bewegung für höheres Arbeitstempo aus dem Jahr 1958 sind hier die ebenfalls bereits erwähnte *ch'ŏngsanri*-Methode aus dem Frühjahr 1960 und das *taean*-System aus dem Herbst 1961 zu nennen. Beides waren Versuche der Optimierung von Prozessen, hier der Kommunikation innerhalb der Betriebe und zwischen staatlicher Verwaltung und den Unternehmen. Es ging jeweils darum, die Bauern und Arbeiter mit ihren Erfahrungen in die Führung der Unternehmen einzubinden. Komitees wurden gegründet, die Partei koordinierte.

Kampagnen leiden typischerweise an einer Reihe von Schwächen. Dazu gehört, dass sie bei einfacheren manuellen Arbeiten in der Regel besser funktionieren als bei komplexeren Tätigkeiten und darum mit der Erhöhung des Entwicklungsniveaus einer Volkswirtschaft ihre ohnehin begrenzte Wirksamkeit noch weiter verlieren. Nicht zu vergessen sind auch die Opportunitätskosten: Wer zur Arbeit auf einer Baustelle oder zur Ernte abkommandiert wird, fehlt an seinem regulären Arbeitsplatz. Wenn der Einsatzort nicht gleich dem Heimatort ist, kommen Kosten für Transport und Unterbringungen hinzu.

Ein typisches Problem gerade bei Kampagnen zur Steigerung der Arbeitsleistung ist ferner der Gewöhnungseffekt. Dieser tritt selbst dann ein, wenn die Kampagnen in manchmal durchaus kreativen Formen daherkommen. Ein Beispiel ist die »Seht-den-Morgenstern-Bewegung«, bei der es darum ging, früher aufzustehen, um eher mit dem Studium der Werke des Führers und mit der Arbeit beginnen zu können. Temposchlachten, die oft 100 oder 200 Tage dauern, werden in Nordkorea gern nahtlos aneinandergefügt. Das ist, als würde man das Absolvieren einer Marathondistanz in einer Serie von Sprints verlangen. Die meisten Nordkoreaner durchschauen das Spiel ebenso schnell, wie es die Menschen in ähnlichen Systemen getan haben, und reagieren mit dem bewussten Zurückhalten von Reserven. Sie entwickeln beachtliche Fähigkeiten in der Kunst, wenig zu tun, dabei aber enorm beschäftigt auszusehen. Da alle im gleichen Boot sitzen, gibt es so etwas wie eine stille Übereinkunft, sich dabei gegenseitig nicht allzu große Probleme zu bereiten.[6]

Das deckt sich mit meinen Erfahrungen in der DDR. Bei diversen Jobs in Produktionsunternehmen machten mir meine Kollegen recht schnell und unmissverständlich klar, was sie von einem übereifrigen Neuling hielten, der mit seiner überdurchschnittlichen Arbeitsleistung als Normbrecher nur die Standards für alle nach oben trieb. Die Führung ist solchen internen Erziehungsmaßnahmen gegenüber relativ hilflos; sie kann die wahre Leistungsfähigkeit ihrer Untertanen nur erahnen und ist permanent misstrauisch, da sie, nicht ganz zu Unrecht, eine bewusste Minderleistung vermutet. Während man in einer Marktwirtschaft entweder mit Lohnerhöhung winken oder mit Entlassung drohen würde, werden in sozialistischen Systemen primär Propaganda und ideologische Anreize genutzt. Prämien sind wegen der geringen Kaufkraft des einheimischen Geldes meist wenig wirksam.

Häufig erkennt man auch eine Vermischung verschiedener Strategien, vor allem, wenn die Situation angespannter wird. Dies war etwa in den 1960er Jahren der Fall, als Nordkorea aufgrund der ideologisch und politisch motivierten Emanzipation von Beijing und Moskau zunehmend Probleme hatte, seine ehrgeizigen wirtschaftlichen Planziele zu erreichen. Ein sinnfälliges Beispiel für die Kombination aus ideologischen Anreizen und der Beschwörung ausländischer Bedrohungen ist das von Kim Il-sung im Februar 1974 präsentierte Ziel der Fünf Fronten (Baufront, Industriefront, Landwirtschaftsfront, Transportfront und Fischereifront). Das deckt sich sinngemäß ungefähr mit der DDR-

Losung »Mein Arbeitsplatz ist mein Kampfplatz für den Frieden«. Alltägliche zivile Tätigkeiten werden in den Kontext einer übergeordneten Aufgabe gestellt und damit aufgewertet, woraus, so die Hoffnung der Ideologen, ein höherer Arbeitseinsatz resultiere. Übrigens kann nach der gleichen Logik die Minderleistung auch härter bestraft werden, da es sich nun nicht einfach nur um angebliche oder tatsächliche Faulheit, sondern um mangelnden Einsatz bei der Verteidigung des Landes handelt.

Die Führung Nordkoreas ruft bis in die Gegenwart immer wieder Kampagnen aus, die der Prozessoptimierung dienen. Auf die »Fackel von Ranam« folgten unter anderem das »Tempo von Pjöngjang« als Kampagne für den Ausbau der Hauptstadt anlässlich des 100. Geburtstages von Kim Il-sung 2012 und das »Tempo von Hŭich'ŏn« für den Bau einer großen Wasserkraftanlage. Die Muster des ideologischen Leistungsanreizes gleichen sich: Man führt den Menschen ein leuchtendes Beispiel vor Augen und fordert sie zur Nachahmung auf. Das können einzelne Personen sein; in der Sowjetunion kannte man den Bergmann Alexej Stachanow, in der DDR wurde sein Kollege Adolf Hennecke zur nicht überall beliebten Ikone der staatlich propagierten Normübererfüllung.[7]

Üblicherweise drehen sich sozialistische Kampagnen um Großprojekte, die für die gesamte Gesellschaft Relevanz besitzen und sich vor allem für die Darstellung von selbstlosem Heroismus eignen. Unter Kim Jong-un erkennen wir nun eine Kombination aus alten Ideen und neuen Prioritäten, zu denen die Verbesserung des Lebensniveaus der Menschen und auch die profane Unterhaltung zählen. So wurde in Nordkorea im Sommer 2013 mit großer medialer Begleitung die »Temposchlacht vom Masik-Pass« gestartet, um ein Skiresort (!) zu bauen. Das ist ungewöhnlich. Keiner meiner nordkoreanischen Kontakte hat sich dazu geäußert, und doch kann ich mir nur schwer vorstellen, dass das in den Medien ausführlich verbreitete Bild von verbissen und wild entschlossen gegen die Unbilden der Natur ankämpfenden Bauarbeitern in Militäruniform mit der Errichtung einer erwartungsgemäß nur wenigen Nordkoreanern zugänglichen Freizeitanlage harmoniert. Kampagnen zur Vorbereitung von Großereignissen wie Parteitagen und runden Jahrestagen einschließlich von Führergeburtstagen oder zur Errichtung von Straßen, dem Bau eines Staudammes, der Steigerung der Stahlproduktion oder dem schnellen Einbringen der Ernte passen hingegen deutlich besser ins ideologische Bild.

An eine alte DDR-Illusion erinnert die Idee, dass Mikroelektronik und computergesteuerte Werkzeugmaschinen, sogenannte CNC-Maschinen, die wirtschaftliche Trendwende herbeiführen können. Obwohl auf Honeckers entsprechende Kampagne in den 1980er Jahren das Ende der DDR folgte, werden auch in Nordkorea vor allem seit 2009 CNC-Maschinen propagiert,[8] was bei mir die Assoziation mit dem noch einige Jahrzehnte älteren, aber ebenso erfolglosen deutschen Konzept der »Wunderwaffe« auslöst. Offenbar stirbt die Hoffnung überall zuletzt.

Diese Auflistung der diversen Perfektionierungsversuche ist bei weitem nicht vollständig. Man erkennt aber, dass sich Nordkoreas Führung trotz unübersehbaren Lokalkolorits weitgehend auf die für sozialistische Länder typische Weise verhalten hat. Weder ein Ende der primär ideologischen Motivation noch der zentralen Koordinierung wurde bisher ernsthaft in Betracht gezogen. Keine der genannten Kampagnen weckt auch nur entfernt den Verdacht, es könne sich um eine Reform handeln. Allerdings waren besonders von den 1990er Jahren an nach dem Kollaps des sozialistischen Weltsystems, dem Tod des Staatsgründers Kim Il-sung und der Hungerkatastrophe von 1995 bis 1997 auch andere, deutlich tiefgreifendere Maßnahmen zu beobachten.

Experimente mit dem Markt

Bereits in den frühen 1980er Jahren begann Nordkoreas Führung, auf die unter Deng Xiaoping 1978 begonnenen Veränderungen beim großen Nachbarn zu reagieren. Besonders bemerkenswert ist in diesem Zusammenhang ein Besuch des damals noch designierten Kim-Il-sung-Nachfolgers Kim Jong-il in China 1983, auf den nur ein Jahr später das erste Joint-Venture-Gesetz Nordkoreas folgte.[9] Zwar können wir hier nur spekulieren, aber ein Zusammenhang ist naheliegend. Dieses Gesetz sollte vermutlich vor allem die Kooperation mit Unternehmern aus der Gruppe der in Japan lebenden pronordkoreanischen Minderheit fördern, die unter dem Namen *Ch'ongryŏn* organisiert sind.[10] Generell beziehen sich die frühen nordkoreanischen Versuche wirtschaftlicher Öffnung wie das Joint-Venture-Gesetz von 1984 hauptsächlich auf diese Minderheit. Auch wenn sich der Erfolg in Grenzen gehalten hat, so zeigt sich hier doch eine gewisse Bereitschaft, neue Wege zu gehen.

Eine weitere interessante Maßnahme aus dieser frühen Zeit der Experimente sind die sogenannten 3.-August-Güter, deren bis heute andauernde Produktion auf eine Vor-Ort-Anleitung durch Kim Jong-il am 3. August 1984 zurückgeht. Arbeitsteams der Industrieunternehmen werden dazu angehalten, aus den Materialien, die bei der regulären Produktion abfallen, Konsumgüter für die Verbraucher Nordkoreas herzustellen, von Schuhen bis zu Kochgeschirr. Auf der am 20. August 2013 eröffneten jährlichen Ausstellung wurden über 25 000 dieser Produkte präsentiert. Die staatlichen Medien zitierten Kim Jong-un mit dem Hinweis, dass es nutzlos sei, Konsumgüter von niedriger Qualität zu produzieren, die niemand haben wolle.[11] Mich erinnert das sehr stark an eine ähnliche Maßnahme in der DDR, als ebenfalls in den 1980er Jahren sämtliche Unternehmen unabhängig von ihrem Kerngeschäft dazu verpflichtet wurden, Konsumgüter herzustellen, was neben Verzweiflung bei den Betriebsleitungen oft groteske Folgen beim Output hatte. Ich besitze zum Beispiel noch heute einen vom größten Werkzeugmaschinenwerk des Landes produzierten Korkenzieher.

Ein neues System der Buchführung, nach dem die Manager der Unternehmen zwar noch immer zentrale Vorgaben erfüllen mussten, bei deren Umsetzung aber mehr Entscheidungsfreiheit erhielten, wurde ebenfalls 1984 eingeführt.[12]

Diese Maßnahmen beweisen, dass sich Kim Jong-il offenbar ernsthafte Gedanken um die Modernisierung der Wirtschaft seines Landes gemacht hat und in Abkehr vom bisherigen sozialistischen Wirtschaftsmodell die Herstellung von Konsumgütern gegenüber Investitionsgütern fördern wollte. Offenbar hatte die Führung bereits damals einen entsprechenden Druck seitens der Bevölkerung erkannt und war bereit, darauf positiv zu reagieren. Nach dem Kollaps des Ostblocks einige Jahre später gab es erhebliche Bedenken, ob dies der richtige Weg wäre. Soweit mir aus vertraulichen Gesprächen bekannt ist, hat in Nordkorea eine intensive interne Diskussion darüber stattgefunden, ob sich die Katastrophe im immer heimlich beneideten sozialistischen Europa wegen oder trotz der zunehmenden Berücksichtigung der Konsumwünsche der Bevölkerung ereignet hatte.

Der von allerlei Sicherheitsmaßnahmen flankierte Flirt mit dem Kapitalismus, der mit dem Joint-Venture-Gesetz seinen Anfang genommen hatte, fand 1991 seine Fortsetzung in der von Kim Il-sung persönlich autorisierten, aber vermutlich von seinem Sohn initiierten Gründung der ersten Sonderwirtschaftszone Nordkoreas in Rasŏn, auf die ich im nachfolgenden Kapitel noch ausführlicher zu sprechen komme.

Im Jahr 1994 starb der Gründer des Landes, sein Sohn Kim Jong-il übernahm nun die alleinige Macht. Kurz darauf erlebte

Nordkorea die verheerende Hungersnot der Jahre 1995 bis 1997. Dass das Regime diese Krise überstanden hat, ist eine bemerkenswerte Leistung des Systems, die sich aber kaum wird wiederholen lassen. Der gestiegene Reformdruck und nicht zuletzt die entspanntere innerkoreanische Atmosphäre nach dem Amtsantritt des einstmals wegen angeblicher pronordkoreanischer Tendenzen zum Tode verurteilten südkoreanischen Präsidenten Kim Dae-jung im Jahr 1998 hatten zur Folge, dass die neue Führung in Pjöngjang mutiger und risikobereiter wurde.

Nordkorea verabredete 1998 das erste innerkoreanische Tourismusprojekt mit Asan, einer Tochterfirma des Hyundai-Konzerns – im selben Jahr, in dem auch die Verfassung an die neue Führung unter Kim Jong-il angepasst wurde. Zwei Jahre später, im Juni 2000, fand das erste innerkoreanische Gipfeltreffen in Nordkorea zwischen Kim Dae-jung und Kim Jong-il statt. Die beiden Staatschefs besprachen dabei eine ganze Reihe von wirtschaftlichen Kooperationsprojekten, unter anderem den Bau der Sonderwirtschaftszone Kaesŏng an der Grenze zu Südkorea.

Kurze Zeit später intensivierten sich auch die zunächst geheimen bilateralen Gespräche mit Japan mit dem Ziel, die diplomatischen Beziehungen zu normalisieren und die Japaner zu Reparationszahlungen zu bewegen. Am 17. September 2002 reiste mit Junichiro Koizumi erstmals in der Geschichte ein japanischer Premierminister nach Nordkorea, um sich dort mit Kim Jong-il zu treffen.[13] Ein Ergebnis war die Ankündigung der finanziellen Unterstützung privatwirtschaftlicher Aktivitäten in Nordkorea durch die staatliche Japan Bank for International Cooperation. Diese Zahlungen kamen allerdings wegen der bald darauf folgenden negativen Reaktion der japanischen Öffentlichkeit auf die Enthüllungen zu den von Nordkorea entführten Japanern und der wieder aufkommenden Debatte um das nordkoreanische Atomwaffenprogramm nicht zustande.

Am 15. Oktober 2002 erklärte der amerikanische Assistant Secretary of State James Kelly, dass die nordkoreanische Seite Anfang Oktober ihm gegenüber zugegeben habe, über ein Atomwaffenprogramm auf Basis von angereichertem Uran zu verfügen.[14] Es gibt sowohl über den Wortlaut dieser nordkoreanischen Erklärung wie auch den Wahrheitsgehalt der Anschuldigungen verschiedene Aussagen. Tatsache ist jedoch, dass mit diesem Tag die westliche Welt ihre Kooperation mit Nordkorea einstellte und eine Wiederaufnahme erst für die Zeit nach dem mit CVID[15] abgekürzten »kompletten, überprüfbaren und unumkehrbaren Abbau« der Atomeinrichtungen in Betracht zieht.

Ich erinnere mich noch gut an jenen 15. Oktober 2002, weil ich morgens in Brüssel mit einer vom Vizeaußenminister Choe Su-hon angeführten nordkoreanischen Delegation beim Frühstück zusammensaß. Am Vortag hatten intensive inoffizielle Gespräche stattgefunden, in denen die Kooperation zwischen EU und DVRK besprochen wurde. Dabei kündigte die nordkoreanische Seite unter anderem an, den US-Dollar durch den Euro als Standardwährung für Auslandsgeschäfte abzulösen, was dann ab 1. Januar 2003 auch tatsächlich geschah. Der für mich faszinierendste Vorschlag der nordkoreanischen Seite war eine Einstellung des Raketenprogramms, wenn das Land im Austausch dafür die Möglichkeit erhielte, eigene Satelliten mit europäischen Ariadne-Raketen ins Weltall zu schießen. Ich kann mich nicht an übergroßen Enthusiasmus der Europäer erinnern, fand den Vorschlag aber doch bemerkenswert. Immerhin hatte Nordkorea einen Monat zuvor in der gemeinsamen Erklärung mit Japan sein Raketentestmoratorium verlängert.

Die Zeichen standen schon seit einiger Zeit auf Kooperation. Im Mai 2001 eröffnete die EU diplomatische Beziehungen mit der DVRK. Deutschland hatte bereits zwei Monate zuvor im März 2001 die seit dem Ende der DDR nur noch mit minimaler

Besetzung und unter schwedischer Flagge betriebene Botschaft wieder in Betrieb genommen. Die ehemalige Botschaft der DDR in Pjöngjang beherbergt seither gleich drei westliche Vertretungen in einem Haus: Deutschland, Großbritannien und Schweden.

Nach den umstrittenen Enthüllungen James Kellys war es mit der europäisch-nordkoreanischen Zusammenarbeit allerdings schlagartig aus. Am 24. Oktober 2002 fror die EU eine geplante Summe von 20 Millionen Euro für Schweröllieferungen nach Nordkorea im Rahmen der KEDO-Vereinbarungen ein. Am 19. November verabschiedete der Rat der Europäischen Union eine Resolution, der zufolge bis zur Klärung der Atomfrage nur humanitäre Hilfe, aber keine Entwicklungszusammenarbeit mehr möglich sei. Kurz darauf wurde eine ganze Reihe von Sanktionen verabschiedet.[16]

Es ist mir wichtig, die wirtschaftspolitischen Maßnahmen vom Juli 2002, auf die ich gleich zu sprechen komme, in den eben beschriebenen, zu jener Zeit noch äußerst positiven Kontext zu stellen. Ich will damit der These entgegentreten, die Führung Nordkoreas habe einzig auf den »Druck der Straße« reagiert, der sich nach der Hungersnot aufgebaut habe. Abgesehen davon, dass es diesen nie im gleichen Sinne gegeben hat wie etwa in den Ländern des arabischen Frühlings, lassen sich die Maßnahmen fünf Jahre nach der schlimmsten Phase der Hungersnot kaum noch als Ad-hoc-Reaktion der nordkoreanischen Führung auf die Katastrophe bezeichnen. Die wachsende Fassungslosigkeit in der Bevölkerung wegen des Versagens des Staates, seinem Versorgungsversprechen nachzukommen, hat damals bereits existierende wirtschaftspolitische Überlegungen verstärkt und als eine Art Katalysator gewirkt, aber mitnichten zu einem radikalen Umdenken in der Führung geführt. Dieses hatte schon vorher zumindest teilweise stattgefunden.

Die Beinahe-Reform vom Juli 2002

Was aber geschah nun im Juli 2002? Allgemein betrachtet begann damals auch offiziell ein Kapitel der dezentralen materiellen Motivation. Dieses markiert trotz diverser Versuche, zu orthodoxen sozialistischen Positionen zurückzukehren, eine deutliche Schwächung des hauptsächlich ideellen zentralistischen Anreizsystems der vorangegangenen Jahrzehnte. Wichtig ist, dass es sich hier um vom Staat formulierte und verkündete Maßnahmen handelte, die offenbar eine längere Vorbereitungszeit durchlaufen hatten. Es war demnach der zielgerichtete Versuch, die Wirtschaft auf neue Grundlagen zu stellen oder zumindest den Weg dafür zu bereiten.

Eine ganze Reihe von Veränderungen wurde gleichzeitig vorgenommen.[17] Zentrales Element war eine Anpassung der Preise für die wichtigsten Waren und Dienstleistungen. Beachtlich ist dabei, dass zwar alle Preise erhöht wurden, jedoch in unterschiedlichem Maße. Man bemühte sich also um zweierlei: eine Anpassung der staatlichen Preise an Marktpreise und gleichzeitig die Beseitigung von Disproportionen in der Bewertung der einzelnen Güter. So wurde zum Beispiel der Preis für ein Kilogramm Reis um den Faktor 550 verteuert, während sich der Preis für ein Kilogramm Mais nur um den Faktor 50 erhöhte; Mais wurde also im Vergleich zu Reis rund zehn Mal billiger.

Damit die Nordkoreaner die neuen Preise zahlen konnten, wurden auch die Löhne erhöht, und zwar in mindestens zwei Stufen in Abhängigkeit von der Schwere der geleisteten Arbeit. Die Erhöhungen lagen hier zwischen Faktor 18 und 54.

Zu den besonders bemerkenswerten Maßnahmen zählte die Abwertung des nordkoreanischen Wŏn gegenüber dem US-Dollar um den Faktor 68, also nicht weniger als 6800 Prozent. Das zeigt den Pragmatismus, der im Juli 2002 in Nordkoreas Führung herrschte: Man ignorierte alle Symbolik und reduzierte den Wert der eigenen Währung gegenüber der des Hauptfeindes.

Hinzu kommt, dass sich der Preis, zu dem der Staat den Reis von den Bauern ankaufte, nun deutlich normalisierte. Vor dem Juli 2002 zahlte der Staat 0,8 Wŏn pro Kilo im Ankauf und verkaufte den Reis für 0,08 Wŏn, also mit einem Verlust (beziehungsweise Subvention) von 0,72 Wŏn pro Kilogramm. Die neuen Regelungen sahen einen Ankaufspreis von 40 Wŏn pro Kilogramm vor, was geringfügig unter dem neuen Verkaufspreis von 44 Wŏn lag und damit neben der allgemeinen Preisanpassung auch einen Subventionsabbau bedeutete. Dies war ein deutliches Signal, in welche Richtung die Reise gehen sollte: weg von den verzerrten Preisstrukturen der Planwirtschaft, hin zu realistischen Preisen, die über kurz oder lang die zentrale Steuerung der Wirtschaftsprozesse zumindest teilweise ablösen sollten.

Welche Signalwirkungen waren davon für die Wirtschaft zu erwarten? Zweifellos war die theoretische Kaufkraft der meisten Konsumenten gesunken, da die Preise für Lebensmittel stärker gestiegen waren als die Löhne. Allerdings sollte man beachten, dass die alten, niedrigen Preise Teil eines Rationierungssystems waren. Die Menschen konnten zu den alten Preisen also nicht so viel Reis kaufen, wie sie wollten, sondern nur eine staatlich regulierte Menge. Es gab dafür in jedem Wohngebiet spezielle Läden, in denen ein Büchlein existierte, in dem säuberlich die an die jeweilige Familie abgegebene Menge niedergeschrieben wurde. War die monatliche Ration erreicht, gab es nichts mehr. Diese Verteilungsstellen lagen selten an der Hauptstraße, sondern waren zumeist im Inneren von Wohnkomplexen untergebracht. Ausländer konnten darum lange und trotzdem vergeblich nach Supermärkten und Lebensmittelläden suchen – es gab sie nicht. Als Student wurde ich im Wohnheim versorgt oder konnte in Devisenläden einkaufen. Diplomaten beauftragten ihren Fahrer oder eine Reinigungskraft, die dann ohne Angabe von Details mit dem gewünschten Produkt wieder auftauchten.

Die neuen Preise verteuerten also nur eine ohnehin begrenzte Menge an Reis, Mais und anderen Nahrungsmitteln und wirkten sich daher nicht so gravierend auf die Kaufkraft aus, wie das zunächst den Anschein gehabt haben könnte. Überhaupt war in der Vergangenheit, typisch für Mangelwirtschaften, das Hauptproblem der Konsumenten in Nordkorea der *Zugang* zu Waren und Dienstleistungen gewesen, nicht die individuelle *Zahlungsfähigkeit*.

Allerdings war noch etwas geschehen: Wenn man die Preise aller anderen Güter in Reis umrechnet, dann war zwar die Kaufkraft des Wŏn gesunken, aber die Kaufkraft von Reis war gestiegen. Damit war es für Reisbauern attraktiver geworden, Zeit, Geld und Energie in die Steigerung ihres Outputs zu investieren. Dass sich der nordkoreanische Staat solcher materiellen Anreize bedienen wollte, zeigt, dass Propaganda und Repression an ihre Grenzen gestoßen waren. Diese Einsicht war offenbar bis in die Führung vorgedrungen. Dass damit auch Profitmöglichkeiten für Spekulanten geschaffen wurden, stellte sich erst später heraus. Neu war das Problem nicht; wir kennen bereits aus dem 18. Jahrhundert Reformvorschläge, die dem koreanischen König unterbreitet wurden, nach denen der Staat während der Erntezeit billigen Reis aufkaufen und diesen dann zur Stabilisierung der Marktpreise in der traditionellen Mangelzeit im Frühjahr wieder verkaufen sollte.[18]

Eine weitere erstaunlich pragmatische und mutige Maßnahme war die Abschaffung der bis dahin drei parallel existierenden Inlandswährungen. Es gab neben dem regulären Geld noch zwei Formen von sogenanntem »mit Auslandswährung getauschtem Geld« *(woehwawa pakkun ton)*, die Variante für Bürger aus dem sozialistischen Ausland und die Variante für Bürger aus kapitalistischen Ländern. 2002 wurden diese zwei Sonderwährungen ersatzlos gestrichen.

Inzwischen gibt es zwar de facto wieder zwei Inlandswährungen und zwei parallele Preissysteme, da sich der offizielle Umtauschkurs (1 EUR = 130 Wŏn) und der inoffizielle Kurs (1 EUR = 9000 Wŏn, Stand Ende 2013) erheblich unterscheiden und Ausländer keine Inlandswährung mehr direkt in die Hände bekommen. Aber für einen kurzen Moment waren die Grundlagen dafür geschaffen, dass Nordkorea sogar seine Währung hätte international frei handelbar machen können.

Vielleicht hilft ein Blick auf China, um zu verstehen, wie weit man damals in Pjöngjang zu gehen bereit war. Dort hatte es die *Foreign Exchange Certificates* genannte Sonderwährung für Ausländer ebenfalls gegeben. Sie war allerdings erst 1994, also 16 Jahre *nach* Beginn der Reformen Deng Xiaopings von 1978 abgeschafft worden. In Nordkorea vollzog man diesen Schritt unmittelbar am Beginn einer geplanten Reform, was sowohl auf die Ernsthaftigkeit des Reformversuches als auch die Lernbereitschaft der nordkoreanischen Wirtschaftspolitiker hinweist.

Als ich im August 2002 die neuen Preise vermittels des neuen Wechselkurses mit den Weltmarktpreisen verglich, konnte ich es kaum glauben – Nordkorea hatte seine bis dahin völlig vom Rest der Welt abgeschirmten, willkürlich von einer ideologisch determinierten Planungsbürokratie gesetzten, weder Nachfrage/Angebot oder Kostenrelationen widerspiegelnden Preise tatsächlich an das internationale Niveau angepasst.

Es häuften sich semioffizielle Erklärungen, nach denen Unternehmen nun individuelle Rentabilitätsberechnungen anstellen mussten und, sollten diese negativ ausfallen, sogar geschlossen werden konnten. Ich konnte dies nicht verifizieren; die Möglichkeit des Marktaustritts wäre aber auf jeden Fall das Etikett »Reform« wert. Auch der Begriff des Wettbewerbs setzte sich immer mehr durch. Anstatt wie früher als Monopole im Rahmen des zentralen Plans zu produzieren, sollten Unternehmen miteinander konkurrieren. Wir wissen wenig darüber, wie das konkret ausgesehen hat und ob es überhaupt so weit kam. Relativ gesichert ist, dass es zumindest eine entsprechende interne Debatte gab und dass neue Regelungen angekündigt wurden.[19]

Tatsache ist ferner, dass der Plan als zentrale Institution der Wirtschaftspolitik in Nordkorea offenbar von Mitte der 1990er Jahre an ausgedient hatte. Hintergrund war allerdings weniger der Reformgedanke als vielmehr die Einsicht in die Nutzlosigkeit. Besonders erfolgreich war man mit der Planung sowjetischen Typs ohnehin nicht gewesen. Bis zur Anfang der 1960er Jahre erfolgten Erklärung der Unabhängigkeit von den zwei Hauptverbündeten mit der Verkündung der *chuch'e*-Ideologie hatte man mit Hilfe aus Moskau und Beijing die Planziele relativ mühelos erreicht. Der erste Sieben-Jahr-Plan 1961 bis 1967 musste allerdings um drei Jahre verlängert werden, da seine ambitionierten Vorhaben wegen der nun fehlenden Unterstützung aus den Bruderländern verfehlt worden waren. Das war besonders unangenehm, weil just in jener Zeit im lange deutlich ärmeren Südkorea die Entwicklungsdiktatur unter General Park Chung-hee, dem Vater der 2013 ins Amt gekommenen Präsidentin Park Geun-hye, begonnen hatte. Der Sechs-Jahr-Plan 1971 bis 1976 wurde um zwei Jahre verlängert, ebenso der zweite Sieben-Jahr-Plan 1978 bis 1984. Nach dem dritten Sieben-Jahr-Plan 1987 bis 1993 war Schluss mit der Verkündung detaillierter Wirtschaftspläne. Das schließt nicht aus, dass es sie weiterhin gibt, aber sie sind nicht mehr im gleichen Maße Gegenstand der öffentlichen Wahrnehmung und Selbstdarstellung, wie das in klassischen sozialistischen Systemen üblich war.[20]

Die einzige sinnvolle Erklärung, die sich angesichts dieser Summe aus Veränderungen aufdrängte, war atemberaubend: Nordkorea stand an der Schwelle zur Monetarisierung und Öffnung seiner Wirtschaft. Südkoreanische Touristen waren im

Land, es hatte den innerkoreanischen Gipfel von 2000 gegeben, ein Deal mit den Japanern stand kurz vor seinem Abschluss, zentrale Planung wurde kaum noch erwähnt, und nun war auch noch der Wechselkurs realistischer und wurden die Inlandspreise an den Weltmarkt angepasst. Gleichzeitig lief eine ideologische Kampagne ungekannten Ausmaßes, um diese wirtschaftspolitischen Maßnahmen zu flankieren.

Schon Anfang Januar 2001 hatte es einen der sehr seltenen Fälle gegeben, in denen sich Kim Jong-il direkt an sein Volk wandte, anstatt seine Nachrichten in Form von Leitartikeln der Parteizeitung *Rodong Sinmun* zu übermitteln. Ein mit dem Zusatz »Auszüge aus den Worten des Großen Führers Kim Jong-il« unterlegter halbseitiger Artikel begann mit den Worten:

> Die heutige Zeit unterscheidet sich von den 1960er Jahren. Es wäre daher falsch, die Dinge mit der Arbeitseinstellung der vergangenen Tage anzugehen. Beim Eintritt in das 21. Jahrhundert müssen wir jegliche Tätigkeiten fehlerlos den Anforderungen der neuen Zeit gemäß verrichten.

Etwas weiter unten hieß es:

> Wir sollten permanente Anstrengungen unternehmen, die in der Vergangenheit geschaffene Landschaft umzuformen, um den Anforderungen der neuen Zeit gerecht zu werden.[21]

Viel näher kam die nordkoreanische Führung nicht mehr an den nach wie vor gescheuten Begriff »Reform« heran. Man beachte, dass Kim Jong-il sich als Gegenmodell zur »neuen Zeit« ausdrücklich auf die 1960er Jahre bezog, was recht ungewöhnlich ist, weil man dies als implizite Kritik an den Leistungen seines Vaters hätte auslegen können. Aus Gesprächen mit nordkoreanischen

Funktionären wurde allerdings deutlich, dass man Kim Jong-ils Worte als Kritik am sowjetisch-sozialistischen Modell der Wirtschaftsplanung, des Finanzwesens und des Arbeitsmarktes interpretierte. Insbesondere der Außenhandel sollte nun in Einklang mit den Mechanismen und Prinzipien des Kapitalismus stattfinden.[22] Formulierungen wie »sich von den alten Standpunkten der vergangenen Zeit befreien« tauchten für einige Zeit regelmäßig in der Parteizeitung auf. Veränderungen wurden immer sichtbarer. Beim Besuch eines großen staatlichen Kabelwerkes stieß ich auf eine kleine Abteilung, in der im Auftrag eines Kooperationspartners aus Hongkong diverse Kabel für Computer, TV, Videorecorder und Automobile produziert wurden. In einer Textilfabrik sah ich Näherinnen zu, die Anzüge mit dem Label »Made in Italy« produzierten. Im Schauraum der Taedonggang-Bierbrauerei konnte man diverse Sorten Heineken-Bier kaufen. Im Interesse des Profits wurden viele Augen zugedrückt.

Ich will nicht vergessen zu erwähnen, dass bei allen Veränderungen immer wieder die Kontinuität betont wurde. Offenbar war die nordkoreanische Führung abgeschreckt durch das Beispiel der Sowjetunion und Osteuropas, wo die von oben ausgehenden Veränderungen bei der Bevölkerung eine stetig steigende Erwartungshaltung produziert hatten und völlig außer Kontrolle geraten waren. Das mantraartig wiederholte Credo der Führung lautete, dass es sich bei den nordkoreanischen Veränderungen nur um eine planmäßige Weiterentwicklung des Sozialismus handele. Der verstorbene Kim Il-sung wurde mit den Worten zitiert, dass ein Markt kein Zeichen der kapitalistischen Gesellschaft sei, weil es Märkte schließlich auch schon vor Entstehung des Kapitalismus gegeben habe. Man betonte den Übergangscharakter des Sozialismus, woraus sich die Nutzung gewisser Elemente aus der vorsozialistischen Vergangenheit begründe. Der Markt wurde als zweigeteilt dargestellt: mit dem dominanten sozialistischen

Markt auf der einen und dem archaischen Bauernmarkt auf der anderen Seite. In jedem Fall sollte das zumeist nicht näher definierte sozialistische Prinzip erhalten bleiben.[23]

Wie das gehen sollte, verschwieg man. Ich habe in jener Zeit verschiedentlich an Maßnahmen zum sogenannten Kapazitätsaufbau (capacity building) in Nordkorea teilgenommen. Es handelte sich dabei um von der EU oder von halbstaatlichen Institutionen wie zum Beispiel den deutschen politischen Stiftungen oder auch in der Schweiz ansässigen Entwicklungshilfeeinrichtungen organisierte Schulungsmaßnahmen. Auf diesen sprachen westliche Experten zu allgemeinen Themen wie Wirtschaftspolitik, später aber vor allem zu speziellen Bereichen wie Außenhandelsfinanzierung, Marketing oder Buchführung.

Ich hielt 2005 im Kulturpalast in Pjöngjang einen Vortrag zur Inflationsbekämpfung vor etwa einhundert nordkoreanischen Funktionären. So ganz vertraute man uns Ausländern nicht; die Kaffeepausen sollten von den Koreanern getrennt stattfinden, was wir westlichen Vortragenden aber auf Initiative des sich wenig um solche Vorschriften scherenden ehemaligen tschechischen Vizefinanzministers mit Erfolg ignorierten. Nach einiger Verlegenheit ergaben sich bald interessante Gespräche, in deren Verlauf mir zwei Dinge klar wurden. Die nordkoreanischen Spezialisten hatten ein hervorragendes Wissen über westliche Konzepte der Ökonomie, gleichzeitig fehlte ihnen aber nahezu völlig die Einsicht, dass diese nur in einem ganz bestimmten systemischen Kontext funktionieren konnten. Ganz im Sinne des (gescheiterten) Reformansatzes vom Ende des 19. Jahrhunderts – »östlicher Weg, westliche Technik«[24] – wollten sie vor allem konkrete Handlungsempfehlungen von uns, keine Belehrungen über das grundlegende Funktionieren einer Marktwirtschaft. Doch das könnte auch einfach nur die offizielle Linie gewesen sein. Immerhin bat mich am Ende der Veranstaltung ein Nordkoreaner, ihm westliche wirtschaftswissenschaftliche Lehrbücher zu schicken. Auf meine Nachfrage versicherte er mir, dass ihn diese auch tatsächlich erreichen würden. Ich war damals als Gastprofessor in Südkorea tätig und bot ihm an, die Bücher in ihrer koreanischen Ausgabe zu schicken. Das lehnte er ab; seine Wirtschaft studierende Tochter – für sie waren die Bücher bestimmt – solle ihr Englisch üben.

Einen gewissen Höhepunkt der Offenheit erlebte ich bei einer Schulung für nordkoreanische Manager in Genf kurze Zeit später. Wenn ich mich richtig erinnere, wurde diese Maßnahme von der schweizerischen Entwicklungshilfeorganisation finanziert und bei einem professionellen Anbieter solcher Trainings am Genfer See, wenige hundert Meter vom Sitz der UN, durchgeführt. Es handelte sich um ein mehrere Wochen dauerndes Programm, bei dem unter Anleitung Unternehmen besucht und konkrete Geschäftskonzepte erarbeitet wurden. Ich hatte einen vollen Tag zur Verfügung und sprach in aller Vorsicht, aber doch direkt vom wirtschaftlichen Entwicklungsweg Südkoreas in den 1960er und 1970er Jahren. Damals hatte es das Land mit einem starken Staat und einer Militärdiktatur, aber einer im Prinzip privaten Wirtschaft geschafft, die bis dahin bestehende Unterentwicklung zu überwinden und zu einem wirtschaftlichen Erfolgsmodell zu werden. Meine auch heute noch vertretene These lautete, dass dies ein sowohl ökonomisch sinnvolles wie auch politisch machbares Entwicklungskonzept für Nordkorea sein könnte.

Erstaunlicherweise gab niemand eine wutentbrannte Stellungnahme ab oder verließ den Raum. Im Gegenteil, am Ende des Seminars bestanden die Teilnehmer sogar auf einem Gruppenfoto, was sie nach Aussage der Organisatoren zuvor noch nie gemacht hatten. In den Pausen verschwanden die Kursteilnehmer übrigens umgehend zu den für sie bereitstehenden Computern, um frei im Internet zu surfen.

Es war also vieles möglich, was man wenige Jahre zuvor für undenkbar gehalten hätte. Mit der Atmosphäre der Offenheit war es zwar bald wieder vorbei; die Maßnahmen vom Juli 2002 führten nichtsdestotrotz zu einer bis heute andauernden deutlichen Stärkung der Märkte, sie begünstigten die Bauern und bereiteten zumindest theoretisch den Boden für die Öffnung gegenüber der Weltwirtschaft. Dass daraus vorerst nichts wurde, lag an schnell zutage tretenden erheblichen Problemen, die zum Teil struktureller Natur waren und zum Teil auf einem ungenügenden Verständnis der Dynamik von Märkten beruhten. Die Vermutung liegt sehr nahe, dass sich die Köpfe hinter den Juli-Maßnahmen am Beispiel Chinas orientiert hatten. Immerhin ist China ein unmittelbarer Nachbar, es gibt unzählige Kontakte, die oberste Führung reist regelmäßig zur Besichtigung dorthin. Nicht zuletzt ist China eines der wenigen Beispiele, wo Reformen in der Wirtschaft nicht zum sofortigen Umsturz des politischen Systems geführt haben.

Allerdings gilt die Binsenweisheit, dass es noch lange nicht dasselbe ist, wenn zwei das Gleiche tun. China begann seine Reformen 1978 in einem völlig anderen weltpolitischen Umfeld, als dies in Nordkorea 2002 der Fall war. Es gab damals noch die zwei verfeindeten Machtblöcke im Kalten Krieg. Der von den USA angeführte Westen war erheblich an einer Unterstützung der chinesischen Reformen interessiert, nicht zuletzt um Moskau in Bedrängnis zu bringen, das ohnehin schon in Schwierigkeiten wegen des seit Ende 1979 andauernden Kampfes gegen die afghanischen Mudschaheddin steckte. 2002 spielten solche Erwägungen keine Rolle mehr; hingegen hatte es ein Jahr zuvor im September 2001 die Anschläge von New York und Washington gegeben, und die Regierung Bush rüstete mit aller Kraft und viel patriotischem Pathos zum Kreuzzug gegen den Terror.

Unterstützung war hier also nicht zu erwarten, im Gegenteil. Die japanische Regierung wurde von den Amerikanern, wenn meine Informationen korrekt sind, für die Annäherung an Nordkorea und das ohne Wissen der USA vorbereitete Gipfeltreffen vom September 2002 ziemlich hart gerüffelt. Ein Schurkenstaat, der sich freiwillig reformiert, passte nicht in das Bild, das man für die Mobilisierung der eigenen Bevölkerung und der zögerlichen Verbündeten für den Krieg benötigte. Ich möchte nicht so weit gehen, zu behaupten, dass die USA die nordkoreanische Reform bewusst verhindert hätten.[25] Geholfen hat Washington aber definitiv nicht.

Neben diesem ungünstigen globalpolitischen Umfeld gab es noch weitere, eher strukturelle Unterschiede, die das Beschreiten des chinesischen Weges in Nordkorea zu einem großen Fehler machten. Zunächst ist da einfach die Größe des Landes zu nennen. China hat einen potentiell riesigen Binnenmarkt, der eine erfolgreiche Wirtschaft auch ohne allzu starke Außenanbindung möglich macht. Mir ist bewusst, dass dieser Markt sich für viele westliche Unternehmen, die sich ins angeblich gelobte Land der Mitte aufgemacht hatten, oft nur als unerreichbare Fata Morgana erwiesen hat. Aber über eine Milliarde potentielle Konsumenten sind trotz ihrer zunächst niedrigen Kaufkraft einfach zu verlockend, als dass Investoren hier widerstehen könnten. Nordkorea hat hingegen nur 25 Millionen Einwohner.

China hatte ferner das Privileg, mit einer pragmatisch gesinnten, wirtschaftlich enorm potenten Diaspora kooperieren zu können. Taiwan mag seine Vorbehalte gegenüber einer Zusammenarbeit gehabt haben; Hongkong, Macao, Singapur und die diversen chinesischstämmigen Händlercommunitys in Südostasien sahen vor allem das einmalige Geschäft. Später engagierten sich auch ethnische Chinesen aus den USA.

Im Falle Nordkoreas könnte Südkorea eine solche Rolle übernehmen. Der Gipfel von 2000 war ein klarer Schritt in diese Richtung, allerdings hatte Präsident Kim Dae-jung mit erzkonservativen Kräften im eigenen Land zu kämpfen, die weder die Millionen Opfer des Koreakrieges noch die Jahrzehnte danach währende bisweilen gewaltsame Auseinandersetzung vergessen wollten. In Südkorea ist die Kooperation mit dem Norden immer zuerst eine politische Frage, und umgekehrt gilt das Gleiche.

Höchstens die pronordkoreanischen ethnischen Koreaner in Japan, die konzentriert im Raum Osaka leben, hätten eine Quelle von Technologie, Kapital und Kaufkraft für eine nordkoreanische Wirtschaftsreform sein können. Doch der fehlgeschlagene Versuch, das Problem der entführten japanischen Staatsbürger zu lösen, hatte auch diese Tür zunächst zugeschlagen. Das Fährschiff *Mangyŏngbong*, das vor dem Herbst 2002 regelmäßig zwischen dem nordkoreanischen Haften Wŏnsan und Japan verkehrte, liegt nun schon seit Jahren leise vor sich hin rostend vor Anker. Ein Versuch, die *Mangyŏngbong* als Ausflugsschiff für chinesische Touristen zu nutzen, war bislang wenig erfolgreich. Weder Geld noch andere Produkte, etwa die in Nordkorea wegen ihrer Qualität äußerst beliebten gebrauchten japanischen Fahrräder, finden mehr den Weg über das Ostmeer.[26]

Aus ökonomischer Sicht war allerdings das größte Hindernis bei der Übernahme des chinesischen Modells die nordkoreanische Wirtschaftsstruktur. Wie gezeigt nutzten die Preisreformen vom Juli 2002 den Produzenten landwirtschaftlicher Produkte, während sie zu Lasten der in der Industrie tätigen Stadtbevölkerung gingen. Das war in China ab 1978 nicht anders, als der Staat de facto eine Liberalisierung der Preise für landwirtschaftliche Produkte verkündete und den Bauern die freie Entscheidung darüber einräumte, was sie anbauen wollten.[27] Allerdings waren in China die Bauern die Mehrheit (71 Prozent), während sie in Nordkorea 2002 eindeutig die Minderheit waren (33 Prozent). Das Problem, das sich daraus für den Staat ergibt, ist offenkundig: Er muss Ressourcen so umverteilen, dass die benachteiligte

Gruppe unterstützt wird. Die dafür nötigen Gelder kommen via Steuereinnahmen von der bevorteilten Gruppe, also den Bauern. Wenn es vergleichsweise viele Bauern und wenige Stadtbewohner gibt, dann geht die Rechnung auf. In Nordkorea aber profitierte eine Minderheit. Um die Mehrheit der Stadtbevölkerung zu subventionieren, wären Mittel nötig gewesen, die nicht zur Verfügung standen. Die Inflation schoss erwartungsgemäß in den Himmel.

Ein erster Indikator dafür war, dass plötzlich neue Banknoten mit vielen Nullen im Umlauf waren. Die höchste im Alltag erhältliche Note war bis dahin ein halbes Jahrhundert lang der 50-Wŏn-Schein gewesen. Der Staat hatte, typisch für sozialistische Länder, die Preise künstlich niedrig und stabil gehalten. Inflation? Das war etwas, das es nur in den degenerierten kapitalistischen Wirtschaften gab.

Doch 2002 tauchten Geldscheine mit einem nominellen Wert von bis zu 5000 Wŏn auf. Sie illustrierten einen massiven Preisanstieg, der nicht nur mit der erwähnten generellen Erhöhung aller Preise und Löhne erklärt werden kann. Anhand der leider nur lückenhaft zur Verfügung stehenden Angaben zu den Marktpreisen einiger Grundprodukte wie Reis aus den Jahren 2002 bis 2004 habe ich errechnet, dass die Inflationsrate in Nordkorea in den ersten zwei Jahren nach den Juli-Maßnahmen atemberaubende 200 Prozent jährlich erreicht haben muss.[28]

Der diesem Preisanstieg zugrunde liegende Mechanismus ist klar: Die Bauern und Großhändler konnten ihre Produkte nun zu einem gewissen Teil frei verkaufen, und angesichts des erheblichen Nachfrageüberhangs der noch immer an Unterversorgung leidenden Bevölkerung trieb dies die Preise hoch. Genau genommen trat nun eine lange Jahre versteckte und unterdrückte Inflation ans Tageslicht – schlagartig und ungehemmt. Man kann sich vorstellen, wie erschrocken die Führung in Pjöngjang darüber war, wenn man bedenkt, dass den Ereignissen auf dem Tiananmen in Beijing vom Juni 1989 ein Anstieg der chinesischen Inflationsrate auf vergleichsweise geringe 28 Prozent vorausgegangen war.[29]

Hier war eindeutig Gefahr im Verzug. Ersparnisse, wenn es sie denn gegeben hatte, schmolzen dahin wie Eis in der Sonne. Gleichzeitig gab es Profiteure, die in kürzester Zeit erhebliche finanzielle Mittel und damit auch Macht anhäuften. Der auf weitgehender Gleichheit beruhende implizite Gesellschaftsvertrag Nordkoreas geriet ins Wanken.

Die Führung suchte verzweifelt nach einem Ausweg. Immer wieder kam in meinen Gesprächen mit Nordkoreanern die Frage auf, wie in aller Welt man die Inflation in den Griff bekommen könne. Alle westlichen Lösungsansätze scheiterten allerdings daran, dass sie weitere Veränderungen, gar echte Reformen voraussetzten. Zu diesen aber war die Führung in Pjöngjang auch wegen der Anfang 2003 begonnenen Invasion der USA im Irak immer weniger bereit. Zu groß war die Angst, dass Reformen zu einer Schwächung führen würden, die als Einladung für eine ausländische Intervention verstanden werden könnte.

Ich sprach mit nordkoreanischen Wirtschaftsexperten über gezielte Einflussnahme auf die Preise auf dem Wege der aggregierten Nachfrage oder der Geldmenge, doch das blieb graue Theorie, da die zur Steuerung nötigen Instrumente fehlten und nicht etabliert werden durften. Genützt hätten sie letztlich ohnehin wenig, da man die Nachfrage nach Grundnahrungsmitteln nicht endlos senken kann und viele Transaktionen bereits in Fremdwährungen stattfanden. Die Hauptursache der Inflation war das im Vergleich zur relativ stabilen Nachfrage viel zu geringe Angebot. Kurzfristig hätten nur Importe helfen können, doch dafür fehlten die Devisen beziehungsweise die Bereitschaft des Staates, diese auszugeben.

Dort, wo die Angebotssteigerung gelang, gingen auch die Preise herunter. Das war etwa auf den nahe der chinesischen Grenze liegenden Märkten der Fall, wo sich der kleine Grenzverkehr auswirkte. Ich bin einmal die chinesisch-nordkoreanische Grenze auf der chinesischen Seite abgefahren und war überrascht, wie ungesichert diese in weiten Teilen war. Es gab zwar auf beiden Seiten Patrouillen, aber kaum Zäune, Wachtürme oder Todeszonen, wie man sich das von der Grenze eines nach außen abgeschotteten Landes wie Nordkorea vorstellt. Auf der chinesischen Seite führten mitten in der Stadt Tumen Trampelpfade schnurgerade in den gleichnamigen flachen Fluss hinein, der die Grenze zu Nordkorea bildet. Auf der anderen Seite konnte man ihr Pendant erblicken. Am helllichten Tage sah ich, wie unter den Augen nordkoreanischer Soldaten ein Mann mit einem großen Bündel auf dem Kopf in den Fluss stieg und seelenruhig nach China hinüberwatete. Auf der Grenzbrücke markierte nur ein gelber Farbstreifen am Boden die Staatsgrenze, die man auch anhand der auf nordkoreanischer Seite zerschlagenen und auf chinesischer Seite intakten Brückenbeleuchtung erkennen konnte. Nordkoreanische Händler kamen täglich visumfrei über die Brücke nach China, wo sie in einem eingezäunten Bereich mit chinesischen Partnern Geschäfte machen konnten – alles ganz legal und sehr unkompliziert.

Allerdings war der inoffizielle bilaterale Transfer nicht umfangreich genug, um den Nachfrageüberhang schnell und dauerhaft abzubauen. Hinzu kommt, dass sich diese Effekte wegen der noch immer bestehenden massiven Einschränkung des Binnenverkehrs nur schwer im ganzen Land verbreiten konnten und können. Die Preise sind daher im Süden Nordkoreas in der Regel höher als im Norden, was zu der absurden Situation beiträgt, dass laut dem World Food Programme der UNO die Versorgung der Menschen in der Kornkammer des Landes im Süden von Pjöngjang schlechter ist als in vielen anderen Regionen.[30] Der Staat nimmt den Menschen einen Großteil der Ernte, und alternative Versorgungsmöglichkeiten gibt es nicht.

Es gab noch einige teils bizarre Versuche, das Problem in den Griff zu bekommen. So wurden Anfang 2003 erstmals seit dem Koreakrieg staatliche Schuldpapiere aufgelegt, sogenannte Volkslebensbonds *(inmin saenghwal kongch'ae),* mit denen überschüssige Liquidität abgeschöpft werden sollte.[31] Diese Bonds hatten keine feste Verzinsung, sondern funktionierten nach dem Prinzip einer Lotterie. Sie wurden vielleicht aufgrund sanften Drucks oder aus patriotischen Gründen erworben, waren wirtschaftlich aber ein absehbarer Verlust für die Käufer, da sich der reale Wert dieser Papiere wegen der Inflation radikal verringerte.

Anfang 2003 wurden die »Bauernmärkte« offiziell in »Märkte« umbenannt. Das war weit mehr als nur ein symbolischer Schritt. Schon seit den 1950er Jahren war es in Nordkorea üblich, dass an Tagen, die auf eine »1« endeten, also jeweils am 1., 11. und 21. des Monats, die Bauern ihre nicht an den Staat abzuliefernden Produkte auf Märkten verkaufen konnten. Dafür gab es vom Staat eingerichtete und kontrollierte Gelände, auf denen temporäre Verkaufsstände eingerichtet wurden. Seit 2003 durften dort auch Industriegüter gehandelt werden, und die Frequenz der Märkte wurde erhöht.

Wenn man internen Berichten glauben darf, dann war nun täglich Markttag. Die Männer gingen weiterhin trotz immer geringerer Kaufkraft ihrer Löhne und fehlender Arbeitsmittel zu ihren Arbeitsstellen, da die Beteiligung am gesellschaftlichen Leben und der Zugang zu Rationen, Kindergartenplätzen, Wohnraum und vielem mehr daran geknüpft war. Die Frauen aber nutzten die neuen Möglichkeiten schnell. Sie verließen ihre staatlichen Jobs und begannen, mit dem Kauf und Wiederverkauf von Waren oder der Herstellung einfacher Produkte wie Reiskuchen einen erheblichen, oft den mit Abstand wichtigsten Teil zum Familieneinkommen beizutragen.

All die in diesem Abschnitt beschriebenen kleinen Aufbrüche, die Auftakt zur grundlegenden Reform des wirtschaftlichen Systems Nordkoreas hätten sein können, wurde allerdings bald schon von eben jener Führung wieder gestoppt, die diese Veränderungen in den Jahren seit 1998 vorbereitet und im Juli 2002 begonnen hatte. Was war geschehen?

Gefährliche Veränderungen

Die Führung Nordkoreas hatte es bis Anfang der 1990er Jahre wie kaum ein anderes sozialistisches Land geschafft, das Geld fast völlig aus dem Leben der Menschen zu verbannen. Güter verteilte der Staat. Nur dieser war in der Lage, die Wünsche der Menschen nach Essen, Kleidung, Wohnung, Bildung für die Kinder, sozialem Prestige, Macht, Gesundheit und was auch immer man sich sonst wünschte zu erfüllen. Der Zugang zu all diesen Dingen war ausschließlich eine Frage des politischen Kapitals, also der Mitgliedschaft in Organisationen wie Partei und Militär, von Beziehungen und Netzwerken, eines revolutionären familiären Hintergrundes und natürlich des lebenslangen täglichen Beweises der Treue und des Eifers bei der Erfüllung der staatlichen Vorgaben.

All das war nun durch die Maßnahmen vom Juli 2002 in Frage gestellt worden. Die Konsequenzen waren ebenso vorhersehbar wie unausweichlich. Die Gesellschaft veränderte sich, und zwar unweigerlich und in einer wegen der einmaligen Ausgangssituation extremen Radikalität.

Einige Beispiele können dies illustrieren. Sie erinnern sich an meinen kläglich fehlgeschlagenen Versuch vom Oktober 1991, in Pjöngjang eine Kaffeetasse zu erwerben? Obwohl ich vor einer riesigen Pyramide aus Tassen stand, wollte man mir partout keine verkaufen. Im Oktober 2005, drei Jahre nach Beginn der Reformen und trotz der weiter unten geschilderten versuchten Rückkehr zum orthodoxen Sozialismus, hatte sich das völlig geändert. An vielen Geschäften in Pjöngjang hingen handgemalte Schilder, mit denen Kunden in die Geschäfte gelockt und zum Kaufen animiert werden sollten. Diese Aufforderungen waren auf Koreanisch, richteten sich also an Einheimische und nicht, wie man vielleicht glauben könnte, an Devisen bringende Ausländer. Besonders in Erinnerung geblieben sind mir drei solcher Plakate.

Auf dem einen hieß es: »Aus Anlass des denkwürdigen Feiertages bieten wir viele unserer Waren mit einem Nachlass von zehn Prozent an«. Der »denkwürdige Feiertag« war nicht etwa der Nationalfeiertag, Weihnachten oder Thanksgiving, sondern der 60. Jahrestag der Gründung der Partei! Das neue Interesse am Verkaufen und Geldverdienen wurde mit der alten ideologischen Hülle kombiniert, um politisch korrekt auszusehen. Doch man stelle sich den Wandel vor, der sich hinter den Fassaden vollzogen hat. Verkäuferinnen, in Nordkorea sind das in der Tat fast immer Frauen, hatten nun nicht mehr primär die Dekoration zu verwalten und Kunden abzuwimmeln. Sie sollten möglichst viel Umsatz machen, und offenbar hatte man auch das Nachschubproblem gelöst. Leere Regale? Kein Thema mehr; nur leere Kassen galt es nun zu vermeiden.

Auf einem anderen Schild wurden die Passanten aufgefordert: »Kommen Sie herein, trinken Sie eine Tasse Kaffee oder ein erfrischendes Bier und spielen Sie ein wenig Schach«. Man könnte ein Café vermuten, doch das Plakat hing am Eingang eines Bekleidungsgeschäftes. Offenbar war man mit dem Umsatz, der mit Textilien zu erzielen war, nicht zufrieden und suchte aktiv und kreativ nach neuen Geschäftsideen. Das würden wir andernorts vielleicht als normal ansehen – in Nordkorea war es schlichtweg revolutionär.

Nicht zu vergessen, dass Verkauf nur funktioniert, wenn es auch Käufer gibt. Offenbar gab es mittlerweile sogar so viele, dass auf einem weiteren Plakat »unseres Landes erste Geldkarte« angepriesen wurde. Diese war zwar zunächst nur in gut einem Dutzend Geschäften einsetzbar, aber ganz offensichtlich begann sich eine Gruppe herauszubilden, die über Geld verfügte. Diese neue Mittelschicht gehörte nicht der relativ kleinen obersten Elite an, die wie schon seit Jahrzehnten in abgegrenzten Bereichen wohnte und nicht an den alltäglichen materiellen Sorgen der Bevölkerung teilhatte. Sie lebte vielmehr inmitten der einst weitgehend homogenen Mehrheit, stammte aus dieser und führte (und führt) mit dem typischen Stolz der schnell zu Reichtum Gelangten ihren neuen Wohlstand vor.

Es überrascht nicht, dass sich unter diesen neuen Umständen neue Verhaltensweisen herausbildeten. Im Jahr 2005 wollte ich in Kaesŏng bei einem am Straßenrand auf Touristen wartenden Händler einige Aquarelle erstehen. Da ich bereit war, mehrere Bilder zu kaufen, versuchte ich einen Mengenrabatt herauszuhandeln. Ein Bild kostete drei Euro, ich wollte vier davon kaufen und fragte nach dem Preis. »Zwölf Euro«, war die Antwort, die ich mit dem Vorschlag »zehn« konterte. Als ich Unverständnis ob meiner mangelhaften Rechenkünste bemerkte, erklärte ich dem Händler die bei uns übliche Praxis. Nach einer Weile zuckte er mit den Schultern, willigte ein und ging von dannen, um meine Bilder einzupacken. Ich zahlte zehn Euro und setzte die Besichtigung fort. Als ich abends im Hotel meine vier Bilder betrachten wollte, stellte ich fest, dass es nur drei waren! Eine leichte Enttäuschung machte schnell dem Erstaunen darüber Platz, dass der Händler im Interesse seines Gewinns das nicht unerhebliche Risiko einzugehen bereit gewesen war, einen Ausländer zu betrügen. Die Gier hatte über die Angst gesiegt. Auch dieser Aspekt der Normalität hielt offenbar in Nordkorea Einzug.

Wenn vormals Eltern über die Zukunft ihrer Kinder nachdachten, Menschen über ihren Lebensweg oder Männer und Frauen über ihre zukünftigen Partner, dann stand immer und überall der Staat im Zentrum. Man strebte die Mitgliedschaft in der Partei an. Dafür ging man viele Jahre zum Militär und nahm fleißig und mit Enthusiasmus an den wöchentlichen Sitzungen zu Kritik und Selbstkritik teil. Aus einer revolutionären Familie zu stammen oder in diese einzuheiraten, das war die Eintrittskarte in die Ränge der privilegierten Elite. Aus der Familie eines ehemaligen Grundbesitzers oder Kriegsflüchtlings aus Südkorea zu kommen wirkte sich negativ aus und konnte nur durch besonderen Eifer wenigstens teilweise kompensiert werden. Das entsprechende Kastensystem mit dem Namen *sŏngbun* war lange Zeit bestimmend für die Optionen, die einem Nordkoreaner im Leben zur Verfügung standen.[32]

Mit der Monetarisierung der nordkoreanischen Gesellschaft änderte sich das. Der Staat blieb stark, doch es gab nun Alternativen. Jedermann konnte, wenn er nur über die Mittel verfügte, unabhängig vom politisch-sozialen Rang eine wachsende Zahl an Waren und Dienstleistungen kaufen. Auch die Gunst von Beamten war nun erwerbbar, da auch diese ein plötzliches Interesse an Geld entwickelten. Zuvor wäre Bestechung mit Geld wenig ergiebig gewesen, denn was hätte der Empfänger damit machen sollen? Kleine und große Geschenke wechselten stattdessen den Besitzer, doch das war vergleichsweise schwierig und dämmte solches Verhalten ein. In der DDR war es das fast schon obligatorische Päckchen Kaffee, mit dem die Bearbeitung eines Antrages beschleunigt werden konnte, oder auch ein seltenes Autoersatzteil. Größere und kleinere Korruption gab und gibt es immer und überall, wo ein Bürokrat den Zugang zu etwas Begehrtem verwaltet, auch in Nordkorea; doch mit den neuen wirtschaftlichen Spielregeln nahm sie in Ausmaß und Umfang zu und wurde zu einem systemgefährdenden Problem.

Die Juli-Maßnahmen von 2002 hatten also durchaus vielfältige Auswirkungen, die die Macht des Staates und seiner Institutionen erheblich erschüttert haben. Sie schufen eine wachsende und vor allem sichtbare Differenzierung innerhalb einer zuvor weitgehend homogenen Gesellschaft, eröffneten den Menschen neue Wege und führten sie in neue Versuchungen. Die sich häufenden Berichte über ein nordkoreanisches Drogenproblem kann ich zwar nicht verifizieren, sie passen aber ins Bild.[33] Was man hingegen deutlich sehen kann, ist ein gestiegenes Sicherheitsbewusstsein. Wie in China sind auch im einst egalitären und gut überwachten Nordkorea die Balkons der ersten zwei Stockwerke von Hochhäusern inzwischen mit Gittern gesichert. Eigentumsdelikte haben in dem Maße zugenommen, wie es etwas zu stehlen gibt, die Einkommensunterschiede gewachsen sind und der erhoffte Gewinn das Risiko übersteigt.

Rückzug auf den neoorthodoxen Sozialismus

Man hatte, sinnbildlich gesprochen, gepflügt und gedüngt, sich über das Saatgut Gedanken gemacht, gezögert, gestritten und schließlich gesät. Das Pflänzchen der Juli-Maßnahmen war jedoch noch zu schwach, als ihm bereits Licht, Wasser und Nährstoffe entzogen wurden. Es konnte sich nicht zu echten Reformen entwickeln.

Dieser Misserfolg hat viele Väter, auch wenn sich keiner von ihnen gern zur Tat bekennt. Ich bin angesichts der oben erwähnten umfassenden ideologischen und administrativen Vorarbeiten und der vielen für nordkoreanische Verhältnisse erstaunlich weitreichenden Veränderungen überzeugt, dass es sich tatsächlich um ein frühzeitig beendetes Reformexperiment gehandelt hat.

Es gab nicht nur einen Grund, der für das vorläufige Scheitern der Reformpläne verantwortlich war. Dass man sich nach dem

Vorbild Chinas vor allem um die Landwirtschaft bemühte, dabei aber gewichtige Strukturunterschiede übersah, spielte ebenso eine Rolle wie das offensichtlich noch unterentwickelte Verständnis makroökonomischer Zusammenhänge bei der nordkoreanischen Führung. Das Ausbleiben der fest eingeplanten Milliarden aus Japan war zusätzlich ein schwerer Schlag.

Im Westen, vor allem den USA, herrschte von Anfang an enorme Skepsis. Ich war damals an der Columbia University in New York tätig und recht häufig auch in Washington unterwegs. Dort konnte ich aus erster Hand erleben, wie die meisten Politiker, Beamten und Mitarbeiter von Think Tanks nicht eine Sekunde lang die Möglichkeit in Erwägung zogen, dass sich Nordkorea von allein reformieren würde. Einziger Lichtblick was das Außenministerium, das sich aber gegen den Einfluss des meiner Einschätzung nach erzkonservativen Finanzministeriums und der CIA kaum durchsetzen konnte.

So etwas nennt man wohl eine selbsterfüllende Prophezeiung. Ich bin heute noch der Meinung, dass der Westen eine seltene Chance hat verstreichen lassen, Nordkorea auf dem Weg der Reformen zu unterstützen. Es war für viele Politiker in den USA und bei deren Verbündeten offenbar zu schwer, in der aufgeheizten Atmosphäre nach dem 11. September 2001 pragmatisch zu sein und einem in unseren Medien teils als Witzfigur, teils als Oberbösewicht dargestellten Diktator die Hand zur Zusammenarbeit entgegenzustrecken. Ein nordkoreanischer Wandel ohne Regimewechsel schien für den Westen inakzeptabel zu sein.

Eine versäumte Chance ist nicht das Ende der Welt. In Nordkorea regiert ein neuer, von der Vergangenheit weniger belasteter Führer. Ich habe Grund zu der Annahme, dass es in absehbarer Zeit einen weiteren Reformversuch geben könnte. Um die nächste Gelegenheit klüger nutzen zu können, lohnt es sich, aus der Vergangenheit zu lernen, vor allem aus den Gründen für das

Scheitern der Reformen von 2002 und den zugrunde liegenden Motiven und Entwicklungen.

Nicht von ungefähr gibt es den Begriff der *politischen* Ökonomie. Trotz aller technischen Fehler, die bei der Umsetzung der Reform gemacht wurden, waren es letztlich außen- und innenpolitische Gründe, die sie zum Stillstand brachten.

Das außenpolitische Umfeld wurde hier bereits mehrfach erwähnt. Als die USA am 20. März 2003 mit einem massiven Hightech-Luftschlag Bagdad in Trümmer legten, läuteten auch in Pjöngjangs Führungskreisen die Alarmglocken. Die USA, befreit von den Zwängen der bipolaren Welt des Kalten Krieges, waren offenbar entschlossen, ihre Interessen auch gegen den Widerstand eines großen Teils der Weltöffentlichkeit durchzusetzen. Die Militärstrategen Nordkoreas mussten ernsthaft die Möglichkeit in Betracht ziehen, dass ihr Land als Nächstes auf der Liste der Ziele stehen würde. Wirtschaftsreformen wurden vor diesem Hintergrund zweitrangig. Die nicht ganz neue strategische Richtung lautete Stabilität und Verteidigungsbereitschaft. Mit verstärktem Eifer wurde an den reaktivierten Atom- und Raketenprogrammen gearbeitet. Das Land wurde im Namen der Militär-Zuerst-Politik in höchste Alarmbereitschaft versetzt. Der Staat versuchte mit aller Macht, die eben noch gelockerte absolute Kontrolle wiederzuerlangen.

Auch innenpolitisch gab es aus Sicht des Regimes beunruhigende Signale. Ich war 2002 nicht umsonst sofort elektrisiert, als ich von den Juli-Maßnahmen erfuhr, da ich aufgrund meiner Erfahrungen in Nordkorea, im real existierenden Sozialismus in Osteuropa und im vereinigten Deutschland die Konsequenzen erahnte. Mehr Individualismus ging auf Kosten des Kollektivismus. Mehr selbst erwirtschafteter Wohlstand erzeugte Selbstbewusstsein und reduzierte die Bereitschaft zu blinder Staatstreue. Manch loyaler Unterstützer des Systems fragte sich nun angesichts des wachsenden Wohlstandes seiner weniger eifrigen Nachbarn, ob er den richtigen Weg eingeschlagen hatte. Die einstige Gleichheit wurde von einer zunehmenden Differenzierung in der Gesellschaft abgelöst, die bei den Verlierern dieses Prozesses zu Frustration führte. Nicht auszudenken, was bei einer Wiederholung der Hungersnot von Mitte der 1990er Jahre geschehen würde. Während damals die meisten Menschen gleichermaßen betroffen waren, war nun damit zu rechnen, dass ein Teil der Bevölkerung deutlich besser mit der Katastrophe zurechtkommen würde. Als die Unterschiede immer größer wurden und aus allen Teilen des Landes alarmierende Meldungen über eine Aufweichung der bisher so statischen öffentlichen Ordnung die Hauptstadt erreichten, wurde die Führung nervös.

Ein System wie das in Nordkorea scheint stark zu sein wie eine Eiche. Der Überwachungsapparat ist omnipräsent, in den Wohnungen hängen die Bilder der Führer, die Menschen marschieren und rufen Losungen, in denen sie lautstark ihre Treue und Opferbereitschaft für das System bekunden.

Doch wer glaubt, dass man tatsächlich anhand solcher Äußerlichkeiten den Status einer Gesellschaft erkennen kann, der möge sich ein Video vom 7. Oktober 1989 ansehen, als anlässlich des 40. Jahrestages der DDR das jubelnde Volk an seinen greisen Führern vorbeidefilierte. Zwei Tage später protestierten in Leipzig 100 000 Bürgerinnen und Bürger, darunter viele einst scheinbar loyale Teilnehmer an früheren Jubelfeiern, gegen den Staat, der bald darauf zusammenbrach. Eine Eiche sieht auch dann noch stark aus, wenn der Stamm von innen bereits ausgehöhlt ist. Ein kräftiger Windstoß zum, je nach Sichtweise, richtigen oder falschen Zeitpunkt, und der Gigant stürzt um.

Unter normalen Umständen sind die Entwicklungen, die zu dieser Aushöhlung führen, irreversibel. Die Nordkoreaner haben vom Apfel der Erkenntnis gekostet. Sie haben den Wert und die negativen Seiten des Geldes kennengelernt. Sie hören, sehen und lesen dank der offiziellen und inoffiziellen Kontakte mit China zunehmend mehr über die Welt außerhalb ihres Landes. Mobiltelefone verbessern die Kommunikation untereinander. Es gibt viele Menschen, die die neuen Möglichkeiten genutzt haben und sich und ihren Familien einen bescheidenen Wohlstand erwirtschaften konnten. Manch einer schaut auf die, die es geschafft haben, und will es ihnen gleich tun. Falls kein Krieg oder ein anderes traumatisches Ereignis die Gesellschaft von Grund auf reorganisiert, dann kann der Staat die neuen Trends und Verhaltensweisen eindämmen, verlangsamen und erschweren, aber nicht mehr eliminieren.

Genau das hat man von etwa 2005 an jedoch versucht. Als Besucher des Landes merkte man es daran, dass sich Personen, die ein Jahr zuvor noch offen gewesen waren und sich für die

Die Verwendung der Titel für Kim Jong-il in Artikeln der staatlichen Nachrichtenagentur als Spiegelbild der Reformorientierung 2001 – 2005

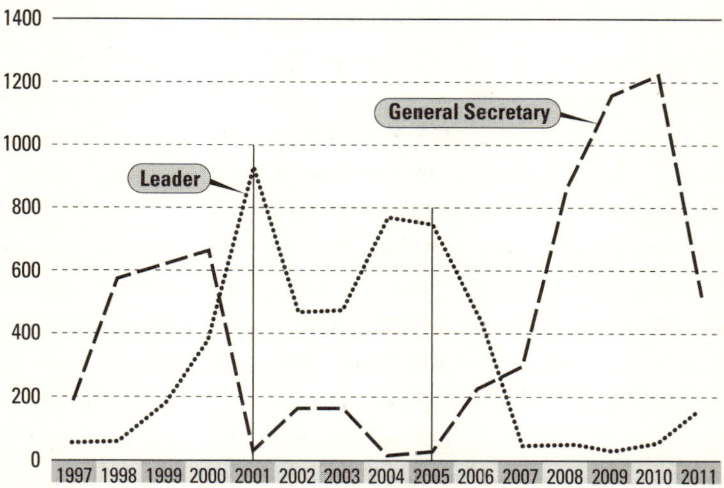

Quelle: Daten nach KCNA; Idee, Gewichtung und Auswertung durch Rüdiger Frank[34]

Erfahrungen des Westens interessiert hatten, plötzlich verschlossen und abweisend zeigten. In den staatlichen Medien tauchten verstärkt wieder Begriffe wie Sozialismus und *chuch'e* auf, deren Verwendung zuvor seit etwa dem Jahr 2000 deutlich abgenommen hatte. Der Führer wurde nun in den Medien wieder hauptsächlich mit seinem ideologischen Titel »Generalsekretär« (der Partei) versehen, nachdem er in der Reformphase vor allem mit seinem weltlichen Titel »Großer Führer« erwähnt worden war. Slogans aus der Vergangenheit fanden wieder Verbreitung, so zum Beispiel »Lasst uns arbeiten, lernen und leben wie die antijapanischen Partisanen«. Schlagwörter wie »monolithische Einheit«, »Kollektivismus«, »Autarkie« und »mentale Stärke« erlebten eine Renaissance.

Seit Mitte der 1990er Jahre waren in Nordkorea insgesamt etwa 130 ausländische Nichtregierungsorganisationen in der Medizin, der Entwicklungshilfe, dem Bildungswesen und anderen Bereichen tätig.[35] Einige hatten schon relativ frühzeitig das Land wegen der nicht ihren Standards entsprechenden Arbeitsbedingungen verlassen. Die verbleibenden NROs wurden zwar nicht direkt hinausgeworfen, aber von Ende 2004 an doch mehr oder weniger sanft dazu gedrängt, ihre Anwesenheit zu überdenken. Ihre Tätigkeit vor Ort wurde erschwert, ihr rechtlicher Status verändert. Offiziell begründete man das damit, dass die Phase der humanitären Hilfe nach der Hungersnot von 1995 bis 1997 nun vorbei sei und man die Zusammenarbeit ab 2005 auf eine neue Grundlage stellen müsse. In Wirklichkeit sorgte sich der Staat um den zunehmenden Informationsfluss in das Land hinein und aus ihm heraus. Viele NROs verließen daraufhin Nordkorea. Zu den bemerkenswerten Ausnahmen, die sich trotz erheblicher Hindernisse an die neuen Bedingungen anpassten und bis heute wertvolle Einblicke in die nordkoreanische Realität liefern, gehört das World Food Programme der UNO.

Allenthalben war das Bemühen des Staates zu beobachten, wieder zu der Zeit vor den Reformversuchen zurückzukehren. Man kann zumindest vermuten, dass auch die sich verschlechternde Gesundheit von Kim Jong-il zu einer Verstärkung des rückwärtsgewandten Trends beigetragen hat. Einen Höhepunkt erreichte die Verunsicherung mit einem vermuteten Schlaganfall des Führers im Sommer 2008. Das System versuche dieser Situation durch den Rückgriff auf vermeintlich sichere Konzepte aus der Vergangenheit zu begegnen. Warum dies ein letztlich hoffnungsloser Versuch war, habe ich bereits diskutiert; der durch die Monetarisierung ausgelöste gesellschaftliche Wandel in Nordkorea ist nicht umkehrbar. Er wurde aber verzögert.

Im Winter 2008 verkündete der nur bedingt genesene, um Jahre gealterte und deutlich abgemagerte Kim Jong-il sogar die Wiederbelebung der *ch'ŏllima*-Bewegung von 1958. Am gleichen Ort, an dem sein Vater ein halbes Jahrhundert zuvor diese Tempo-Bewegung initiiert hatte, und unter direkter Bezugnahme auf diesen historischen Vorläufer rief der Sohn nun zur »großen revolutionären Aufwallung« auf.[36] Die jahrelang fast in Vergessenheit geratenen Temposchlachten wurden wieder aufgenommen. In der Parteizeitung konnte man lesen, dass ideologische Motivation wichtig sei und forciert werden solle. Warnungen, dass man nicht dem »süßen Gift des Kapitalismus« zum Opfer fallen solle, häuften sich. Im Oktober 2008 berichtete die *Rodong Sinmun:*

> Die Teilnehmer [an einer Veranstaltung im Beisein des Premierministers, RF] betonten die Notwendigkeit, die zentrale staatliche Kontrolle und Überwachung wirtschaftlicher Projekte zu stärken und Methoden der Agitation des Kollektivbewusstseins der Menschen zu intensivieren.

Neue ideologische Kampagnen wurden gestartet, »Schockbrigaden« für den staatlich gesteuerten Wirtschaftsaufbau gegründet und der Wirtschaftsnationalismus propagiert. In der Außenpolitik dominierte das Misstrauen, und die USA wurden wieder häufiger und mit aggressiveren Worten als Hauptfeind gebrandmarkt. Da Anfang 2008 auch eine neue, konservative Regierung in Südkorea die Macht übernommen hatte, wurden viele innerkoreanische Projekte auf Eis gelegt. Als im Sommer 2008 eine südkoreanische Touristin im nordkoreanischen Kŭmgang-Gebirge bei einem nicht autorisierten Spaziergang im streng bewachten Grenzgebiet auf die Rufe des Wachpostens nicht angemessen reagierte, wurde sie erschossen. Daraufhin stellte Südkorea das Tourismusprojekt ein.[37] Gleichzeitig erreichten die Beschimpfungen des südkoreanischen Präsidenten in den nordkoreanischen Medien wieder das vor dem Amtsantritt von Kim Dae-jung 1998 gewohnte Ausmaß. Das Jahrzehnt der innerkoreanischen Annäherung war zu Ende. Die Anzahl militanter Begriffe in der Presse stieg rapide an; zwischen 2002 und 2008 habe ich eine Verdopplung gemessen.[38]

Noch 2001 hatte Kim Jong-il gefordert, dass die Funktionäre sich angesichts der neuen Zeit nicht mehr so verhalten sollten wie in den 1960er Jahren. Nur acht Jahre später wurde er von der staatlichen Nachrichtenagentur KCNA mit den Worten zitiert, dass »die Funktionäre die Massen energisch und mit dem gleichen Arbeitsstil führen sollen, wie es die Funktionäre in den 1950ern und 1960ern getan haben«.[39]

Auch griff man seit 2004 massiv in die Funktionalität der Märkte ein. So wurde ein Mindestalter für Marktfrauen eingeführt und in mehreren Stufen nach oben korrigiert, um jüngere Frauen zurück an die staatlichen Arbeitsplätze zu bringen. 2004 konnte ich noch einen Markt in Pjöngjang besuchen, wenngleich das Fotografieren verboten war. Heute ist Ausländern der Zutritt strikt verboten.

Mittlerweile komme ich nicht einmal mehr ins Kaufhaus Nr. 1, in dem ich seinerzeit mein »Kaffeetassenerlebnis« hatte.

In der Wirtschaftspolitik war eine Rückkehr zu typisch sozialistischer Schwerpunktsetzung zu erkennen, die Schwer- und Chemieindustrie wurde wieder auf Kosten der Leichtindustrie gefördert. Der Außenhandel konzentrierte sich weisungsgemäß auf den Import von Investitionsgütern, da der Import von Konsumgütern unter Hinweis auf Äußerungen von Kim Jong-il als falsche Strategie kritisiert wurde.

Auch die ersten zwei nordkoreanischen Atomtests von 2006 und 2009 sind in gewissem Sinne im Kontext der neoorthodoxen, konservativen Wende zu sehen. Die Zeichen standen auf Abgrenzung und Konfrontation. Die Führung in Pjöngjang bemühte sich, ein Szenario der äußeren Bedrohung zu entwickeln, um unliebsame innenpolitische Nachwehen des Reformversuchs eindämmen zu können.

Im Versuch, das Rad der Geschichte wieder ein wenig zurückzudrehen, war man bereit, recht weit zu gehen. Im November 2009 nahm die Führung in einer offenbar schlecht durchdachten, verzweifelt wirkenden Nacht-und-Nebel-Aktion einen Umtausch der bestehenden in eine neue Inlandswährung im Verhältnis 100:1 vor. Da sowohl die Preise wie auch die Einkommen und Sparguthaben um den gleichen Faktor abgewertet wurden, hatte diese Maßnahme an sich keinerlei volkswirtschaftlichen Effekt, bis auf die dadurch entstandenen nicht unerheblichen Transaktionskosten für Herstellung, Transport und Verteilung der neuen Geldscheine. Allerdings wurde nicht alles Geld umgetauscht, sondern nur ein begrenzter Betrag pro Person. Gerüchteweise gab es im Land Proteste, woraufhin die Menge an umtauschbarem Geld auf etwa 450 000 Wŏn erhöht wurde, was damals einem Schwarzmarktwert von etwa 100 US-Dollar entsprach.

Beabsichtigt war offensichtlich die Vernichtung eines großen Teils der in den Jahren seit den Juli-Maßnahmen von 2002 angehäuften Guthaben in Form von Bargeld oder Bankeinlagen. Wir wissen nur vereinzelt und aus anekdotischen Berichten über die direkten Auswirkungen für die Bevölkerung. Besonders betroffen waren vor allem jene Personen, die über größere Geldsummen verfügten und ihr Geld nicht in Devisen umgetauscht hatten. Um nicht dem Staat Rechenschaft über die Herkunft größerer Geldbeträge erstatten zu müssen, verbrannten viele ihr Geld oder warfen es in den Fluss.[40]

Hauptsächliches Ziel der Aktion waren offenbar solche Personen, die nicht nur reich, sondern auch mächtig geworden waren und drohten, die Kontrolle des Staates ernsthaft zu untergraben. Wie weit jedoch die Führung selbst schon im neuen Denken gefangen war, zeigt die Tatsache, dass man sich zur versuchten Entmachtung dieser Händlerschicht eines Währungsumtausches bediente, anstatt einfach die Polizei und den Geheimdienst einzusetzen. Letzteres hätte viel eher zum Bild vom allmächtigen Unterdrückungsstaat gepasst, wie es in der westlichen Öffentlichkeit vorherrscht.

Wie so oft traf es aber auch unzählige relativ arme Menschen, die sich in der Hoffnung auf ein Stückchen vom neuen Kuchen verschuldet oder lange gespart hatten. Manche hatten unter viel Mühe für die Hochzeit der Tochter oder die Ausbildung des Sohnes Geld zurückgelegt, das nun wertloses Papier war. Wenn wir den Berichten von Flüchtlingen Glauben schenken, dann muss die Frustration enorm gewesen sein. Sie brach sich wohl auch vielerorts wortreich Bahn. Die lokalen Behörden reagierten erschrocken; sie konnten die Sorgen der Menschen auch selbst gut nachvollziehen. Die Berichte in die Hauptstadt waren entsprechend alarmierend.

Angeblich wurde sogar ein hochrangiges Bauernopfer gebracht, um den Volkszorn zu beruhigen. Nun muss man angesichts der

Informationslage mit Gerüchten über das Schicksal von Einzelpersonen aus der nordkoreanischen Führungselite vorsichtig sein. Zu oft sind Totgesagte plötzlich quicklebendig wieder aufgetaucht, wie zuletzt im Mai 2014 eine populäre Musikerin.[41] Tatsache ist aber, dass Pak Nam-gi, der damals 77-jährige Leiter der Abteilung für Planung und Finanzen der PdAK, von der Bildfläche verschwand. Angeblich wurde er erschossen. Pak war eines von 18 Mitgliedern einer Delegation, die im Jahr 2002 nach Seoul reiste, um im Rahmen der damaligen Sonnenscheinpolitik das südkoreanische Beispiel zu studieren. Weitere Mitglieder der Delegation waren der Anfang 2013 zum Premierminister ernannte Pak Pong-ju und Chang Sŏng-t'aek, der angeheiratete Onkel von Kim Jong-un, der im Dezember 2013 nach einer in seltener Öffentlichkeit abgehaltenen Abrechnung sein Leben verlor.

Besonders zu verbergen suchte man nicht, dass mit Pak Namgi etwas nicht stimmte. Im Herbst 2010 besuchte ich das Chemiewerk in Hŭngnam nahe der Jahrzehnte zuvor mit DDR-Hilfe wieder aufgebauten Stadt Hamhŭng. Die Besichtigung begann mit einer obligatorischen Runde durch das Traditionskabinett dieser größten Chemiefabrik des Landes. Zu den Schaustücken gehörten überdimensionale Vergrößerungen aus Zeitungsartikeln, in denen über Besuche der Führer im Chemiewerk berichtet wurde. In einigen dieser Artikel waren seltsame Lücken. Mit nicht allzu viel Präzision waren hier offenbar Namen entfernt worden. Die Titel der gelöschten Personen einschließlich des dem Namen nachgestellten »Genosse« hatte man intakt gelassen, ebenso das Erscheinungsdatum. Ich fand einen solchen bereinigten Artikel aus dem Jahr 1956 und war nur mäßig verwundert, denn damals waren derlei von Stalin übernommene Säuberungen der Presse im sozialistischen Lager durchaus üblich. Etwas überraschter war ich allerdings, als auch in einem Artikel aus der Parteizeitung *Rodong Sinmun* von 2005 die drei Silben eines Namens fehlten.

Mithilfe einer freundlichen Kollegin gelang es mir, in einer Bibliothek in Australien noch eine Kopie der Printausgabe zu finden. Der fehlende Name: Pak Nam-gi. Gründlich waren die Zensoren übrigens durchaus; wer die Online-Ausgabe des Artikels aufruft, wird Paks Namen dort nicht mehr finden.

Wer auch immer zuständig oder verantwortlich gemacht worden war: Eines der Ergebnisse des Geldumtauschs war, dass das ohnehin geringe Vertrauen in die Inlandswährung völlig kollabierte. Wer sich dazu in der Lage sah und nicht schon vorher so klug gewesen war, flüchtete sich nun in Sachwerte wie Reis, in Gold oder Devisen. Daraufhin stiegen die Preise in der als weitgehend wertlos betrachteten neuen Währung rasch wieder an und kompensierten die eben noch gestrichenen zwei Nullen binnen kürzester Zeit. Der Staat reagierte darauf ökonomisch nachvollziehbar, aber politisch völlig verkehrt. Von Januar 2010 an wurden alle Transaktionen in Devisen verboten. Man wollte dieses Schlupfloch stopfen, um die Wirtschaft wieder unter das Joch der inländischen, vom Staat kontrollierten Währung zu zwingen. Es blieb jedoch beim Versuch.

Wenn man heute in Nordkorea nach Geld, Preisen und Löhnen fragt, bekommt man die wildesten und widersprüchlichsten Antworten. Es ist schwer zu glauben, dass ein Angestellter im mittleren Staatsdienst 10 000 Wŏn im Monat verdient, wenn ein in einem Kiosk in der U-Bahn von Pjöngjang erhältliches Feuerzeug 3000 Wŏn kostet. Das Feuerzeug ist in China für etwa 40 Cent zu haben, woraus sich ein Marktkurs des US-Dollars von 1:7500 ableiten lässt, was sich in etwa mit unseren Erkenntnissen deckt. Ein Gehalt von etwas mehr als einem Dollar pro Monat also für einen staatlichen Angestellten in der Hauptstadt? Das ergibt auch in Nordkorea keinen Sinn.

Ich gehe davon aus, dass solche Antworten auf der Umrechnung des Gehalts in die für Ausländer geltenden Preise beruhen, nach denen ein US-Dollar etwa 100 Wŏn entspricht. Das liefe auf ein Monatsgehalt von 100 US-Dollar hinaus, was realistischer klingt. Daraus lässt sich ableiten, dass es mittlerweile für die Inländer de facto zwei Währungssysteme gibt: eines, in dem die Bürger nach dem Vorbild des alten Rationierungsverfahrens mit dem Geld, das sie vom Staat erhalten, in speziellen Läden kontingentierte Waren einkaufen, und eines, in dem Transaktionen auf der Basis von Devisen nach den Gesetzen des Marktes stattfinden. Oft wird auch direkt harte Währung verwendet, jedenfalls habe ich seit dem Herbst 2010 Nordkoreaner in den Taxis von Pjöngjang ebenso mit Dollars zahlen sehen wie im Schwimmbad, im Restaurant oder der Bowlinghalle.

Heute profitieren vor allem Touristen von der währungspolitischen Fehlentscheidung des Umtausches von 2009. Sie können in China und mittlerweile auch im erfrischend pragmatisch mit dem Fiasko umgehenden Nordkorea die ungültigen Banknoten als säuberlich in Plastikfolie eingeschweißte Souvenirs erwerben.

Wie lautet das Fazit? Nach Jahren der Perfektionierungsmaßnahmen wurde im Sommer 2002 etwas eindeutig Großes begonnen. Es endete ohne den erhofften wirtschaftlichen Erfolg, blieb aber nicht ohne Auswirkungen auf die Gesellschaft. Die unerwünschten Folgen versuchte der Staat massiv einzudämmen, was die Situation aber keineswegs klären konnte. Wie auch immer: Nordkorea ist heute nicht mehr das gleiche Land wie vor den Juli-Reformen.

6

Sonderwirtschaftszonen: Goldesel und Risikofaktor

Eines der wirtschaftspolitischen Elemente, die die Rückkehr zu orthodoxen Positionen mit einigen Blessuren überlebt haben, sind die nordkoreanischen Sonderwirtschaftszonen.

Solche Zonen sind keine sozialistische Erfindung, es gibt sie ebenso in Marktwirtschaften. Die zugrunde liegende Logik ist sogar die gleiche: Der souveräne Staat als entscheidender Akteur möchte besonders günstige Bedingungen für Investitionen und Handel schaffen und ist gleichzeitig aus diversen Gründen nicht bereit, diese für das gesamte Land gelten zu lassen. Nicht der erste, aber wohl bekannteste Fall dieser wirtschaftspolitischen Maßnahme waren die Sonderwirtschaftszonen im kommunistischen China in der Zeit nach 1979, allen voran Shenzhen, die eine wesentliche Rolle nicht nur für das Wachstum von Wirtschaft und Exporten, sondern auch für die Reform der gesamten chinesischen Wirtschaft spielten.[1]

Nicht alle Sonderwirtschaftszonen sind gleich. »Sonderwirtschaftszone« ist ein Oberbegriff, der für eine ganze Reihe von unterschiedlichen Arrangements steht. Dazu gehören Freihandelszonen, Industrieparks und sogenannte Export Processing Zones, in denen eine Lohnveredelung auf Basis von aus dem Ausland importierten Vorprodukten zum Zwecke der Wiederausfuhr stattfindet. In Nordkorea gibt es ferner Zonen mit spezieller Gesetzgebung für den Tourismus. Der Phantasie der jeweiligen Wirtschaftspolitiker sind hier keine Grenzen gesetzt.

Gerade in sozialistischen Systemen sind Sonderwirtschaftszonen oftmals weitgehend isolierte Laboratorien, in denen neue Ideen und Konzepte ausprobiert werden können, bevor man sie auf das gesamte Land überträgt. Wenn man davon ausgeht, dass Reformen von der etablierten Führung als notwendig, aber riskant angesehen werden, dann bieten Sonderwirtschaftszonen eine verhältnismäßig sichere Umgebung für Experimente und steigern damit die Reformwahrscheinlichkeit.

Es liegt nahe, dass Sonderwirtschaftszonen gewisse Voraussetzungen erfüllen müssen. Dazu gehört eine hinreichende Größe, sowohl geographisch wie auch bezüglich der dort generierten Umsätze und der volkswirtschaftlichen Relevanz. Wichtig sind ferner Kontinuität und Rechtssicherheit für die beteiligten ausländischen Unternehmen, damit diese das Risiko auf sich nehmen, signifikante Investitionen vorzunehmen. Wer fürchten muss, in nächster Zeit verjagt und enteignet zu werden, wird sich hüten, wertvolle oder nicht schnell wieder demontierbare Anlagen zu installieren.

Schließlich ist, vor allem auch aus Sicht der nordkoreanischen Regierung, noch die politische Dimension zu beachten: Nicht umsonst scheut man sich ja, die in den Zonen geltenden Regeln gleich auf das gesamte Land auszuweiten. Sonderwirtschaftszonen werden daher, je nach politischen Präferenzen, in bestimmten Gebieten angesiedelt. Bei einem Land mit großen Entwicklungsdisparitäten könnte das zum Beispiel eine wirtschaftlich besonders schwache Region sein. In Südkorea unter Park Chung-hee wurden einzelne Provinzen gezielt bevorzugt, um die dort ansässigen politischen Unterstützer des Diktators zufriedenzustellen. Im Falle Nordkoreas ist vor allen die Isolation vom Rest des Landes ein wichtiger Faktor, um das Übergreifen gefährlicher Ideen zumindest einzuschränken. Wenn Zonen direkt an den Landesgrenzen liegen, entfällt auch das Problem allzu sichtbaren Verkehrs, der in der Bevölkerung Fragen aufwerfen könnte.

In Nordkorea gibt es bisher vier große Sonderwirtschaftszonen, jeweils in einer der »Ecken« des Landes: die Zone im Tumen-Delta bei Rasŏn im Nordosten, das Tourismusgebiet im Diamantgebirge (Kŭmgangsan) im Südosten, die Industriezone bei Kaesŏng im Südwesten und die Sonderwirtschaftszone um das koreanische Sinŭiju und das chinesische Dandong im Nordwesten. Jede dieser Zonen hat eigene Charakteristika, die einen genaueren Blick wert sind.

Rasŏn: Große Pläne

Die etwa 750 Quadratkilometer große und inzwischen fast ein Vierteljahrhundert alte erste Sonderwirtschaftszone Nordkoreas befindet sich im Dreiländereck mit China und Russland im Nordosten des Landes. Auf nordkoreanischem Gebiet waren die zwei Städte Rajin und Sŏnbong sowie der wirtschaftlich bedeutsame Hafen von Ch'ŏngjin eingeschlossen. Dieser und der Hafen von Rajin waren einst wichtige Umschlagplätze für den Handel mit der Sowjetunion. Im Jahr 2001 wurden Rajin und Sŏnbong unter dem neuen, aus den ersten Silben der beiden Städte bestehenden Namen Rasŏn zusammengelegt. Schon 1991 war das nach dem Grenzfluss »Tumen-Delta« genannte Gebiet von der Entwicklungsagentur der UNO, dem United Nations Development Programme (UNDP), als ein hoffnungsvolles Projekt für die wirtschaftliche Entwicklung der Region benannt und von der Regierung Nordkoreas als Freie Wirtschafts- und Handelszone eingestuft worden. In Zusammenarbeit mit dem UNDP wurden große Pläne ausgearbeitet, nach denen das Dreiländereck zwischen Nordkorea, Russland und China wahlweise zum »Singapur«, »Rotterdam« oder »Goldenen Dreieck« Nordostasiens werden sollte. Um dies anhand weniger Zahlen zu verdeutlichen: Der nordostasiatische Freihandelsblock mit dem Tumen-Delta als Zentrum sah eine Einwohnerzahl von 300 Millionen Menschen und ein Bruttosozialprodukt von 300 Milliarden US-Dollar vor, was damals einem Drittel des Welthandels entsprach.[2]

Der Einsatz von Kapital und Zeit muss sich lohnen. In der UNDP-Studie von 1991 wurden daher die jeweiligen komparativen Kostenvorteile der Partnerländer betont. Nordkorea sollte neben den Häfen auch billige Arbeitskräfte und Rohstoffe einbringen und dafür seinen Mangel an Kapital und Technologie ausgleichen können. Russland war an Arbeitskräften und Koreas eisfreien Häfen interessiert, während auf chinesischer Seite der Zugang zum Pazifik im Vordergrund stand. Länder wie Japan und Südkorea sollten als Kapitalgeber fungieren und von den günstigen Produktionsbedingungen und niedrigen Kosten profitieren.

Am 31. Januar 1993 war mit der Resolution Nummer 28 des Ständigen Ausschusses der Obersten Volksversammlung der DVRK das Gesetz für die Wirtschafts- und Handelszone Rajin-Sŏnbong verabschiedet worden. Der Gesetzestext wurde seither mehrfach angepasst, unter anderem in den Jahren 1999, 2002, 2005, 2007, 2010 und 2011.[3] Man erkennt die zunehmende Dynamik im letzten Jahrzehnt.

Festgeschrieben wurde unter anderem, dass Investoren ihre Gewinne und auch die in die Zone verbrachten Investitionsgüter ungehindert ausführen dürfen. Andere Regelungen betreffen Steuererleichterungen. In Rasŏn zulässige Geschäftsbereiche sind demnach Transport, Handel, Investitionen, Finanzwesen, Tourismus und Dienstleistungen. Als besonders förderungswürdig werden die Bereiche Hochtechnologie, internationale Logistik, Produktion von Ausrüstungen, Rohstoffverarbeitung, Leichtindustrie, Dienstleistungen und moderne Landwirtschaft genannt. Projekte, die gegen die nationale Sicherheit oder ein »gesundes soziales und moralisches Leben« verstoßen, sind ebenso untersagt wie jene, die wirtschaftlich und technisch veraltet sind. Diese Regelungen sind ein offensichtlicher Freibrief für die Regierung, um den Zugang oder Verbleib in Rasŏn nach Gutdünken zu kontrollieren.

Die Zone ist ausdrücklich offen für »Koreaner, die außerhalb des Staatsgebietes der DVRK leben«, also für Südkoreaner und Angehörige der unter dem Namen Ch'ongryŏn straff organisierten pronordkoreanischen Minderheit in Japan. Beide waren bei der Einrichtung eine Hauptzielgruppe, in erster Linie als Kapitalgeber und Investoren.

Die Zone sah sich vor allem in den ersten Jahren ihres Bestehens erheblichen Schwierigkeiten ausgesetzt, die nicht zuletzt im mangelnden Vertrauen zwischen China und Russland begründet waren. Auch der 1993 begonnene Nuklearkonflikt wirkte sich negativ aus. Investitionen flossen nur spärlich, zwielichtige Projekte wie ein Casino prägten lange das Bild. Manche Autoren verweisen ferner darauf, dass lange Zeit Transportwege unzureichend ausgebaut waren und grundlegende Infrastruktur wie elektrischer Strom und sauberes Wasser fehlte.[4] Erst als unter dem 2003 bis 2013 amtierenden chinesischen Staatspräsidenten Hu Jintao die strategische Entscheidung zur Förderung des bis dahin vernachlässigten Nordostens Chinas getroffen wurde, waren echte Fortschritte zu verzeichnen. 2007 wurde der Hafen von Rasŏn für ausländische Schiffe geöffnet. Als vorläufiger Höhepunkt der Entwicklung wurde Rasŏn im Januar 2010 auf direkte Anweisung von Kim Jong-il zu einer Stadt mit Sonderstatus erklärt.

Auch unter dem neuen Führer Kim Jong-un soll Rasŏn eine wichtige Rolle spielen; ein entsprechendes Abkommen mit China wurde im August 2012 unterzeichnet. Die Autobahn Rajin-Wŏnjŏng, die bereits im ursprünglichen UNDP-Projekt[5] enthalten war, wurde im Oktober 2012 eröffnet. Die Anbindung an China ist ebenso gegeben wie jene an Russland.

Nordkoreas Stärke in der Rasŏn-Zone liegt vor allem im Zugang zum Pazifik, über den China nicht und Russland nur bedingt verfügt, da die Häfen im Fernen Osten im Winter oft zufrieren. Im Jahr 2008 wurde ein 52 Kilometer langes Stück Eisenbahnstrecke auf nordkoreanischem Boden für 49 Jahre an Russland verpachtet, um den Zugang zum Hafen von Rasŏn zu modernisieren. Dafür gelang es einem chinesischen Konsortium, Teile des Hafens für ebenfalls 49 Jahre zu pachten.[6] Auf der chinesischen Seite wurden daraufhin, koordiniert durch die Provinzregierung von Jilin, größere Geldsummen in den Bau und Ausbau von Straßenverbindungen zwischen dem Hafen von Rasŏn und China investiert.

Dass für Nordkorea das Geldverdienen im Vordergrund steht und es in einem isolierten Bereich auch ideologische Bedenken überwinden kann, zeigt die Tatsache, dass zu den in Rasŏn offiziell vertretenen Gruppen auch christliche Missionare gehören. Sie haben unter anderem das in den Medien viel beachtete Internationale Katholische Krankenhaus Rasŏn gegründet, das an die lange Präsenz der Benediktiner im Norden Koreas vor 1945 anknüpft.[7] Zwar ist das Missionieren verboten, die Ausländer werden jedoch nicht an der Ausübung ihrer Religion gehindert. Wie langsam allerdings die Mühlen mahlen können, zeigt der Umstand, dass der Bau des Krankenhauses 1994 beschlossen, 1997 begonnen und erst 2005 abgeschlossen wurde.[8]

Im Jahr 2011 wurde in Rasŏn die erste, seither jährlich stattfindende Handelsmesse abgehalten. Die Dominanz von Unternehmen aus China war laut Berichten von Besuchern überwältigend.[9] Bis 2011 waren solche Veranstaltungen zur Geschäftsanbahnung nur von der zwei Mal pro Jahr in Pjöngjang organisierten Messe bekannt.

Die Zone Rasŏn ist seit ihrem Bestehen immer weit hinter den um sie entwickelten grandiosen Ansprüchen und Visionen zurückgeblieben. Zwar sind gerade im letzten Jahrzehnt und vor allem seit 2010 deutliche Entwicklungen zu erkennen, und doch wartet man noch immer auf den endgültigen Durchbruch. Das Potential ist zweifellos vorhanden, Schlüssel für den tatsächlichen Erfolg der Rasŏn-Zone ist und bleibt aber China.

Kŭmgangsan: Nordkoreas Naturschönheit für südkoreanische Touristen

Die als Zweite gegründete Sonderwirtschaftszone liegt im Südosten Nordkoreas. Das innerkoreanische Tourismusprojekt im Kŭmgang-Gebirge (Kŭmgangsan, Diamantgebirge) wurde in seinen Grundzügen bereits im Januar 1989 besprochen, als der 2001 verstorbene Gründer des Hyundai-Konzerns, Chung Ju-yung (Chŏng Chu-yŏng), erstmals Nordkorea besuchte.

Chung erzählte gern eine persönliche Geschichte über die Ursprünge seines Weltkonzerns. Er wurde 1915 im heutigen Nordkorea geboren. In den Wirren des Koreakrieges verließ er sein Dorf mit der ihm zum Hüten anvertrauten Kuh, verkaufte diese und legte mit dem Ertrag die Basis des Hyundai-Imperiums. Ob diese Geschichte nun den Tatsachen entspricht oder nicht: Sie bot der nordkoreanischen Seite eine geeignete Entschuldigung für den Umgang mit diesem Großkapitalisten. Im Jahr 1998 beschloss Chung Ju-yung nämlich öffentlichkeitswirksam, seine tatsächlichen oder angeblichen Schulden zurückzuzahlen, und zwar mit Zinsen. Er schickte die eine Kuh nebst 1000 weiteren Artgenossen in zwei Tranchen über die Grenze des noch immer Hunger leidenden Nordkorea – auf Hyundai-Lastwagen, die der Empfänger ebenfalls behalten durfte.[10]

Dies war der Auftakt für ein gigantisches innerkoreanisches Tourismusprojekt. Kern war der auf nordkoreanischer Seite dicht an der Grenze zu Südkorea liegende Kŭmgangsan. Ich war 1991 erstmals dort und erlebte eine landschaftlich sehr reizvolle Gegend mit bizarren Felsformationen, klaren Seen, pittoresken Wasserfällen und gut ausgebauten Wanderwegen. Berge spielen im schamanistisch geprägten Korea eine große spirituelle Rolle. Auch buddhistische Mönche teilten vor Jahrhunderten diese Vorliebe, sodass der Kŭmgangsan kulturhistorisch interessante Klöster und Tempel beherbergt. Vom besonders schönen, ins Meer ragenden Haekŭmgang und dem Naekŭmgang genannten inneren Teil des Gebirges habe ich damals allerdings nur von ausländischen Wissenschaftlern gehört, da beide Gegenden Sperrgebiet sind. Meine Kollegen hatten es nur unter enormem bürokratischem Aufwand geschafft, einen Besuch zu organisieren.

Hier sehen wir auch die größte Herausforderung für die nordkoreanische Seite. Die dünne Besiedlung vereinfacht eine Isolation der Touristen von der einheimischen Bevölkerung, aber sowohl die Seegrenze wie auch die Luftüberwachung und potentielle Infiltrationsrouten machen das Gebiet aus militärischer Sicht hochsensibel. Ein entsprechender Zwischenfall trug dann auch im Sommer 2008 zum Ende des Projektes bei.

Zunächst aber wurde mit der für Hyundai typischen Energie ein modernes Urlaubsresort aus dem Boden gestampft. Mit konzerneigenen Schiffen wurden südkoreanische Touristen von 1999 an zur eigens gebauten Anlegestelle gebracht. Gut abgeschirmt von normalen Nordkoreanern konnten sie dort die zweifellos schöne Landschaft genießen, vor allem aber nach ihrer Rückkehr aufregende Geschichten über ihren Besuch in Nordkorea erzählen, das nicht lange zuvor noch uneingeschränkt als Reich des Bösen gegolten hatte. Ich habe mehrmals südkoreanische Touristen in Kaesŏng und in Pjöngjang gesehen. Ihr Verhal-

Beim O-Bus oben steht jeder der an der Seite aufgemalten roten Sterne für 50 000 gefahrene Kilometer. Lange Zeit bestimmten diese betagten Modelle das Bild des öffentlichen Nahverkehrs in Pjöngjang. Seit wenigen Jahren sieht man nun die zwar noch immer überfüllten, aber neuen und modern ausgestatteten Busse.

Auch Nordkoreaner lieben Autos. Anfang der 1990er Jahre teilte sich noch ein Sammelsurium von importierten Wagen in teilweise bedauernswertem Zustand, die meisten tatsächlich oder vorgeblich deutschen Fabrikats, den reichlich vorhandenen Platz auf den breiten Straßen. Seit 2002 produziert die Firma Pyonghwa (Peace) Motors, ein Joint Venture mit der südkoreanischen Vereinigungskirche, moderne Automobile verschiedenster Bauart in ihrer Fabrik südlich von Pjöngjang.

Gespenstisch leere Straßen waren lange eines der zweifelhaften Markenzeichen Nordkoreas. Zumindest in der Hauptstadt hat sich das radikal geändert, nicht zuletzt dank der inländischen Fahrzeugproduktion, Treibstoffimporten aus China und des wachsenden Mittelstandes.

Das als Prestigeprojekt geplante Ryugyŏng-Hotel mit seinen 105 Stockwerken und 330 Metern Höhe wurde 1987 begonnen. Die Arbeiten wurden 1992 eingestellt; seither stand die Bauruine 16 Jahre lang als deutlich sichtbares Zeichen des wirtschaftlichen Scheiterns inmitten der Hauptstadt. 2008 begann die ägyptische Telekommunikationsfirma Orascom, die das einzige Mobilfunknetzwerk des Landes betreibt, mit der Verkleidung der Fassade. Heute ist das Ryugyŏng-Hotel eines der Wahrzeichen von Pjöngjang.

Seit 1972 war die anlässlich seines 60. Geburtstages errichtete Statue von Kim Il-sung auf dem Mansudae-Hügel im Zentrum Pjöngjangs die größte und wichtigste Stätte der Verehrung des Führers. Nur vier Monate nach seiner Machtübernahme ließ Kim Jong-un im April 2012 ein überarbeitetes und um seinen Vater Kim Jong-il ergänztes Monument enthüllen. Kim Il-sung ist nun älter, trägt eine Brille und lacht. Im Herbst 2012 wurde diese Gruppe erneut modifiziert; Kim Jong-il trägt nun einen Parka, und beide schauen in die gleiche Richtung.

Jahrzehntelang waren die omnipräsenten propagandistischen Slogans fast ausschließlich in auffälligem Rot-Weiß gehalten. Seit Herbst 2012 tauchen immer mehr in grauen Granit gemeißelte Slogans im Straßenbild auf, die hochwertiger, aber viel unauffälliger sind und aus der Ferne kaum noch lesbar – wie der Schriftzug über dem rechten Eingang im unteren Bild. Dafür kann man das goldfarbene *sangjŏm* (Geschäft) links daneben umso besser lesen.

Telekommunikation war einer der vielen Schwachpunkte der nordkoreanischen Infrastruktur. Im veralteten Festnetz gab es nur wenige Anschlüsse, öffentliche Telefone waren oft die einzige Möglichkeit der Kommunikation. Das 2008 in Kooperation mit der ägyptischen Orascom gegründete Joint Venture Koryolink bietet inzwischen landesweit über zwei Millionen Kunden Mobilfunk an, Tendenz noch immer steigend, mit einer Netzabdeckung von über 90 Prozent.

Verkäufer sitzen vor allem auf dem Land noch oft in improvisierten Ständen, und doch sind sie nahezu überall präsent. Eine vom Staat genehmigte und institutionalisierte Form des freien Handels sind die in jedem Landkreis vorhandenen Märkte; hier sieht man die Bewohner einer südlich der Hauptstadt gelegenen Kreisstadt auf dem Weg zum Markt, der im Hintergrund sichtbar ist. Er ist bezeichnenderweise nach der an Nordkorea grenzenden chinesischen Provinz »Jilin« benannt. Mit wenigen Ausnahmen haben Ausländer zu den Märkten keinen Zutritt.

Der nordkoreanische Tabletcomputer Samjiyon hat kein WLAN, kann aber per Kabel an das Intranet angeschlossen werden. Der Screenshot zeigt: Der Hintergrund kommt patriotisch daher, ebenso wie einige Apps, mit denen man die Werke der Führer studieren kann. Aber auch eine umfassende Enzyklopädie, ein mehrsprachiges Wörterbuch und sämtliche Schulbücher der Grund- und Mittelschule sind vorhanden, nebst einigen ins Koreanische übersetzten ausländischen elektronischen Büchern, zum Beispiel Margaret Mitchells *Vom Winde verweht.*

Die Kinder wohlhabender Eltern spielen im noch von Kim Il-sung eröffneten Bowling-Club »Golden Lane« mit Chips an Spielautomaten, die aus Japan importiert wurden. Die Kinder der fliegenden Händlerin in der nordöstlichen Grenzstadt Sinŭiju können davon nur träumen.

Ein junges Paar trifft sich in einem der neuen Pjöngjanger Restaurants; als sie gehen, bleibt die Hälfte des Essens auf den Tellern zurück. Auch in der Provinz schießen semiprivate Restaurants wie Pilze aus dem Boden. Für viele Menschen ist jedoch der Genuss von Fleisch ein seltener Luxus, den sie an Feiertagen mit Freunden zelebrieren.

Auch Nordkoreaner sind Menschen: Heiratsstress in der Stadt und die ruhigere Variante auf dem Land.

Nachdem Kim Il-sung einst sein Missfallen über leere Regale äußerte, waren diese fortan immer gefüllt – die Ware war aber oft Dekorationsmaterial, wie die fehlenden Preisschilder zeigen. Verkauft wurde aus Bündeln am Boden. Heute ist das Einkaufen in Nordkorea weitgehend normalisiert, auf Märkten oder wie hier im gut besuchten Kiosk einer U-Bahnstation.

Das Fahrrad ist auf dem Land das wichtigste Transportmittel. Eine häufig zu beobachtende Geschäftsidee ist daher die mobile Fahrradreparatur. Während die Frauen Tabak, Getränke und Snacks verkaufen, sind es meist ältere Herren, die mit Flickzeug ausgerüstet auf havarierte Kunden warten.

Seit Ende der 1980er Jahre wurde in Nordkorea im zivilen Bereich nur noch sporadisch gebaut. Neue Großprojekte wie die 2012 eröffneten Mansudae-Apartments in Pjöngjang sollen den Menschen zeigen, dass die Zeiten besser werden. Auf dem Lande lebt man meist deutlich bescheidener.

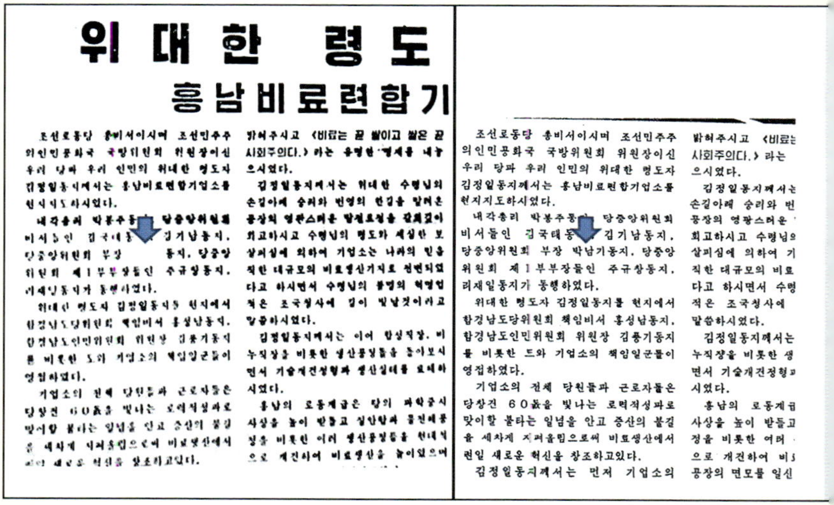

위대한 령도

흥남비료련합기

조선로동당 총비서이시며 조선민주주의인민공화국 국방위원회 위원장이신 우리 당과 우리 인민의 위대한 령도자 김정일동지께서는 흥남비료련합기업소를 현지지도하시였다.

내각총리 박봉주동지, 당중앙위원회 비서들인 김국태동지, 김기남동지, 당중앙위원회 부장 박남기동지, 당중앙위원회 제1부부장들인 주규창동지, 리재일동지가 동행하였다.

위대한 령도자 김정일동지를 현지에서 함경남도당위원회 책임비서 홍성남동지, 함경남도인민위원회 위원장 김풍기동지를 비롯한 도와 기업소의 책임일군들이 영접하였다.

기업소의 전체 당원들과 근로자들은 당창건 60돐을 빛나는 로력적성과로 맞이할 불타는 일념을 안고 증산의 불길을 세차게 지펴올림으로써 비료생산에서 련일 새로운 혁신을 창조하고있다.

김정일동지께서는 먼저 기업소의

밝혀주시고 《비료는
사회주의다.》라는
으시였다.

김정일동지께서는
손길아래 승리와 번
공장의 영광스러운
회고하시고 수령님의
살피심에 의하여 기
직한 대규모의 비료
다고 하시면서 수령
적은 조국청사에
말씀하시였다.

김정일동지께서는
누직장을 비롯한 생
면서 기술개건정형과
시였다.

흥남의 로동계급
사상을 높이 받들고
정을 비롯한 여러
으로 개건하여 비
공장의 면모를 일신

Oben: Vom Geburtshaus des Großen Führers Kim Jong-il geht beim Arirang-Festival ein warmes Licht aus.
Unten: Keine Scheu vor Korrekturen: Links klafft eine Lücke in der Kopie der Parteizeitung im Traditionskabinett des Chemiekombinates Hamhŭng. Rechts das Original mit dem Namen von Pak Nam-gi, der für das Scheitern der Währungsumstellung 2009 verantwortlich gemacht wurde und, ebenso wie sein Name, verschwand. Sein Titel (Abteilungsleiter im ZK der Partei) wurde nicht gelöscht.

ten war interessant: einerseits befangen und voll Unsicherheit, andererseits wie auf Safari in einem Großwildpark, jeden Nordkoreaner aufgeregt fotografierend. Ich musste unwillkürlich an eine Szene aus dem Film *Sonnenallee* denken (»Guck mal, ein Ossi!«).

Warum ließ sich der nordkoreanische Staat auf eine solche Demütigung ein? Ebenso wie der nicht minder peinliche Verkauf politischer Gefangener der DDR an die Bundesrepublik war das mittlerweile zur Sonderwirtschaftszone erhobene Kŭmgangsan-Gebiet eine hervorragende Einnahmequelle. Nachdem der zu Sonderkonditionen abgewickelte Handel mit den ehemaligen sozialistischen »Bruderländern« Anfang der 1990er Jahre kollabiert war und die Hungersnot auf eindringliche Weise die Notwendigkeit von neuen Lösungen demonstriert hatte, bot sich in diesem isolierten Gebiet nun die Gelegenheit, mit begrenztem politischem Risiko und ohne größere eigene Investitionen oder laufende Betriebskosten bedeutende Summen einzunehmen. Den Nachteil, dass das Gebirge nun für einheimische Touristen meist tabu war, nahm Pjöngjang gerne in Kauf.

In den Jahren 1998 bis 2008 besuchten insgesamt 1,93 Millionen Menschen den Kŭmgangsan, von denen nur etwa 13 000 Nicht-Koreaner waren. Monatlich musste die Hyundai-Tochter Asan zunächst 12 Millionen US-Dollar für den Zugang zum Kŭmgangsan zahlen, und zwar unabhängig von der Zahl der tatsächlich Einreisenden. Später wurde ein Pro-Kopf-Betrag von 100 US-Dollar vereinbart. Für die Zeit bis 2005 wurden dem Norden Einnahmen von 942 Millionen US-Dollar garantiert, hinzu kamen 308 Millionen US-Dollar für die Erschließungsrechte.[11] Das lohnte sich vor allem für den nordkoreanischen Staat. Die Regierung Südkoreas sah sich bald veranlasst, die politisch gewollten Reisen mit bis zu 70 Prozent zu subventionieren, damit Hyundai nicht allzu hohe Verluste machen musste.

Im Jahr 2003 verabredeten beide Seiten nicht zuletzt wegen der hohen Kosten der Seereise, die Touristen auf dem Landweg in den Kŭmgangsan zu bringen. Das war eine militärisch hochbrisante Angelegenheit und benötigte lange, komplizierte Verhandlungen mit dem gerade zu jener Zeit wegen der Ereignisse im Irak besonders alarmierten nordkoreanischen Militär. Ab März 2008 war es dann für Südkoreaner sogar kurzfristig möglich, mit dem eigenen Auto in den Kŭmgangsan zu fahren. Dies war der Höhepunkt des Projektes, das kurz darauf ein abruptes Ende fand.

Wie bei vielen Ereignissen muss man auch in dieser Frage zwischen Ursache und Anlass unterscheiden. Es war sicher kein Zufall, dass just Anfang 2008 eine neue Regierung in Seoul die Macht übernommen hatte. Die zwei als progressiv[12] angesehenen südkoreanischen Präsidenten Kim Dae-jung und Roh Moo-hyun hatten während ihrer jeweiligen Amtszeit, die in der Verfassung auf einmalig fünf Jahre festgelegt ist, ein Jahrzehnt lang eine kaum an harte Bedingungen geknüpfte Kooperation mit Nordkorea propagiert. Diese vor allem unter dem Namen »Sonnenscheinpolitik« bekannte Linie hatte bemerkenswerte Erfolge erzielt; fast alle der im Kapitel zu den Reformen geschilderten Ereignisse haben während dieser Phase stattgefunden. Das heutige Nordkorea wird in seinen positiven Entwicklungen noch immer von den damals gelegten Grundlagen geprägt.

Die Sonnenscheinpolitik hatte jedoch weder zum Regimewandel geführt, noch konnte sie die nukleare Aufrüstung Nordkoreas verhindern. Zwar waren dies keine expliziten Ziele dieser Politik, die Südkoreaner hatten sie jedoch so verstanden. Ich kenne einige der Architekten dieser Linie recht gut und hatte 2007 auch die Gelegenheit, mit Präsident Kim Dae-jung und seiner Ehefrau und politischen Wegbegleiterin Lee Hee-ho zu sprechen. Ich kann daher mit aller Zuversicht behaupten, dass es sich hier mitnichten um naive Menschen handelte, ganz im Gegenteil.

Der Name »Sonnenscheinpolitik« beruht auf einer Aesop zugeschriebenen Fabel. Sonne und Wind streiten sich, wer wohl stärker sei. Um dies zu testen, versuchen beide, einem Mann den Mantel auszuziehen. Der Wind bläst stärker und stärker, doch der Mann wickelt den Mantel nur noch fester um seinen Leib. Dann scheint die Sonne, und in der zunehmenden Wärme zieht der Mann schließlich seinen Mantel aus. Die Sonne gewinnt.

Im Kern geht es also um eine Manipulation Nordkoreas. Man will das Land zwingen, sich seines »Mantels« zu entledigen, den man wahlweise als Sinnbild für das Militärprogramm, die Ideologie oder die Selbstisolation ansehen kann. Die Idee von Kim Dae-jung war, dass man das zur Abwechslung einmal nicht mit Druck, sondern mit Entgegenkommen versuchen sollte. Es liegt auf der Hand, dass so eine Politik, wenn überhaupt, nur sehr langfristig Erfolge erzielen kann und mit dem Dilemma behaftet ist, dass man bis dahin die Existenz eines Regimes akzeptieren muss, das in vielen Punkten nicht mit den eigenen Wertvorstellungen kompatibel ist. Gegner der Sonnenscheinpolitik haben darauf verwiesen, dass ein solches Entgegenkommen das Regime sogar unterstützt. Und in der Tat hoffte man zwar auf einen graduellen Regimewandel, verabschiedete sich aber von der Idee, das Regime zu stürzen oder zu seinem Sturz beizutragen. Politischen Hardlinern nicht nur in Südkorea kam eine solche Politik einem Pakt mit dem Teufel gleich.

Die ohne jeden Zweifel vorhandenen Erfolge von zehn Jahren Sonnenschein wurden nicht ausreichend kommuniziert. Kaum jemand sieht heute die Reformen vom Juli 2002 in einem Zusammenhang mit dem Tourismusprojekt, dem Gipfeltreffen und anderen Formen der innerkoreanischen Kooperation – zu Unrecht, wie ich meine. Hinzu kam die Enttäuschung der südkoreanischen Wähler wegen diverser illegaler oder zumindest intransparenter Zahlungen an den nordkoreanischen Diktator.

Vorwürfe wurden immer lauter, Kim Dae-jung habe in seinem persönlichen und in der Tat von Erfolg gekrönten Streben nach dem Friedensnobelpreis das Gipfeltreffen mit Kim Jong-il vom Juni 2000 schlicht gekauft, und Hyundai habe dabei vermittelt.[13]

Von dem ab Anfang 2008 amtierenden, aus dem konservativen Lager stammenden Präsidenten Lee Myung-bak erwartete man daher keine weiteren Zugeständnisse an den Norden. Er ging allerdings noch weiter. Schritt für Schritt fuhr er die meisten der in den Vorjahren geschaffenen Projekte zurück und stoppte die Umsetzung der Pläne für neue Initiativen. Nach einer Zeit des Abwartens kehrte Nordkoreas Presse wieder zu den vor 1998 gewohnten wüsten Beschimpfungen von Südkoreas Führung zurück, wobei man Lee Myung-bak in einem Wortspiel als »Ratte« bezeichnete und ihm wahlweise Titel wie Faschist, Kriecher und ähnliche Nettigkeiten an den Kopf warf.[14] Südkorea war seinerseits nicht zimperlich und veranstaltete Schießübungen, bei denen die Konterfeis der nordkoreanischen Führerfamilie als Zielscheiben verwendet wurden. Das Angebot, bei Wohlverhalten das Bruttosozialprodukt Nordkoreas innerhalb weniger Jahre auf 3000 US-Dollar pro Kopf anzuheben, wurde von Pjöngjang als Provokation aufgefasst und wütend abgelehnt.[15]

Es ist wohl dieser Kontext, in dem man ein Ereignis sehen muss, das sich zumindest äußerlich als Kombination aus Naivität, völlig unverhältnismäßiger Härte und einem tragischen Unfall darstellt. Die 53-jährige Park Wang-ja, eine Hausfrau aus Seoul, hielt sich im Juli 2008 als einer der jährlich etwa 200 000 südkoreanischen Touristen im Kümgangsan auf. Im frühen Morgengrauen machte sie sich allein auf den Weg zu einem Strandspaziergang, der sie näher in Richtung Grenze und in ein militärisches Sperrgebiet führte, das nach Aussage von Zeugen unzureichend ausgeschildert war. Ob nach mehrfachen Warnrufen und Warnschüssen, wie von den nordkoreanischen Behörden behauptet, oder ohne angemessene Vorwarnung: Frau Park wurde von mindestens zwei Schüssen tödlich getroffen. Eine Untersuchung fand statt, entsprach aber nicht den südkoreanischen Vorstellungen. Gegenseitige Beschuldigungen und Vorwürfe steigerten sich beständig. Südkorea stellte daraufhin die Reisen ein. Trotz diverser Verhandlungsversuche war damit das ein Jahrzehnt bestehende Tourismus-Projekt von Hyundai-Asan im Kŭmgangsan und auch in Kaesŏng zu Ende.

Nun zeigte sich, wie riskant es sein konnte, »versunkene Kosten« in Nordkorea zu produzieren, also Investitionen zu tätigen, die man am Ende des Projektes nicht wieder zurückführen kann. Schätzungen zufolge blieben Werte in Höhe von 440 Millionen US-Dollar zurück, als sich Südkorea aus dem Projekt zurückzog. Die Hälfte davon gehörte Hyundai.

Dem gesamten Kŭmgangsan-Projekt hängt heute in der südkoreanischen Erinnerung ein schaler Nachgeschmack an. Nicht zu Unrecht fragte man sich, wie die Regierung den Hyundai-Konzern wohl für die Verluste kompensieren würde. Von astronomischen Zahlungen war die Rede, auch von Geldern, die Hyundai von der Regierung in Seoul erhalten und an Nordkorea weitergeleitet hatte. Ein südkoreanischer Experte erwähnt wiederholt eine Zahlung von 500 Millionen US-Dollar, die Hyundai an Nordkorea geleistet habe, um sich die Rechte an insgesamt sieben innerkoreanischen Kooperationsprojekten zu sichern.[16] Wie auch immer man den Wahrheitsgehalt von Anschuldigungen bezüglich illegaler Transfers einschätzt: Am 4. August 2003 beging Chung Mong-hun, der Sohn und Nachfolger des zwei Jahre zuvor verstorbenen Chung Ju-yung, Selbstmord. Die meisten Dokumente und Statistiken zum Projekt sind von staatlichen südkoreanischen Webseiten verschwunden.

Im August 2011 versuchte Nordkorea, das Tourismusprojekt unter Nutzung der de facto enteigneten Hyundai-Liegenschaften mit einem chinesischen Partner wiederzubeleben, allerdings bisher ohne größeren Erfolg.

Kaesŏng: Der Star unter den Sonderwirtschaftszonen

Mit Abstand die meisten Schlagzeilen hat die Industriezone von Kaesŏng gemacht. Sie liegt auf nordkoreanischem Gebiet unweit der gleichnamigen Stadt, die einst die Hauptstadt des Reiches Koryŏ war und nach dessen Sturz zum kommerziellen Zentrum Koreas wurde. Der Ort der von 1951 bis 1953 dauernden Waffenstillstandsverhandlungen, P'anmunjŏm, liegt nur wenige Kilometer entfernt. Um das Dorf herum erstreckte sich während der Gespräche eine Art Friedenszone. Das war ein großes Glück für Kaesŏng, weil der Stadt dadurch das amerikanische Flächenbombardement erspart geblieben ist, das den Rest Nordkoreas fast völlig verwüstete. Heute ist Kaesŏng eine der wenigen Städte auf der gesamten koreanischen Halbinsel, in der man noch ein wenig vom Flair des alten Korea erahnen kann.[17]

Südlich der Stadt liegt eine weite Ebene, die bei P'anmunjŏm in die sich von West nach Ost quer über die koreanische Halbinsel erstreckende vier Kilometer breite demilitarisierte Zone (DMZ) übergeht, in deren Mitte die Demarkationslinie zwischen Nord- und Südkorea verläuft. Militärstrategisch liegt bei Kaesŏng im ansonsten überwiegend sehr bergigen Grenzgebiet eine der möglichen Hauptinvasionsrouten, die im Kriegsfall vor allem schwere Fahrzeuge nehmen würden. Die Ebene stand daher vor ihrer Widmung als Industriezone unter Kontrolle des Militärs und war in weiten Teilen Sperrgebiet. Genau am Rand der DMZ sollte nun auf 65 Quadratkilometern ein gemeinsamer Industriepark entstehen, samt Wohngebieten, Golfplätzen, Büros und Fabriken für insgesamt eine Million Menschen.

Als die Einrichtung der Industriezone Kaesŏng beim ersten innerkoreanischen Gipfeltreffen im Juni 2000 beschlossen und im August desselben Jahres ein entsprechendes Abkommen zwischen dem Hyundai-Konzern und dem nordkoreanischen Asia-Pacific Peace Committee unterzeichnet wurde, war ich wohl nicht der Einzige, der skeptisch an eine weitere grandiose, aber nicht realisierbare Vision dachte. Doch im September 2004 stand ich inmitten von Staubwolken in der weiten, von Hyundai-Bulldozern bearbeiteten Ebene von Kaesŏng und betrachtete ein wenig ungläubig das damals einzige Verwaltungsgebäude auf dem Gelände sowie das ausgedehnte Containerdorf des Bautrupps. Auf den mir aus Südkorea vertrauten grün-gelben Absperrungen stand neben dem Logo von Hyundai-Asan »*anjŏn cheil*« (Sicherheit zuerst), und in einer endlosen Kolonne zogen orangefarbene Lastwagen – Marke Hyundai natürlich – an unserer Gruppe aus nicht weniger als acht europäischen Botschaftern nebst einigen Wissenschaftlern vorbei. Die Besichtigung war von der Friedrich-Naumann-Stiftung organisiert worden, deren Seouler Repräsentant, Ulrich Niemann, einer der Ersten und wenigen war, die die Zeichen der Zeit erkannt und die ihnen zur Verfügung stehenden Mittel für die Förderung der positiven Veränderungen in Nordkorea eingesetzt hatten.

Ein Jahr später besuchte ich erneut die Industriezone. Mit dem rasanten Tempo, das für Südkorea typisch ist, hatte sich die Zahl der Gebäude erhöht, Straßen waren gebaut und sogar schon erste Produktionsstätten errichtet worden. Mit einiger Verzögerung lief 2005 auch das Tourismusprogramm an, und fortan konnten südkoreanische Touristen die historischen Stätten in und um Kaesŏng besuchen. Wenn man heute das wunderschöne, im traditionellen koreanischen Stil gebaute Folklore-Hotel Minsok Ryŏgwan und die verschiedenen aufwändig restaurierten kulturhistorischen Stätten wie die erste koreanische Universität Sŏnggyun'gwan oder die Königsgräber besucht, dann trifft man auf eine Infrastruktur, die für Hunderte von Touristen täglich gebaut wurde, aber nur von wenigen Dutzend pro Woche genutzt wird. Wann immer ich in Kaesŏng bin, setze ich mich in den Souvenirshop des Minsok Ryŏgwan und trinke mit den sich fürchterlich langweilenden Angestellten einen Ginseng-Tee. Wir reden nicht über Politik, sondern über die kleinen Dinge des Alltags und das Bedauern, dass die reichen Landsleute aus dem Süden nun weder die für die Region typischen Ginseng-Produkte noch die bei uns als Seladon bekannte grüne Koryŏ-Keramik kaufen können.

Im Bemühen um diese Zielgruppe hat man sich auch vor leicht skurrilen Projekten nicht gescheut. Kaesŏng ist historisch als Zentrum des koreanischen Buddhismus bekannt. Das wollen die Touristen aus dem Süden natürlich erleben, doch viele der über 600 Jahre alten und größtenteils aus Holz errichteten Stätten sind schon lange den Weg alles Irdischen gegangen. Es wurde daher nicht nur sehr viel aufwändige Restaurierungsarbeit geleistet. Südkoreanische Firmen haben auch komplett verschwundene buddhistische Klöster wie das Ryŏngt'ongsa an historischer Stelle in Nordkorea wieder aufgebaut – vor allem für die südkoreanischen Touristen. Ich habe die funkelnagelneue Anlage einige Tage vor ihrer offiziellen Eröffnung besucht. Die Stuhlreihen für die Eröffnungszeremonie waren schon aufgestellt, und überall roch es nach frischer Farbe. Ich musste an Disneyland denken.

Im Vergleich zum Tourismusprojekt war die in der Nähe der Stadt gelegene Industriezone deutlich erfolgreicher, wenngleich es auch hier nicht ohne Schwierigkeiten ging. Ich war insgesamt drei Mal dort und konnte so einen gewissen Eindruck gewinnen. Da die Zone von Südkoreanern betrieben wird, ist die Informationslage vergleichsweise gut.

Der südkoreanische Uhrenhersteller Romanson produzierte dort als eines der ersten Unternehmen seine treffend *t'ongil sigye* (Wiedervereinigungsuhr) genannten Chronographen. Da wollte die Firma Samdok-Stafild, die unter anderem Sportschuhe herstellt, nicht nachstehen und bewarb ihre Produkte auf einem Plakat als die »Schuhe der Wiedervereinigung«. Dieser Enthusiasmus wurde allerdings nicht überall geteilt. Als Berichte über die Präsenz des südkoreanisch-japanischen Joint Ventures Taesung Hata in Kaesŏng in die südkoreanische und westliche Presse gelangten, kündigte der amerikanische Partner des Unternehmens seine Bestellungen im Wert von monatlich 300 000 US-Dollar.[18] Auch Europa steht Produkten »made in North Korea« kritisch gegenüber. Das schwedische Startup-Unternehmen Noko Jeans verkaufte kurzzeitig Jeans, die man in Nordkorea nähen ließ. Der Vertriebspartner PUB zog jedoch nach öffentlicher Kritik seine Kauforder zurück, das Projekt wurde eingestellt.[19]

Doch Kaesŏng überlebte. Auf den Computern der Unternehmen in der Zone lief Windows, und auch einen Internet Explorer gab es, der allerdings keine Verbindung zum Internet herstellen konnte. Überhaupt war die Kommunikation ein echtes Problem, wie ich von einem südkoreanischen Manager erfuhr. Die für eine Anbindung an das südkoreanische Telefonnetz nötigen Anlagen fielen unter das von den USA verhängte Embargo, sodass Telefonate mit dem nur 60 Kilometer entfernten Seoul via China geführt werden mussten – zu exorbitant hohen Minutenpreisen. Die Angelegenheit konnte 2005 geklärt werden, und doch wird anhand dieses Beispiels deutlich, wie schwierig die Wirtschaftskooperation mit Nordkorea im Detail sein kann. Daran sind übrigens nicht immer nur die Amerikaner schuld. Die nordkoreanische Seite hat einen nicht gerade blütenweißen Ruf, wenn es etwa um die Einhaltung von Verträgen geht oder um plötzliche, einseitige Änderungen bestehender Vereinbarungen.

Zu den seltsamen Details des Alltags in der Zone gehört die Auflage, dass Südkoreaner die Nummernschilder ihrer Autos mit kleinen Holztäfelchen verdecken müssen. Die mir auf Nachfrage gegebene offizielle nordkoreanische Erklärung lautete, dass die Menschen beim Anblick der südkoreanischen Ortsnamen auf diesen Schildern traurig ob der Teilung des Landes würden und man ihnen diese Pein ersparen wolle. Das hört sich nach einer dieser typischen nordkoreanischen Antworten an, die ein paar Tage lang amüsant, danach aber ernsthaft frustrierend wirken. Im Kern wird es aber die Wahrheit sein; auf südkoreanischen Nummernschildern wird der Name der Provinz, in der das Fahrzeug zugelassen wurde, ausgeschrieben. Anders als in Deutschland, wo die Menschen die Teilung in Berlin wirklich hautnah erleben konnten, bleibt sie in Korea eine eher nebulöse Tatsache. Wahrscheinlich fürchtet die nordkoreanische Führung daher tatsächlich, dass der Anblick der Nummernschilder zu starke Emotionen bei ihren Bürgerinnen und Bürgern auslösen könnte.

Als ich im Oktober 2005 Nordkorea besuchte, hätte ich von Kaesŏng aus theoretisch in gut einer Stunde in meiner damaligen Seouler Wohnung sein können. Der Rückweg dauerte stattdessen mehrere Tage, da ich erst zurück nach Pjöngjang, dann mit dem Flieger nach Beijing, von dort mit dem Flugzeug nach Inch'ŏn und dann nochmals eineinhalb Stunden mit dem Bus ins nördliche Seoul musste. Es ist manchmal für das Verständnis hilfreich, wenn man am eigenen Leibe die Absurdität der Teilung erlebt.

Zwei Jahre später, im Sommer 2007, kurz vor dem Ende der Sonnenscheinpolitik, wurde mir die Nähe der Millionenmetropole Seoul zu Nordkorea noch deutlicher. Mit einem südkoreanischen Sonderbus passierte unsere Expertengruppe nach nur etwas mehr als einer Stunde Fahrt die innerkoreanische Grenze an der Station Torasan. Erstmals hatte ich den 38. Breitengrad überquert und war nun erneut in der Industriezone Kaesŏng. Die

Atmosphäre war allerdings weniger entspannt als bei meinen vorherigen Besuchen, was vermutlich an meinen südkoreanischen Begleitern und dem ihnen entgegengebrachten Misstrauen, aber auch an dem ein Jahr zuvor erfolgten ersten nordkoreanischen Atomtest lag.

Die Zahl der Gebäude hatte sich weiter erhöht, und auch das Gelände selbst erinnerte nun immer mehr an die Pläne und Modelle, die ich wenige Jahre zuvor noch zweifelnd betrachtet hatte. Mit Abstand am faszinierendsten war allerdings die Präsenz alltäglicher südkoreanischer Einrichtungen. Dazu gehörten ein Supermarkt der Kette »Family Mart« und eine Filiale der Uri-Bank, beides in Südkorea omnipräsente Marken. In beiden Einrichtungen arbeiteten jeweils südkoreanische Männer und nordkoreanische Frauen zusammen. Überhaupt ist diese Geschlechterteilung auffällig: In der Zone Kaesŏng stehen mehr als 53 000 Nordkoreanerinnen etwa 900 Südkoreanern gegenüber.

Die wirtschaftlichen Bedingungen für Investoren sind nicht schlecht. Landnutzungsrechte wurden für fünzig Jahre zum Jahrespreis von 46 US-Dollar pro Quadratmeter vergeben. Die Körperschaftssteuer in Höhe von maximal 14 Prozent wurde den investierenden Unternehmen für fünf Jahre erlassen und für weitere drei Jahre um die Hälfte reduziert. Auf die Gewinne wird eine Steuer von ein bis zwei Prozent erhoben.[20] Kaesŏng ist zweifellos ein nach Maßgabe der Verhältnisse gigantisches Projekt. Nach Angaben des südkoreanischen Ministeriums für Wiedervereinigung hat Südkorea etwa 800 Millionen US-Dollar in die Erschließung der Zone investiert. 2013 waren dort insgesamt 123 Unternehmen tätig, die im Jahr 2012 ein Produktionsvolumen von 470 Millionen US-Dollar erreichten. Dies sind übrigens keine Gewinne, sondern der Gesamtwert der als Vorprodukte in die Zone importierten, dort lohnveredelten und dann nach Südkorea re-exportierten Waren. Das ist wichtig, da man immer wieder illusorische Zahlen über die angeblichen Profite liest, die Nordkorea mit der Zone erwirtschaftet. Die Haupteinnahmequelle sind vermutlich die an die Arbeiterinnen gezahlten Löhne, jeweils 144 US-Dollar pro Monat. Das sind pro Jahr etwas über 90 Millionen US-Dollar.[21] Bei Gründung der Zone lagen die Löhne übrigens noch deutlich niedriger, bei nur 57 US-Dollar monatlich. Das steigende Lohnniveau in China hat die Erhöhung möglich gemacht.

Ich kenne aus eigener Anschauung nordkoreanische Produktionsanlagen im gesamten Land. Ich habe unter anderem einen Chemiekomplex, ein Kabelwerk, eine Bierbrauerei, ein Stahlwerk, eine Keksfabrik und diverse Textilfabriken gesehen, wobei man davon ausgehen kann, dass mir als Ausländer vor allem die modernsten Einrichtungen gezeigt werden. Doch selbst diese sind kein Vergleich zum hypermodernen, hellen und fast völlig propagandafreien Umfeld in der Zone Kaesŏng. Fast, denn diese Fabriken brauchen keine Slogans mit aufmunternden Losungen oder Ölgemälde mit heldenhaften Kämpfern. Sie selbst sind pure Propaganda. Ohne viele Worte wird jeder nordkoreanischen Arbeiterin vermittelt, dass südlich des 38. Breitengrades Milch und Honig fließen. Diesen Eindruck versucht Südkorea nach Kräften zu verstärken. Als Berichte die Runde machten, nach denen die Arbeiterinnen ihren Lohn zu einem großen Teil an den Staat abgeben mussten, verlegten sich die Unternehmer darauf, üppige Mittagsmahlzeiten oder kleine, einzeln in Folie eingeschweißte Süßwaren der Marke Orion auszuteilen.

Um diese »Choco-Pie« genannten Kalorienbomben ranken sich die wildesten Gerüchte. Eine Packung mit zwölf Stück bekommt man bei Amazon für 99 Cent, in China sind sie ebenfalls zu diesem Preis erhältlich. Auf nordkoreanischen Märkten hingegen soll ein Stück die unfassbare Summe von 10 US-Dollar kosten.[22] Das würde dem Einhundertfachen des Preises in China und dem Gegenwert von 20 Kilogramm Reis, also mehr als einer Monatsration, entsprechen. Entweder sind alle Berichte über Hunger in Nordkorea gelogen, oder jemand hat ohne viel Sachkenntnis die Marktpreise zum offiziellen Wechselkurs umgerechnet, der vom Schwarzmarktkurs um den Faktor 80 abweicht. Ich tippe auf Letzteres. Dieses Beispiel verdeutlicht, wie vorsichtig man mit sensationellen Meldungen aus Nordkorea umgehen sollte, zumal sich diese dank dem Internet und den aus Kostengründen zunehmend auf nur wenige internationale Nachrichtenagenturen vertrauenden Medien rasant und flächendeckend verbreiten.

Ein weiteres interessantes Detail war für mich die Beschriftung der Waschräume in einer der Fabrikhallen. Zwar sprechen die Menschen auf beiden Seiten Koreanisch, doch haben sechs Jahrzehnte getrennter Entwicklung ihre Spuren hinterlassen. In Nordkorea verfolgt man eine sehr nationalistische Sprachpolitik und bemüht sich, vergleichbar etwa mit Frankreich, Anglizismen durch eigene Wortschöpfungen zu ersetzen. Auch in den früheren Jahrhunderten aus China übernommene sinokoreanische Wörter meidet man wenn möglich. Somit heißt das Stille Örtchen in Nordkorea »Hygieneraum« *(wisaengsil)*, während es in Südkorea in Anlehnung an das amerikanische *»powder room«* »Puderraum« *(hwajangsil)* genannt wird. Und eben dieses Wort wird auch in der Industriezone verwendet. Es mag symbolisch dafür stehen, dass Kaesŏng in der Tat ein seltener Ort der Begegnung ist, wo tagtäglich Hunderte kleine und unwichtige Details dazu führen, dass sich das Wissen um die Gegenseite auf einer sehr individuellen Ebene verbessert.

Dies war mein bislang letzter Besuch in der Industriezone. In Kaesŏng selbst war ich in den Jahren danach noch sehr häufig, zuletzt im September 2013. Für Touristen ist die in der Ferne gut sichtbare Zone allerdings nicht zugänglich. Stattdessen kann man sich in P'anmunjŏm Erläuterungen über den Sieg Nordkoreas im Koreakrieg und die Schuld der Amerikaner an der Teilung Koreas anhören. Nach einer längeren Fahrt durch Reisfelder über immer schmaler werdende Straßen und einem kurzen Aufstieg in einem Laufgraben kann man von einem Vorposten der Grenztruppen aus die unter Park Chung-hee gebaute gigantische, bis zu acht Meter hohe und nach Süden hin mit Erde aufgeschüttete Stahlbetonmauer betrachten, mit der sich Südkorea entlang der gesamten etwa 250 Kilometer langen Demarkationslinie gegen anrollende nordkoreanische Panzer schützen will.

Erstaunlicherweise hat die Industriezone Kaesŏng lange Zeit alle Widrigkeiten der innerkoreanischen Beziehungen weitgehend unbeschadet überlebt. Beide Seiten haben sich nach Kräften bemüht, sie aus den Konflikten um das nordkoreanische Atomprogramm mit den ersten zwei Atomtests 2006 und 2009, die Erschießung der südkoreanischen Touristin im Kŭmgangsan 2008, die Versenkung der südkoreanischen Korvette Ch'ŏnan und den Artilleriebeschuss der Insel Yŏnp'yŏng 2010 oder aus den wüsten Beschimpfungen und Verunglimpfungen der jeweiligen Führer Kim Jong-il und Lee Myung-bak herauszuhalten.

Im Frühjahr 2013 wurde Kaesŏng aber schließlich doch zum Opfer der immer härteren Tonlage. Nachdem Nordkorea im Dezember 2012 erfolgreich eine dreistufige Rakete gestartet und einen Satelliten in den Orbit gebracht hatte, brach international ein Sturm der Entrüstung und Kritik los. Nordkorea verwahrte sich vehement gegen jede Einschränkung seiner Souveränität, zu der eben auch die Nutzung des Weltraums zähle. Dies ließ der Westen mit Hinweis auf bestehende Resolutionen der UN nicht gelten – auch nicht den nordkoreanischen Vorwurf, dass mit zweierlei Maß gemessen werde, da Südkorea nur zwei Wochen später ebenfalls eine Rakete ins All geschossen hatte, ohne dass es darauf ähnliche Reaktionen gegeben hätte.

Als Nordkorea dann am 12. Februar 2013 seinen inzwischen dritten Atomtest durchführte, kam es zu einer ganzen Reihe von diplomatischen Strafmaßnahmen, einschließlich der Resolutionen Nr. 2087 und 2094 des UN-Sicherheitsrates, die erstmals auch die Zustimmung Chinas fanden.[23] Nordkorea verschärfte daraufhin seine Proteste gegen die an seiner Grenze stattfindenden alljährlichen gemeinsamen Militärmanöver »Foal Eagle« von südkoreanischen und US-amerikanischen Truppenverbänden. Auf dem Höhepunkt der mehrere Wochen andauernden Krise drohte Nordkorea mit dem Einsatz von Atomwaffen gegen amerikanische Ziele.

Dies war auch der Anlass dafür, dass Nordkorea am 9. April 2013 alle Arbeitskräfte aus der Zone abzog. Daraufhin wies die Regierung Südkoreas ihre Staatsbürger an, die Zone ebenfalls zu verlassen. Verhandlungen über die Wiedereröffnung wurden im Juli aufgenommen, und Mitte September wurde ein entsprechendes Abkommen unterzeichnet, in dem unter anderem eine Internationalisierung der Zone vereinbart wurde. Ende 2013 hatten die meisten der 123 Unternehmen ihre Produktion wieder aufgenommen.

Mitte Oktober 2013 gab die nordkoreanische Regierung bekannt, bei Kaesŏng einen zweiten Industriepark unter Beteiligung von Firmen aus Ländern wie Singapur, Hongkong und dem Mittleren Osten aufzubauen.[24] Das ist in vielerlei Hinsicht interessant. Es zeigt, dass Nordkorea seiner seit den 1950er Jahren verfolgten Strategie der asymmetrischen Risikoverteilung bei Auslandskooperationen auch auf der Mikroebene Kaesŏngs treu bleiben will. Im Wesentlichen geht es darum, möglichst viele voneinander unabhängige Partner in wichtige Projekte einzubinden, um im Falle von wie auch immer begründeten Problemen mit einem dieser Partner noch immer mit den anderen kooperieren zu können. Wer also aus einem solchen Projekt aussteigen will, riskiert selbst mehr (100 Prozent), als Nordkorea dadurch an Schaden entstehen kann (100 minus x Prozent), was die Verhandlungsmacht und den Handlungsspielraum Pjöngjangs erheblich erhöht. Es zeigt auch, dass Kaesŏng offenbar für so wichtig gehalten wird, dass man ein internes Gegengewicht schaffen will, anstatt zu diesem Zweck auf eine der anderen drei großen Zonen zurückzugreifen. Der Grund wird wohl politischer Natur sein, da es sich hier um ein von vielen Motiven getragenes Projekt der innerkoreanischen Zusammenarbeit handelt.

Anlässlich der temporären Schließung ist viel darüber diskutiert worden, wem die Zone Kaesŏng in welchem Ausmaß nutzt. Die endgültige Bewertung liegt sicher im Auge des Betrachters; ich denke, dass letztlich Südkorea mehr profitiert, da Nordkoreas Einnahmen mit unter 100 Millionen US-Dollar jährlich als moderat gelten müssen, während das politisch-ideologische Risiko für Pjöngjang hoch ist und Südkoreas enormem Erkenntnisgewinn über ein ansonsten sehr unbekanntes Land gegenübersteht.

Aus nordkoreanischer Sicht war neben den Deviseneinnahmen auch der Wunsch nach Technologietransfer eine wichtige Motivation für den Betrieb der Industriezone. Dieser wurde jedoch durch das 1996 von wichtigen Industriestaaten unterzeichnete Wassenaar-Abkommen für Exportkontrollen von konventionellen Waffen und doppelverwendungsfähigen Gütern und Technologien nahezu unmöglich gemacht, da diesem Abkommen zufolge so gut wie keine Hochtechnologie und entsprechende Anlagen nach Nordkorea exportiert werden dürfen. Kaesŏng fällt auch unter diese Regelung.

In Gesprächen mit südkoreanischen Managern der Zone wurde mir gegenüber immer wieder betont, wie interessiert Nordkorea vor allem daran sei, den Betrieb einer modernen und komplexen Produktionsanlage nebst allen Abläufen, den nötigen Strukturen und Einrichtungen zu erlernen. Dies würde mit einem der typischen Motive für die Einrichtung von Sonderwirtschaftszonen übereinstimmen: dem Wunsch nach dem Erwerb von Know-how, was wiederum nur dann sinnvoll ist, wenn man es eines Tages selbst und unabhängig vom ausländischen Partner anwenden möchte.

Für Südkorea stellt sich die Lage ebenso komplex dar. Für viele der heute in Kaesŏng tätigen südkoreanischen Unternehmen war der Gang dorthin in gewissem Sinne eine Flucht vor steigenden Lohnkosten. Als Alternative wären China oder Südostasien möglich gewesen, gerade für kleinere Unternehmen ist das aber wegen der hohen Informations- und Transaktionskosten nicht einfach. Hinzu kommt, dass es sich bei Kaesŏng aus südkoreanischer Perspektive eindeutig um ein politisches Projekt handelt, sodass mit staatlichen Hilfen und Garantien zu rechnen ist. Hyundai war hier das große Beispiel.

Von ungleich größerem Wert ist aber die Interaktion mit Nordkoreas System und seinen Menschen an sich. Südkorea ist ebenso wie der Rest der Welt oftmals auf Spekulationen und zweifelhafte Gerüchte angewiesen, wenn es um das Verständnis der Lage in Nordkorea geht. Für Seoul ist dieses aber, im Gegensatz zu uns in Europa, nicht nur eine mehr oder minder akademische Frage. Ob man nun Angst vor einem Kollaps und daraus resultierenden Kosten, einem Atomschlag oder einem Eingreifen Chinas hat – in jedem Falle kann sich Unwissen bitter rächen. Die tägliche Interaktion mit Zehntausenden Nordkoreanern vermittelt ein aktuelles Bild der Stimmung, zu dem es derzeit keine Alternative gibt. Nicht umsonst hat der ansonsten sehr konservative Präsident Lee Myung-bak die Zone Kaesŏng unbehelligt gelassen. In Kollegenkreisen spekulieren wir manchmal im Scherz, ob wohl unter den nordkoreanischen Arbeiterinnen oder unter den südkoreanischen Managern der Prozentsatz an Geheimdienstlern höher ist.

Man darf auch nicht vergessen, dass hier ein Aspekt der Wiedervereinigung gelebt wird. Beide Seiten können im geschützten Laboratorium der Sonderwirtschaftszone schon einmal ausprobieren, wie sich die wirtschaftliche Kooperation jenseits theoretischer Studien oder von Sonntagsreden darstellt. Man kann Probleme identifizieren, in Ruhe nach Lösungen suchen und damit nicht nur Vertrauen, sondern auch die bisher fehlende Erfahrung in der Zusammenarbeit aufbauen.

Kaesŏng ist in vielerlei Hinsicht eines der Tore Nordkoreas zur Außenwelt. Keine ideologische Schulung kann die Arbeiterinnen davon abhalten, sich ein Bild von Südkorea und den Südkoreanern zu machen. Auch wenn die Geschichten über die Choco-Pies übertrieben sind, so verdeutlichen sie doch sehr eindringlich, was hier geschieht: Der arme Norden trifft den reichen Süden, fünfzigtausendfach und täglich. Keine der Arbeiterinnen schreibt einen Blog, twittert oder postet ihre Eindrücke auf Facebook; doch das heißt nicht, dass die Informationen nicht trotzdem ihren Weg finden. Wie die Erfahrung Osteuropas vor 1990 zeigt, funktioniert gerade in Ländern mit sehr begrenztem Zugang zu nicht staatlich abgesegnetem Wissen die Mundpropaganda außerordentlich gut. Wenn jede der etwa 50 000 jungen Arbeiterinnen – über 80 Prozent von ihnen stammen aus der Altersgruppe der 20- bis 30-Jährigen – auch nur mit ihren Eltern, einem Geschwister und drei Freundinnen spricht, dann erhalten 300 000 Nordkoreaner regelmäßig und aus erster Hand Berichte aus dem innerkoreanischen Kooperationsprojekt. Wenn sie die Informationen wiederum mit sechs Personen teilen und so fort, dann wäre das gesamte Land theoretisch in nur vier Schritten im Bilde. Dies ist insbesondere deshalb der Fall, weil längst nicht mehr alle Arbeiterinnen aus der unmittelbaren Umgebung stammen.

Wenn man dies bedenkt, ist es bemerkenswert, dass auch Nordkoreas Regierung so lange durchgehalten hat, ohne Kaesŏng zu schließen. Ob es nun die Hoffnung auf Geld, auf Technologie, auf Know-how oder der Wunsch nach Kooperation mit dem Süden ist: Fest steht, dass die Führung in Pjöngjang ein starkes Interesse am Fortbestehen dieser Zone hat, allen offensichtlichen Risiken zum Trotz. Ich plädiere dafür, dies als Zeichen von unterstützungswertem Pragmatismus zu interpretieren und nicht durch

Sanktionen oder die Verweigerung der Kooperation den Ausbau und die Entwicklung dieser Zone zu behindern.

Ein Highlight meiner Besuche in der Stadt Kaesŏng ist immer der Aufstieg zu einem kleinen Hügel inmitten der Stadt, auf dem eine noch nicht von Kim Jong-il flankierte Statue des Staatsgründers Kim Il-sung steht. Meist biegt man kurz davor nach links ab, um einen atemberaubenden Blick auf die schiefergedeckten Dächer der einstöckigen, sich zu viereckigen Höfen formenden Häuser und die sich windenden Gassen des alten Kaesŏng zu genießen. Da westliche Besucher seit Januar 2013 ihre Mobiltelefone nicht mehr am Flughafen abgeben müssen, bricht auf diesem Hügel auch immer ein hektisches Summen und Piepen aus, wenn sich die Handys in das Netz von Korea Telecom oder SK Telecom im nur wenige Kilometer entfernten Südkorea einwählen und die über Tage aufgestauten Kurznachrichten abrufen.

Sinŭiju, Wihwado und Hwanggŭmp'yŏng: Klotzen, nicht kleckern

Die vierte große Sonderwirtschaftszone Nordkoreas befindet sich in der nordwestlichen Ecke des Landes zwischen den Grenzstädten Sinŭiju auf der koreanischen und Dandong auf der chinesischen Seite. Sie trägt den für westliche Ohren etwa komplizierten Namen Wihwado-Hwanggŭmp'yŏng, der auf zwei im Grenzfluss liegenden Inseln, die rechtlich zu Nordkorea gehören, zurückgeht. Diese oft einfach Sinŭiju genannte Zone hat vielleicht die abwechslungsreichste Geschichte unter all den Sonderwirtschaftsgebieten hinter und womöglich auch noch vor sich.

Anders als im weitgehend isolierten Rasŏn treffen hier auf natürlichem Wege gewachsene, größere und wirtschaftlich sehr aktive Städte beziehungsweise Regionen Nordkoreas und Chinas aufeinander, zwischen denen es bis weit in die Geschichte zurückreichende Handelsbeziehungen gibt. Schon die alljährlichen Tributgesandtschaften von Seoul nach Beijing passierten den koreanisch Amnok, chinesisch Yalu genannten Grenzfluss an dieser Stelle.

Eine Brücke für Eisenbahn und Autos überspannt den Fluss, gleich neben den Resten einer Brücke, die während des Koreakrieges von amerikanischen Bombern zur Unterbrechung des Nachschubs zerstört wurde und heute als Gedenkort für die chinesisch-nordkoreanische Waffenbrüderschaft dient. Ein Bronzemonument und eine Flugabwehrkanone erinnern in Dandong auf der chinesischen Seite daran und sind beliebte Fotoobjekte für chinesische Touristen, die mit Neugier und Amüsement nach Nordkorea schauen und sich ihrer offensichtlichen wirtschaftlichen Überlegenheit freuen. An Souvenirständen können sie die in Nordkorea als kleine Heiligtümer gehandhabten und Ausländern nur unter sehr besonderen Umständen ehrenhalber überreichten kleinen Abzeichen mit dem Bildnis des nordkoreanischen Führers für ein paar Yuan kaufen. Nachts lässt es sich China nicht nehmen, die Brücke genau bis zur in der Mitte des Flusses verlaufenden Grenze aufwändig zu illuminieren. Sie scheint daher im Nichts zu enden, so als wolle man jedem Betrachter deutlich machen, wo das Reich des Lichts und wo jenes der Dunkelheit liegt. Einem jeden Politiker, der China des unzureichenden Reformdrucks auf Nordkorea bezichtigt, sei ein Besuch in Dandong wärmstens empfohlen.

Ich war in der Gegend erstmals im Dezember 1991 auf der Durchreise mit dem Zug von Pjöngjang nach Beijing und einige Wochen später auf dem Rückweg entlang derselben Strecke. Schon damals war ich vor allem von der enorm quirligen Atmosphäre beeindruckt, wie man sie in Nordkorea damals kaum erleben konnte. Zahllose kleine Händler und Privatpersonen brachten unter den wachsamen Augen des Zolls allerlei Bündel von China nach Nordkorea.

Dabei ging es offenbar nicht immer mit rechten Dingen zu. Ein Studienfreund und ich teilten uns ein Viererabteil mit zwei jungen nordkoreanischen Frauen, die auf dem Rückweg von einem Verwandtenbesuch in Beijing waren. Sie hatten eines ihrer Betten komplett mit riesigen Paketen zugestellt und warteten nun gemeinsam auf der unteren Pritsche auf den Zoll. Sie baten uns inständig, in der Nähe zu bleiben und das Abteil nicht zu verlassen, wenn der Beamte hereinkomme. Deutlicher wollten sie nicht werden, vermutlich hofften sie auf den Schutz vor allzu gierigen Forderungen nach »Gebühren«. Was tatsächlich geschah, weiß ich nicht, denn wir wurden von den Zöllnern umgehend und sehr bestimmt für mehrere Minuten aus dem Abteil entfernt, und die Tür wurde zugezogen.

Ich habe diese Zugfahrt seither noch öfter gemacht und immer wieder interessante Dinge erlebt. Einmal hatte ich eine neue Kamera dabei, die ich der nordkoreanischen Zollbeamtin wie üblich zur Kontrolle meiner Fotos überreichte. Als Kind in der Sowjetunion hatte ich eine Anekdote darüber gehört, wie Lenin die zaristischen Beamten bei einer Hausdurchsuchung an der Nase herumgeführt hatte. Er stellte hilfsbereit eine kleine Leiter an sein Bücherregal, damit der Beamte auch an die obersten Buchreihen gelangen konnte. In der Tat schluckte dieser den Köder und fing an, Buch für Buch von oben anfangend durchzublättern. Nach drei Etagen war er müde und unaufmerksam geworden und übersah danach die in der untersten Reihe befindlichen verbotenen Bücher.

Was bei Lenin geklappt hatte, würde auch bei mir funktionieren, dachte ich, und stellte die Kamera so ein, dass sich die Beamtin durch Hunderte von Fotos wühlen musste, die ich in Washington, Amsterdam und Beijing gemacht hatte, bevor sie meine zweitausend auf dieser Reise zuvor in Nordkorea geschossenen Aufnahmen erreichen würde.

Da hatte ich aber die Qualität der Ausbildung des nordkoreanischen Zolls gehörig unterschätzt. Mit wenigen Tastendrücken stellte sie den Monitor auf den Modus für Schnellvorschau – eine Funktion des neuen Fotoapparates, die ich selbst noch gar nicht entdeckt hatte und seitdem immer mit einem gewissen Amüsement benutze. Ob sie sich nun über meine erstaunte Anerkennung ihres technischen Wissens gefreut hat, oder woran es sonst lag, weiß ich nicht, sie löschte jedenfalls nur einige wenige, ohnehin verwackelte Bilder und ging ins nächste Abteil. Wenn man das Land per Flugzeug verlässt, interessiert sich übrigens niemand für die Fotokameras von Ausländern. Auch alternative Speichermedien werden nicht überprüft. Die Obrigkeit in Nordkorea verhält sich nicht immer logisch.

Sinŭiju scheint der nordkoreanischen Führung wichtig zu sein. In seinen Gesprächen mit dem Hyundai-Gründer Chung Ju-yung Ende Oktober 1998, die unter anderem zum Tourismusprojekt Kŭmgangsan und zur Industriezone Kaesŏng führten, hatte Kim Jong-il betont, dass er persönlich gern Sinŭiju als Standort einer gemeinsamen nord- und südkoreanischen Industriezone sehen würde.[25] Hyundai hingegen wollte lieber den an der Westküste nahe der demilitarisierten Zone liegenden Marinestützpunkt Haeju ausbauen, um den dortigen Hafen nutzen zu können. Der gleiche Vorschlag wurde übrigens 2007 beim bislang letzten innerkoreanischen Gipfeltreffen gemacht. Südkorea wollte Haeju, Nordkorea wollte Sinŭiju einschließlich der Insel Wihwado.

Die damals von nordkoreanischer Seite zugunsten von Sinŭiju vorgebrachten Argumente werden noch heute propagiert. Die Stadt ist Teil eines gut ausgebauten nationalen Netzes aus Straßen, Eisenbahn, Hafen und Flughafen. Die Nähe zu China sichert die Anbindung an internationale Transportnetzwerke und den Zugang zu großen Absatzmärkten. Die aufgrund der sehr ungleichmäßig verteilten Niederschläge in weiten Teilen Koreas vorhandenen Wasserengpässe existieren in Sinŭiju wegen des Amnok-Flusses nicht; Gleiches gilt für elektrischen Strom, der aus benachbarten Wasserkraftwerken geliefert werden kann. Auch die Kommunikationsinfrastruktur ist für nordkoreanische Verhältnisse recht gut ausgebaut. Kim Jong-il zog offenbar auch aus innenpolitischen Gründen Sinŭiju vor. Einst stand die chinesische Grenzstadt Dandong im Schatten des dynamischen Handelszentrums auf der koreanischen Seite; das hatte sich mit den chinesischen Reformen und dem gleichzeitigen Niedergang der nordkoreanischen Wirtschaft seit den 1990er Jahren radikal geändert. Mithilfe von Hyundai wollte Kim Jong-il das seither in Mitleidenschaft gezogene Selbstbewusstsein seiner Bürger wieder aufbauen.[26]

Interessant ist, aus welchen Gründen Hyundai nach eingehender Prüfung Sinŭiju als Standort letztlich ablehnte. Zwar räumte man die Existenz von Transportnetzwerken ein, war jedoch gleichzeitig skeptisch, was deren Qualität anbetraf. Die nötigen Investitionen zum Ausbau der Infrastruktur bis ins 500 Kilometer entfernte Seoul wurden als zu hoch angesehen. Auch sah man die geostrategischen Vorteile von Sinŭiju als einseitig auf den Zugang zu China ausgerichtet; der eigentliche Weltmarkt wäre schwerer zu erreichen gewesen. Daher befürchtete man im Falle der Einrichtung anderer Sonderwirtschaftszonen einen Standortnachteil und ausbleibende Investoren, was die Wirtschaftlichkeit des Projektes in Frage gestellt hätte. Hinzu kamen noch diverse Umweltaspekte. Letztlich fiel die Entscheidung für Kaesŏng.

Nordkorea hat es mit Sinŭiju nicht leicht. Nach der zögerlichen Haltung von Hyundai gab es im September 2002 einen erneuten Anlauf. Was hierüber an die Öffentlichkeit drang, hörte sich ziemlich seltsam an. Man wollte eine etwa 130 Quadratkilometer große

Sonderwirtschaftszone mit quasi extraterritorialem Status nach dem Vorbild der chinesischen Special Administrative Regions (SAR) mit eben dieser Bezeichnung *(t'ŭksu haengjŏnggu)* gründen. Kontrolliert würde die SAR laut staatlicher Nachrichtenagentur KCNA direkt »vom Zentrum«. Neben einem Grundgesetz sollte die Sinŭiju-SAR angeblich sogar eine eigene Flagge haben. Die meisten der bisher ansässigen Nordkoreaner würde man umsiedeln und Ausländern völlig freien Zugang gewähren. Als Währung innerhalb der SAR war der US-Dollar vorgesehen. Als Gouverneur setzte das Präsidium des nordkoreanischen Parlaments einen gewissen Yang Bin ein, einen schillernden niederländischen Staatsbürger mit chinesischen Wurzeln, der im Jahr 2001 vom *Forbes Magazine* als der zweitreichste Chinese der Welt gelistet wurde.

Offensichtlich hatte Nordkorea zwar die Einrichtung der SAR mit China besprochen, die Entscheidung über die eigentliche Gründung aber allein getroffen. Die Führung in Beijing erfuhr davon aus der Presse und war nicht amüsiert.[27] Yang Bin wurde am 4. Oktober 2002 von den chinesischen Behörden unter Hausarrest gestellt und 2003 wegen diverser Wirtschaftsvergehen verurteilt. Damit war auch der zweite Versuch, im Nordwesten eine Sonderwirtschaftszone zu errichten, gescheitert. Ich habe mich damals gefragt, ob es einen Zusammenhang zwischen diesem Scheitern und dem zwei Wochen zuvor fehlgeschlagenen Versuch der Normalisierung mit Japan gab. Die Milliarden aus Japan blieben hiernach aus – sollte Sinŭiju nun kurzfristig die nötigen Einnahmen generieren? Und sind vielleicht die Mitte Oktober 2002 bekannt gewordenen angeblichen Enthüllungen gegenüber James Kelly, dass Nordkorea sein Atomprogramm weiterführe, als weiterer verzweifelter und zugegeben etwas unorthodoxer Versuch der Geldbeschaffung zu interpretieren? Konkrete Anhaltspunkte gibt es dafür zwar nicht, aber man kann durchaus eine gewisse Logik vermuten.

Im Juni 2011, nur einen Monat nach einem Besuch von Kim Jong-il in China, hat man einen dritten Anlauf für den Aufbau einer Sonderwirtschaftszone bei Sinŭiju genommen. Im Beisein des später hingerichteten Chang Sŏng-t'aek wurde ein Abkommen über eine von Steuern befreite Freihandelszone auf den zwei Inseln Wihwado und Hwanggŭmp'yŏng unterzeichnet.[28] Erneut war man mit einem unbescheidenen Vergleich schnell bei der Hand: Das »Hongkong Nordkoreas« soll hier einmal entstehen. Regelungen wie visafreier Zugang für Chinesen und Ausländer erinnern an das Sinŭiju-Projekt von 2002.

Zu den Anreizen für Investoren zählen neben der Steuer- und Zollbefreiung die Möglichkeit zur Gründung von Geschäftsbanken, die Verwendung von Devisen als offizielles Zahlungsmittel und die Option, Arbeitskräfte direkt anzustellen, anstatt sie von nordkoreanischen Firmen ausleihen zu müssen. Sowohl Mobilfunk wie auch Internetzugang sollen uneingeschränkt gewährt werden – jedenfalls so weit, wie das in der VR China möglich ist. Geschäftsflächen sollten für fünfzig Jahre gepachtet werden können. Als strategische Industrien für die Zone sind die Kommunikationstechnologie, Tourismus und Kultur, moderne Landwirtschaft sowie die Leichtindustrie vorgesehen.

Auf chinesischer Seite sind größere Pläne für die Entwicklung der angrenzenden Region veröffentlicht worden, und anhand von Satellitenaufnahmen lässt sich erkennen, dass China tatsächlich bereits Erschließungs- und Entwicklungsarbeiten in der Gegend um Dandong geleistet hat.[29] Seit 2010 wird an einer Brücke vom chinesischen Ufer nach Hwanggŭmp'yŏng gebaut, die noch 2014 fertiggestellt werden soll.[30] Auch andere Infrastrukturprojekte sind im Bau. Im Unterschied zu Sinŭiju ist Hwanggŭmp'yŏng wenig bewohnt, sodass Umsiedlungen nur in geringerem Umfang nötig wären. Allerdings sind außer regelmäßigen Ankündigungen und einigen Gesetzen bislang keine Aktivitäten auf der nordkoreanischen Seite zu verzeichnen, die etwa mit der Industriezone Kaesŏng vergleichbar wären.

Ich habe die Stadt Dandong im Oktober 2010 besucht und auch die beiden Inseln von der chinesischen Seite aus besichtigt. Besonders attraktiv sahen sie tatsächlich nicht aus, doch angesichts der unglaublichen Dynamik, die sich in Dandong vollzieht, ist der Erfolg lediglich eine Frage des Wollens auf chinesischer Seite. Sobald dort die politische Entscheidung gefallen ist, könnte es mit der neuen Zone relativ schnell gehen. Als sicher kann man annehmen, dass es sich hierbei primär um ein bilaterales Kooperationsprojekt zwischen China und Nordkorea handelt, bei dem die Regierung der chinesischen Provinz Liaoning unter dem Aspekt der regionalen Entwicklung eine besonders aktive Rolle spielt.

Sonderwirtschaftszonen als Pioniere des Wandels?

Chinas Reform- und Öffnungspolitik ist untrennbar mit den Sonderwirtschaftszonen verbunden. In Nordkorea sind sie noch weit davon entfernt, eine solche Rolle zu spielen. Die existierenden Zonen sind derzeit wenig mehr als weitere Perfektionierungsmaßnahmen, mit denen der Staat versucht, die mehr schlecht als recht funktionierende Wirtschaft zu beleben und externe Geldquellen anzuzapfen. Ausdruck eines grundlegenden Gesinnungswandels sind sie nicht, was wohl auch die Investoren so sehen.

Die geographische Anordnung der vier Zonen Rasŏn, Kŭmgangsan, Kaesŏng und Sinŭiju spiegelt die strategischen Überlegungen der Pjöngjanger Führung wider, vor allem das Ziel, die Gebiete weitestmöglich von der eigenen Bevölkerung zu isolieren. Da in jeder dieser Zonen Partner aus nur einem oder nur wenigen Ländern zum Zuge kommen, kann man im Falle von

Problemen eine der Zonen ruhen lassen, ohne damit sämtliche Einnahmen aus den Sonderwirtschaftszonen zu verlieren. Bestenfalls kann es sogar gelingen, die Partnerländer gegeneinander auszuspielen.

In den letzten Jahren konnte man in der Diskussion um die Anbindung des südkoreanischen Eisenbahnnetzes an das eurasische Netz ähnliche Konstellationen beobachten. Für den Ausbau der transkoreanischen Bahn gibt es zwei Optionen: Entweder man baut die Strecke entlang der koreanischen Westküste aus, verbindet sich mit dem chinesischen Bahnnetz und umgeht damit Russlands Transsibirische Eisenbahn; oder man baut umgekehrt die Strecke entlang der Ostküste aus, verbindet sich mit der Transsib und umgeht China. Meine Erfahrung sagt mir, dass Nordkorea vermutlich beides versuchen wird, um nach Belieben und politischer Lage beide Strecken wechselweise freigeben oder sperren zu können. Da sowohl China als auch Russland sehr an dieser theoretisch von London bis Tokio reichenden Verbindung (es gibt Überlegungen zu einem Unterseetunnel zwischen Südkorea und Japan) interessiert sind, haben sie bereits umfangreiche Angebote zum Streckenausbau gemacht, wodurch Nordkorea noch nicht einmal die Kosten würde tragen müssen.

Sollte es zutreffend sein, dass Nordkorea nach dem Prinzip »divide et impera« vorgehen will, dann ist eine wirkliche Internationalisierung der einzelnen Zonen nicht zu erwarten. Auch in Kaesŏng möchte Pjöngjang Ausländer offenbar nicht so gern in die gemeinsam mit Südkorea betriebene Zone hineinlassen, sondern baut für sie ein eigenes Areal. Südkorea wiederum wird versuchen, möglichst viele Ausländer mit ins Boot zu holen, um im Falle von erneuten Schwierigkeiten nicht allein betroffen zu sein.

Der Bau einer exklusiv für japanische Investoren vorgesehenen Zone ist eigentlich überfällig. Sofern man diese nicht in Rasŏn integriert, wäre ein Standort entlang der Ballungszentren an der

Ostküste denkbar, also bei Hamhŭng oder Wŏnsan. Angesichts der bisherigen nordkoreanischen Strategie und der seit Mai 2014 wiederaufgenommenen bilateralen Gespräche wäre das eine sehr folgerichtige Entscheidung, die bald konkretere Züge annehmen könnte.

Eine ebenso aktuelle und eindeutig in die Verantwortung von Kim Jong-un fallende Entwicklung ist die Einrichtung von nicht weniger als 14 neuen Sonderwirtschaftszonen, die von Nordkoreas Regierung im Mai und November 2013 angekündigt wurde.[31] Nach den vorliegenden Informationen wird es in vier Provinzen mehr als eine Zone geben. Offensichtlich sollen diese Zonen miteinander konkurrieren. Welche Unternehmen genau dort investieren dürfen, unter welchen Umständen das geschehen soll, wie groß die ausgewiesenen Gebiete sein werden und wo sie konkret liegen, ist bisher nur lückenhaft bekannt.[32] Eine der neuen Zonen soll in der Stadt Sinŭiju angesiedelt sein, was eine Neuauflage des 2002 gescheiterten Versuches bedeuten würde. In welchem Zusammenhang dies zum Projekt Wihwado-Hwanggŭmp'yŏng steht, wurde nicht bekanntgegeben. Einige Zonen sollen speziell dem Tourismus dienen.

Im April 2014 wurden bei Vorstellung des Staatshaushaltes während der jährlichen Sitzung des nordkoreanischen Parlaments erstmals »Einnahmen aus Sonderwirtschaftszonen« genannt.[33] Auch wenn absolute Zahlen dazu nicht veröffentlicht wurden, so lässt doch diese neue Erwähnung an so prominenter Stelle vermuten, dass die Zonen eine wesentliche Rolle in der Strategie der nordkoreanischen Führung zur Wirtschaftsentwicklung spielen sollen. Das macht sie nicht automatisch zu Agenten des Wandels; doch die in diesen Zonen entstehenden Lerneffekte werden intensiver und können eine größere Zahl Menschen erreichen. Das Thema Sonderwirtschaftszonen bleibt also spannend.

7

Nordkorea unter Kim Jong-un: Noch ungenutztes Potential

Nordkoreas Wirtschaftspolitik war in den letzten zwei Jahrzehnten überaus dynamisch. Es gab nicht nur erhebliche Probleme, sondern auch mehr oder weniger erfolgreiche Lösungsansätze. Diese sind bislang zwar an inneren und äußeren Fehleinschätzungen und Hindernissen gescheitert, haben das Land aber doch vorangebracht und, so würde ich mit Nachdruck argumentieren, für eine erfolgreichere Zukunft zumindest vorbereitet.

Der große Wurf steht allerdings auch unter dem neuen Führer noch aus. Das muss nicht notwendigerweise mit mangelndem Reformeifer zu tun haben; vielmehr birgt eine jede Veränderung, zumal wenn sie tiefgreifend ist, eine Reihe von Risiken. Bevor wir daher einige Entwicklungen seit der Machtübernahme durch Kim Jong-un näher betrachten, sollten wir fragen, was der Herrscher und seine Unterstützer in Pjöngjang realistischerweise zur grundlegenden Verbesserung des Wirtschaftssystems tun könnten, ohne sich selbst abzuschaffen oder größeren Schaden im Land anzurichten.

Ein duales System aus Staat und Markt?

Der Staat und die ihn als ihr Herrschaftsinstrument nutzende Führung Nordkoreas leiten ihre Legitimität aus der Behauptung ab, dass ihre Kontrolle über die Wirtschaft der Garant eines glücklichen Lebens der Bevölkerung ist. Eine großangelegte Privatisierung der Industrie und des Bankensektors bedürfte also einer Neudefinition der Rolle der Partei und der Familie Kim. Es ist offenkundig, dass hierin ein enormes politisches Risiko liegt. Ein rascher und radikaler Wandel ist also kaum zu erwarten, auch wenn er letztlich kaum zu vermeiden sein wird.

Zunächst wird es bestenfalls Mischformen geben, wie etwa die Privatisierung kleinerer und nicht essentieller Unternehmen im Bereich der Dienstleistungen und der Leichtindustrie. Tatsächlich erkennen wir in den letzten Jahren eine erstaunliche Dynamik bei Restaurants, bei kleineren Verkaufseinrichtungen und bei der Produktion von einfachen Konsumgütern. Die Organisationsformen sind de jure staatlich beziehungsweise genossenschaftlich, faktisch handelt es sich aber um private wirtschaftliche Aktivitäten. Selbst private Autos gibt es schon,[1] erkennbar an ihren gelben Nummernschildern.

China und Vietnam haben gezeigt, wie man auch größere staatliche Unternehmen über ein sogenanntes duales System effizienter machen kann, ohne sie gleich zu privatisieren.[2] Dabei wurde den Firmen vom Staat vorgegeben, dass sie zu einem festgesetzten Preis und in einer festgesetzten Menge ein bestimmtes Produkt erzeugen mussten. Sobald dieses Planziel jedoch erreicht war, hatten sie die Freiheit, was auch immer sie wünschten herzustellen, zu verkaufen und den Gewinn nach eigenem Gutdünken zu verwenden. Damit schlug der Staat zwei Fliegen mit einer Klappe: Die staatlichen Unternehmen blieben staatlich, wurden aber gleichzeitig effizienter, profitabler und innovativer. Nach einigen Jahren konnte man sie dann privatisieren und gegebenenfalls durch Aktienbesitz oder auf anderen Wegen eine gewisse Kontrolle aufrechterhalten. Gerüchte über ähnliche Arrangements in Nordkorea gibt es, es handelte sich aber vermutlich um zeitlich und räumlich begrenzte Experimente. Eine grundsätzliche Entscheidung wie in China und Vietnam ist noch nicht getroffen worden.

Doch Nordkorea hat nicht nur mit geringer Effizienz in der Industrie zu kämpfen. Die oberste Priorität, das wird in den staatlichen Medien betont, hat die Produktionssteigerung in der Landwirtschaft. Vom Ausland werden hier immer wieder schnelle Reformen empfohlen – aber was würde eigentlich passieren, wenn man tatsächlich eine radikale Liberalisierung des Marktes für Grundnahrungsmittel in Nordkorea umsetzen würde?

Stellen Sie sich vor, es wären unter sechs hungrigen Bauarbeitern und ihrem Chef fünf große Hamburger für die Mittagspause zu verteilen. In einer Diktatur mit zentraler Planwirtschaft würde sich der Chef einen ganzen Hamburger genehmigen und die anderen vier gleichmäßig unter den sechs Kollegen aufteilen. Bis auf den Chef hätte zwar niemand genug, aber jeder hätte etwas. Wenn man nun den Chef davonjagte und stattdessen einfach den Markt entscheiden ließe, dann würden die fünf Bauarbeiter mit der höchsten Zahlungsfähigkeit je einen Hamburger bekommen, und der Kollege mit dem wenigsten Geld bekäme nichts. Was sich in diesem Beispiel vielleicht amüsant anhört, wird zu bitterem Ernst, wenn man sich statt der sechs Bauarbeiter 25 Millionen Nordkoreaner vorstellt und statt der Hamburger Grundnahrungsmittel wie Reis. Solange im Land Unterversorgung besteht, wäre die sofortige Einführung der Verteilung durch den Markt – in anderen Worten, wer das meiste Geld hat, kann kaufen – nicht weniger als das Todesurteil für die wirtschaftlich Schwächsten.

Man kann diesen kritischen Punkt, bis zu dem eine Unterversorgung besteht, übrigens recht einfach berechnen. Unter Berücksichtigung aller relevanten Faktoren ergibt sich für Nordkorea ein jährlicher Gesamtbedarf von ungefähr 5,4 Millionen Tonnen Reis.[3] Dieser Wert entspricht in etwa der bereits zitierten Bedarfsschätzung internationaler Hilfsorganisationen.[4]

Es muss also zunächst ein stabiles Überangebot an Reis, Mais, Kartoffeln und Ähnlichem geschaffen werden, bevor man die Verteilung von Grundnahrungsmitteln dem Markt und seinem Preismechanismus überlässt. Hier ergibt sich nun ein Dilemma, denn es geht ja eigentlich genau darum, dass man ein solches Überangebot mithilfe der vom Markt ausgehenden Signale erzeugen will. Die Unterversorgung ist die Ausgangslage, die Überversorgung das Ziel.

Hinzu kommt bei Nahrungsmitteln, dass neue Anreize zur Erhöhung der Produktion weit mehr Zeit als in der Industrie brauchen, um Resultate zu zeigen. In Nordkorea gibt es eine Ernte pro Jahr. Auch wenn ein Bauer, warum auch immer, im ersten Jahr entscheidet, dass er unbedingt mehr produzieren will, und man ihm die dafür nötigen Mittel in die Hand gibt, so braucht es doch mindestens bis zum zweiten oder dritten Jahr, bis sich von ihm gesetzte Maßnahmen auch tatsächlich auswirken. Bis dahin besteht die Unterversorgung weiter, Hunger droht.

Es ist somit offensichtlich, dass in Nordkoreas Landwirtschaft der Wechsel von zentraler Planung zu einer dezentralen Steuerung über marktwirtschaftliche Anreize durch staatliche Maßnahmen flankiert werden muss. Eine Lösung wäre auch hier ein hybrides System, dessen Grundgedanke dem oben erwähnten dualen System in der chinesischen Industrie ähnelt: eine zeitweilige Kombination aus Plan und Markt. Demnach würde eine gewisse Grundmenge an Nahrungsmitteln vom Staat zu niedrigen Preisen verteilt, während der benötigte Rest auf dem Markt zu freien, für die Produzenten attraktiven Preisen gekauft werden muss. Um bei unserem obigen Beispiel zu bleiben: Jeder Bauarbeiter würde einen halben Hamburger vom Chef bekommen und könnte sich, je nachdem, was die Brieftasche so hergibt, beim Burgerladen um die Ecke noch etwas dazukaufen. Das wäre zwar für unseren hypothetischen Bauarbeiter mit dem wenigsten Geld noch immer bitter, aber immerhin würde er wegen der staatlichen Grundversorgung nicht völlig leer ausgehen.

Wenn wir dieses Beispiel nun wieder auf Grundnahrungsmittel in Nordkorea übertragen, dann müsste der Staat die verteilten beziehungsweise zu symbolischen Preisen verkauften Reisrationen kürzen und gleichzeitig die Märkte legalisieren oder nicht erneut kriminalisieren. Sobald die dadurch erzeugten Anreize nach einigen Jahren zu erhöhter Reisproduktion und damit einem höheren Angebot geführt haben, werden die Preise auf den Märkten sinken, da die Nachfrage der Mehrheit derzeit durch den Kalorienbedarf bestimmt ist[5] und als weitgehend konstant anzusehen ist, sofern man einen Export von Reis verhindern kann.

Sobald die am Markt angebotene Menge also steigt und der Marktpreis sinkt, kann der Staat die Rationen erneut kürzen und damit den Produzenten noch mehr zahlende Nachfrage zuführen, ohne das Leben seiner Staatsbürger zu riskieren. Der beschriebene Zyklus wiederholt sich, die Produktion steigt weiter, die Preise sinken. Nach mehreren Durchläufen ist dann die Produktion so weit gestiegen, dass eine Marktsättigung erreicht ist. Das heißt, im Land wird etwas mehr produziert als die Menge, die alle Nordkoreaner gemeinsam konsumieren würden, wenn sie genug Geld hätten. An dieser Stelle kann der Staat dann das Rationierungssystem völlig abschaffen und Produktion wie Verteilung komplett dem Markt überlassen.

Wenn wir uns die weiter oben im Kontext der Juli-Maßnahmen von 2002 diskutierte tatsächliche Entwicklung in Nordkorea ansehen, dann ist möglicherweise genau das passiert. In mehreren Stufen hat der Staat in den letzten zehn Jahren die Rationen gesenkt, was international für Verwirrung gesorgt hat, da gleichzeitig Berichte über steigende Ernteerträge erschienen.[6] Soweit wir wissen, ist die staatliche Verteilung aber noch nicht aufgegeben worden. Dies lässt den Schluss zu, dass die Gesamtproduktion noch nicht das nötige Niveau erreicht hat. Sicher spielen hierbei auch politische Erwägungen eine Rolle, da subventionierte Grundnahrungsmittel in Nordkorea als sozialistische Errungenschaft gelten.

Kim Jong-uns Alternativen

Doch gibt es keinen schnelleren Weg? Wie gezeigt ist der Schlüssel zur Einführung der Marktwirtschaft bei Grundnahrungsmitteln die Steigerung der verfügbaren Nahrungsmittelmenge. Das schafft man mit etwas Glück und viel Zeit durch gesteigerte inländische Produktion, aber viel schneller über den Import. Daran führt, realistisch gesehen, ohnehin kein Weg vorbei, denn auch das oben beschriebene hybride Modell hat einen Haken: die Angebotsseite. Wenn man den Bauern tatsächlich die Entscheidung darüber überlässt, was sie produzieren wollen, dann werden sie auf sinkende Preise von Grundnahrungsmitteln an einem bestimmten Punkt mit dem Wechsel in sogenannte Cash Crops reagieren. Das sind Produkte, die beim Verkauf mehr Geld einbringen, also etwa Tabak, Obst oder Gemüse.

Ohne Importe, und sei es nur zur Absicherung eines stabilen Angebotes an Grundnahrungsmitteln, wird eine Reform der Landwirtschaft Nordkoreas daher nicht auskommen. Doch was man dafür braucht, ist international akzeptiertes Geld wie etwa US-Dollars. Sofern man nicht zu illegalen Mitteln greifen will, bleiben zu deren Erwerb drei Wege. Man kann sich das Geld schenken lassen, es sich borgen oder es erarbeiten.

Es ist nicht viel Phantasie vonnöten, um zu erkennen, dass ein Geschenk die willkommenste Einnahmequelle ist. Nordkorea war in den Jahrzehnten seiner Existenz erstaunlich erfolgreich, was dies anbetrifft. Hier meine ich nicht nur die seit dem Koreakrieg mehr oder weniger enthusiastisch helfenden »sozialistischen Bruderländer«. Besonders beeindruckend finde ich, dass die USA – nicht unbedingt der engste Freund der Familie Kim – in den Jahren 1995 bis 2008 insgesamt 1,3 Milliarden US-Dollar an einseitigen Transfers geleistet haben.[7] Weitere große Geberländer sind Südkorea und China. Ganz nüchtern betrachtet muss man hier den nordkoreanischen Diplomaten eine reife Leistung attestieren.

Es war demnach wohl kein Zufall, dass ausgerechnet im Jahr der Reformen vom Juli 2002 die bereits erwähnte Normalisierung der Beziehungen mit Japan geplant war. Nachdem es bereits 1965 einen Normalisierungsvertrag zwischen Japan und Südkorea gegeben hatte, der die Zahlung von 800 Millionen US-Dollar mit einschloss,[8] wurde im Jahr 2002 dem Vernehmen nach zwischen Kim Jong-il und dem japanischen Premier Koizumi über eine von Japan zu zahlende Reparationssumme in Höhe von etwa zwölf Milliarden US-Dollar verhandelt. Die Normalisierung kam jedoch nicht zustande, das Geld floss nicht. Statt des warmen Geldregens erfolgte ein kompletter Zusammenbruch des einst florierenden Außenhandels mit Japan. Dieser ist mit Stand von Mitte 2014 auf einem Tiefpunkt angelangt. Erst die Ende Mai 2014 erfolgte Neuaufnahme der Untersuchungen zu den nordkoreanischen Entführungen lässt eine Besserung möglich erscheinen.

Welche anderen Möglichkeiten der Geldbeschaffung durch einseitige Transfers hat Nordkorea? Politisch erpressbare Verbündete gibt es seit Ende des Kalten Krieges nicht mehr, wenngleich Russland und China durchaus Interessen in Nordkorea haben. Das Versprechen einer Einstellung des Atomprogramms im Austausch gegen Wirtschaftshilfen ist nicht mehr glaubwürdig, da es schon zu oft abgegeben und gebrochen wurde. Südkoreas Regierung hat ihre Sonnenscheinpolitik beendet, und zumindest unter einer konservativen Führung in Seoul wird diese wohl auch nicht wiederbelebt werden. Auf substantielle internationale Hilfen kann Nordkorea also kaum noch zählen.

Wer kein Geld geschenkt bekommt, kann sich welches borgen. Doch internationale Kredite erhält Nordkorea unter Hinweis auf eine niedrige Zahlungsmoral, aber vor allem aufgrund der von den USA intensiv betriebenen Sanktionen kaum. Hier liegt ein entscheidendes Problem, das gelöst werden muss, bevor sich Nordkorea auf dauerhafte und hinreichend umfassende Wirtschaftsreformen einlassen kann. Das hartnäckige und in der Wahl seiner Mittel zugegebenermaßen eigenwillige Werben um diplomatische Anerkennung durch die USA und um eine Normalisierung der bilateralen Beziehungen erscheint vor diesem Hintergrund in einem sehr pragmatischen Licht.

Vorerst bleibt nur das Geldverdienen auf dem Weg des Außenhandels und der Direktinvestitionen, wobei sich auch hier die Sanktionen erheblich auswirken. Zwar hat Nordkorea eine große Menge an sehr attraktiven Rohstoffvorkommen, diese Reichtümer reichten bislang jedoch nicht aus, um politische und ethisch-moralische Bedenken potentieller Käufer in hinreichendem Maße zu überwinden. Außerdem sind die Gewinnung und der Abtransport der Rohstoffe aufgrund der Topographie des Landes und der schlechten Transportwege nicht einfach, und zu substantiellen Investitionen vor Ort sind die meisten westlichen Bergbauunternehmen nicht bereit.

China hat wegen dieses nordkoreanischen Mangels an Alternativen eine sehr dominante und nicht nur für Nordkoreas Führung beunruhigende Stellung sowohl im Außenhandel wie auch in den Sonderwirtschaftszonen, bei der Rohstoffgewinnung und bei der sonstigen wirtschaftlichen Kooperation erreicht. Nicht genug, dass weit über 80 Prozent des nordkoreanischen Außenhandels im Jahr 2013 mit China abgewickelt wurden. Auch innenpolitisch war China im Norden der Halbinsel schon immer sehr aktiv. In die uns bekannten Auseinandersetzungen innerhalb der nordkoreanischen Führung einschließlich des Putschversuches 1956 war in der Regel auch eine prochinesische Gruppe involviert. Dem im Dezember 2013 öffentlich auf der ersten Seite der Parteizeitung und im staatlichen Fernsehen gedemütigten, wenig später hingerichteten angeheirateten Onkel von Kim Jong-un wurde große Nähe zu China nachgesagt. Zu den gegen ihn erhobenen konkreten Vorwürfen gehörte der »Verkauf von Rohstoffen an das Ausland zu billigen Preisen«, was angesichts der Präsenz chinesischer Unternehmer im Bergbau offenkundig auf Beijing zielte.[9] Chinesische Geschäftsleute treten in Nordkorea oft mit einem an Arroganz grenzenden Selbstbewusstsein auf, das ihnen nicht unbedingt die Sympathien der Bevölkerung einträgt. Bei einem meiner letzten Besuche in Nordkorea hörte ich unter Bezug auf das Abstimmungsverhalten im UN-Sicherheitsrat den Satz »Die Chinesen haben uns verraten«. Das war eine ungewöhnlich offene Stellungnahme gegenüber einem Ausländer. Auch wurde mir unumwunden bestätigt, dass ein schon zu meiner Studentenzeit 1991 gebräuchliches Schimpfwort für die Chinesen noch immer verwendet wird.

Vor diesem Hintergrund muss man sich einmal mehr nachdrücklich fragen, inwiefern das nordkoreanische Atomprogramm wirklich nur als Schutz vor Südkorea und den USA gedacht ist. Wirtschaftlich, politisch, militärisch und in gewissem Sinne auch ideologisch ist das riesige Nachbarland mit dem 80 Mal größeren Territorium und der 54 Mal größeren Bevölkerung eine massive und unmittelbare Herausforderung für (Nord-)Korea. Wir als »der Westen« sollten daher nicht wie selbstverständlich voraussetzen, dass sich alle Handlungen Nordkoreas primär auf uns beziehen. Das ist nicht nur eine Frage der Bescheidenheit; vielmehr sollte man den Zweck des Atomprogramms verstehen, wenn man sich erfolgreich für seine Abschaffung einsetzen möchte. Falls meine These stimmt, dann würde das Angebot von Wirtschaftshilfen allein, egal wie großzügig diese ausfallen, nicht ausreichen.

China betreibt unterdessen eine sehr geschickte aktive Politik der Reformförderung in Nordkorea. Der große Nachbar demonstriert seine wirtschaftliche Überlegenheit bei jeder Gelegenheit, vor allem auf dem Weg der Anschauung durch Einladungen nach China, die Präsenz bei Messen oder den Ausbau der Grenzregionen. Es ist für Pjöngjangs Führung schwer, gegen derlei im Gewand der Freundschaft daherkommende Maßnahmen zu protestieren. Zu einer Verbesserung der Atmosphäre tragen sie nicht bei. Zu tief sitzt das Misstrauen gegenüber dem Ausland und dem viel zu großen, viel zu nahen China.

Weder eine »Big Bang«-Lösung der umfassenden und schnellen Einführung einer Marktwirtschaft, wie von Jeffrey Sachs seinerzeit in Polen und der Sowjetunion propagiert,[10] noch der chinesische Weg der zunächst auf die Landwirtschaft und Sonderwirtschaftszonen beschränkten Liberalisierung scheinen für Nordkoreas Führung attraktiv und geeignet zu sein. Gleichzeitig wird es aber auch immer schwerer, einfach so weiterzumachen. Sowohl die Ansprüche der Bevölkerung einschließlich der unten genauer diskutierten neuen Mittelschicht wie auch das zwar langsam, doch stetig steigende Entwicklungsniveau der nordkoreanischen Industrie verlangen danach, die Effizienz der Wirtschaft zu verbessern und ihre internationale Isolation zu reduzieren. Die einseitige Abhängigkeit von China legt außerdem eine strategische Diversifizierung der Außenhandelspartner nahe. In der Tat erkennen wir in den letzten Jahren eine verstärkte Hinwendung zu Russland und Japan.

Nordkorea – der nächste asiatische Tiger?

Wie gezeigt sieht sich Kim Jong-un einer komplizierten Situation gegenüber. Marktwirtschaftliche Reformen und Liberalisierung sind notwendig, aber in vielerlei Hinsicht riskant. Falls überhaupt, so bevorzugt die nordkoreanische Führung den graduellen und kontrollierten Wandel gegenüber einer radikalen Reform. Hilfsgelder fließen kaum noch, Kredite erhält das Land nicht. Der Außenhandel ist einseitig auf China orientiert. Gleichzeitig steigt im Inland der Reformdruck.

Welches realistische Vorbild für Modernisierung und Reformen bietet sich Kim Jong-un neben dem aus verschiedenen Gründen nicht einfach übertragbaren Weg Chinas? Das sogenannte »ostasiatische Modell« erscheint hier bedenkenswert. Ausgehend von Japan[11] hat es sich in verschieden Formen in Ländern wie Singapur, Südkorea, Taiwan und nicht zuletzt auch in der VR China bewährt. Nach der Finanzkrise von 1997/98, die in Ostasien verheerende Auswirkungen hatte, war es zunächst totgesagt worden, erlebt derzeit aber im Kontext der Eurokrise eine gewisse Renaissance in der internationalen Diskussion.

Im Prinzip beruht das ostasiatische Modell auf der Idee, den Einsatz der knappen Ressourcen eines unterentwickelten Landes nicht dem Zufall zu überlassen, sondern gezielt und so vollständig wie möglich nur in strategische Bereiche zu investieren. Das Modell bedarf der Kombination aus verschiedenen Elementen. Zu diesen gehört an erster Stelle ein starker Staat, der oftmals die Form einer Autokratie annimmt; in Südkorea handelte es sich von 1961 bis 1987 de facto sogar um eine Militärdiktatur. Ein starker autoritärer Staat mit einem Diktator an der Spitze und einem starken Militär – das sollte uns mit Blick auf Nordkorea bekannt vorkommen.

Dieser Staat entwickelt mit Unterstützung einer hochqualifizierten Bürokratie eine wirtschaftspolitische Vision, die auf der Identifizierung und Förderung strategischer Industrien beruht. Die dort tätigen Unternehmen sind in der Regel privat, was wichtig ist, da nur so das Profitmotiv als treibende Kraft genutzt werden kann. Hier unterscheidet sich die gegenwärtige Lage in Nordkorea vom Modell; Kim Jong-un müsste sich zunächst zur Privatisierung entschließen.

Privatisierung bedeutet nicht, dass der Staat seine Kontrolle aufgeben müsste. Aus ostasiatischen Entwicklungsdiktaturen bekannte Maßnahmen zur Disziplinierung privater Unternehmen sind deren forcierte Schließung durch den Entzug von Aufträgen und Zugang zu Krediten, ihre Fusion oder die exemplarische Bestrafung der Unternehmensführung wegen Korruption, Steuerhinterziehung oder ähnlichen Vergehen.[12] Das effizienteste Mittel der staatlichen Lenkung der Wirtschaft ist im ostasiatischen Modell jedoch das in der Regel staatliche oder zumindest staatlich stark kontrollierte Finanzsystem. Die Unternehmen werden vom Gesetzgeber daran gehindert, sich im Ausland Geld zu besorgen. Die inländischen Banken bleiben die einzige Finanzierungsquelle. Diese vergeben Kredite primär an solche Unternehmen, die die strategischen Vorgaben des Staates erfüllen. Das ist ebenso einfach wie effektiv.

Der inländische Konsum wird zunächst vernachlässigt; man sucht Märkte vor allem im Ausland, um Devisen zu verdienen. Je nach nationalem Geschmack setzt man bei der Finanzierung auf Kredite oder auf Direktinvestitionen. Letztere waren in Südkorea wegen der Sorge um eine Dominanz der Japaner vergleichsweise unbedeutend, stattdessen baute man auf die politische Unterstützung der USA im Kalten Krieg. In deren Schatten konnte Südkorea sowohl eine enorm hohe Verschuldung als auch weitreichende protektionistische Maßnahmen unbehelligt durchsetzen.

Für Nordkorea könnte China diese Rolle spielen; hinzu kommt die Option der Sonderwirtschaftszonen, die seinerzeit für die Reformen Chinas wesentlich waren.

In Südkorea wie in Japan förderte man außerdem große Industriekonglomerate, während in Taiwan der Fokus vor allem auf den kleinen und mittelständischen Unternehmen lag.[13] In China spielte das Militär als Eigentümer von Produktionsanlagen eine große Rolle; ein Umstand, der sich in ähnlicher Form in Nordkorea beobachten lässt. Viele der staatlichen Unternehmen werden von verschiedenen Interessengruppen beherrscht, die miteinander konkurrieren und von Profitmotiven getrieben sind. Diese Profite beruhen allerdings zumeist auf Monopolen. Zu starker inländischer Wettbewerb widerspricht der Idee von der staatlichen Koordinierung der Wirtschaft; ohne Wettbewerb wird es aber keine Effizienz geben. Der vorsichtige »Import« von Wettbewerb, wie es die asiatischen Tigerstaaten mithilfe der Exportförderung vorgemacht haben, wäre auch für Nordkorea ein gangbarer Ausweg.[14]

Nordkorea erfüllt bereits einige Vorbedingungen für die Einführung des ostasiatischen Modells. Dazu gehört eine immer besser qualifizierte Bürokratie, die von China, aber auch von europäischen und amerikanischen Experten und aus der Erfahrung der seit 2002 vorgenommenen Änderungen gelernt hat. Es gibt zudem einige Bereiche, in denen günstige Voraussetzungen existieren beziehungsweise erste Erfolge vorliegen. Zur vorteilhaften Lage in Ostasien zwischen den riesigen Märkten China, Südkorea und Japan kommen die reichen Rohstoffvorkommen. Nordkorea ist bereits ein Industrieland. Die Bevölkerung ist gut ausgebildet und diszipliniert. Aufgrund der Sonderwirtschaftszonen und des engen Umgangs mit China in unzähligen Joint Ventures ist das Know-how zumindest in Grundzügen vorhanden. An den institutionellen Grundlagen wird gearbeitet: Es gibt entsprechende Gesetze, die weiterentwickelt werden, und auch die zuständigen Einrichtungen unterliegen einer hohen Dynamik, die das Ringen um bessere Wirksamkeit erkennen lässt. Zuletzt wurde im Juni 2014 das Ministerium für Außenhandel in das neue Ministerium für Auswärtige Wirtschaftliche Angelegenheiten umgewandelt.

Was neben der zumindest teilweisen Privatisierung der Wirtschaft und einem hinreichend professionellen Finanzsektor indes noch fehlt, ist ein günstiges internationales Umfeld. Derzeit würde dies vor allem eine Normalisierung der Beziehungen zu den USA bedeuten. Aufgrund des Atomprogramms ist diese allerdings in weiter Ferne und bedarf einer entsprechend mutigen politischen Entscheidung in Pjöngjang. Zwar ist China von Jahr zu Jahr besser in der Lage, zur Not auch trotz Widerstandes der USA ein ostasiatisches Wirtschaftswunder in Nordkorea zu fördern, doch gegen diese einseitige Abhängigkeit von China sprechen aus nordkoreanischer Sicht strategische Überlegungen. Eine weitere elementare Voraussetzung ist die Bereitschaft seitens Kim Jong-uns, einen solchen weitreichenden und revolutionären Schritt in die Zukunft zu wagen.

Kim Jong-un: Visionärer Führer oder risikoscheuer Bewahrer?

Zunächst gab es hier wenig Grund zum Optimismus, da Kim Jong-un als zu jung und unerfahren galt, um das Land überhaupt stabil zu regieren. Schon gar nicht traute man ihm die Energie, den Spielraum und die Übersicht für riskante und weitreichende Reformmaßnahmen zu.

Die Lehrzeit für Kim Jong-un war in der Tat vor allem im Vergleich zur zwei Jahrzehnte dauernden Aufbauphase seines Vaters sehr kurz. Er begleitete Kim Jong-il nur wenige Monate bis zu dessen Tod. Der Bevölkerung war er erst ein knappes Jahr vor seiner Machtübernahme zu einem Begriff geworden. In den entsprechenden offiziellen Verlautbarungen jener Zeit erkennt man eine gewisse Unsicherheit. Welchen Titel sollte man verwenden, welches Image würde der neue Führer haben, wie würde sein Regierungsstil aussehen?

Relativ rasch ergriff Kim Jong-un hier die Initiative und lässt damit erste Vermutungen zu über sein Potential als Herrscher, der das Land in eine bessere Zukunft führen kann. Die ersten Gelegenheiten, bei denen er öffentlichkeitswirksam auftrat, sehe ich auch heute noch als programmatisch an. Diese sind oben bereits ausführlich diskutiert worden, hier also nur eine kurze Zusammenfassung.

Kim Jong-uns ersten Handlungen waren darauf ausgerichtet, den Eindruck eines sich um die alltäglichen Belange seines Volkes kümmernden Landesvaters zu vermitteln. Sei es die symbolische Sicherstellung der Lieferung von frischem Fisch nach Pjöngjang oder die Versorgung der vor den Bildern von Kim Jong-il wartenden Trauernden mit Heißgetränken – um diese Dinge kümmerte sich der neue Führer trotz des eigenen schweren Verlustes umgehend und persönlich. Später kam eine verstärkte Förderung von Volksbelustigungen aller Art hinzu.

Im ideologischen Bereich zeigte Kim Jong-un einen erstaunlichen Mut zum Ungewöhnlichen. Sein Vater Kim Jong-il wurde posthum alsbald auf dieselbe Höhe wie der bis dahin einsam über allem thronende Landesgründer Kim Il-sung gebracht. Man errichtete neue Doppelstatuen, gestaltete neue Anstecker mit den Konterfeis beider Führer, benannte die Ideologie um und ergänzte die überall präsenten Losungen um den Namen von Kim Jong-il. Die zwei verstorbenen Führer verschmolzen zu einer propagandistischen Einheit. Mut zeigte Kim Jong-un ferner, als er nur wenige Monate nach seiner Machtübernahme den fehlgeschlagenen Raketenstart vom 13. April 2012 umgehend und offen zugab.

Er scheint gern zu führen; während sein Vater nur selten das Wort an sein Volk richtete, hat Kim Jong-un die direkte Kommunikation mit den Menschen wiederbelebt und hält die unter seinem Vater durch Leitartikel ersetzten Neujahrsansprachen nun wieder selbst. Dabei orientiert er sich vor allem an den eigenen Wünschen und Vorstellungen. Weder seine wiederholte öffentliche Kritik an unfähigen Beamten noch die Gründung der kaum anders als sexy zu beschreibenden Moranbong-Band und die nie dagewesene Präsentation einer First Lady – all dies im ersten Regierungsjahr – werden Ideen der im Staatsdienst ergrauten[15] Beamten gewesen sein. Die sprunghafte und von zahlreichen Wechseln oder Entlassungen an der Spitze gekennzeichnete Personalpolitik deutet auf Entscheidungskraft und einen festen Griff zur Macht hin.

Eine eigenständige strategische Entwicklung wurde erkennbar, als Kim Jong-un auf einer Plenartagung des ZK der Partei am 31. März 2013 die bereits erwähnte parallele Entwicklung der Wirtschaft und des mit Nuklearwaffen ausgerüsteten Militärs verkündete, was aus meiner Sicht unter anderem als eine vorsichtige Abkehr von der *sŏn'gun*-Idee seines Vaters zu interpretieren ist, die den alleinigen Schwerpunkt auf das Militär legte.

Viel mehr wissen wir über Kim Jong-un derzeit nicht. Weder gibt es eine offizielle Geschichte seiner Geburt, noch ist bekannt, wo und unter welchen Umständen er aufwuchs. Hartnäckig hält sich das Gerücht, er sei in der Schweiz zur Schule gegangen. Doch selbst wenn dies zutrifft, so wissen wir doch nicht, welche Konsequenzen das hatte.

Es bleibt uns also nur, auf die Veränderungen zu schauen, die das Land in den letzten Jahrzehnten erlebt hat, und uns zu fragen, inwiefern sich in den ersten Regierungsjahren Kim Jong-uns hier eine Verstärkung oder eine Rücknahme von Trends beobachten lässt.

Ein Land im Wandel

Ich greife hier vor allem auf meine eigenen Ansichten zurück, wobei ich meine Studentenzeit 1991/1992 als Ausgangsbasis verwende, um Veränderungen zu erkennen und zu bewerten. Das hat seine Nachteile, da ich nur Facetten der Realität Nordkoreas sah und sehen kann. Es birgt aber auch den unschätzbaren Vorteil, nicht auf schwer verifizierbare Berichte aus zweiter und dritter Hand angewiesen zu sein.

Schon 1991 war Pjöngjang eine moderne, vergleichsweise grüne Stadt mit auffälligen Monumentalbauten und unzähligen Führerbildnissen. Das ist auch heute noch so. Bedingt durch die fast vollständige Auslöschung im Koreakrieg und das für viele sozialistische Länder typische Bestreben der Führung, die Hauptstadt als Schaufenster zur Welt besonders attraktiv zu gestalten, ging man hier mit den Ressourcen des Landes relativ großzügig um. Als Sitz der Spitze von Partei und Staat bestimmen breite Straßen, riesige Verwaltungsgebäude, endlose Wohnblocks, weite Plätze und allerlei Gedenkstätten und Orte der Repräsentation das Bild.

Was ich 1991 allerdings schmerzlich vermisst habe, war das, was man als »normales Leben« oder Alltag bezeichnen könnte. Zwar waren ständig viele Leute unterwegs, aber man wusste nicht genau, woher sie kamen und wohin sie gingen. Quirlige Einkaufsstraßen, Märkte, Restaurants, Schnellimbisse und Cafés, die in den meisten anderen Städten das Bild prägen, gab es vor zwanzig Jahren in Pjöngjang nicht. Autos sah man auf den Straßen kaum, was diese überdimensioniert und irgendwie geisterhaft erscheinen ließ. In der Nähe von Regierungsgebäuden standen mitten auf der Kreuzung junge Verkehrspolizistinnen in knapp geschnittener Uniform und regelten, sehr zur Belustigung ausländischer Besucher, mit Inbrunst den meist nicht vorhandenen Straßenverkehr. Sie und ihre männlichen Kollegen nahmen den Job durchaus ernst; als ich einmal eine menschen- und autoleere Straße überquerte, wurde ich umgehend belehrt, dass ich zur Vermeidung einer Strafe demnächst die Unterführung zu benutzen hätte. Das war übrigens einer der wenigen direkten Kontakte, die ich als Student mit nicht zuvor ausgesuchten Nordkoreanern haben konnte.

Wollte man von A nach B gelangen, musste man vor allem gut zu Fuß sein. Das U-Bahnnetz hat in erster Linie wegen der aufwändig gestalteten Stationen samt den an die Moskauer Metro erinnernden Kristallleuchtern und Mosaiken eine gewisse Berühmtheit erlangt, doch die U-Bahn erreicht nicht die gesamte Stadt. Gelegentlich musste ich daher die elektrisch betriebenen Oberleitungsbusse benutzen, was zur Hauptverkehrszeit eine sportliche Herausforderung sein konnte.

Man stand zunächst in langer Reihe diszipliniert an der Haltestelle an. Meist versuchten die Wartenden, uns Ausländer in der Schlange ganz nach vorne zu schieben, was recht peinlich war. Kam dann der Bus, musste man schnell sein. Er hielt nur kurz und fuhr los, egal, ob alle Fahrgäste eingestiegen waren oder nicht. Die Menge der Wartenden war ohnehin meist größer als die Kapazität eines einzelnen Busses. Man lief also, die Hand an der Einstiegsstange, bis zu 200 Meter mit dem langsam dahinrollenden Bus mit, bis die Menschen im Inneren genügend Platz gemacht hatten, und sprang dann beherzt hinein. Ich kann mich nicht erinnern, dass es mir jemals gelungen wäre, für die Fahrt zu bezahlen, da ich den dafür vorgesehenen Münzeinwurf weder finden noch erreichen konnte. Angesichts der Menschenmengen im Bus erwies es sich für das Mikroklima im Inneren als Vorteil, dass die Fenster oft fehlten.

An den Seiten der Busse waren große rote Sterne aufgemalt. Wenn man genau hinsah, konnte man in jedem der Sterne »5 *man*« lesen, also »50 000«. Später erfuhr ich, dass damit die Zahl der gefahrenen Kilometer vermerkt wurde. Wenn man bedenkt, dass an vielen Bussen Dutzende Sterne erkennbar waren, dann kann man nur den größten Respekt vor den Instandhaltern haben. Aus der DDR kannte ich das Phänomen: Da für den Neukauf kein Geld da war, reparierte man. Dass dies unter dem Strich oftmals teurer wurde, erschloss sich den planwirtschaftlichen Bürokraten freilich nicht.

Autos waren in der Regel in eher beklagenswertem Zustand, die Reifen bis auf die Karkasse abgefahren, Karossen verrostet. Ich erinnere mich an einen nur noch vom Lack zusammengehaltenen rumänischen Dacia, den ich im Oktober 1991 fotografierte. An den Kühlergrill hatte der Nutzer einen Mercedes-Stern montiert. Überhaupt kamen die meisten in Pjöngjang sichtbaren Pkw aus Stuttgart, wobei es eine bemerkenswerte Vielfalt an Modellen und Baujahren gab. Einmal sah ich auf der Straße einen »Pjöngjang 2000«, einen wie handgeschmiedet aussehenden Nachbau eines Mercedes 190.

Nachts war die Stadt dunkel. Selbst die Beleuchtung der Monumente, zum Beispiel des Triumphbogens, wurde nur an Wochenenden und Feiertagen ein- und spätestens um Mitternacht wieder ausgeschaltet. Am Horizont erhob sich eine gigantische, hässliche graue Bauruine in den Himmel. Am 105-stöckigen Ryugyŏng-Hotel wurde seit Jahren nicht mehr gebaut. Die seitlichen Kanten erschienen verdächtig schief, hier und da konnte man Spuren von zu Reparaturzwecken flüchtig verschmiertem Beton erkennen. Einige der Fenster waren mit Ziegelsteinen zugemauert worden, andere gähnten leer und ließen je nach Jahreszeit Wind, Regen, Hitze und Kälte in das Innere. Auf der Spitze des Gebäudes thronte ein Kran mit einer roten Fahne, die mit trotzigem Optimismus im Wind flatterte und doch nicht verbergen konnte, dass hier ganz offensichtlich das Geld ausgegangen war. Die offizielle Erklärung lautete, dass man hier besonders gut die elterliche Sorge der Führung um ihr Volk erkennen könne: Das Hotel sei ja eine Einrichtung für Ausländer und wegen vorübergehender Schwierigkeiten zugunsten von Bauprojekten zurückgestellt worden, die für Inländer gedacht seien.

Wenn dem in Pjöngjang lebenden Ausländer einmal langweilig war, was recht häufig vorkam, dann konnte er am Taedong-Fluss oder im Moranbong-Park spazieren gehen. War es dafür zu kalt, blieben noch das Koryŏ-Hotel oder der Diplomaten-Club mit spärlich besuchten Bars, mit Billardtischen, die mit einem Klebeband geflickt worden waren, und einer Sauna. Das Schwimmbad konnte ich nur an einem bestimmten Tag der Woche benutzen, an dem nur wenige ausgewählte Nordkoreaner Zugang hatten, um allzu enge Kontakte zu vermeiden. Reguläre Taxis gab es keine; man konnte aber, wenn man die richtige Telefonnummer kannte und Zugang zu einem Telefon hatte, so etwas wie einen Fahrdienst bestellen.

Das Fernsehen war recht einseitig und bestand aus den zwei Staatssendern. Südfernsehen gab es nicht, auch kein Südradio. Dafür wurden auf bestimmten Frequenzen starke Träger ausgestrahlt, die mit anhaltendem oder rhythmischem Piepen die Feindsender effektiv überlagerten.

Die Menschen auf der Straße waren sehr einheitlich gekleidet und hatten auch fast alle den gleichen Haarschnitt. Die Haare waren grundsätzlich schwarz und niemals bunt gefärbt. Oft konnte man bei Kindern und Jugendlichen den Jahrgang anhand der anlässlich der Führergeburtstage in großen Mengen verteilten gleichen Kleidungsstücke erkennen. Es wurde viel marschiert. Ich zögere, hier den Begriff roboterartig zu gebrauchen, weil dies eine Außensicht ist. Wie oft haben wir uns in Leipzig über die Bemerkungen unserer westdeutschen Verwandten gewundert, denen die DDR so »grau« vorkam. Wir sahen das damals völlig anders – und empfinden es heute beim Betrachten von Dokumentarfilmen inzwischen auch so. Ob nun bunt oder grau, dem Stereotyp vom quirligen, an jeder Ecke anders, exotisch riechenden und klingenden Ostasien entsprach Pjöngjang jedenfalls nicht. Auf dem Lande war noch weniger los, obwohl auffiel, dass die Menschen hier ein wenig offener und neugieriger waren.

Mit diesem eher deprimierenden Bild im Kopf kann ich nicht anders, als mit Enthusiasmus über das heutige Erscheinungsbild Nordkoreas zu berichten.

Zugegeben, Pjöngjang ist auch zwei Jahrzehnte später noch immer vergleichsweise farblos, leise, ruhig und langweilig, wenn man es mit Metropolen wie Bangkok, Beijing, Seoul oder Tokio vergleicht. Doch von seinem Erscheinungsbild um 1991 ist es mittlerweile Welten entfernt.

Die Zahl der Autos ist nahezu explodiert, was nicht zuletzt mit der inländischen Marke »Peace Motors« zu tun hat, die im Werk Nampo in Kooperation mit der Vereinigungskirche des 2012 verstorbenen, nicht unumstrittenen südkoreanischen Reverend Moon produziert wird. Das bis dahin komplett werbefreie Pjöngjang wurde vor zehn Jahren plötzlich mit einigen riesigen Werbeplakaten für diese Autos beglückt, auf denen nebenbei mit dem Slogan »Von Paektusan zum Hallasan«, gemeint sind der höchste Berg im Norden und sein Pendant im Süden, das einige Korea beschworen wird. Ein anderer Slogan auf diesen Werbeplakaten lautet »Mit der vereinten Kraft der Nation hinaus in die Welt«. Mittlerweile findet man auch immer mehr chinesische Fabrikate wie BYG oder FAB auf den Straßen. Olivgrüne Lkw mit qualmendem Holzvergaser sieht man nur noch auf dem Land. Die Dominanz der Marke Mercedes ist längst Vergangenheit. Inzwischen ist die Markenvielfalt auf den Straßen von Pjöngjang sogar größer als in Seoul, wo man vor allem einheimische Fabrikate wie Hyundai und Kia sieht. Diese fehlen allerdings weitgehend in Nordkorea, von wenigen Ausnahmen abgesehen. Dafür bin ich mindestens einem »Hummer« begegnet.

Die Verkehrspolizistinnen haben sich inzwischen an den Straßenrand zurückgezogen und schauen den in großer Zahl montierten Verkehrsampeln bei der Arbeit zu. Nur wenn ein SUV mit abgedunkelten Scheiben und schwarzem Militärnummernschild auftaucht, grüßen sie zackig. Ansonsten dürfen sie zusehen, wie die immer größere Menge an Fahrzeugen hier und da sogar zu Verkehrsstaus führt.

Die Autos selbst sind zumeist neu und in sehr gutem Zustand. Abgefahrene Reifen und rostende Karossen sieht man kaum noch. Seitdem die Zahl der Unfälle, früher eher ein sagenumwobenes Mittel zur Beseitigung unliebsamer Führungskräfte, sprunghaft gestiegen ist, ist auch das Einschalten der Fahrzeugbeleuchtung verpflichtend geworden. Das ist ein echter Fortschritt; ich habe früher den einen oder anderen Tropfen Angstschweiß vergossen, wenn mein Fahrer bei Überlandfahrten mit der von den maroden Straßen gerade noch gestatteten Höchstgeschwindigkeit in einen unbeleuchteten Tunnel hineinraste und dabei trotz der dort zu erwartenden Fußgänger aus Rücksicht auf die Batterie, die Lichtmaschine und die schwer zu bekommenden Glühlampen das Licht ausgeschaltet ließ.

Schon während meiner Studentenzeit hatte man begonnen, einige Straßen aufzuhacken und Schienen zu verlegen. Heute verkehren in Pjöngjang Straßenbahnen der Marke Tatra, die unter anderem, kaum zu glauben, aus meiner sich nach 1990 sehr zum Nachteil der Stadtkasse hektisch modernisierenden und vom Ballast der Vergangenheit befreienden Heimatstadt Leipzig per Schiff nach Nordkorea gebracht wurden.[16] Damit ist das Nahverkehrsproblem zwar noch nicht gelöst, aber die Beine der Hauptstädter und die antiken Oberleitungsbusse sind doch ein wenig entlastet. Neuerdings gibt es bei Letzteren auch Neuanschaffungen, die mit ihren Plastikschalensitzen und den freundlichen Farben schon sehr an internationale Standards erinnern. Soweit man das erkennen kann, sind die Verkehrsmittel allerdings noch immer recht voll.

Auch beim Blick in die Pjöngjanger U-Bahn finde ich alte Bekannte. Die alten Züge wurden durch Wagen vom Typ D ersetzt, die zuvor auf der Ostberliner Linie U5 verkehrten, mit der ich als Student täglich von meinem Studentenwohnheim in Lichtenberg zum Alexanderplatz gefahren war. Zwar wurden alle an die deutsche Herkunft erinnernden Schilder gewissenhaft abgeschraubt, in den Scheiben der Züge sind aber noch die mit Diamantwerkzeugen eingeritzten, »Tags« genannten Symbole zu erkennen. Damit konnten sich nach 1990 Jugendliche im ewigen Kampf gegen die Berliner Verkehrsbetriebe, die ihre Graffiti von den Zügen und Sitzen immer wieder abwuschen, schließlich durchsetzen. Ich sorge mit dieser Geschichte regelmäßig für Aha-Effekte bei meinen nordkoreanischen Begleitern, die sich nicht erklären konnten, warum die Deutschen die Scheiben der Züge derart zerstört haben.

Auf dem Land, gelegentlich auch in Pjöngjang, sieht man unzählige Fahrräder. Wie sehr hätte ich mir als Student eines gewünscht! Damals waren sie allerdings als Zeichen der Rückständigkeit verboten. Ich meine damals auch auf dem Land keine Fahrräder gesehen zu haben, bin mir hier aber nicht sicher. Die »Fahrrad-Politik« hat sich in den letzten Jahren mehrfach geändert; immer wieder hört man von verschiedensten Verboten, die sich dann in der Praxis nicht mehr verifizieren lassen. Heute besitzt jede Familie mindestens ein Fahrrad, wobei die Nordkoreaner den einst aus Japan importierten Gebrauchträdern wegen der besseren Qualität den Vorzug vor der Billigware aus China geben. Das Bedauern wegen der Einstellung des Fährbetriebes mit Japan ist entsprechend groß – außer bei den auf dem Land an fast jeder Kreuzung hockenden älteren Herren, die mobile Fahrradwerkstätten betreiben. Im Übrigen gibt es auch eine inländische Fahrradproduktion.

Gelegentlich hört man von ernsten Streitereien in den Familien, ob nun das männliche Familienoberhaupt oder die für die Versorgung viel wichtigere Ehefrau das Familienrad haben soll. Der Trend geht daher längst zum Zweitrad. Herrenräder mit Querstange gibt es wegen der verbreiteten flexiblen Nutzung kaum, einzelne Mountainbikes wurden gesichtet.[17] Jedes Fahrrad hat ein lokal spezifisches Nummernschild vorn am selten fehlenden, an den Lenker montierten Drahtkorb. Seit kurzer Zeit werden sogar für Touristen Fahrradtouren angeboten.

Erst seit wenigen Jahren sieht man auf den Straßen von Pjöngjang auch Taxis. In jüngster Zeit verstärken offenbar aus China stammende und daher im Volksmund »Beijing Taxis« genannte grün-gelb lackierte moderne Wagen die ständig wachsende Flotte. An den Scheiben weisen rot-blaue Schilder darauf hin, dass der Fahrgast auch mit der Narae-Card, einer aufladbaren Geldkarte, zahlen kann. Im Inneren wechseln aber auch Dollarnoten den Besitzer.

Zwar ist das Bezahlen für Ausländer noch immer kompliziert, aber in weiten Teilen ist es leichter geworden. Man wählt das Produkt aus, dessen Preis in Devisen-Wŏn angezeigt wird. Man erhält daraufhin von der Verkäuferin ein Zettelchen, mit dem man zu einer separaten Kasse geht. Dort sagt man, in welcher Währung – meist US-Dollar, Euro oder chinesische Yuan – man zahlen möchte, und lässt sich dann den Preis ausrechnen. Man zahlt, bekommt das Wechselgeld in der gerade verfügbaren Fremdwährung und geht mit dem abgestempelten Beleg zurück zur Verkäuferin, um sich seine Ware abzuholen. Ich kenne dieses System noch aus der Sowjetunion, wo man offenbar nicht allen Verkäuferinnen die verantwortungsvolle Aufgabe des Umganges mit Bargeld übertragen wollte. Dort wurden die Transaktionen allerdings in Rubel abgewickelt, die Umrechnung in Devisen entfiel.

Immerhin will man neuerdings das Geld der Kunden und tut auch etwas dafür. Die erste Geldkarte Nordkoreas habe ich 2005 gesehen. Heute gibt es mindestens zwei, ich besitze sie beide. Die bereits genannte rot-blaue Narae-Card der Außenhandelsbank ist mit Abstand am weitesten verbreitet, wenn man den Aufklebern auf Geschäften glauben kann, in denen sie akzeptiert wird. Auch außerhalb der Hauptstadt sieht man diese Zeichen in zunehmendem Maße. Hinzu kommt noch die goldfarbene Koryo-Card. Nicht immer klappt allerdings die Verwendung; wenn es Probleme mit der Datenleitung gibt, und das kommt oft vor, muss man am Ende doch in bar bezahlen.

Nordkorea ist bei Nacht deutlich heller geworden. Das hat mit der Fertigstellung einiger Wasserkraftwerke zu tun, aber auch mit der Einführung alternativer Energiegewinnung durch Windrad oder Solarzelle. Sonnenkollektoren findet man inzwischen gerade außerhalb der Hauptstadt auf vielen Balkonen und Vorgärten. In Pjöngjang fallen entlang des Taedong-Flusses die mit Solarzellen versehenen Straßenlaternen auf.

Allerdings hat auch die Nachfrage nach Elektroenergie zugenommen, sodass man nicht genau weiß, wie lange die zusätzliche Energieproduktion noch reichen wird. Die Tatsache, dass solche Stromfresser wie Klimaanlagen an nahezu jedem Haus in Pjöngjang zu sehen sind, lässt in dieser Richtung nichts Gutes vermuten. Wie mir von Bewohnern der Hauptstadt berichtet wurde, führen im Winter die dank der höheren Kaufkraft zahlreicher werdenden Heizstrahler wieder zu häufigen Energieengpässen und Stromabschaltungen.

Besonders augenfällig ist die rapide steigende Zahl an in allen Farben, bevorzugt aber in Gold, schimmernden Schildern mit der Aufschrift *siktang* (Restaurant) und *sangjŏm* (Geschäft). *Sangjŏm* ist üblicherweise eine euphemistische Umschreibung für teils komplexe Einrichtungen, die aus einem Gemischtwarengeschäft, einem Restaurant und einer Sauna bestehen können. Bezahlt wird in der Regel in harter Währung, die Kundschaft sind vor allem Koreaner. Auch auf dem Land habe ich viele Neubauten von Restaurants und Geschäften gesehen. Letztere hießen vor einigen Jahren übrigens noch *pongsa sent'ŏ* (Service-Center). Dieser Begriff ist zwar treffender, wurde aber aus nicht näher erläuterten Gründen verboten.

Gleichzeitig werden propagandistische Losungen unauffälliger. Sie sind zwar nach wie vor sehr zahlreich, aber wo früher mit kräftigen Rot-Weiß-Kontrasten gearbeitet wurde, findet man nun immer öfter in grauen Granit eingravierte Zeichen. Diese sind zwar aufwändiger und wirken hochwertiger, dafür kann man sie aus einhundert Metern Entfernung kaum noch erkennen. Das sei der »neue, natürliche Stil«, wie mir ein sichtlich angetaner nordkoreanischer Begleiter auf Nachfrage im Herbst 2013 bestätigte.

Der einstige weithin sichtbare Schandfleck in der Mitte von Pjöngjang ist zu einem futuristischen Wahrzeichen geworden. Mithilfe des ägyptischen Mobilfunkanbieters ORASCOM, der mit der Firma Koryolink das nordkoreanische Handynetz betreibt, wurden die 105 Stockwerke des Ryugyŏng-Hotels nach zwei grauen Jahrzehnten nun endlich mit Glas verkleidet. Zwar ist das Innere noch immer eine Baustelle, dank der Fassade ist das Hotel aber inzwischen ein echter architektonischer Hingucker geworden. Die nordkoreanischen Begleiter erfreuen Touristen gern mit einem Scherz: Die schon von weitem sichtbare große Pyramide sei eine Raketenabschussrampe, wird glucksend mitgeteilt.

Auch anderswo wird gebaut. Im Rahmen eines Programms zur Verschönerung der Hauptstadt anlässlich des 100. Geburtstages von Kim Il-sung im April 2012 wurden neue Parks, die nahe den Großstatuen der beiden Führer liegenden Mansudae-Apartments und viele andere kleinere und größere Projekte verwirklicht. Hinzu kam ein Wohnhochhaus für die Professoren der Kim-Il-sung-Universität. Ein neuer Folklorepark wurde bei Pjöngjang errichtet, in die Jahre gekommene Vergnügungsparks aufwändig restauriert. Dabei scheute man keine Mühen und importierte sogar Fahrgeschäfte aus Italien. Für das Delphinarium auf der Rŭngna-Insel (Rŭngnado) im Taedong-Fluss legte man eigens eine knapp 100 Kilometer lange Salzwasserleitung zum Gelben Meer.

Wenn man durch das Land fährt, sieht man auch dort überall eine intensive Bautätigkeit. Ältere Wohnhäuser werden um einige Stockwerke erhöht, neue Häuser gebaut, Fassaden erneuert. Nordkorea erlebt, ohne Zweifel, einen Bauboom. Dessen Schattenseiten wurden deutlich, als Mitte Mai 2014 ein bereits teilweise bezogenes neues Gebäude in Pjöngjang in sich zusammenstürzte und viele Bewohner unter sich begrub. Die staatlichen Medien berichteten darüber, was sehr ungewöhnlich ist. Kim Jong-un habe wegen des Unglücks keinen Schlaf finden können, hieß es, und eine Reihe namentlich genannter hoher Beamter entschuldigte sich für ihre Verfehlungen, die zu dem Unglück geführt hätten.[18] Man darf vermuten, dass es sich hier auch um eine nordkoreanische Demonstration in Richtung Südkorea gehandelt hat, wo sich die Regierung massiver Kritik wegen ihres Umganges mit dem Fährunglück der »Sewŏl« ausgesetzt sah, die am 16. April 2014 gesunken war. Doch gleichzeitig ist das Eingeständnis des Unglücks ein weiteres Beispiel für Kim Jong-uns im Vergleich zu seinem Vorgänger offeneren Umgang mit den Medien.

Auch auf individueller Ebene hat sich einiges getan. Vor allem seit der Vorstellung der Ehefrau von Kim Jong-un im Sommer 2012 tragen nach ihrem Vorbild viele nordkoreanische Frauen einen praktischen Kurzhaarschnitt und nicht die vom Regime zuvor verordnete konservative Haartracht. Gefärbte Haare, lange Zeit ein Tabu, sieht man bei Frauen nun öfter. Die Zeiten, in denen alle die gleiche Kleidung trugen, sind lange vorbei. Kostüme, Blusen, Hosenanzüge und Schuhe in allen Farben und Formen bestimmen das Bild, wobei man nach wie vor auf Eleganz setzt. Jeans und T-Shirt habe ich gesehen, sie sind aber bislang die Ausnahme. Auch Haustiere werden immer beliebter. Frauen mit kleinen Hunden sieht man ebenso wie mit Gitternetzen geschützte Taubenschläge auf den Balkonen der Hochhäuser.

Es kann einem inzwischen auch in Nordkorea passieren, dass man auf dem Gehweg einem entgegenkommenden Passanten ausweichen muss, der gebannt auf das Display seines Mobiltelefons blickt und um sich herum nur wenig bemerkt. Mit weit über zwei Millionen Mobiltelefonen hat Nordkorea zwar noch Reserven, aber gerade das Tempo dieser Entwicklung ist bemerkenswert.[19] Ob in der Stadt oder auf dem Land, überall sieht man Menschen mit ihren Handys telefonieren, fotografieren, Kurznachrichten schreiben oder Spiele spielen. Immer öfter begegnen einem auch im Lande produzierte Tabletcomputer der Marken Samjiyŏn oder Arirang, die mit einem modifizierten Android-Betriebssystem und zahlreichen im Land programmierten Apps ausgestattet sind.[20]

Die Freizeitgestaltung der Bevölkerung ist in den letzten Jahren immer vielfältiger geworden. Die Restaurants konkurrieren miteinander um Kunden und übertreffen sich in neuen Kreationen, die geschmacklich die Kraft und Einfachheit der koreanischen Küche mit der Vielfalt der chinesischen Gewürzmischungen kombinieren. Es gibt dazu Kochsendungen und eine multimediale Koch-App für Tabletcomputer. Internationale Restaurants sind eher selten, aber immerhin gibt es in Pjöngjang zwei italienische Restaurants, deren Personal in Europa geschult worden ist, diverse Hamburger-Restaurants und sogar ein Wiener Kaffeehaus mit Wiener Kaffee zu Wiener Preisen.

Überhaupt erkennt man den Willen zur Flexibilität. Als ich im Frühjahr 2013 ein Geschäft mit der Aufschrift »Souvenirs« betrat, staunte ich nicht schlecht, dass gleich am Eingang die potentiellen Kunden auf »soeben eingetroffene Kühlschränke« aufmerksam gemacht wurden. Ein seltsames Mitbringsel, sollte man denken, aber Touristen waren ja überhaupt nicht angesprochen. Das Plakat war auf Koreanisch und wandte sich offenbar an die einheimische Kundschaft. Der Laden hatte nur eine Lizenz für Andenken – doch besseres Geld ließ sich offensichtlich mit Weißware verdienen.

Angesichts meiner Erfahrungen in der DDR hat mich besonders beeindruckt, dass ich 2012 in einem Geschäft Bananen sah, aber keine Schlange von Wartenden. Offenbar war das Obst viel zu teuer; aber immerhin gab es die Bananen zu kaufen. Das Problem ist also nicht mehr das Angebot, sondern das vielen Nordkoreanern fehlende Geld. Zugleich scheint es einer großen und zunehmend sichtbaren Gruppe der Bevölkerung daran nicht zu mangeln. Wenn man die Menschen beim Essen im Restaurant beobachtet, dann fällt auf, dass sehr häufig halbvolle Teller zurückgelassen werden.

Die Kinder vor allem in der Stadt sind gut gekleidet und verbringen ebenso wie ihre Altersgenossen auf dem Land ihre knappe Freizeit neben dem Schulunterricht und von der Schule organisierten Aktivitäten gern mit Inline-Skating. Am Abend und am Wochenende sind alle großen Freiflächen dafür in Beschlag genommen. Im Sommer gibt es überall im Land »Eskimo«-Speiseeis zu kaufen. In Pjöngjangs Golden-Lane-Bowlinghalle kann man im oberen Stockwerk sein Glück an japanischen einarmigen Banditen versuchen. Die Spielmünzen erhält man gegen Devisen, den Gewinn kann man in einem angeschlossenen Geschäft in Sachpreise ummünzen. Daneben gibt es in der Hauptstadt noch andere Orte der gehobenen Freizeitgestaltung wie Squash-Anlagen und Eislaufstadien. Der neueste Schrei in der Hauptstadt sind Fitnessstudios; offenbar hat das reichliche Essen seine Spuren hinterlassen, und der dank des Wohlstandes zunehmende Individualismus führt zu einem steigenden Interesse am eigenen Aussehen.

Von einem wichtigen Teil der kommerziellen Aktivitäten sind Ausländer ausgeschlossen: den Märkten. Der im Westen bekannteste ist der »Markt an der Wiedervereinigungsstraße« *(t'ongilgori sijang)*, der auch kurz T'ongil-Markt genannt wird, auch wenn er mit der Wiedervereinigung *(t'ongil)* nicht unmittelbar zu tun hat. Ich konnte ihn 2004 zum letzten Mal besuchen, seitdem ist der Zugang verboten. Fotografieren durfte ich auch damals nicht, ohne Angabe von Gründen. Es gibt Märkte überall im Land, und wenn man weiß, wonach man schauen muss, kann man sie gelegentlich auch entdecken. Vom Fenster des Pjöngjanger Yanggakdo-Hotels aus zum Beispiel sieht man den Markt des Stadtbezirkes Mitte, der leicht an seinem halbrunden blauen Dach erkennbar ist. Auf dem Land weisen ein bis zwei Dutzend nebeneinanderliegende Unterstände mit schrägen Dächern auf Märkte hin. In langen Reihen sind Stände aufgebaut, an denen zumeist Frauen die verschiedensten Produkte verkaufen, von Eiern und Reis über Gemüse, Bier, Schnaps, Kleidung bis hin zu Radios und Fernsehern. Die Preise haben viele Nullen und sind nicht staatlich reguliert. Devisen werden nach dem Schwarzmarktkurs bewertet.

Die neue Mittelschicht

Wenn man diese längst nicht vollständige Liste an Beispielen analysiert, dann erkennt man neben der beachtlichen Dynamik zwei Trends: eine neue Schicht an relativ wohlhabenden Bürgerinnen und Bürgern und das Gefälle zwischen der Hauptstadt und dem Rest des Landes.

Es hat sich ganz offenkundig eine neue Mittelschicht herausgebildet, die vor allem in der Hauptstadt unübersehbar ist. Man erkennt sie an Mobiltelefonen, dem Besuch von Restaurants, dem Besitz und der Verwendung von Devisen, der Kleidung und nicht zuletzt auch an der selbstbewussten Körpersprache. Die Herkunft dieses bescheidenen, aber sichtbaren neuen Wohlstandes ist unterschiedlich. Beamte und mächtige Mitglieder der diversen Hierarchieebenen im Apparat von Partei, Staat und Militär sind ebenso dabei wie erfolgreiche Geschäftsleute, Menschen mit Verwandten im immer reicher werdenden China, Leute mit Fremdsprachenkenntnissen oder anderen gefragten Fähigkeiten und generell jene, die mit Ausländern umgehen (dürfen) und daher Zugang zu harter Währung haben. Ihnen gemeinsam ist, dass sie nicht zur Oberschicht gehören, die nach wie vor sowohl für In- wie Ausländer meist weitgehend verborgen in ihren separaten Wohngebieten lebt. Nein, diese neue Mittelschicht ist sichtbar, und zwar täglich und im ganzen Land. Man ist zu Wohlstand gekommen und zeigt das auch.

Zwar bleibt auch in der Provinz die Entwicklung nicht stehen, im Gegenteil. Mobiltelefone und Restaurants gibt es ebenso außerhalb der Hauptstadt, wenngleich in kleinerer Zahl. Generell habe ich den Eindruck, dass der Wohlstand langsam, aber beständig nach unten durchsickert, also auch die Kreisstädte erreicht und eines Tages vielleicht das Land. Der Unterschied zwischen Pjöngjang und dem Rest ist dennoch enorm. Die Hauptstadt ist beinahe eine andere Welt. Sie war schon immer der Sitz einer auserwählten Elite, der Zuzug war streng geregelt. Es scheint, dass mit den Segnungen der schönen neuen Konsumwelt der Vorsprung noch größer und augenscheinlicher geworden ist. Neben der Art und Größe der Gebäude fallen vor allem die Kleidung und die Autos auf.

Liegt in diesen Gegensätzen die Keimzelle für Unruhe, Unzufriedenheit und Aufstände? Ich denke nicht. Es ist gar keine so dumme Politik, ein Xanadu im eigenen Land zu errichten. Als Ökonom weiß ich, dass Menschen ihre wirtschaftliche Lage in der Regel anhand ihrer Zukunftsaussichten bewerten, nicht anhand des Istzustandes. Wenn man der jungen Frau aus der Provinz also eine im eigenen Land gelegene und zumindest theoretisch erreichbare Traumstadt präsentiert, mit lauter reichen, schönen und glücklichen Menschen, dann wird sie nicht unbedingt böse auf den Staat sein, der ihr ähnlich märchenhafte Verhältnisse in ihrem Dorf nicht bieten kann. Stattdessen wird sie versuchen, alles zu tun, um auch Teil dieser wachsenden Gruppe von Auserwählten zu werden, entweder durch Umzug in die Hauptstadt oder durch eine Verbesserung der Situation zu Hause. Solange es Hoffnung gibt, wird man dieser nachjagen.

Interessanter ist die Spekulation über die Befindlichkeiten derer, die es bereits in die neue Mittelschicht geschafft haben. Anhand der Zahl der registrierten Mobiltelefone schätze ich sie mit Stand von Mitte 2014 auf gut 2 bis 2,5 Millionen,[21] was bei einer Gesamteinwohnerzahl von knapp 25 Millionen in etwa zehn Prozent entspricht und recht beachtlich ist. Diese Menschen haben viel erreicht, und zwar meist aus eigener Kraft. Die Nähe zum Staat hat dabei zweifellos geholfen, je nach Position mehr oder weniger. Aber es war eben nicht nur der Staat allein, der den auf materiellem Wohlstand begründeten sozialen Aufstieg ermöglicht hat.

Die neue Mittelschicht hat nun auch etwas zu verlieren, was sie vermutlich, wie in anderen Ländern auch, konservativer und weniger risikofreudig macht und die heldenhafte Begeisterung für die entscheidende Koste-es-was-es-wolle-Schlacht im Kampf mit dem Imperialismus ziemlich schmälern kann. Da hilft es auch nicht viel, wenn überall im Land Losungen wie »[den Führer] bis in den Tod verteidigen« *(kyŏlsa ongwi)* oder »lasst uns [den Führer] zum Preis des eigenen Lebens schützen« *(moksumŭro sasuhaja)* zu revolutionärer Opferbereitschaft auffordern.

Auch kommt als relativ neues Phänomen die Angst vor dem sozialen Abstieg hinzu, die es in einer egalitären Gesellschaft in der Regel nicht gibt. Um nicht zu fallen, versucht man daher, weiter aufzusteigen – mehr Geld zu verdienen, einen attraktiveren Posten zu erhalten, neue Geschäftsbereiche zu entwickeln, zu expandieren. Die Macht des Staates und die Ordnung im System sind dadurch nicht unmittelbar gefährdet, solange sich beide nicht als Hindernis beim Vorankommen herausstellen. Doch was, wenn sich die Politik der Führung ändert, wenn keine neuen Möglichkeiten zugelassen und bestehende Optionen eingeschränkt werden? Eine erneute Enteignung aufgrund einer Währungsreform wie 2009, das Verbot von Geschäftseröffnungen, die Einschränkung des Außenhandels oder strikte Devisenbewirtschaftung sind nur einige ausgewählte Maßnahmen, mit denen es sich der Staat sehr schnell bei der neuen Mittelschicht verscherzen kann. Wohlstand und Erfolg machen selbstbewusst und lassen die Bereitschaft schwinden, Bevormundung und Interventionen einfach zu ertragen. Von Maßnahmen wie einer weiteren Anhebung des gesetzlichen Mindestalters für Markthändlerinnen hat man seit Jahren nichts mehr gehört.[22]

Kehren wir wieder in die Realität zurück: Nordkorea steht noch ganz am Anfang einer solchen Entwicklung. Man sollte es also mit der Erwartung einer selbstbewussten Zivilgesellschaft nicht übertreiben. Die Grundlage wurde allerdings unübersehbar gelegt, und es wird schwer sein, ohne größere Verwerfungen das Rad wieder zurückzudrehen.

Unter Kim Jong-un haben zwar noch keine erkennbaren positiven und reformistischen Veränderungen stattgefunden, aber es gab auch keine Verstärkung der Versuche einer neoorthodoxen Rückkehr zu Positionen des Sozialismus der 1980er Jahre. Einen gewissen Optimismus hinsichtlich des Reformpotentials des jungen Führers dürfen wir uns also erlauben, während unterdessen die Zahl, das Vermögen und damit die Relevanz der neuen Mittelschicht wachsen.

Brot und Spiele: Der Weg in den Bankrott?

Kim Jong-un hat seit seiner Machtübernahme vor allem Geld versprochen und Geld ausgegeben. Er verhieß noch im Dezember 2011 seinen Untertanen *inmin saenghwal hyangsang* (die Verbesserung des Lebens der Bevölkerung). Das war zwar ein alter Slogan, aber auch eine der Losungen, die bei Kim Jong-uns erstem öffentlichem Auftritt nach dem Tod seines Vaters gezeigt wurden. Und tatsächlich lassen sich überall, auch auf dem Land, Zeichen eines in unterschiedlichem Maße gesteigerten Lebensstandards beobachten.

So weit, so gut. Ich habe einen großen Teil dieses Buches und auch zahllose öffentliche Vorträge dafür verwendet, die von den Medien zumeist auf andere Aspekte des Lebens in Nordkorea gerichtete Aufmerksamkeit auch auf diese positiven wirtschaftlichen Entwicklungen zu lenken. Doch drängt sich immer wieder die Frage nach den Ressourcen in den Vordergrund.

In der Tat: Woher nimmt der Staat die Mittel für den Bauboom? Woher kommt der Treibstoff für die Autos, wenn das

Land keine eigenen Erdölvorkommen hat? Woher nimmt man den Strom für die Klimaanlagen und die Heizstrahler, wenn wir doch alle das nächtliche Satellitenbild Koreas vor Augen haben, auf dem die nördliche Hälfe in fast völlige Dunkelheit gehüllt ist? Wie wird das zusätzliche Schuljahr finanziert, das Kim Jong-un im September 2012 den Millionen Jugendlichen seines Landes großzügig geschenkt hat? Und wie erwirtschaftet eigentlich die neue Mittelschicht die Devisen für ihren steigenden Konsum? An dieser Stelle murmle ich meist etwas von einer staatlichen Wirtschaft, in der Kosten und Preise nicht wirklich zählen, oder ich sage etwas über China, den Export von Rohstoffen und über Joint Ventures. Aber um ehrlich zu sein, so ganz zufriedenstellend finde ich diese Antworten selbst nicht.

Erneut muss ich fast zwangsläufig wieder an die DDR denken. Als Erich Honecker 1971 die Macht übernahm, propagierte er die sogenannte »Einheit von Wirtschafts- und Sozialpolitik«. In ein verständliches Deutsch übersetzt bedeutete das, dass der Staat das Lebensniveau der Bevölkerung entscheidend verbessern wollte. Das klingt verdächtig nach dem oben erwähnten *inmin saenghwal hyangsang*.

Rückblickend und mit den nötigen Zahlen und Fakten ausgestattet wissen wir, was in der DDR geschah. Der Staat borgte sich im Westen Geld, um das ambitionierte Wohnungsbauprogramm zu finanzieren, verkaufte sogar Kunst und Antiquitäten, um die Devisen für den Einkauf von Bohnenkaffee zu erwirtschaften, nach dem die zunehmend anspruchsvolle DDR-Bevölkerung verlangte. Junge Paare erhielten zinslose Ehekredite und neue Wohnungen, und es gab zahllose andere Wohltaten wie subventionierte Nahrungsmittel, Kinderkleidung oder öffentliche Verkehrsmittel.

Doch am Schluss war die DDR nicht nur wirtschaftlich bankrott. Sie war auch politisch am Ende, weil die derart großzügig bedachten Bürgerinnen und Bürger sich schnell an all diese Wohltaten gewöhnten und wie die meisten Menschen auf der Welt immer nur eines wollten: mehr. Dieses bereitzustellen ist, als würde man den Horizont zu erreichen suchen. Egal, wie schnell man läuft, er ist immer ein paar Kilometer weit weg. Trotz eines ständig wachsenden Lebensstandards waren die DDR-Bürger nicht etwa dankbar, sondern unzufrieden, sehr zum Erstaunen der greisen Führungsriege. Und da der Staat für sich die Zuständigkeit für alles im Lande beanspruchte, wurde er auch für diese Unzufriedenheit verantwortlich gemacht.

Nordkorea ist nicht die DDR, und 1989 ist nicht 2014. Beijing ist ein zwar schwieriger, im Unterschied zur implodierenden Sowjetunion unter Gorbatschow jedoch potenter Wirtschaftspartner, wie ihn die DDR nie hatte. Nordkorea verfügt über Rohstoffe im Wert von Billionen von US-Dollars, von denen Honecker nur träumen konnte. Japan und Russland verstärken derzeit ihre ökonomische Zusammenarbeit mit dem Nachbarn, und trotz der weitgehenden Einstellung aller Hilfslieferungen erwirtschaftet die Sonderwirtschaftszone Kaesŏng jährlich etwa 100 Millionen US-Dollar für das Regime. Das Atomwaffenprogramm sichert Nordkorea die ungeteilte Aufmerksamkeit der internationalen Gemeinschaft, die sich wiederum in Devisen ummünzen lässt.

Die Frage ist nur, ob all das ausreicht, um die Rechnungen der neuen Führung zu zahlen. Unterhaltung und Wohnungsbau sind ebenso unproduktiv wie Verteidigungsausgaben, jedenfalls in einem Land, in dem die Preise aus politischen Gründen weit unter den Kosten liegen. Explodierender Konsum in einem Entwicklungsland ist gefährlich, weil er der Wirtschaft knappe Ressourcen für Investitionen in produktive Bereiche entzieht. Es ist kein Zufall, dass der südkoreanische Diktator Park Chung-hee während der Phase des Wirtschaftswunders in den 1960er und 1970er Jahren seinen Landsleuten Konsumabstinenz verordnete.

Nordkoreas einseitige Abhängigkeit vom Export von Bodenschätzen ist ebenso riskant wie eine jede Monokultur; Gleiches gilt für das zu große Vertrauen auf einen einzelnen Handelspartner. Zwar ist die Beziehung Nordkoreas zu China längst nicht so schlecht, wie man sich das in manch westlicher Hauptstadt wünscht, aber auch keineswegs rein freundschaftlich und frei von knallharter Interessenkalkulation. China hilft Nordkorea nur, solange Beijing dies nützlich erscheint. Sobald sich diese Einschätzung ändert, hat Nordkorea ein Problem.

Ein Hinweis auf interne Schwierigkeiten, deren Details wir nicht kennen, die aber durchaus ökonomischer Natur sein könnten, war die schon mehrfach erwähnte einzigartig zu nennende öffentliche Anklage und umgehende Hinrichtung von Chang Sŏng-t'aek vom Dezember 2013. Üblicherweise hätte man den überambitionierten angeheirateten Onkel in aller Stille beseitigt, wie das zuvor schon etliche Male praktiziert wurde. Doch indem er die Affäre in allen Einzelheiten auf die erste Seite der Parteizeitung brachte und noch dazu in den Abendnachrichten im Fernsehen ausstrahlen ließ, wollte Kim Jong-un eindeutig ein Exempel statuieren. Das war riskant, denn er hat damit öffentlich eingestanden, dass er in der innersten Führung Opponenten hat. Für viele Menschen in Nordkorea war es bis dahin nicht einmal eine denkbare Option, die Befehle des obersten Führers zu missachten.

Kim Jong-un wollte ein Signal senden, aber an wen? Wäre nur die oberste Führungsriege der Adressat gewesen, hätte man das zum Beispiel in einer geschlossenen Sitzung des Zentralkomitees erledigen können. Stattdessen wandte sich der Führer an das gesamte Volk. Vielleicht sollte man die Handlungen eines Diktators nicht überbewerten, schließlich ist er auch nur ein Mensch, der zudem weitgehend ohne ehrliche Ratschläge seiner karrierebewussten Höflinge auskommen muss und daher tendenziell häufig emotional handelt. Vielleicht hat er sich einfach nur über den Onkel geärgert, der sich ein eigenes Wirtschaftsimperium aufgebaut und sogar eine Privatarmee gehalten hat. Oder er wollte ein deutliches Signal nach China senden, falls die Gerüchte stimmen, dass Chang ein besonders enges Verhältnis zu Beijing pflegte.

Denkbar wäre allerdings auch, dass Kim Jong-un nach Verantwortlichen für das sucht, was aller Erfahrung nach demnächst zu erwarten ist. Versprechungen einer Verbesserung des Lebensstandards, eine wachsende aufstrebende Mittelschicht, massive Investitionen in unproduktive Bereiche – ohne Reformen kommt da ein Land wie Nordkorea schnell an seine Grenzen. Chang Sŏng-t'aek könnte also ein Bauernopfer angesichts einer aufziehenden wirtschaftlichen Krise gewesen sein.[23]

Sollte dem so sein, dann schlösse sich hier der Kreis. Denn wenn die Geschichte als Lehrmeister dienen kann, dann wird das dauerhafte Ausgeben größerer Geldbeträge für Sozialpolitik ohne gleichzeitige stabile Einnahmequellen gepaart mit der Schaffung von immer schwerer erfüllbaren Erwartungen am Ende, wie in der DDR, in den wirtschaftlichen und politischen Staatsbankrott führen.

Es gibt jedoch auch ein optimistisches Szenario. Nach einigen Jahren der Freigiebigkeit werden die Reserven aufgebraucht sein,[24] kurzfristige Perfektionierungsmaßnahmen stoßen an ihre bekannten Grenzen. Der Handlungsdruck auf die Führung nimmt somit zu. Vielleicht erwächst daraus bei Kim Jong-un und seinen Getreuen eine tiefe Einsicht in die Notwendigkeit mutigen Handelns, die Bedenken gegenüber den Risiken echter Reformen überwinden wird.

8

Massenspektakel Arirang: Nordkorea in 90 Minuten

Kaum ein Ereignis fasst die Selbstsicht des Regimes so gut zusammen wie das unter dem Namen *Arirang* bekannte aufwändig inszenierte Massenspektakel.[1] Als Leipziger sind mir derartige Veranstaltungen im Zentralstadion unter dem Namen »Osttribüne« bekannt,[2] wenngleich ich neidlos zugeben muss, dass Nordkorea technisch und auch inhaltlich eine völlig andere Dimension erreicht hat.

Im größten, etwa 150 000 Personen fassenden Stadion des Landes auf der Insel Rŭngna, im Taedong-Fluss mitten in der Hauptstadt, bieten 100 000 Mitwirkende alljährlich von August bis September eine Propagandashow der Superlative. Die Akteure sind auf zwei Ebenen verteilt: dem mit einem Kunstrasen bedeckten Vordergrund, auf dem Tänzer und Artisten agieren, und auf der die gesamte östliche Längsseite des Stadions einnehmenden Tribüne, wo über 16 000 Schulkinder die Pixel eines lebenden Bildschirms gigantischen Ausmaßes formen. Jedes der Kinder hat vor sich ein etwa zweihundertseitiges großes Buch mit farbigen Seiten, die präzise zu einem bestimmten Zeitpunkt umgeschlagen werden müssen, sodass sich daraus möglichst schnell, simultan und fehlerlos ein riesiges Bild ergibt. Gelegentlich werden auch dynamische Elemente integriert, die durch das schnelle Auf- und Zuklappen der Bücher entstehen. Wenn die Kinder ihre schwarze Punkte bildenden Köpfe hinter den Büchern verstecken, ist das Bild fast makellos.

Nach einigen ähnlichen Festivals anlässlich runder Jahrestage von Partei und Staat in Nordkorea wurde Arirang unter dieser Bezeichnung erstmals 2002 aufgeführt. Es wurde 2005 wieder aufgenommen und findet seit 2007 jährlich statt. Die Veranstaltungen können damit als Produkt der Kim-Jong-il-Ära angesehen werden. Diese Tradition wurde unter Kim Jong-un zunächst 2012 und 2013 fortgesetzt. Für das Jahr 2014 war kein Arirang vorgesehen, was mit einer grundsätzlichen Modernisierung der Show und auch mit der Renovierung des Mai-Stadions begründet wurde.

Einige Vergleiche und Einsichten drängen sich förmlich auf. Der perfekte Gleichklang der Bewegung als Voraussetzung für den Erfolg der Gruppe und die Reduktion der Rolle des Einzelnen auf die eines Pixels in einem großen Bild könnten nicht treffender das ideale Gesellschaftsmodell in Nordkorea widerspiegeln. Die Tatsache, dass die totalitären Systeme Stalins, Hitlers und Maos ähnliche Aufführungen hervorbrachten, spricht für sich.

Fairerweise sollten wir anmerken, dass nicht nur in Nordkorea Menschen der Faszination der choreographierten Massenbewegung unterliegen. So werden zum Beispiel in den USA unter dem Begriff »card stunts« bei Football-Spielen ähnliche Kunststücke mit »lebenden Bildschirmen« gezeigt.[3] In Südkorea unter dem Diktator Park Chung-hee gab es ebenso derartige Vorführungen wie etwa bei der Eröffnungszeremonie der Olympischen Spiele in Seoul 1988.

Arirang ist aber mehr als nur eine groteske Show der Unterordnung des gesichtslosen Einzelnen unter das allein zählende Kollektiv. Beschreibungen reichen von »paradigmatisches Hochamt des Chuch'eismus«[4] über «die offizielle nationale Geschichte, gebündelt in einem 90-minütigen Spektakel«.[5] Arirang ist die offizielle Form dessen, wie Nordkoreas Führung ihr Land sieht und zeigen möchte. Der Inhalt, die Struktur, die Reihenfolge der Elemente und die Art ihrer Darstellung sind ebenso symbolträchtig wie die von Jahr zu Jahr vorgenommenen Änderungen. Die in Musik, Bildern und Losungen enthaltenen Aussagen sind so formuliert, dass jeder Nordkoreaner sie sofort versteht. Die einheimische Bevölkerung ist die Hauptzielgruppe für diese Veranstaltungen.

Ausländer werden gern zugelassen, wenngleich sie horrende Preise für den Eintritt bezahlen müssen. Ich habe die Show bisher insgesamt vier Mal live gesehen: 2005, 2010, 2012 und 2013. Die Preise für die Karten variierten in dieser Zeit je nach Buchungsklasse zwischen 50 und 300 Euro; in der Regel wird Klasse 1 zu 150 Euro empfohlen. Wenn man bedenkt, dass ein Tabletcomputer Samjiyŏn 180 Euro kostet und Einheimische nur etwa 25 Cent für ein Ticket zahlen, ist das ein stolzer Betrag.

Die Arirang-Aufführung von 2012, die ich hier vorstellen möchte, bestand aus acht Akten *(chang)*, die oft wiederum in verschiedene Szenen *(kyŏng)* unterteilt waren. Auf eine Einführung mit Lobpreisungen der Führer folgten ein Prolog, die Akte »Das Arirang-Volk«, »Militär-Zuerst-Arirang«, »Arirang des Glücks«, »Arirang der Wiedervereinigung«, »Arirang der Freundschaft« und ein Epilog.

Aber warum begleiten Sie mich nicht einfach in das Mai-Stadion, und wir sehen uns die Vorstellung gemeinsam an.

Vor dem Stadion

Es ist der Abend des 12. September 2012, die Dunkelheit ist hereingebrochen. Beim Essen erhebe ich das Glas auf meine Mutter, die im fernen Leipzig gerade ihren Geburtstag feiert. Dann wird unsere kleine Gruppen von Ausländern mit dem Bus vom Yanggakdo-Hotel abgeholt und auf die Insel bis kurz vor das Stadion gebracht, vorbei an endlosen Kolonnen von einheimischen Zuschauern und Akteuren, die zu Fuß unterwegs sind oder noch einige letzte Elemente ihres Auftrittes proben, direkt auf dem Parkplatz vor dem an einen riesigen Fallschirm erinnernden Stadion. Es ist ein ungeheures, lautes Durcheinander. Kapellen mit Blechblasinstrumenten marschieren an uns vorbei, junge Frauen in Militäruniformen und Miniröcken, aufgeregte Kinder in bunter Sportkleidung. Die Zuschauer streben zum Einlass, wo sich große Menschentrauben bilden. Überall Rufen und Lachen. Wir machen noch schnell ein Erinnerungsfoto vor dem bunt angeleuchteten Springbrunnen, prägen uns das Kennzeichen unseres Busses ein und fragen uns, wie wir den wohl jemals wiederfinden sollen. Unsere allgegenwärtigen Begleiter bringen uns zum VIP-Eingang, wir steigen eine Treppe hinauf und betrachten das Gewimmel noch kurz von oben. Nach der Kartenkontrolle folgt ein kleiner Spießrutenlauf durch Stände mit Getränken, Propagandapostern und anderen Souvenirs, die in traditionelle koreanische Kleidung aus dem einheimischen Material Vinalon gewandete Frauen uns gegen Devisen verkaufen möchten. Unsere Begleiter sind nervös, sie drängen zur Eile; Zeit zum Shoppen ist später, die Vorstellung geht gleich los.

Wir laufen durch Gänge, biegen nach links, dann nach rechts. Vor uns hören wir das Raunen der Menge, der Ausgang öffnet sich zu einem riesigen Stadion, das hell erleuchtet und voller Menschen ist, die gerade ihre Plätze aufsuchen. Wir haben für unsere vielen Euros die besten Sitze bekommen und nehmen so ziemlich in der Mitte der westlichen Tribüne Platz, an Tischen, die mit grünem samtartigem Stoff überzogen sind, vor uns je eine Flasche mit Wasser. Um uns herum sehen wir noch einige Dutzend Ausländer mit ihren einheimischen Betreuern. In der südlichen und in der nördlichen Kurve sitzen Nordkoreaner. Links erkennen wir den Bereich genau im Zentrum der Tribüne, der der obersten Führung vorbehalten ist. Wenn wir Glück haben, wird ER heute der Vorstellung beiwohnen, wispern unsere Begleiter ehrerbietig und mit einem verzückten Lächeln angesichts dieser großen Chance. Wir haben jedoch Pech, der Führer hat heute Abend etwas anderes vor.

Doch das Bedauern währt nur kurz. Wir holen die Kameras und Teleobjektive heraus, sehen uns um. Das Stadion ist festlich geschmückt. Der gesamte Boden ist mit einem riesigen Kunstrasenteppich bedeckt. Auf der gegenüberliegenden östlichen Tribüne können die Schulkinder mit ihren riesigen, vom häufigen Üben abgegriffenen, mit bunten Lesezeichen versehenen Büchern nicht still sitzen. Sie drängeln, reden, gestikulieren, necken sich. Kinder eben. Hemden hängen aus den Hosen, die größeren Jungs werfen sich in männliche Posen, die Mädchen kichern. Einige Kinder machen inmitten des Trubels ein Nickerchen. Kaum zu glauben, dass sie gleich eineinhalb Stunden lang diszipliniert und in höchster Perfektion in kürzesten Abständen ein Bild nach dem anderen produzieren werden, gesteuert durch für uns unsichtbare Signale auf dem obersten Rand der Zuschauertribüne hinter uns. Wie es wohl sein mag, wenn nur eines der 16 000 Kinder einen Moment nicht aufpasst und an ungeeigneter Stelle einen kleinen Fleck im ansonsten makellosen Bild produziert? Was, wenn dieses Bild ausgerechnet das Gesicht von … Aber daran möchte man besser nicht denken.

Rechts und links neben der Tribüne mit dem lebenden Bildschirm sind große Projektionswände aufgestellt. Direkt über den Kindern verläuft über die gesamte Länge der Tribüne eine schmale Anzeigetafel, auf der später die Namen der einzelnen Akte und Szenen sowie die Texte der gespielten Lieder angezeigt werden, falls jemand mitsingen möchte. Das ist alles auf Koreanisch, aber keine Sorge, ich werde für Sie übersetzen. Ganz oben sehen wir noch eine überdimensionierte Zahl, dieses Mal ist es die 100. Im Jahr 2012 jährt sich der Geburtstag des Großen Führers Kim Il-sung zum 100. Mal.

Plötzlich kommt Bewegung in die Tribüne. Die Kinder formen die Namenszüge der Stadtbezirke von Pjöngjang, aus denen sie stammen. Aus dem weitab gelegenen Mangyŏngdae scheinen dieses Mal besonders viele von ihnen zu kommen. Zum Aufwärmen machen sie die Bücher in schneller Folge mit lautem Klappern auf und zu, sie formen eine Art La Ola, rufen laut. Die Eltern platzen vor Stolz und zeigen sich gegenseitig, wo ihr Sprössling ungefähr sitzen müsste.

Einführung

Dann wird es still, die Lichter werden gedimmt. Zu den optimistischen, beschwingten Klängen des Liedes »Prosperiere für immer« tanzen Frauen in blauer, roter und grüner traditioneller Kleidung glücklich und unbeschwert. Auf der Tribüne erscheinen bunte Blumen und der Schriftzug: »Wir verehren den geliebten Genossen Kim Jong-un auf ewig«. Dann wird der Hintergrund rot, der Schriftzug wechselt zu »Der Führer und der General [gemeint sind Kim Il-sung und Kim Jong-il], die ewige Sonne des *chuch'e*«. Ein erneuter Wechsel zurück zu den bunten Blumen, und wir lesen: »Lang lebe der außergewöhnliche Kommandierende General Kim Jong-un!« Geschickt wird der Hinweis auf die beiden Verstorbenen, die Quelle der Legitimität für den Nachfolger, genau zwischen zwei Huldigungen für den neuen obersten Führer platziert. Um ganz sicherzugehen, wird diese Botschaft in den nächsten 90 Minuten noch des Öfteren wiederholt werden.

Die Touristen um mich herum johlen ekstatisch, unsere nordkoreanischen Begleiter vermuten nicht ganz zu Unrecht Ironie und sind irritiert.

Prolog: »Arirang«

Schlagartig wechselt die Stimmung. Es wird dunkel. Streicher stimmen eine getragene Melodie an, und auf die Tribüne wird ein Film projiziert. Man sieht ein traditionelles koreanisches Gebäude, das Taedong-Tor in Pjöngjang. Eine traditionelle Glocke ist zu sehen, sie wird durch einen dicken Holzbalken von außen angeschlagen, zwei tiefe Töne erklingen. Eine ganz in Weiß gekleidete Sängerin, von einem einzelnen Scheinwerfer beleuchtet, wird auf einem kleinen Podest hereingefahren und singt inmitten eines wallenden Nebels aus Trockeneis das in beiden Teilen Koreas beliebte traurig-süße Volkslied »Arirang«. Parallel dazu werden passende Bilder auf den Bildschirm projiziert. Die Geschichte ist so alt wie die Menschheit und schnell erzählt. Zwei Liebende, er muss gehen, sie bleibt zurück und fleht um seine baldige sichere Heimkehr. Der Ruf nach dem Geliebten »Ach, Rirang« gab dem Lied angeblich seinen Titel.

Sucht man nach einer symbolischen Bedeutung der Szene, so liegt die Erklärung wohl nahe, dass es sich auch bei Korea um zwei voneinander getrennte Teile eines Ganzen handelt, die traurig, sehnsüchtig und hoffnungsvoll auf die erneute Vereinigung warten. Allerdings werden nur in Südkorea die beiden Landesteile häufig als Mann und Frau dargestellt, wobei der Norden immer den vermeintlich schwachen weiblichen Part übernehmen muss. Gemäß dem alten koreanischen Sprichwort *»namnam, pungnyŏ«* (Süden Mann, Norden Frau), das so viel bedeutet wie »im Süden sind die gutaussehenden Männer, im Norden die schönen Frauen« träumt so mancher Südkoreaner mittleren Alters davon, nach der Wiedervereinigung eine folgsame und »natürliche« nordkoreanische Frau mithilfe seines materiellen Wohlstands zur Liebe überreden zu können. Wenn er sich mit der Einschätzung mal nicht getäuscht hat; die nordkoreanischen

Frauen, die ich kenne, sind allesamt ausgesprochen selbstbewusst und das, was man neudeutsch »tough« nennen würde.

Aber immerhin ist in Nordkorea die relative Zahl der Frauen noch deutlich größer als im Süden, wo die Präferenz für männliche Nachkommen, die hohen Kosten der Ausbildung von Kindern und die moderne Medizin zu einem erheblichen Männerüberschuss geführt haben. Findige Geschäftsleute arrangieren dort, gestützt auf die in ganz Asien populäre Traumwelt der südkoreanischen TV-Dramen, Ehen mit Frauen aus Südostasien. Das bis vor wenigen Jahren ethnisch weitgehend homogene Südkorea hat erheblich mit den sozialen Folgen dieser Einwanderungswelle zu kämpfen. Der »Import« nordkoreanischer Frauen kommt vielen wie eine tolle Lösung vor, zumal sie die Befehle ihrer hoffnungsfrohen koreanischen Ehemänner sogar verstehen könnten. Nun, Träumen ist ja nicht verboten, egal wie realitätsfern es ist. In Nordkorea sind jedenfalls in der Regel zwei Frauen die Symbole der beiden Landesteile auf dem Weg zur Wiedervereinigung.

Vorn führen einige hundert in Gold gekleidete Frauen einen Fächertanz auf, im Hintergrund erhebt sich über den rötlich gefärbten Bergen eine riesige Sonnenscheibe. Der Schriftzug »Arirang« erscheint. Die Bergkette erinnert an den Paektusan, die Geburtsstätte der nordkoreanischen Revolution. Gold heißt auf Koreanisch *küm*, das zugrunde liegende chinesische Zeichen kann aber auch *kim* ausgesprochen werden. Die Bedeutung »aufgehende Sonne« kann durch die chinesischen Schriftzeichen für *il* (Sonne) und *sŏng* (entstehen) wiedergegeben werden, und so lässt sich eine direkte Verbindung zu Kim Il-sŏng (Kim Il-sung), dem Gründer Nordkoreas, ziehen. Seine persönliche Geschichte und die des Landes sind untrennbar verbunden. Dies ist einer der roten Fäden, die sich durch die gesamte Aufführung ziehen.

Erster Akt: »Das Arirang-Volk«
Szene 1: »Unglückseliges Land«

Die Vergangenheit war so schön, doch dann brach das Unheil über Korea herein. »Unglückseliges Land« ist wörtlich der Titel des ersten Kapitels des ersten Bandes der Autobiographie von Kim Il-sung. Auf die Tribüne wird vor schwarzem Hintergrund der mit raschen Pinselstrichen gemalte Schriftzug »Lasst uns bitter und laut wehklagen, 1905« projiziert. Im Jahr 1905 wurde inmitten von Protesten der Koreaner, die von der internationalen Gemeinschaft weitgehend ignoriert wurden, der Protektoratsvertrag unterzeichnet, der Korea die außenpolitische Eigenständigkeit nahm und 1910 zum Annexionsvertrag und in die bis 1945 dauernde koloniale Abhängigkeit von Japan führte. Die Musik passt zu diesem dramatischen Ereignis. Eine Frauenstimme singt das »Lied der Blume Rühr-mich-nicht-an«, auf dem Bildschirm ziehen dunkle Wolken dahin. Im Vordergrund stellen in traditionelles koreanisches Weiß[6] gekleidete Männer und Frauen, die Arme mit überdimensionalen Ketten gebunden, durch hilflose und weit ausladende wehklagende Gesten das Leid der Versklavung dar. Die zarte Blume Korea wurde gegen ihren Willen gepflückt. Im Hintergrund wehen Trauerweiden im Wind.

Aus der leidenden Masse tauchen junge Männer und Frauen in der damals üblichen Schuluniform auf. Auch sie leiden, aber man erkennt Anfänge von Widerstand. Nur fehlt noch die Ordnung, die Führung. Im Hintergrund sieht man riesige Ketten. Posaunen erklingen. Ein Blitz erscheint auf dem Bildschirm und sprengt die Fesseln. Es donnert, dann Stille. Über einem Nadelwald steht ein einzelner Stern am Nachthimmel. Die Tänzer erwachen aus ihrer Erstarrung, die Musik und das Licht werden weicher, optimistischer, Flöten erklingen. Der Stern leuchtet und glitzert. Das Lied »Der Stern von Korea« beginnt mit den Worten »Oh Korea, sing das Lied der Freiheit«. Sie ahnen es schon, offenbar ist inmitten der größten Hoffnungslosigkeit der Erretter erschienen, der Große Führer Kim Il-sung.

An dieser Stelle will ich noch einmal auf den Namen Kims eingehen. Geboren wurde er als Kim Sŏng-ju. Für seinen politischen Kampf wählte er einen Nom de Guerre, vergleichbar etwa mit Lenin (der eigentlich Uljanow hieß) oder Stalin (eigentlich Tschugaschwili). Kim entschied sich also für *Il-sŏng*, was bei uns üblicherweise Il-sung geschrieben wird. Ich habe eben schon erwähnt, dass man seinen Namen heute mit den chinesischen Zeichen für »Sonne« und »entstehen« schreibt.[7] Ursprünglich jedoch schrieb er sich mit *il* für »eins« und *sŏng* für »Stern«. *Sŏng* kennen Sie aus dem Namen des bekannten südkoreanischen Elektronikproduzenten Samsung (Samsŏng), der so viel wie »drei Sterne« bedeutet.[8] Kims Name war also »ein Stern« oder »der eine Stern«, was die Symbolik der eben geschilderten Szene erklärt. Nachdem Kim Il-sung in mehrfacher Hinsicht zur Sonne wurde, löste ihn übrigens sein Sohn Kim Jong-il als Stern ab, aber dazu später.

Die Tänzer jubeln jedenfalls und springen mit emporgereckten Armen auf und ab. Dann streben sie dem Stern entgegen. Dieser steigt weiter empor, sogar über die Tribüne hinweg, direkt auf die darüber hängende Zahl 100 zu. Dort wartet schon eine kleine Hebebühne, Fackeln werden entzündet, die Flammen werden weiter gen Himmel gehoben. Die Kinder vollführen mit ihren Farbtafeln eine komplizierte Abfolge von Bewegungen, die lodernde Flammen darstellen. Die Zuschauer jubeln und klatschen. Die Szenerie ist in blutrotes Licht getaucht. Die Massen auf dem Rasen formieren sich, Marschmusik erklingt.

Szene 2: »Der Stern von Korea«

Endlich beginnt der organisierte Freiheitskampf. Die Tribüne zeigt eine Rote Flagge mit zwei koreanischen Buchstaben. Sie sind das geheime Zeichen für *t'ado*, die »Union zur Niederschlagung des Imperialismus«, die Kim Il-sung im zarten Alter von 14 Jahren gegründet hat. Diese Organisation wird in Nordkorea als der Vorläufer der Partei der Arbeit gesehen. Der lebende Bildschirm formt als Nächstes »Der erste Schritt der Kameradschaft beginnt am Paektusan«. Dieser Berg im Norden Koreas, mit 2744 Metern die höchste Erhebung der Halbinsel, ist das ultimative revolutionäre Symbol. Die Führerfamilie wird mit »Blutlinie von Paektusan« bezeichnet, die Silhouette des Berges bildet den Hintergrund für die zwei größten Führerstatuen in Pjöngjang. Der Kratersee auf dem Berggipfel ist eine der zentralen Pilgerstätten auf den Spuren der antijapanischen Revolutionäre. Die Grenze zu China verläuft mitten durch diesen See, was nicht konfliktfrei abgelaufen ist, da beide Seiten den Berg eigentlich ganz für sich haben wollten. Chinesische Skepsis gegenüber einer koreanischen Wiedervereinigung hat auch mit solchen vertagten Territorialkonflikten zu tun. Immerhin kann man von der chinesischen Seite selbst im Winter zum Kratersee hinaufgelangen, in einer recht abenteuerlichen Fahrt in japanischen Allradjeeps mit halsbrecherischer Geschwindigkeit und in tief ausgefahrenen Rinnen auf der vereisten Straße. Von Nordkorea aus ist der Zugang bisher nur in der warmen Jahreszeit möglich.

In blaue Trainingsanzüge gekleidete Männer schwenken unter lautem Rufen rote Fahnen. Im Hintergrund taucht das Bild eines Pferdefuhrwerkes auf, darauf ein Mann mit weit ausgebreiteten Armen. Die Schriftzüge »Du bist Kim Hyŏk, ich bin Sŏng-ju« tauchen auf. Dies ist einer der wenigen Momente, in denen außer den drei Führern noch andere Individuen genannt werden. Wie man sich denken kann, sind sie früh verstorben und konnten damit Teil des Mythos werden, ohne den Führern zu nahe zu kommen.

Gestatten Sie mir eine kurze Abschweifung: Es ist reiner Zufall, aber die Zahl von Männern mit in Korea eher seltenen einsilbigen Vornamen ist unter den nordkoreanischen Helden erstaunlich groß. Dazu gehören Nam Il, ein Heerführer im Koreakrieg, und Kim Ch'aek, nach dem unter anderem die größte technische Universität Nordkoreas benannt ist. Wenn Sie den Märtyrerfriedhof bei Pjöngjang besuchen, werden Sie durch endlose Reihen von Bronzebüsten wandern. Jede ist individuell gestaltet und frisch geputzt, die Granitsockel sind mit den Namen, Lebensdaten und Todesursachen der revolutionären Helden versehen. Achten Sie einmal auf die Namen in den obersten Reihen, oder lassen sie sich vorlesen: Nam Il, Kang Kŏn, An Kil, Kim Ch'aek, Ch'oe Hyŏn … alles einsilbige Vornamen. Dies ist eines der Mysterien Nordkoreas, für die ich die Erklärung schuldig bleiben muss.

Zurück zu Arirang. Sŏng-ju ist wie erwähnt der ursprüngliche Vorname Kim Il-sungs, und Kim Hyŏk war einer seiner loyalsten Gefolgsleute. Er komponierte das Lied »Der Stern von Korea«. Als er von den Japanern verhaftet wurde, beging er Selbstmord, um nicht unter der Folter den Aufenthaltsort des Führers preiszugeben. Er gilt seither als Symbol der Treue.

Der Schriftzug wechselt zu »Kameraden im Blute und im Glauben«, und dann zu »Kameradschaft ist die Grundlage unserer Partei«. Die Szene endet mit »In unseren Rängen: 10 Millionen, in einem Geiste«. Im Vordergrund formen die Männer das Wort »*chuch'e*«. Der Hintergrund wird dunkel, »*chuch'e*« rot angeleuchtet, die Zuschauer applaudieren. Ende der Szene.

Szene 3: »Mein Heimatland«

Erneut bilden die Kinder eine Projektionsfläche, indem sie weiße Tafeln hochhalten. Die Musik wird schmalzig, hohe Tannen wiegen sich sanft im Wind. Zu süßlichen Harfenklängen erscheinen aus dem Dunkeln etwa zwanzig Soldatinnen der antijapanischen Armee, erstarrt in einer Pose des Entzückens und des Jubels. Bei der einzelnen Kämpferin im Zentrum der Gruppe handelt es sich wohl um die meist in Uniform dargestellte Kim Jong-suk, die früh verstorbene erste Ehefrau von Kim Il-sung und Mutter von Kim Jong-il.

Ihre Bedeutung für die Nordkoreaner lässt sich entfernt mit jener der Jungfrau Maria in einem katholischen Umfeld vergleichen. Sie gilt den Frauen des Landes als strahlendes Vorbild. Muster einer revolutionären koreanischen Ehefrau, flickte sie nachts die Kleidung der Partisanen und verteidigte am Tag den Führer mit ihrem Leben. Vor allem letzteres Bild – Kim Jong-suk mit wachsamem Blick streckt schützend einen Arm aus, um Kim Il-sung zu decken, während sie mit der anderen Hand eine Nagant-Pistole abfeuert – findet man hundertfach an Nordkoreas öffentlichen Stätten. Das von Kim Il-sung persönlich komponierte Lied »Nostalgie« wird gespielt, in dem in getragenen Gesängen unter anderem der Abschied von der Mutter an der heimatlichen Haustür besungen wird, aber auch der Wunsch: »Oh, Tag der Unabhängigkeit, komm zurück!« Die uniformierten Revolutionärinnen sind von feengleichen Tänzerinnen umgeben, die anmutig ihre Fächer schwenken. Das Bild im Hintergrund zeigt den Paektusan, wechselt dann zum nahe gelegenen See Samjiyŏn, einer weiteren bekannten revolutionären Stätte und Namensgeber des nordkoreanischen Tablet-PCs.

Der Bildschirm zeigt ein Abbild des Kaesŏnmun, des »Tors der triumphalen Rückkehr« in der Hauptstadt. Unter Ausländern als nordkoreanischer Arc de Triomphe bekannt, markiert dieses Geschenk zum 70. Geburtstag von Kim Il-sung zwei denkwürdige Ereignisse. 1925 brach der 13-Jährige aus seinem Heimatort Mangyŏngdae bei Pjöngjang gen Norden in die Mandschurei auf, mit dem Schwur auf den Lippen, nicht eher heimzukehren, als bis er das Vaterland befreit hätte. Seine triumphale Rückkehr 1945 markiert nun dieses Tor, ebenso ein monumentales Mosaik gleich in der Nähe, das an seine Rede zu diesem Anlass erinnert. Der Schriftzug neben dem Bild des Tores gibt diese Geschichte wieder: »Von Mangyŏngdae zum Kaesŏnmun, eine endlos lange und blutige Reise«.

Darauf erscheint auf dem Bildschirm die Nationalflagge Nordkoreas, und die »Hymne des strahlenden Landes« wird gespielt. Im Vordergrund formen etwa 1500 Tänzer ebenfalls die nordkoreanische Fahne. Das Staatswappen Nordkoreas und die gesungenen Worte »Korea, Korea, mögest Du für immer sein« beschließen diese Szene.

Szene 4: »Unsere Waffen«

Dieser Abschnitt scheint zumindest bei männlichen ausländischen Besuchern mit Abstand am beliebtesten zu sein. Der Grund? Warten Sie ab.

Im Hintergrund tauchen vor einem blutroten Tuch zwei überkreuzte Pistolen auf, in der Ecke sieht man zwei chinesische Zeichen. Das ist eher ungewöhnlich, da Nordkorea eine strikte nationalistische Sprachpolitik verfolgt und im Alltag nur die koreanische Schrift verwendet. Die beiden Zeichen sind aber etwas Besonderes. Sie lauten *chiwŏn* und bedeuten »ziele hoch«. Wie man in seiner Autobiographie nachlesen kann, gab Kim Il-sungs Vater ihm diesen Wahlspruch mit auf seinen Lebensweg, zusammen mit den zwei Pistolen. Sein Sohn möge sich hohe und ehrenvolle Ziele setzen, wie etwa die Befreiung des Vaterlandes.

Eine Militärband spielt das Lied »Lang lebe Generalissimus Kim Il-sung«. Seine Leistungen werden auf dem lebenden Bildschirm gezeigt: »10 000 Ri im Schneesturm« und »10 000 Ri in blutigem Kampf«.[9] Man kann hier, wenn man will, eine Parallele zum chinesischen Langen Marsch sehen, grundsätzlich ist dies aber die typische Geschichte von revolutionären Befreiungskämpfern.

Im Vordergrund marschieren und tanzen über 500 Frauen in Uniformen mit für nordkoreanische Verhältnisse unfassbar kurzen Miniröcken. Was es genau mit dieser Kleidung auf sich hat, kann ich nicht sagen; das ist ein weiteres dieser nordkoreanischen Mysterien. Fakt ist, dass die sehr sinnlichen, fast schon frivolen Bewegungen und das absolut nicht züchtige Outfit in deutlichem Kontrast zur sehr prüden offiziellen Moral und auch zu dem stehen, was man sonst während der Arirang-Vorstellung und ganz allgemein im nordkoreanischen Alltag zu sehen bekommt. Körperbetonte Kleidung jenseits eines Chanel-Kostüms und auch nur die Andeutung von Sexualität sind tabu. Hier im Stadion allerdings demonstrieren die Tänzerinnen vor kämpferisch-revolutionärem Hintergrund enorme Lebensfreude. Hüften werden kokett gewiegt, Säbel gezückt, lange, in schwarzen Lederstiefeln und hautfarbenen Strumpfhosen steckende Beine steil gen Himmel geschwungen. Unter den Röcken erkennt der ungläubig starrende westliche Tourist khakifarbene Boxershorts. Die Zuschauer – auch die einheimischen – johlen begeistert.

Musik und Tanz erreichen eine Klimax. Die Minirocktänzerinnen versammeln sich in der Mitte und recken gemeinsam ihre Säbel zu einem metallenen Dom. Die Kinder auf der Tribüne formen die goldumrandeten Porträts der zwei verstorbenen Führer Kim Il-sung und Kim Jong-il. Beide lächeln zufrieden. Die Menge applaudiert. Der Hintergrund wechselt zu »Der gewaltige Sieg der Militär-Zuerst-Ära«, die Tänzerinnen ziehen von dannen.

Zweiter Akt: »Militär-Zuerst-Arirang«, Szene 1: »Unser Sehnen kennt kein Ende«

Der Schnitt ist recht heftig. Eben noch versprühte die Darstellung Optimismus und Lebensfreude, nun wird die Musik feierlich, und auf dem Rasen erscheint eine riesige rote Begonie. Diese trägt den Namen des verstorbenen Kim Jong-il. Glitzereffekte lassen die Blume funkeln. Hunderte mit weiten weißen Gewändern bekleidete Frauen umringen und himmeln die Kimjongilia an. Sie schwingen ihre an Flügel erinnernden langen Ärmel in einer Art, die Betrachter aus unserem Kulturkreis an Engel denken lässt. Auch die Diademe, die sie auf der Stirn tragen, verstärken diesen Eindruck. Ob betende Engel oder schmachtende Feen, jedenfalls findet hier ganz offenkundig eine heilige Handlung statt. Kraniche, konfuzianische Symbole eines langen Lebens, fliegen von oben herab. Das Volk liebt und verehrt seinen Führer, wie auch die über der Tribüne eingeblendeten Worte verraten.

Doch Schlimmes steht bevor. Die Musik wird dramatisch, im Hintergrund hört man eine Lokomotive aufheulen. Eine schneebedeckte Landschaft ist zu sehen, Flocken aus Kunstschnee fallen auf das Stadion herab. Die Tänzer erstarren, etwas Schreckliches muss geschehen sein. Sie rufen: »*Changgunnim!*« (General!) In der Tat ist Kim Jong-il gemäß offizieller Verlautbarung am 17. Dezember 2011 in seinem Sonderzug inmitten eines Schneesturms während einer seiner Besichtigungstouren verstorben. Die Söhne und Töchter des Landes sehnen sich nun nach dem Führer, der sich für sie zu Tode gearbeitet hat, sie wollen den Verlust nicht wahrhaben, können ihn nicht ertragen. Im Hintergrund sieht man seine Errungenschaften – moderne Gebäude, blühende Landschaften. »Was für eine großartige Person hatten wir doch in unserer Mitte!«, entsteht als Schriftbild auf der Tribüne.

Die Blume wird hinausgerollt, und die Trauer macht wilder Entschlossenheit Platz, das Werk des zu früh Verstorbenen fortzusetzen und damit die niemals wirklich tilgbare Schuld des Volkes zumindest ein wenig zu reduzieren.[10] »Für 10 000 Jahre werden wir in einheitlichem Geiste folgen« steht auf der Tribüne, und auf dem Laufband darüber eine Textzeile des gleichnamigen Liedes: »Ah, respektierter Genosse Kim Jong-un, der Du von den Menschen so hoch verehrt wirst«.

Diese Passage ist eine Hinzufügung, die 2012 erstmals aufgeführt wurde. Man erkennt hier besonders gut, wie ein unmittelbarer Zusammenhang zwischen dem schweren Verlust und der Hoffnung auf eine glänzende Zukunft unter Kim Jong-un hergestellt wird. Bemerkenswert ist auch, dass die Trauer nur eine sehr untergeordnete Rolle gespielt hat. Ebenso wie Kim Jong-un relativ schnell zum politischen Tagesgeschäft übergegangen war, hat sich auch Arirang nicht lange mit Selbstmitleid aufgehalten. Das Vermächtnis des ohnehin auf ewig mit dem Volke seienden Führers muss zum Wohle der Menschen und zum Ruhme der Nation fortgesetzt werden.

Szene 2: »Blühe weithin«

Es werden nun die diversen Errungenschaften des sozialistischen Lebens vorgestellt. Es beginnt mit den Kindern, die als Könige von Palast zu Palast ziehen: »Nach der Geburt: Babypalast«, »Wenn man aufwächst: Kinderpalast«. Der Slogan der Pionierorganisation wird gezeigt, der übrigens genau dem Pendant in der Sowjetunion und in der DDR entspricht. »*Hangsang chunbi!*« – Immer bereit! – ist auch hier das Motto.

Die wunderbare Welt der Kinder Nordkoreas zieht in schneller Folge über den Bildschirm: Busse, Schiffe, Züge, Flugzeuge. Eines davon ist laut Liedtext das »Flugzeug der Liebe«, mit dem der Führer Kim Jong-un die Kinder besucht und sich persönlich um ihr Wohl kümmert. Überall im Land liest man am Eingang der Schulen die Losung »Vater Kim Jong-un, wir danken Dir«. Auf dem Bildschirm steht: »Die zukünftige Generation zu lieben bedeutet, die Zukunft zu lieben«.

Während im Vordergrund auf dem Rasen zahllose Kinder trotz der vorgerückten Stunde glücklich jauchzend beeindruckende Kunststücke mit Springseilen, Bällen, Einrädern und ihrem Gleichgewichtssinn aufführen, erklingt das Lied von der Traumstadt Pjöngjang. In der Tat ist es der Führung bisher gelungen, die verschiedenen Entwicklungsniveaus des Landes so deutlich unter dem der Hauptstadt zu halten, dass sich die Menschen nach einem Leben dort und nicht etwa in Seoul oder Tokio verzehren. Jedenfalls scheint das der Plan zu sein.

Die auf der Tribüne dargestellten Zeilen »Wir sind glücklich« und »Wir haben die Welt um nichts zu beneiden« sind typische Inschriften über Kindergärten. Bilder von rotwangigen, ein wenig zum Übergewicht neigenden Kindern wechseln sich jetzt mit den Verheißungen des Glücks und des Wohlstandes ab. Zum Schluss erscheint noch einmal das Motto der Jungen Pioniere in seiner vollen Länge: »Für das sozialistische Vaterland – lasst uns immer bereit sein!« Als die Kinder winkend aus dem Stadion ziehen, klatscht das Publikum rhythmisch mit.

Szene 3: »Schaffung einer neuen Welt«

In dieser Szene werden die zahllosen Errungenschaften des sozialistischen Wirtschaftsaufbaus gewürdigt. Sie ist eine gute Zusammenfassung der aus Sicht des Regimes wichtigsten Projekte und nebenbei auch eine beeindruckende Schau dessen, wie viel Detail man mit einem aus 16 000 lebenden Pixeln bestehenden Bildschirm darstellen kann.

Wir sehen den Westmeerstaudamm, ein nicht unumstrittenes Projekt, mit dem der Fluss Taedong bei der Hafenstadt Namp'o an der Westküste vom Meer abgetrennt wurde. Das gigantische Bauwerk war bei seiner Fertigstellung 1986 der größte Staudamm der Welt. Es wurde auf die für Nordkorea typische Weise vor allem mit dem Heldenmut der Menschen, in diesem Fall dreier Armeedivisionen, gebaut. Wie das Motto auf dem Bildschirm sagt: »Wenn Korea entscheidet, handeln wir!« Offenbar geschieht das ohne Rücksicht auf Verluste. Junge Männer ohne entsprechende Erfahrung wurden kurzerhand in Taucheranzüge gesteckt und arbeiteten lange Schichten unter Wasser. Berichten osteuropäischer Diplomaten zufolge ist es dabei zu Hunderten Todesfällen gekommen.

Der Nutzen des Dammes liegt vor allem im Schutz vor einer Überflutung des flussaufwärts gelegenen Pjöngjang, der Verkürzung von Transportwegen durch die auf der Dammkrone verlaufende Straße, und in der Abtrennung des Flusses vom Salzwasser des Meeres. Dadurch ist ein enormes Reservoir an Süßwasser entstanden, das vor allem der Landwirtschaft zugute kommt. Eine ursprünglich erhoffte positive Wirkung auf die Schifffahrt ist nicht zu erkennen, was an den enormen Sedimentmengen und der entsprechenden Versandung des Flussbettes liegt. Zur Gewinnung von Elektrizität wird die Anlage nicht genutzt.

Diese Funktion erfüllt der als Nächstes gezeigte gewaltige Staudamm, vermutlich symbolisiert er das von der Jugend des Landes erbaute Kraftwerk Hŭich'ŏn. Es wurde nur wenige Monate nach der Machtübernahme durch Kim Jong-un fertiggestellt und soll die Energiesituation vor allem in der Hauptstadt erheblich verbessern. Ein sanfter Hinweis auf Qualitätsprobleme ist die Losung: »Lasst uns für 1000 Jahre Verantwortung übernehmen und für 10 000 Jahre garantieren!«

Weitere neuere Projekte sind zu sehen, etwa die Salzwasserleitung zur Versorgung des neuen Delphinariums in der Hauptstadt oder der Hafen von Tanch'ŏn an der Ostküste, der vor allem die Verschiffung der reichhaltig vorhandenen Rohstoffe des Landes erleichtern soll. Im Vordergrund tanzen und turnen Hunderte Männer und Frauen in Gymnastik- beziehungsweise Trainingsanzügen. Die Musik ist noch immer optimistisch, schnell, marschmäßig. Nach einer halben Stunde sind die ersten westlichen Besucher von den recht schwülstigen Tönen bereits ein wenig genervt, zumal sie außer bunten Bildern und großartigen artistischen Leistungen nebst einer beängstigend perfekten Choreographie wohl nicht viel mitbekommen. Ohne Kenntnis des Kontexts ist Arirang einfach nur eine bombastische Show.

Hiernach sehen wir den Rŭngna-Vergnügungspark; das Original liegt nicht weit entfernt vom Stadion auf der gleichnamigen Insel im Fluss Taedong. Dort können sich auserwählte Werktätige in einem Aqua-Park auf internationalem Niveau entspannen. Gleiches gilt für den Sport- und Erholungskomplex Ryugyŏngwŏn, natürlich ebenfalls in Pjöngjang, und die angeschlossene Eislaufhalle. Direkt gegenüber der Anfang der 1990er Jahre gebauten Bowlinganlage mit ihren einarmigen Banditen gelegen, ist dies derzeit einer der coolsten Plätze für die Jugend der Hauptstadt.

Für das nächste Bild unter dem Titel »Stolzes Ch'angsŏng« sind wieder ein wenig Insiderkenntnisse nötig. Man sieht eigentlich nur ein Dorf, jede Menge Produkte der Nahrungsmittelindustrie und kurz darauf die Bezeichnung »Sozialistisches Märchendorf«. Dahinter steckt wieder eine ganze Geschichte, in der einmal mehr der Große Führer Kim Il-sung eine zentrale Rolle spielt. Ch'angsŏng war einst ein armer, völlig rückständiger und von allen bemitleideter Landkreis im Norden der Provinz Nordp'yŏng'an. Das Leben war hart, der Boden schlecht, es gab keine Zukunft und die Menschen fühlten sich minderwertig. Dann kam der Führer, gab eine Vor-Ort-Anleitung, und alles wurde gut. Heute ist der Landkreis wohlhabend, erfolgreich und wird von allen bewundert. Seine Bewohner sind stolz und dankbar.

Es folgt ein Hinweis auf Versuche, die Abholzung des Landes und damit die zunehmende Schwere der Naturkatastrophen einzudämmen: »Aufforstung und Wiederaufforstung des gesamten Landes«. Die Sportler im Vordergrund formen derweil immer neue Muster, und die Musik ist noch immer enthusiastisch. Es kommt das letzte Bild dieser Szene: »Mein vom Glück der Menschen überströmendes Land«.

Szene 4: »Mein gedeihendes Land«

Grüne Laserstrahlen projizieren Bilder auf den nun schwarzen Hintergrund. Grüne Delphine springen aus grünem Wasser. Meine etwas gelangweilte nordkoreanische Begleiterin raunt mir zu, sie habe das jetzt schon sieben Mal gesehen – in diesem Jahr, versteht sich. Ich nicke wissend, halte mich mit bissigen Kommentaren aber zurück. Ich hatte zwei Jahre Pause seit meiner letzten Vorstellung und verfolge mit Interesse, was sich vielleicht verändert hat.

Man sollte meinen, die vergangene Szene hätte schon genug Erfolge präsentiert, aber weit gefehlt. Es geht nahtlos weiter, jetzt dreht es sich um Äpfel. Sozialistische Selbstdarstellung war und ist immer auch ein wenig profan, Nordkorea bildet da keine Ausnahme. Das Bild auf der Tribüne präsentiert die erst vor wenigen Jahren angelegte Taedong-Apfelfarm bei Pjöngjang, für die eine ganze Ebene von Reis- in Obstland umgewandelt worden ist. Ich war mehrere Male dort, sie gehört zum touristischen Standardprogramm. In endlosen Reihen ziehen sich Apfelbäume, man sieht Musterdörfer, es gibt einen eigens errichteten Aussichtspunkt. Mit einem unerschöpflichen Reservoir an hochwichtigen Detailkenntnissen ausgestattete lokale PR-Manager geben Erläuterungen. Im angeschlossenen Dorfladen kann man gegen Devisen alle möglichen Apfelprodukte erwerben: Apfelwein, Apfelsaft, getrocknete Apfelringe, Apfelkosmetik und in einer Ecke auch Äpfel. Diese sind übrigens für die Werktätigen gedacht, nicht für den Export – so erfahre ich auf Nachfrage. Ich behalte meine aus westlichem Zynismus erwachsenden Zweifel für mich.

Neben dieser Musterfarm ist die Anpflanzung von Obstbäumen ein landesweit zu beobachtender neuerer agrarpolitischer Trend, der mir als Laien in der Tat durchaus sinnvoll erscheint. Sonst kaum nutzbares Land an steilen Hängen produziert so Nahrungsmittel, und gleichzeitig wird der Boden gefestigt. Zudem werden die örtlichen Bauern im Zweifel die Obstbäume in Erwartung süßer Erträge eher stehen lassen als andere Gehölze, auch wenn der Winter mal wieder kalt und das Heizmaterial knapp ist.

Um das ästhetische Erlebnis noch zu steigern, haben sich die Choreographen etwas Besonderes einfallen lassen. Im Vordergrund tanzen nun nicht mehr Tänzer ohne direkten Bezug zum gezeigten Bild, sondern wir sehen lange Reihen von Apfelbäumchen, gehalten von jungen Frauen. Die Bäume blühen, die Zweige wiegen sich sanft im Wind. Dann werden die Zweige gedreht, und plötzlich hängen rote Äpfel daran. Glückliche sozialistische Bäuerinnen tänzeln durch die Reihen und liebkosen die Früchte.

Ein Chor singt von einem Land, in dem es sich gut leben lässt. Dann kommen Kinder mit riesigen über den Kopf gestülpten Äpfeln ins Bild, es wird eine reiche Ernte geben. Die Tribüne zeigt jetzt einen ganzen Berg von roten Äpfeln mitsamt den daraus gefertigten Produkten.

Derweil die glücklichen Apfelpflückerinnen noch mit dem Obst tanzen, sehen wir im Hintergrund Ziegen. Während der Europäer vielleicht an Heidi denken muss, ist das für Nordkorea eine der Maßnahmen, mit denen man nach der Hungersnot Mitte der 1990er Jahre das Problem der knappen Nahrungsmittel lösen wollte. Die Logik war einfach – Ziegen machen keine Arbeit, sie versorgen sich selbst, und sie liefern Milch und Fleisch. Heute sieht man überall im Land Ziegen, die allerdings einen gesunden Appetit haben und wirklich alles fressen, was ihnen vor die Nase kommt. Es gibt Einschätzungen, nach denen sie zur Bodenerosion erheblich beitragen.

Wir sehen noch eine Reihe anderer Nutztiere: Schweine, Kaninchen, Fische, Hühner samt Eiern und Küken. Die Kaninchen werden einen deutschen Züchter besonders freuen, der 2007 seine Deutschen Riesen nach Nordkorea lieferte und sich nun um deren Verbleib Sorgen macht.[11] Unten auf dem Rasen führen Bauern einen traditionellen Erntedanktanz auf. Riesige Pappmaschee-Muttersäue in koreanischer Frauenkleidung rollen auf das Feld und gebären Dutzende kleine Ferkelchen, die, sich ihrer endgültigen Bestimmung offenbar nicht bewusst, fröhlich umherhüpfen. Auf dem Bildschirm werden Sojabohnen gezeigt, ein wichtiger Proteinlieferant und neben den Ziegen eine weitere nach 1997 verordnete Maßnahme, um eine erneute Nahrungsmittelkrise zu verhindern.

Dann wird es technisch: »Kreislauf-Landwirtschaft« lesen wir. Erneut hatte der Führer seine Hände im Spiel, denn er erkannte, dass Tiere Dünger produzieren, Dünger Futterpflanzen wachsen lässt, Tiere diese fressen, wiederum Dünger produzieren und so weiter. Die Bauern waren zweifellos beeindruckt. Die »Saatgutrevolution«, im nächsten Bild gezeigt, soll die Erträge steigern. Die Szene endet mit den Worten: »Wenn der Führer und der General dies sehen könnten, ach, wie zufrieden sie wohl wären!« Unten springen Fische, tollen Schweine, Ziegen und Hasen umher, und noch immer tanzen die Bauern.

Szene 5: »3000 Ri des Vinalon«

Es sind 45 Minuten um, aber noch ist kein Ende der Erfolgswelle in Sicht. Jetzt ist die Leichtindustrie an der Reihe. Die Szene beginnt mit einer Lobpreisung von Vinalon, einer seit 1961 in Hamhŭng produzierten recht steifen Kunstfaser, die aus einheimischen Rohstoffen hergestellt werden kann und damit die Abhängigkeit von Importen verringert hat. Das nächste Bild unterstreicht dies: »Die Leichtindustrie gemäß den Prinzipien von *chuch'e* und inländischer Produktion transformieren«.

Drei auf einer kleinen Bühne stehende Sängerinnen intonieren mit wunderschönen Stimmen den Klassiker »Das Seidenwebermädchen von Yŏngbyŏn«. Uneingeweihte Zuschauer werden angesichts der sanften Melodie und der warmen Zuneigung in der Stimme der Sängerinnen ein Liebeslied vermuten. Aber die Zuneigung gilt einem Produkt: Vinalon wird da besungen, wie die Azaleen des Jong-il-Gipfels zu Webmustern werden und wie die Liebe des Führers Flüsse und Berge überspannt. Aber Moment, woher kommt die Weberin noch mal, aus Yŏngbyŏn? Das klingt irgendwie vertraut. Und in der Tat, der Ort ist vor allem für die dort befindliche Atomanlage bekannt. Dabei wird es wohl auch bleiben, denn mit der Öffnung des nordkoreanischen Marktes für chinesische Textilien haben es einheimische Produkte immer schwerer. Das hat sich jedoch noch nicht bis zu den Machern des Arirang-Festivals herumgesprochen; im Hintergrund wird eine Armee von Webstühlen dargestellt, die unverdrossen bunte Stoffe für die Werktätigen produzieren. Im Vordergrund tanzen glückliche Weberinnen.

Szene 6: »Noch höher, noch schneller«

Der eine oder andere Zuschauer wird bei dieser Szene an »schneller, höher, weiter« denken, das populäre Motto des olympischen Sports. Darum geht es hier allerdings nur indirekt. Wir sind ja noch bei den herausragenden Wirtschaftsleistungen, und nun wird erklärt, woher diese kommen sollen – aus dem wissenschaftlich-technischen Fortschritt.

»21. Jahrhundert, Durchbruch, Spitzentechnologie« lesen wir, untermalt von Tönen, die ein wenig an *Raumpatrouille Orion* erinnern. Das Bild wechselt zu einem mit Staubschutzhaube bekleideten Wissenschaftler, einem Kämpfer an seinem Arbeitsplatz. Entschlossenen Blickes schaut er durch ein Mikroskop, um das neben ihm abgebildete Motto »Modernisierung und Umstellung der Volkswirtschaft auf Informationstechnologie« umzusetzen. Das nächste Bild zeigt ein modernes Land und ruft auf: »Vorwärts auf dem Weg zu einer intellektuellen Großmacht: Biotechnologie, Nanotechnologie, Informationstechnologie«.

Ein besonders populärer, fast schon beschwörend immer wieder in Zeitungen und auf Postern verwendeter Begriff ist »CNC« (die Abkürzung für Computerized Numerical Control), also die elektronische Steuerung von Maschinen. Auch bei Arirang darf dieser Begriff nicht fehlen: »CNC – die Macht der *chuch'e*-orientierten Industrie«. Moderne Technik soll es richten. Nordkoreas Führung hofft (noch) darauf, die lange überfälligen

Reformen vermeiden und durch Perfektionierungsmaßnahmen ersetzen zu können.

Auch alte Konzepte leben noch. Neben einer entschlossen und kämpferisch emporgereckten Fackel steht: »Die Flamme von Hamnam. Der revolutionäre Armee-Geist. Vertrauen auf die eigenen Kräfte. Absoluter Gehorsam.« Hieran zeigt sich die schon öfter erwähnte ideologische Komponente des nordkoreanischen Wirtschaftsmodells. Die »Flamme von Hamnam« ist eine der vielen Kampagnen, mit denen die Menschen zur schnelleren und besseren Arbeit animiert werden sollen. All diesen Aktionen gemeinsam sind der militärische Kampfgeist, ein Musterkollektiv oder ein Musterprojekt, das als Vorbild für den Rest des Landes dienen soll, und natürlich die obligatorische Beteiligung des Führers, der in der Regel durch eine Vor-Ort-Anleitung die Betreffenden zu einer spontanen Loyalitätsbekundung und Produktionssteigerung inspiriert hat.

Im nächsten Bild erscheint eine Reihe von Säcken mit verschiedenen Arten von Kunstdünger. Der »Düngemittelwasserfall« ist eine wichtige Komponente der Agrarpolitik. Da der landwirtschaftlich nutzbare Boden in Nordkorea knapp und durch intensive Bewirtschaftung ausgelaugt ist, hängt die Ernte in hohem Maße vom Einsatz von Kunstdünger ab. Die Wirtschafts- und Energiekrise nach 1990 hat die Düngemittelproduktion erheblich reduziert und mit zu der von 1995 an herrschenden Hungersnot beigetragen. Lange Zeit war Südkorea ein wichtiger Lieferant von Kunstdünger, stellte die Hilfe jedoch nach den Atomtests und nach Ablösung der progressiven durch eine konservative Regierung 2008 ein. Um Abhilfe zu schaffen, setzt Nordkorea seither intensiver auf Biodünger, allerdings mit nur mäßigem Erfolg. Der einheimischen Produktion, hauptsächlich im chemischen Werk Hŭngnam, kommt daher eine erhebliche strategische Bedeutung zu.

Welche Rolle spielt die Außenwelt im wirtschaftspolitischen Selbstbild Nordkoreas? Auch hierauf hat Arirang eine Antwort: »Die Füße auf dem eigenen Boden, die Augen der Welt entgegen«, heißt es im nächsten Bild. Dieses sehr verbreitete Motto erfasst die Essenz von *chuch'e* weitaus besser als viele langwierige Erklärungen. Man ist nämlich mitnichten gegen jeden Kontakt mit dem Ausland, dieser muss jedoch immer vom nationalen Standpunkt aus sinnvoll erscheinen und im nationalen Interesse stattfinden.

Da passt es, wenn in den nächsten zwei Bildern der »Patriotismus von Kim Jong-il« und »Der heiße Wind des Patriotismus« Thema ist. Unmittelbar nach seinem Tod ist mir aufgefallen, dass das Bild von Kim Jong-il als Patriot *(aegukja)* besonders häufig verwendet wurde. Was die am Boden mit Reifen turnenden Gymnastinnen damit zu tun haben, bleibt dem Zuschauer verborgen; wir sind trotzdem von der Perfektion der Darbietung beeindruckt.

Die Szene endet mit »Unabhängiges Land, prosperierend für immer«. Im Zentrum des Rasens formen Turner eine fünfstöckige Menschenpyramide, und wie bei den *castelleres* in Katalonien bildet ein Kind die Spitze. Als es sich nach einem perfekten Handstand metertief in ein vorbereitetes Sprungtuch fallen lässt, applaudiert die Menge nach einem kurzen »Ohhhh« beindruckt.

Szene 7: »Der Geist von Arirang«

Die richtige mentale Einstellung ist unabdingbar für den Erfolg eines kollektivistischen Systems. Die Kinder halten jetzt weiße Tafeln, auf die eine mittelalterliche Stadtmauer mit Wachturm projiziert wird, gefolgt vom Südtor von Pjöngjang, das unter anderem an dem charakteristischen mehreckigen Torbogen zu erkennen ist. Heute bildet es den Eingang zu einem Vergnügungspark. Es soll auf die lange Tradition Koreas verweisen, sich gegen

Invasoren zu schützen. Die gesamte Szene widmet sich vor allem der nationalen Selbstverteidigung T'aekwŏndo.

»Weisheit der Nation«: Die Artisten auf dem Rasen tragen Kleidung, die den Uniformen aus der Koguryŏ-Zeit (37 v. u. Z. bis 668 u. Z.) nachempfunden ist. Nordkorea sieht in diesem als kriegerisch und rau bekannten Reich seinen historischen Vorläufer, während Südkorea sich vor allem mit der Hochkultur von Silla identifiziert. Bedingt durch seine geographische Lage am Übergang zum asiatischen Kontinent war Koguryŏ besonders oft Opfer von Invasoren, die es erfolgreich zurückschlug. Das erste territorial in etwa dem heutigen Korea entsprechende Reich, Koryŏ, suchte seine Wurzeln ebenfalls bei den kriegerischen Vorfahren, wie man auch schon dem lediglich um die mittlere Silbe *»gu«* reduzierten Landesnamen entnehmen kann. In der Gegenwart gibt es einige unschöne Auseinandersetzungen beider Koreas mit der Volksrepublik China, die das bis weit in die heutigen Provinzen Jilin und Liaoning hineinreichende Koguryŏ als Teil der eigenen Geschichte reklamiert.

Während sich also vorn die Koguryŏ-Krieger verausgaben, sieht man auf dem Bild im Hintergrund einen in weiße T'aekwŏndo-Kleidung gewandeten Sportler, der mit hartem Fußtritt eine ganze Reihe von Ziegeln zertrümmert. Interessant ist der darüber durchlaufende Text des instrumental vorgetragenen Liedes »Großes Land«: Von wehenden roten Fahnen ist hier die Rede und davon, wie man jeden Hügel gegen die feindlichen amerikanischen Imperialisten *(wŏnssu mije)* verteidigen will. Von denen sitzen einige neben mir, doch ihre Laune ist ungetrübt, weil sie kein Koreanisch sprechen und keine Symbole wie amerikanische Fahnen und Ähnliches auf sie hinweisen.

Überhaupt fällt während der gesamten Vorstellung die Abwesenheit von offen aggressiven Bildern gegen die USA oder Südkorea auf. Die 2005 noch vorhandenen Bajonettangriffe fehlen ebenso wie die von Propagandapostern und Briefmarken bekannten Abbildungen von Raketenangriffen auf das Washingtoner Kapitol. Auch Atomwaffen, doch eigentlich der Stolz Nordkoreas und sonst aggressiv propagiert, bleiben unerwähnt und ungezeigt. Noch so ein Mysterium.

Ein grüner Laserblitz erhellt die verdunkelte Szenerie, Fahnenträger gleiten an einem langen Stahlseil quer über das Blickfeld. Als es wieder hell wird, sind die Koguryŏ-Krieger verschwunden, stattdessen füllen Hunderte in moderne weiße Kampfsportanzüge mit schwarzen Meistergürteln gekleidete Sportler den Rasen. Auf der Tribüne steht »Der Donner des Jong-il-Gipfels«, dahinter sind Blitze dargestellt. Hier geht es also um Kim Jong-il, den eisernen Kommandeur, und die Fortführung der Tradition der entschlossenen Verteidigung der Heimat unter seiner Führung, die nun von seinem Sohn fortgesetzt wird. Es folgen kollektive Vorführungen von Schritt-, Schlag- und Trittfolgen sowie Schaukämpfe. Bald liegen die besiegten Gegner am Boden. Was für ein Glück für den möglichen Angreifer dieses Landes, dass er vermutlich aus großer Entfernung auf Knöpfe und Tasten drücken wird, anstatt diesen Kämpfern mit bloßen Händen gegenüberzustehen.

Wäre ich ein Kampfkunstexperte, dann würde ich jetzt genau hinschauen, gilt doch diese Form der Selbstverteidigung in Nordkorea als militärisches Geheimnis. Alle Militäreinheiten, nicht nur die Spezialkräfte, werden darin ausgebildet. Bei Soldaten sieht man oft blutige Fingerknöchel oder dicke Hornhautpolster. Doch dabei bleibt es nicht. Ein älterer Nordkoreaner erzählte mir einmal, wie das brutal harte Training – immer wieder mussten sie auf Bäume und Betonwände einschlagen – seine Knochen ruinierte und dass er noch heute starke Schmerzen habe.

Während unten die Schaukämpfe andauern, erscheint auf der Tribüne das Bild eines Mannes und einer Frau, die mit entschlossenem Blick eine Faust ballen. Daneben steht »Triumph des Glaubens«, das sich kurz darauf durch wenige Striche zu »Triumph des Willens« ändert. Nach einer kurzen Schrecksekunde entscheide ich mich anzunehmen, dass die Macher von Arirang noch nie etwas von Leni Riefenstahl und ihrem Film über den Nürnberger Parteitag der Nazis gehört haben.

Wenig später wird der »Triumph des Willens« abgelöst von dem Aufruf »Lasst uns der ganzen Welt den Stolz der Nation zeigen«. Selbstbewusst eine riesige Landesfahne tragend, marschieren die Männer zu den Klängen des »Liedes von General Kim Il-sung« zackig aus dem Stadion.

Dritter Akt: »Arirang des Glücks«,
Szene 1: »Das schneebedeckte Heimathaus«

Es ist etwa eine Stunde vergangen. Wir sind allmählich dankbar, für unsere 150 Euro nicht nur einen guten Blick, sondern auch einen weichen Sessel bekommen zu haben. Sanfte Musik. Aus der Dunkelheit taucht ein einzelner Berggipfel hinter schneebedeckten Tannen auf. Das ist nicht irgendein Gipfel, sondern der Jong-il-Gipfel am Paektusan. Der Name wurde mit meterhohen, rot ausgemalten Lettern tief in den Berg eingraviert. Auf den seit Dezember 2009 neu ausgegebenen 2000-Wŏn-Geldscheinen ist diese Ikone des Führerkults ebenfalls zu sehen.

Weiße Papptannen haltende Tänzerinnen wiegen sich auf dem Rasen sanft hin und her. Es sind die Feen, die wir schon gesehen haben. Molltöne zeigen, dass es eine schwere Zeit ist, das Jahr 1942. Korea ist besetzt, die Japaner sind stark, der Kampf hart. Der Wind faucht, es ist der 16. Februar und kalt. Soldatinnen in grünen Uniformen und mit weißen Fellmützen treten erhabenen, gemessenen Schrittes nach vorn. Kurz fühle ich mich in meine Kindheit in der Sowjetunion zurückversetzt, als Balalaika-ähnliche Instrumente ein Lied intonieren, das mich doch sehr an »*podmoskovnye vechera*« (Moskauer Nächte) erinnert. Das ist natürlich eine Sinnestäuschung, das Lied heißt so wie die Szene – »Das schneebedeckte Heimathaus«.

Da ist es auch schon. Aufwändige Kulissen mit weiteren schneebedeckten Tannen werden direkt vor der Tribüne mit den Pixelkindern hochgezogen, und dann erscheint ein einfaches Blockhaus. Es ist in warmes, gelbes Licht getaucht und verbreitet sofort einen Eindruck von Heimeligkeit in dieser kalten, lebensfeindlichen nächtlichen Winterwelt des Paektusan. Wer da nicht an Weihnachten, den Stall und die Krippe denkt, der muss aus einem anderen Kulturkreis stammen. Doch natürlich ist hier nicht Jesus geboren, sondern Kim Jong-il. Das merkt man schon daran, dass keine Könige aus dem Morgenland ihre Gaben darbringen. Ein kleines Feuerwerk flammt auf, die Soldatinnen fühlen sich wie magisch zu der Hütte hingezogen. Dieses Ereignis hat die ganze Welt verändert; darum singt man im begleitenden Lied auch vom »die Welt erhellenden Heimathaus«.

Im Westen kursieren einige anderslautende Versionen der Geburt des ältesten Sohnes von Kim Il-sung und seiner 1949 verstorbenen Ehefrau Kim Jong-suk. Demnach soll Kim Jong-il nicht 1942, sondern schon 1941 geboren sein und zwar in einem Militärlager bei Chabarowsk in der Sowjetunion und nicht in einer einfachen Hütte in Feindesland am heiligen Berg Paektu. Mit seinem jung bei einem tragischen Unfall ums Leben gekommenen Bruder verbrachte er dort unter dem Namen Yura eine unbeschwerte Kindheit. In Nordkorea werden solche Behauptungen als Fabrikationen zurückgewiesen und als Beleidigung des Führers aufgefasst, ich will mich daher nicht weiter an diesem Vergehen beteiligen und schenke meine Aufmerksamkeit wieder dem nordkoreanischen Bethlehem.

Eigentlich ist es seltsam, vor einer halben Stunde die Darstellung von Kim Jong-ils Tod gesehen zu haben und nun seiner Geburt beizuwohnen. Vielleicht zeigt das aber auch, dass er eigentlich gar nicht tot ist, sondern auf ewig mit seinen geliebten Untertanen verbunden – und in der Tat, 2012 wurde Kim Jong-il zum ewigen Generalsekretär der Partei und zum ewigen Vorsitzenden der Nationalen Verteidigungskommission erhoben. Seine Geburt kann damit als ewige Quelle des Glücks getrennt von dem traumatischen, aber überwundenen Ereignis des Vergehens seiner zeitlich begrenzten irdischen Existenz gezeigt und betrachtet werden.

Szene 2: »Fliege hoch, oh Du unser Wunsch«

Das nimmt man wörtlich, die gesamte Szene besteht aus halsbrecherischer und sehr beeindruckender Luftakrobatik, garniert mit einer Lasershow. Die Kinder auf der Tribüne haben Pause, ebenso die Tänzerinnen und Tänzer.

Szene 3: »Lasset uns unsere Partei lobpreisen«

Die weitgehend ideologiefreie Zirkuseinlage ist schnell vorüber. Aus dem Dunkel taucht auf der Tribüne die idealisierte Silhouette von Pjöngjang auf. Zu erkennen sind der schlanke *chuch'e*-Turm mit seiner roten Fackel an der Spitze, das runde Eisstadion, der Große Studienpalast des Volkes, das monumentale Tor der triumphalen Rückkehr. Der Chor singt »Lasset uns unsere Partei lobpreisen«.

Die Tänzerinnen sind wieder da, und auf dem Bildschirm wird nun die Partei der Arbeit Koreas gewürdigt, auch auf Koreanisch meist einfach »die Partei« *(tang)* genannt. Ein Schlagwort folgt nun stakkatoartig auf das andere. »Unteilbare Einheit im Geiste«, »Unüberwindliche militärische Macht«, »Industrielle Revolution im neuen Jahrhundert« lesen wir in großen Lettern. »Sozialistisches starkes und reiches Land« folgt. Dann eine Neuerung: »Zum respektierten Oberkommandierenden Kim Jong-un aufblickend« steht da neben einem Bild von vertrauensvoll nach oben schauenden Werktätigen. Spontaner Jubel brandet auf; da hätte sich Onkel Chang Sŏng-t'aek eine Scheibe abschneiden sollen, ihm wurde nämlich vor seiner Hinrichtung im Dezember 2013 unter anderem mangelnder Enthusiasmus beim Applaudieren vorgeworfen.

Offizielle Statistiken zur Parteimitgliedschaft gibt es keine, aber hier steht »Zehn Millionen werden zu einem Geiste. Kameraden, Waffenbrüder«. »Generation um Generation sind wir gesegnet mit dem Glück der Großen Sonne«. Bei diesem Begriff kommen auch meine nordkoreanischen Begleiter immer ein wenig ins Straucheln, denn »Große Sonne« können alle drei Führer sein. Bei Kim Jong-il und Kim Jong-un findet man oft den Zusatz »des 21. Jahrhunderts«. Aber eigentlich ist das eine unwichtige Frage, sie bilden ja ohnehin eine Einheit.

»Lasst uns für immer den gemeinsamen Weg gehen«, lesen wir noch, bevor die Tänzer auf dem Rasen das goldgelbe Emblem der Partei formen. Dieses ist durchaus bemerkenswert. In der Sowjetunion wählte man Hammer und Sichel für die Arbeiter und die Bauern; Denker und Schreiber kamen nicht vor. In der DDR mogelte man zum Hammer und zum Ährenkranz noch einen Zirkel dazu, um verschämt auch die Intellektuellen einzubeziehen; mit viel gutem Willen konnte man Ingenieure und Techniker auch irgendwie als Arbeiter ansehen. In Nordkorea war man mutiger. Nicht irgendwo, sondern in der Mitte des Parteiemblems prangt der Pinsel, das universelle Schreibinstrument des traditionellen Gelehrten. Konfuzius lässt grüßen.

Vierter Akt: »Arirang der Wiedervereinigung«

Dunkel wird es und dramatisch. Eine sich drehende Weltkugel wird auf den weißen Hintergrund projiziert, und ein Sprecher in dunklem Anzug wird auf einer Bühne hereingerollt. Mit tiefer, erst unheilvoller, dann leidender und anklagender Stimme hält er einen emotionalen Monolog, auf dem Bildschirm sind dazu passende Bilder zu sehen. Hören wir ihm zu.

»Es gibt ein einzelnes getrenntes Land unter dem Himmel dieser Welt, die geteilte Arirang-Nation. Nach mehr als einem halben Jahrhundert der Teilung kann die weißköpfige Mutter ihren Sohn nicht mehr erkennen. Der von ihr getrennte Sohn erkennt auch seine Mutter nicht mehr, obwohl sie ihn doch mit ihrer Milch genährt hat. Oh, dieses Land des Unglücks!

Von alters her hat unsere Nation in Harmonie gelebt, doch nun ist dieses Land mit einem Streich entzweigeschlagen geworden. Niemand kann mehr seine Landsleute erkennen. Oh antworte doch, Du aufrichtiges Herz dieser Welt: Wie lange noch muss unsere Nation inmitten dieser von fremden Mächten über uns gebrachten Tragödie in einem geteilten Land leben?«[12]

Auf dem Bildschirm erscheinen Stacheldraht und ein Grenzzaun. Auf dem Rasen stehen sich zwei Dreiecksformationen aus weiß gekleideten Frauen Spitze an Spitze gegenüber, gut zwanzig Meter voneinander entfernt. Sie neigen sich mit ausgestreckten Armen einander zu und können die Trennung doch nicht überwinden.

Doch es gibt Hoffnung. Auf dem Bildschirm sehen wir die koreanische Halbinsel, daneben die Worte: »Die Wiedervereinigung des Vaterlandes ist der unverrückbare Wille unserer Partei«. Wohlgemerkt der Partei und nicht des Militärs, das trotz der vielen langen und kurzen Uniformen übrigens in der gesamten Vorstellung nicht ein einziges Mal eine eigenständige Rolle als politische Kraft spielt.

In die Dreiecksformationen kommt Bewegung. Die zwei Frauen an der Spitze werden von Scheinwerfern beleuchtet, sie lösen sich von den anderen und nähern sich einander an. Sie schließen sich theatralisch in die Arme, und auch der Rest der zwei Gruppen kennt nun kein Halten mehr und stürmt aufeinander zu. Die Führer müssen es also zuerst richten, dann wird das Volk vereint sein, könnte man hier hineininterpretieren.

Im Hintergrund sehen wir das in goldgleißendem Licht leuchtende Tor zur Wiedervereinigung. Die nun vereinten Frauen formen die Silhouette der koreanischen Halbinsel, ohne dabei Tokdo zu vergessen, eine von Japan unter dem Namen Takeshima beanspruchte Insel. Die Musik wird triumphal und optimistisch. Das Tor öffnet sich, Jubel bricht aus. Der Schriftzug »Das Tor zur Vereinigung – geöffnet durch unsere Nation« erscheint. Zu den Klängen des Liedes »Hana« (Eins) lesen wir in schneller Abfolge die in Nordkorea sehr häufig verwendeten, auf Kim Il-sung zurückgehenden Worte, mit denen die Einheit der Nation beschworen wird: »Ein Territorium, eine Blutlinie, eine Sprache, ein Brauchtum«.

In Blockbuchstaben sehen wir alsdann *uriminjokkiri*, was sich als »durch unsere Nation selbst« übersetzen lässt. Der Begriff, unter dem auch eine nordkoreanische Website existiert, wird ebenfalls auf Kim Il-sung zurückgeführt und war Bestandteil sowohl der ersten gemeinsamen Erklärung vom 4. Juli 1972 wie auch der gemeinsamen Erklärung nach dem ersten innerkoreanischen Gipfeltreffen zwischen Kim Jong-il und Kim Dae-jung vom 15. Juni 2000. Im Kern drückt man damit die Ablehnung der Einmischung fremder Mächte in der Frage der koreanischen Widervereinigung aus.

Das letzte Bild in diesem Akt zeigt den Bogen der Wiedervereinigung, gebildet von zwei Frauenkörpern, die sich die Hände reichen. Er wurde ein Jahr nach dem historischen Gipfeltreffen von 2000 im Süden von Pjöngjang am Ende der Straße der Wiedervereinigung gebaut. Von hier aus führt die Autobahn direkt nach Süden in Richtung Kaesŏng und theoretisch weiter nach Seoul.

Die Frauen auf dem Rasen schwenken hellblaue Tücher, das in beiden Koreas gebräuchliche Symbol der Wiedervereinigung. Bei meiner ersten Arirang-Vorstellung 2005 war sogar einmal eine Reisegruppe aus Südkorea im Stadion, und die emotionale Reaktion vor allem auf diese Szene war für mich sehr beeindruckend. Ich meine sogar einige Tränen wahrgenommen zu haben, nebst Jubel und hektischem Schwenken hellblauer Fähnchen. Trotz anderslautender Berichte und Umfragen: Die Koreaner wollen die Wiedervereinigung, keine Frage, wenngleich aus verschiedenen Gründen und nicht ohne Ängste vor Vereinnahmung oder hohen Kosten. In Nordkorea hört man oft den Satz: Nach der Wiedervereinigung wird alles besser.

Der Chor singt: »Eins, wir sind eins!«

Fünfter Akt: »Arirang der Freundschaft«

»Die Internationale« erklingt, in Uniformen gekleidete Statisten stellen auf dem Rasen ein Kriegerdenkmal nach. Diesen Teil von Arirang gibt es seit 2008, ein Jahr vor dem offiziellen »Jahr der Freundschaft« mit der VR China anlässlich des 60. Jahrestages der Etablierung von diplomatischen Beziehungen zwischen den zwei Nachbarländern 1949. Ich habe es schon erwähnt: Das bilaterale Verhältnis ist weitaus komplizierter, als es die Propaganda glauben machen möchte. Und wenn man genau hinschaut, dann erkennt man das sogar bei dieser Jubelfeier. Alle schriftlichen Aussagen in diesem Akt erscheinen zunächst auf Koreanisch und dann auf Chinesisch. Angesichts der nationalistischen Sprachpolitik Nordkoreas ist das ein erhebliches Zugeständnis – das bei der Arirang-Vorstellung im Herbst 2013 übrigens nicht mehr aufrechterhalten wurde, nachdem China im Frühjahr einer gegen Nordkorea gerichteten Resolution des UN-Sicherheitsrates zugestimmt hat. Aber das können wir noch nicht wissen, es ist ja der September 2012.

Wenn man sich die Jahrhunderte währende gemeinsame Geschichte Chinas und Koreas vor Augen führt, dann beginnen die hier dargestellten Wurzeln der Gemeinsamkeiten recht spät: »Zusammen das Banner des antijapanischen Kampfes hochhaltend«, steht da vor dem Hintergrund einer roten Flagge. Immerhin wird damit anerkannt, dass Kim Il-sung die Japaner nicht völlig allein besiegt hat.

Der nächste Wahlspruch ist etwas für Kenner Chinas. »Widersteht der US-Aggression und helft Korea. Verteidige Dein Haus, verteidige Dein Land. Waffenbrüderschaft, Blutsbrüderschaft«. Dies sind die offiziellen Losungen, unter denen 1950 die sogenannten chinesischen Volksfreiwilligen in den Krieg zogen, um das Blatt im bereits verlorenen Koreakrieg noch zu wenden. Maos ältester Sohn Anying kam dabei ums Leben und ruht noch heute in koreanischer Erde, ebenso wie Hunderttausende andere chinesische Kämpfer. Mit etwas bösem Willen kann man hier auch schon eine gewisse Kritik an einem China erkennen, das seine revolutionären Traditionen vergisst und sich dem westlichen Kapitalismus zuwendet, gegen den es doch unter solch hohen Opfern gekämpft und gesiegt hat.

Während wir den Schriftzug »Tiefverwurzelte Koreanisch-Chinesische Freundschaft« lesen und den Grenzfluss betrachten, läuft im Vordergrund eine folkloristische, um nicht zu sagen kindliche Show mit bunten Nationaltrachten, langen Drachen, goldenen Löwen, schwarz-weißen Pandas und ähnlichen Stereotypen ab, die so gar nicht zum chinesischen Lied »Der Kommunismus wird gewiss kommen« und dem revolutionären Inhalt der Bilder auf der Tribüne passen will.

Dort ist man noch lange nicht fertig. »Der mandschurische Schneesturm, durch den unser Führer 20 Jahre lang zog« steht auf dem Bildschirm, und »Wir zollen den großen Führern Kim Il-sung und Kim Jong-il sowie den chinesischen Führern unseren höchsten Respekt«. Manch einem Beobachter mag es seltsam vorkommen, in einer Szene zur Freundschaft mit China die eigenen Führer zu preisen, aber das kann man schließlich angesichts von deren Errungenschaften nicht oft genug tun.

Dann gibt es ein Bild, das mir ein Jahr später noch besonders auffallen wird. Zunächst ist es einfach ein Band aus zwei Regenbogen, auf dem »Koreanisch-Chinesische Freundschaft durch die Jahrhunderte« geschrieben steht.

Hier möchte schon fast eine gewisse Ermüdung aufkommen, aber das wäre ein Fehler. Denn im September 2013, ich bin wieder einmal im Stadion und erlebe Arirang, taucht exakt das gleiche Bild auf – nur dass diesmal von Koreanisch-Russischer Freundschaft die Rede ist! Da muss man kein in der Wahrnehmung subtiler Zwischentöne geschulter Ostasiate sein, um die schallende Ohrfeige zu vernehmen, die China da erhalten hat. Und historisch gesehen ist Murmeltiertag: Den Versuch, Beijing und Moskau gegeneinander auszuspielen, kennen wir noch aus den späten 1950er Jahren. Die Beteiligten übrigens auch.

Doch auch die Vorstellung von 2012 hat den einen oder anderen Seitenhieb für China parat. Zunächst sehen wir Zeichen des Wohlstandes und der Entwicklung, sogar Teile der Skyline von Shanghai. Es gibt »Glückwünsche an ein machtvolles und wohlhabendes China« und den Slogan »Wissenschaftliche Perspektive auf Entwicklung«. Dann sind wieder die China-Kenner gefragt: »Ohne die Kommunistische Partei gäbe es das neue China nicht«. Das ist nicht nur der Hinweis, dass all diese Segnungen der letzten drei Jahrzehnte eigentlich der Partei zu verdanken seien und nicht etwa der Marktwirtschaft. Nein, da steckt mehr dahinter. Denn dies ist nichts weniger als eine Original-Losung aus der Zeit der Kulturrevolution.[13] Offenbar will hier jemand China an seine langsam in Vergessenheit geratenden Wurzeln erinnern.

Der Akt endet versöhnlich: »Die Koreanisch-Chinesische Freundschaft wird für immer fließen, so wie das blaue Wasser des Amnok-Flusses«.[14] Zum krönenden Finale rollt eine Bühne nach vorn, auf der zwei in Nationaltracht gekleidete Paare die Flaggen beider Länder hochhalten. Grüne Laserstrahlen erzeugen Friedenstauben, die sich flügelschlagend gen Himmel erheben. Erneut erklingt »Die Internationale«, und der Epilog beginnt.

Epilog: »Arirang der Wiederauferstehung als mächtiges und reiches Land«

Es überrascht uns nicht, dass die Veranstaltung mit einem positiven Ausblick in die Zukunft endet. Die Einheit des Landes wird beschworen, ebenso Unabhängigkeit, Frieden und Freundschaft. Eine große Weltkugel wird hereingerollt, mit der rot hervorgehobenen koreanischen Halbinsel in der Mitte.

Auf der Tribüne formen die nach eineinhalb Stunden harter Arbeit vermutlich ziemlich erschöpften Kinder »Die Mission des Führers lebt für immer«, was sich wohl auf dessen Gesamtwerk und insbesondere auf die Wiedervereinigung bezieht. Danach ist noch einmal Kim Jong-il an der Reihe: »Arirang der ewigen Großen Sonne«. Gleichzeitig wird über dem Stadion ein gigantisches Feuerwerk veranstaltet. Jetzt weiß auch der Rest von Pjöngjang, dass die heutige Vorstellung bald vorüber ist.

Die Zuschauer erheben sich und klatschen rhythmisch mit, während wir lesen: »Zum Endsieg, vorwärts!« Kim Jong-un wird hier nicht namentlich erwähnt, doch das ist auch nicht nötig, denn die Begleitmusik ist das Lied »Schritte«, in dem ein gewisser »General Kim« erwähnt wird, der »Die Sache des Februar« ehrt, also das Vermächtnis seines in diesem Monat geborenen Vaters. Der Text wird zudem in roten Buchstaben angezeigt; die Hervorhebung ist ein deutlicher Hinweis darauf, dass dies etwas mit dem aktuellen Führer zu tun hat. Zum Abschied lesen wir noch auf der Tribüne: »Lang lebe die Partei der Arbeit Koreas, der Organisator und Führer aller Siege des koreanischen Volkes«, und »Gedeihe, Nation von Kim Il-sung, Korea von Kim Jong-il«.

Damit endet die Vorstellung.

9

Wiedervereinigung: Ein Blick in die Zukunft

Wenn man sich im Beisein von Koreanern, ob aus dem Norden oder dem Süden, als Deutscher zu erkennen gibt, wird man unweigerlich und meist schon nach kurzer Zeit auf das Thema Wiedervereinigung angesprochen – die in beiden Teilen Koreas staatlicherseits ausdrücklich angestrebt wird.

Doch ist das deutsche Beispiel wirklich relevant? Ich möchte erhebliche Zweifel anmelden. Die Fälle des geteilten Deutschlands und des geteilten Koreas sind in so gut wie jeder denkbaren Hinsicht viel zu verschieden für einen sinnvollen Vergleich. Das hat Tausende von südkoreanischen Forschern nicht davon abgehalten, Deutschland in der Hoffnung zu bereisen, hier etwas für das eigene Land lernen zu können. Im Frühjahr 2014 kam sogar die südkoreanische Präsidentin.[1] Doch die Tatsache, dass diese intensive Suche nach den Lehren der deutschen Vereinigung für Korea auch ein Vierteljahrhundert nach dem Ende der DDR anhält, sollte eigentlich misstrauisch stimmen. Offenbar war die Suche nicht erfolgreich. Warum ist das so?

Eine solide Analyse der deutschen Vereinigung ist nur mit einem gewissen Abstand möglich, da viele der erforderlichen gesicherten Daten und Erkenntnisse aus rein technischen Gründen erst Jahre nach den turbulenten Ereignissen der ersten gemeinsamen Zeit vorliegen.[2] Lange hat auch der politisch-ideologische Aspekt Untersuchungen zur deutschen Vereinigung beeinflusst. Viele Phänomene des deutschen Falles konnte man daher kurz nach 1990 nur ungenügend verstehen. Doch es gibt noch mehr Gründe für das Fehlen überzeugender Lektionen, die Korea aus dem deutschen Beispiel ziehen könnte oder sollte.

Fragwürdige Vergleichbarkeit: Korea ist nicht Deutschland

Das wichtigste Problem ist die mehr als schwache Ausgangsbasis für den Vergleich. So unterstellt man, dass das geteilte Deutschland ungefähr dem geteilten Korea gleich sei und dass das ehemalige Westdeutschland ungefähr Südkorea entspreche und das ehemalige Ostdeutschland ungefähr Nordkorea. Keine dieser Annahmen hält einer genaueren Betrachtung stand.

Ja, Deutschland wurde geteilt, ebenso wie Korea. Aber das ist auch schon fast alles. Deutschlands Teilung resultierte aus dem Zweiten Weltkrieg und der Tatsache, dass Hitler und sein Regime als Aggressoren und Massenmörder besiegt worden waren. Viele Deutsche haben die Teilung als Strafe akzeptiert. Korea hingegen war eine japanische Kolonie, also ein Opfer der Achsenmächte, das 1945 die Befreiung von den Unterdrückern feierte. Die darauf folgende Teilung wurde und wird als große historische Ungerechtigkeit angesehen. Hier liegt eine der Ursachen für eine beträchtliche Skepsis gegenüber den sogenannten Großmächten – in beiden Teilen Koreas.

Deutliche Unterschiede ergibt auch die völkerrechtliche Betrachtung. Deutschland unterlag bis 1990 dem Viermächtestatus, der gemeinsamen Verantwortung der vier Besatzungsmächte, auch wenn das in der breiten Bevölkerung zuletzt kaum noch wahrgenommen wurde. Der Alliierte Kontrollrat wurde erst mit dem Zwei-plus-Vier-Vertrag aufgelöst, die vollständige Souveränität Deutschlands erst mit diesem Schritt 1991 wiederhergestellt.[3]

Entsprechend standen zum Zeitpunkt der Wiedervereinigung mehrere hunderttausend fremde Soldaten auf dem deutschen Territorium.

In Korea hingegen zogen die Sowjetunion und die USA bis Ende der 1940er Jahre ihre Soldaten ab. Die Amerikaner kehrten im Zuge des Koreakrieges zurück, aber unter gänzlich anderen rechtlichen Vorzeichen. Heute sind noch um die 25 000 amerikanische Soldaten in Südkorea stationiert, aber nicht als Besatzer, sondern im Rahmen eines regulären Bündnisses. Korea ist vollständig souverän, einzig bezüglich eines Friedensvertrages zur Beendigung des Koreakrieges wäre die UNO zu involvieren.

Während man bei der deutschen Vereinigung also immer rechtliche Ansprüche von Drittmächten in die Überlegungen einbeziehen musste, spielen diese im Falle Koreas keine Rolle. Helmut Kohl benötigte grünes Licht aus London, Paris, Washington und Moskau; die Koreaner hingegen würden sich über die Unterstützung ihrer Nachbarn und ihrer Bündnispartner für den Vereinigungsprozess sicher freuen, haben jedoch keine völkerrechtliche Verpflichtung, sie zu konsultieren.

Auch politisch-ideologisch gibt es erhebliche Unterschiede. Deutschland war zwar 1945 eine noch junge Nation, wenn man die Reichsgründung 1871 zugrunde legt. Allerdings gab es eine längere Tradition der Aufklärung und Vorläufer der Demokratie. Die niederschmetternde Erfahrung des Ersten Weltkrieges, des Versagens der Weimarer Republik, des Aufstiegs der Nationalsozialisten und der Schuld des Zweiten Weltkrieges legte in Ost- wie in Westdeutschland die Basis für die Selbstsicht der politischen Klasse nach 1945.

In Korea verhielt es sich genau andersherum. Die Einheit des Landes bestand seit Jahrhunderten, demokratische und aufklärerische Traditionen kannte Korea jedoch nur sehr bedingt. Ein modernes Nationalbewusstsein bildete sich erst als Gegenreaktion auf das Vordringen der Japaner Ende des 19. Jahrhunderts heraus.[4] Nach der Kolonisierung 1910 formierte sich in Korea die in den Unruhen vom 1. März 1919 kulminierende Unabhängigkeitsbewegung. Der Kampf gegen die Kolonialmacht Japan bestimmte nach 1945 das Selbstbild der politischen Elite, ab 1950 kam der Koreakrieg hinzu.

Während in Deutschland nationalistische Affekte in weiten Teilen der Bevölkerung abgelehnt und bis heute skeptisch betrachtet werden,[5] ist in Korea der Nationalismus die allseits akzeptierte Kernkomponente der Vereinigungsdebatte. Das hat erhebliche Implikationen zum Beispiel für die Bereitschaft, im Interesse der Vereinigung Opfer zu bringen. Koreaner werden den ideellen Wert einer Vereinigung deutlich höher ansetzen, zumal man sich nach deren Erreichen eine Stärkung im Umgang mit den Nachbarn erhofft.

Auch die offizielle Haltung zur Frage der Wiedervereinigung unterscheidet sich zwischen Deutschland 1989 und Korea 2014 erheblich. Die DDR hatte schon frühzeitig den ursprünglich sogar im Text der Nationalhymne (»Lasst uns Dir zum Guten dienen, Deutschland einig Vaterland«) enthaltenen Wunsch nach der deutschen Einheit fallen gelassen. In der BRD war man Ende der 1980er Jahre dazu noch nicht bereit, de facto hatte sich aber die Erkenntnis durchgesetzt, dass man die Teilung wohl als Realität akzeptieren müsse. Auch wenn man heute nur ungern davon spricht, so war man doch im Westen kurz davor, die DDR als souveränen Staat anzuerkennen. Als er bei seinem Staatsbesuch in Bonn am 7. September 1987 an der Ehrengarde vorbei über den roten Teppich schritt, konnte sich Erich Honecker sowohl an der DDR-Nationalhymne wie auch an der DDR-Flagge erfreuen. Die West-CDU erwog sogar eine Änderung ihres Parteiprogramms, um den Weg für die Anerkennung der DDR freizumachen. Die Chance zur Vereinigung traf Deutschland relativ unvorbereitet, was sich paradoxerweise als hilfreich erwiesen haben könnte. Ein so schneller Prozess, wie wir ihn erlebt haben, wäre bei Existenz etablierter gegensätzlicher Konzepte vermutlich weitaus schwieriger gewesen.

In beiden Koreas hingegen ist die Wiedervereinigung unumstößliches staatliches Credo, auch wenn die Begeisterung im Süden vor allem aus Sorge über die Kosten rückläufig ist. Aus einer in Südkorea durchgeführten Umfrage geht hervor, dass die Zahl der Unterstützer der Wiedervereinigung von rund 64 Prozent im Jahr 2007 auf 55 Prozent im Jahr 2013 zurückgegangen ist. Die Zahl der Gegner stieg im gleichen Zeitraum von 15 auf 24 Prozent. Die Südkoreaner schätzen die Aussichten, dass die beiden Landesteile wieder zusammenfinden, außerdem zunehmend pessimistischer ein. 2013 gaben mit rund 26 Prozent doppelt so viele der Befragten wie 2007 an, dass sie eine Vereinigung für unwahrscheinlich halten. Bei der Frage, welchen Nutzen man sehe, dominieren diffuser Nationalismus und die Sorge um die Sicherheit. Der Anteil derer, die die Verbesserung des Lebens der Menschen in Nordkorea als Grund für die Notwendigkeit einer Wiedervereinigung angaben, lag 2013 bei nur 5,5 Prozent, während das Zusammengehörigkeitsgefühl von 40 Prozent der Befragten als Hauptgrund angegeben wurde. 31 Prozent gaben an, dass eine Vereinigung vor allem für die Verhinderung eines zweiten Koreakrieges wichtig wäre.[6] Das Empfinden der nationalen Gemeinsamkeit scheint aber in Südkorea zumindest die Angst vor dem nördlichen Nachbarn zu überlagern. Im Mai 2014 wurde eine Meinungsumfrage aus Südkorea veröffentlicht, nach der nur etwa 13 Prozent Nordkorea als einen feindlichen Staat ansehen.[7]

Aus Nordkorea gibt es keine vergleichbaren Umfragen. Dort trifft man ausschließlich auf die offizielle Meinung, und die ist strikt für eine Vereinigung.

Hinsichtlich der geopolitischen Lage unterscheiden sich Deutschland und Korea ebenfalls. Deutschland befindet sich in der Mitte eines Kontinents. 1989/1990 verlief hier die Grenze zwischen zwei verfeindeten Machtblöcken. Korea ist dagegen eine Halbinsel an der Peripherie Asiens. Es hat nur drei Nachbarländer. Die globalpolitische Relevanz einer koreanischen Vereinigung kommt an das deutsche Beispiel nicht heran – es sei denn, dass hier der neue Konflikt zwischen der alten Führungsmacht USA und dem aufstrebenden China ausgefochten wird. Das ist möglich, aber nicht zwangsläufig.

Unterschiede zeigen sich überdies in den Erwartungen über die regionalen Auswirkungen. So gut wie alle europäischen Nachbarländer, einschließlich Frankreichs, Großbritanniens und Polens, hatten erhebliche Sorge, dass ein vereinigtes Deutschland erneut zu einer existentiellen Bedrohung für sie werden könnte.

Zwar hegen die Nachbarn China und Japan ebenfalls Vorbehalte gegen ein vereinigtes Korea, nicht zuletzt wegen diverser Gebietsansprüche,[8] aber eine aus der Geschichte begründete Sorge über einen imperialen Führungsanspruch Koreas in der Region gibt es nicht. Die koreanische Vereinigung wird in weitaus höherem Maß eine nationale Angelegenheit sein, als es in Deutschland der Fall war. Das heißt nicht, dass die Nachbarn sich nicht für die Thematik interessieren, doch sind die Vorbehalte anderer Natur und bedürfen daher eines anderen Lösungsansatzes.

Was den Umgang der beiden Koreas miteinander angeht, gibt es ebenfalls signifikante Unterschiede zu Deutschland. Wir können uns glücklich schätzen, dass uns ein Äquivalent zum Koreakrieg erspart geblieben ist. Daraus ergab sich nicht zuletzt eine gewisse Mäßigung im verbalen und sonstigen Umgang miteinander. Während meiner dreijährigen Militärdienstzeit in der DDR wurden wir von unseren Offizieren immer wieder darauf hingewiesen, dass die Bundesrepublik nicht als Feind zu bezeichnen sei, sondern als Gegner. In Korea hingegen finden noch immer auf beiden Seiten Schießübungen statt, bei denen die Konterfeis der jeweiligen Staatsführer als Zielscheibe dienen, und noch immer werden über die Medien wüste Beschimpfungen ausgetauscht, wobei Nordkorea eine äußerst fragwürdige Kreativität an den Tag legt.[9] An der innerdeutschen Grenze gab es schlimme Vorfälle, insbesondere die Toten an der Berliner Mauer. Doch bewaffnete Zwischenfälle mit Todesopfern, wie sie zwischen den beiden Koreas regelmäßig vorkommen, gab es nicht.

Man weiß auch kaum etwas voneinander. Anders als im geteilten Deutschland gibt es zwischen Nord und Süd nur sporadische, oberflächliche Kontakte. Die wenigen hundert organisierten Familienbesuche verblassen schnell, wenn man sie mit dem Transitabkommen, dem regen Briefverkehr, den vielen Telefonaten und mit den gegenseitigen Besuchen in Deutschland vergleicht. Wir erhielten, wie Hunderttausende andere Familien auch, regelmäßig Pakete zu den diversen Feiertagen. Gelegentlich kamen Verwandte aus dem Westen vorbei. Meine Großmutter besuchte von ihrem 60. Geburtstag an ihre zwei Schwestern »drüben« regelmäßig. Im Februar 1988 konnte sogar meine weit vom Rentenalter entfernte Mutter ganz offiziell zum Geburtstag ihrer Tante nach Witten reisen. Allein im Jahr 1987 gab es 1,3 Millionen Besuche von DDR-Bürgern in der BRD und Westberlin.[10] Die Zahl der Nordkoreaner, die legal Südkorea bereist haben, kann man an wenigen Händen abzählen.

Überhaupt: Berlin. Korea hat keine solche Stadt, in der die Teilung in all ihrer Absurdität tagtäglich Millionen Menschen eindringlich präsent war. Ich als Leipziger hatte mich immer gefragt, warum jemand ausgerechnet an der am besten bewachten Stelle der deutsch-deutschen Grenze, in Berlin, einen Fluchtversuch unternehmen würde.[11] Gab es nicht weniger gefährliche Optionen? Als ich dann Mitte der 1980er Jahre vom Zugfenster aus in Höhe des Bahnhofs Oberschöneweide erstmals die Mauer und dahinter, zum Greifen nah, Westberlin sehen konnte, verstand ich plötzlich: Dieser Anblick war etwas gänzlich anderes, als nur über die Teilung zu hören oder zu lesen. Er war schwer, und für viele Menschen *zu* schwer, zu ertragen.

Im Gegensatz dazu ist die demilitarisierte Zone zwischen den zwei Koreas ein vier Kilometer breiter Grünstreifen in dünn besiedeltem Gebiet. Es gibt diverse Aussichtsposten auf südkoreanischer Seite, von wo aus man mit starken Ferngläsern einen Blick auf verschwommene Reisfelder und einzelne niedrige Bauernhäuser erhaschen kann. Höchstens im Ort der Waffenstillstandsverhandlungen, in P'anmunjŏm, kann man einen genaueren Blick auf die andere Seite werfen. Doch das ist eine künstliche Welt aus Baracken und Pavillons; das geteilte Berlin dagegen war real, riesig, lebendig, greifbar und quälend.

Nichts ersetzt die unmittelbare Erfahrung, aber auch die Medien können Wünsche befeuern. Der Einfluss westdeutscher Sender in der DDR war enorm; drei der in unserem Haushalt empfangenen fünf TV-Stationen waren aus dem Westen. Als Teenager hörte ich ausschließlich NDR 2. Dies war übrigens legal; nur bestimmten Gruppen wie Angehörigen der Streitkräfte war der Konsum von Westmedien verboten. Daher begann ich erst mit dem Beginn meines Wehrdienstes 1987, DDR-Radio zu hören. Neben dem staatlich abgesegneten Unterhaltungsprogramm stieß ich ganz nebenbei und unerwartet auf eine bemerkenswerte und von den Behörden argwöhnisch beobachtete Subkultur, der ich mich begeistert anschloss.[12]

In Nordkorea ist es nicht gestattet, Südsender zu sehen oder zu hören, die zudem kaum empfangen werden können. Zwar durchbrechen DVDs und USB-Sticks auf dem Wege über die grüne Grenze zu China diese Barriere, doch sie enthalten in der Regel

Seifenopern. Von einer stillschweigend akzeptierten Punkszene kann ebenso wenig die Rede sein wie von den Freiräumen der Kirchen der DDR oder der Freizügigkeit, die viele Künstler der DDR genossen.

Ein Austausch wie zwischen den beiden deutschen Staaten fand und findet zwischen den zwei Koreas also nicht annähernd so intensiv und regelmäßig statt. Das Bewusstsein der Gemeinsamkeit und das Wissen übereinander sind in Korea viel diffuser, während die DDR-Bürger dank Werbung, Intershop, Nachbarn oder Besuchern sehr genau wussten, was sie alles nicht hatten. Der Politologe Eckhard Jesse bezeichnet die Bundesrepublik aus Sicht der DDR-Bürger daher zutreffend als »Vergleichsgesellschaft«.[13] Südkorea ist weit davon entfernt, die gleiche Rolle für Nordkorea zu spielen.

Allerdings weiß man auch in Südkorea nur sehr wenig über den Norden. Das hat nicht zuletzt mit der sehr geringen Zahl von in Südkorea lebenden nordkoreanischen Flüchtlingen zu tun. Während zwischen 1949 und 1989 etwa 3,5 Millionen DDR-Bürger ihr Land in Richtung Westen verließen, gelangten zwischen 1953 und 2013 nur 26 122 nordkoreanische Flüchtlinge aus dem Norden in den Süden.[14] In einer relativierenden Betrachtung müsste man diesen ohnehin geringen Wert noch reduzieren, angesichts der um 40 Prozent größeren Bevölkerung Nordkoreas im Vergleich zur DDR. Im Alltag versuchen die meist aus dem armen Nordosten Nordkoreas stammenden Flüchtlinge überdies möglichst ihre Identität zu verbergen, da man nicht ganz zu Unrecht Diskriminierung in der harten Wettbewerbsgesellschaft des Südens befürchtet.

Entsprechend bizarr war im Süden lange das Bild von den Nordkoreanern. Noch in den 1970er Jahren lernten Kinder in Südkorea, dass die Kommunisten im Norden teufelsähnliche, kaum menschliche Wesen seien. Das hat sich geändert, aber auch heute noch gibt es im Süden viele Vorbehalte gegenüber den Landsleuten. Nach wie vor vertraut die Seouler Regierung ihren Bürgern nur bedingt, was den Norden angeht. So sind zum Beispiel Internetseiten mit nordkoreanischen Medien im demokratischen High-Tech-Land Südkorea geblockt, und man verstößt mit dem bloßen Besitz von Büchern aus der Feder von Kim Il-sung gegen das nationale Sicherheitsgesetz. Noch 2013 wurden gewählte Mitglieder des südkoreanischen Parlaments wegen pronordkoreanischer Umtriebe verhaftet und verurteilt. Im September 2013 erschossen südkoreanische Militäreinheiten mit mehreren hundert Schüssen einen Mann, der über einen Grenzfluss in den Norden schwimmen wollte.[15]

Nicht zuletzt hilft ein Blick auf die jeweiligen Hauptverbündeten, um die Unterschiedlichkeit der Lage zu erkennen. Die DDR war, vorsichtig gesagt, wirtschaftlich und politisch ein Satellitenstaat der Sowjetunion. Sie durfte weder über die Produktion schwerer Lkw noch über die Beschaffung von U-Booten entscheiden; beides wurde von Moskau, das dem ehemaligen Aggressor mit Misstrauen begegnete, mit einem knappen »njet« abgelehnt. Nordkorea dagegen hat keinen »Großen Bruder«, auch wenn man heute gelegentlich China eine solche Rolle unterstellt. Diese Idee ist im Westen recht populär, resultiert jedoch eher aus Unwissen oder aus dem Wunsch heraus, dass es so sein möge, etwa um Druck auf Beijing auszuüben. De facto ist Nordkorea wirtschaftlich, politisch und militärisch relativ unabhängig, was das Land weniger anfällig für Einflussnahme von außen macht, auch im Zusammenhang mit einer eventuellen Wiedervereinigung.

Dass man die wirtschaftliche Zusammenarbeit mit China dringend braucht, ändert daran nichts. Diese Kooperation verweist vielmehr auf einen weiteren Unterschied: Nordkoreas wichtigster Partner ist eine in jeder Hinsicht aufsteigende Großmacht. Der engste Verbündete der DDR war hingegen wirtschaftlich am Boden und trotz bester Absichten von Michail Gorbatschow dabei, sich politisch abzuschaffen. Zeitzeugen wie Egon Krenz oder Hans Modrow sprechen offen darüber, dass die DDR von Gorbatschow an den Westen verkauft wurde;[16] die chinesische Führung würde wohl kaum auf eine solche Idee kommen, jedenfalls nicht in der Hoffnung auf großzügige Wirtschaftshilfen.

Wenn wir davon ausgehen, dass eine Wiedervereinigung auf eine nach oben gerichtete Angleichung der Entwicklungsniveaus beider Landesteile hinausläuft, dann ist es interessant zu sehen, wie groß der jeweilige Abstand in Deutschland war und in Korea ist. Die Unterschiede im technologischen und Bildungsniveau zwischen der DDR und der Bundesrepublik waren enorm; sie verblassen aber, wenn man sich die beiden Koreas unter diesem Aspekt ansieht. Gleiches gilt für die Infrastruktur, das Konsumverhalten oder das Wissen über die Welt.

Einer der viel zu wenig gewürdigten Glücksfälle der deutschen Vereinigung ist der Umstand, dass wir die weitreichende Umstellung des Arbeits- und Privatlebens auf Computer gemeinsam durchlebt haben, da sie erst nach 1990 im großen Stil stattfand. In Nordkorea sind Computer und Tablets nur einer kleinen Bevölkerungsgruppe vorbehalten, und von einem Zugang zum Internet kann angesichts des abgeschotteten innernordkoreanischen Netzes keine Rede sein. Sollte dies bis zum Zeitpunkt der Vereinigung so bleiben, dann hätte die Masse der Nordkoreaner ein Wissensdefizit, das mit Analphabetismus vergleichbar ist. Hinzu kommen noch andere Bereiche, in denen sich die Lebenswirklichkeiten in beiden Koreas so sehr unterscheiden, dass erhebliche und weit über das deutsche Beispiel hinausgehende Anstrengungen zur Harmonisierung nötig wären. Das betrifft den Umgang mit Behörden, das Verhalten in den neuen sozialen Netzwerken oder das richtige Setzen von Prioritäten im Leben und in der Karriere.

Nord und Süd, Ost und West

Auch ein Vergleich der jeweils angeblich ähnlichen Landesteile fördert weit mehr Unterschiede als Gemeinsamkeiten zutage.

Westdeutschland und Südkorea waren beziehungsweise sind führende Wirtschaftsnationen, doch das gilt für viele Länder dieser Welt. Südkorea ist nach wie vor damit beschäftigt, die im Verlauf einer rasanten Transformation entstandenen Ungleichgewichte in Wirtschaft und Gesellschaft auszugleichen. Anfang der 1960er Jahre war Südkorea ein Entwicklungsland mit Slums, bitterster Armut und einer brutalen Militärdiktatur. Erst 1993 schied der letzte Ex-General aus dem Präsidentenamt. Noch immer wird die Wirtschaft von den *chaeböl*,[17] den zumeist in Familienbesitz befindlichen Großkonglomeraten, dominiert. Wenn Samsung nur einmal, wie Nokia, eine falsche Entscheidung trifft, dann steht ganz Südkorea eine existentielle Krise ins Haus.

Die politische Landschaft Südkoreas ist von Parteien gekennzeichnet, die so gut wie keine kommunale Basis haben. Den Kompromiss kennt man als Mittel der Politik in Seoul kaum.[18] Gelegentlich fliegen im Parlament sogar die Fäuste. Das Verhältnis zu den Nachbarn, vor allem Japan, ist oft von Misstrauen und Revanchismus geprägt. Südkorea kämpft innen- und außenpolitisch um Normalisierung und Anerkennung und hat dabei auch die besten Aussichten auf Erfolg. Mit der zum Zeitpunkt der deutschen Vereinigung in nahezu jeder Hinsicht saturierten Bundesrepublik kann das Land dennoch bis heute kaum mithalten.

Besonders auffallend sind die Unterschiede zwischen der DDR und Nordkorea, die sich übrigens auch schon frühzeitig in gegenseitigem Unverständnis in den bilateralen Beziehungen geäußert haben.[19] Zu den wenigen Gemeinsamkeiten zählen eine dominante Ideologie, eine diktatorische Einparteienherrschaft, die weitgehende Abwesenheit einer Marktwirtschaft und von nennenswertem Privateigentum an Produktionsmitteln sowie das Fehlen einer konvertiblen Währung. Doch schon bei der politischen Repression, die für staatssozialistische Systeme typisch ist, findet der objektive Betrachter erhebliche Unterschiede. Arbeits- und Vernichtungslager, Sippenhaft und öffentliche Exekutionen gab es in der DDR der 1980er Jahre nicht. Das machte die Unterdrückung nicht weniger wirksam, sie war nur subtiler und, wie sich nach 1990 zur berechtigten Enttäuschung vieler Opfer herausstellte, kaum justiziabel. Angesichts der Schwere der Vergehen der Sicherheitsorgane gegen das eigene Volk[20] wird die Abrechnung mit dem Unterdrückungsapparat im Falle eines plötzlichen Wandels in Nordkorea vermutlich nicht so unblutig ablaufen wie jene mit der Stasi in der DDR.

Wenn man nicht der Versuchung erliegt, all diese »Kommunisten« in einen Topf zu werfen, so sieht man, dass auch die ideologischen Differenzen erheblich waren. Deutschland, das Land von Marx und Engels, eine der ersten weltweiten Bastionen der Sozialdemokratie, hat trotz Stalinismus-Imports nach den bitteren Erfahrungen von Nazismus und Zweitem Weltkrieg eine ganz andere Art von Linken hervorgebracht, als das in Nordkorea 1945 und danach der Fall war. Abgesehen davon hat man sich in Nordkorea frühzeitig, spätestens seit Anfang der 1960er Jahre, vom Marxismus-Leninismus verabschiedet und stattdessen unter dem Begriff *chuch'e* eine Art bäuerlich-patriarchalischen, nationalistischen Sozialismus mit stalinistischen Zügen aufgebaut. Dieser ideologische Ballast ist weniger sowjetisch als koreanisch. Ihn abzuwerfen wird viel schwieriger sein als die Lösung von der herrschenden Ideologie in der ehemaligen DDR, wo die PDS nach 1990 lange Zeit eher wegen ihres Einstehens für die Ostdeutschen als aus ideologischen Gründen gewählt wurde.

Wichtig ist auch die bislang weitgehend fehlende Integration Nordkoreas in internationale Netzwerke. Während die DDR ökonomisch im Rat für Gegenseitige Wirtschaftshilfe (RGW) und militärisch im Warschauer Vertrag eingebunden war, hat sich Nordkorea aus beiden weitgehend herausgehalten und auf einem eigenen Weg bestanden. Das Land bezahlte dafür mit Armut, ist heute aber viel besser in der Lage, auch isoliert zu überleben, als es die DDR war.

Im sozialistischen Lager galt die DDR als eines der reichsten Länder. Im Falle Deutschlands haben sich aus zwei grundverschiedenen Welten stammende, dort jeweils führende Länder vereinigt. Wenn sich die beiden Koreas heute wiedervereinigen würden, dann kämen ein starkes und ein schwaches Land zusammen, die mittlerweile in der gleichen Wirklichkeit zu Hause sind. Auch hier sehen wir also eine völlig andere Konstellation.

Das deutsche Beispiel wird heute gerne dahingehend interpretiert, dass die Kosten der Vereinigung in Korea höher wären, da Nordkoreas Entwicklungsniveau deutlich niedriger sei als das der DDR und daher bei einer Anpassung an den Süden ein viel größerer Abstand zu überwinden wäre. Diese Logik ist aus verschiedenen Gründen zu hinterfragen. Hier möchte ich zunächst nur die Annahme anzweifeln, dass die Nordkoreaner eine ähnlich schnelle Angleichung erwarten, wie dies in der DDR der Fall war, nachdem Helmut Kohl blühende Landschaften und ein ebenso hohes Lebensniveau wie im Westen versprochen hatte.[21]

Meine Gespräche mit Nordkoreanern legen ein anderes Szenario nahe. Die fehlende mediale Präsenz Südkoreas im Norden hat zur Folge, dass dort bisher keine überhöhten Erwartungen formuliert werden. Kaum ein Nordkoreaner geht davon aus, dass er binnen eines Jahres nach der Vereinigung einen Mittelklassewagen fahren, ein kleines Häuschen sein Eigen nennen und zwei Mal im Jahr zum Urlaub an exotische Strände fliegen wird, all das verbunden mit einer üppig bezahlten Festanstellung auf Lebenszeit.

Gutes Essen, eine warme Wohnung im Winter und eine Zukunft für die Kinder, das sind die an die wiederhergestellte Einheit geknüpften materiellen Hoffnungen der meisten Nordkoreaner. Die DDR-Bürger hingegen erwarteten eine Währungsumstellung zum Kurs von 1:1 und eine rasche Angleichung der Löhne und Renten. Der Preis dieser aus politischen Motiven gewährten Gunst waren Unternehmenspleiten und Arbeitslosigkeit.[22]

Hinzu kommt, dass Nordkorea sich inzwischen vom typischen sozialistischen Land wegentwickelt. Ich habe an anderer Stelle bereits gezeigt, wie marktwirtschaftliches Verhalten Einzug hält. Der Mangel an Gütern, lange eine Gemeinsamkeit zwischen DDR und Nordkorea, macht zunehmend dem Mangel an individueller Kaufkraft Platz, wie er eher in kapitalistischen Ländern die Regel ist. Allerdings ging in der DDR der Gütermangel nie so weit, dass er zur Hungersnot wurde, wie in Nordkorea Mitte der 1990er Jahre geschehen. Und auch wenn gelegentlich die Braunkohle knapp war, so waren die Wohnungen doch beheizt und der Strom floss zuverlässig, während in Nordkorea die Elektrizität immer wieder ausfällt und im Winter die Menschen oft bitter frieren.

Trotzdem unterscheidet sich die Haltung gegenüber dem eigenen System in Nordkorea erheblich von dem der Bürger in der DDR. Paradoxerweise ist den meisten Nordkoreanern, soweit ich das auf Basis meiner Begegnungen sagen kann, nicht bewusst, dass die sozialistische Plan(miss)wirtschaft das ökonomische Hauptproblem ihres Landes ist. In der DDR hatten das weite Teile der Bevölkerung lange vor 1989 begriffen und sprachen es auch offen aus. Das liegt neben der völlig anderen vorsozialistischen Erfahrung und der unterschiedlichen Verfügbarkeit westlicher beziehungsweise südlicher Medien vermutlich auch daran, dass die Wirtschaftsplanung in Nordkorea seit Jahren nur noch indikativ ist. Fünfjahrespläne werden nicht mehr publiziert. Was wie und warum geplant wird, ist den meisten Bürgern völlig unklar;

entsprechend gibt es weniger, woran man sich reiben könnte. Auch für die Nordkoreaner ist ihre Führung oft enigmatisch.

Die Liste der Unterschiede könnte man sicher noch fortsetzen. Sie ist aber lang genug, um zu zeigen, dass weder die Analogie zwischen Deutschland und Korea noch jene zwischen den jeweiligen Landesteilen überzeugend ist. Damit hat ein Vergleich keine tragfähige Grundlage.

Das heißt jedoch nicht, dass man nicht doch etwas lernen könnte. Anstatt nach einfachen Formeln zu fahnden, verspricht stattdessen die Suche nach zu erwartenden oder aller Wahrscheinlichkeit nach nicht (mehr) relevanten Problemfeldern mehr Erkenntnis. Schließlich schaut man in Korea nach Deutschland, um vorbereitet zu sein. Auch wenn man von unserer Erfahrung keine fertigen Lösungen erwarten darf, so kann man wenigstens eine bessere Vorstellung davon bekommen, womit man es zu tun haben könnte, und den koreanischen Besonderheiten entsprechende Vorbereitungsmaßnahmen treffen.

Herausforderungen einer koreanischen Vereinigung

Ein Blick in die Zukunft ist nicht sehr seriös, da wir ja nicht wissen, ob, wann und unter welchen Umständen eine Vereinigung stattfinden wird. Kollabiert Nordkorea morgen, und wird der Süden nach deutschem Vorbild das Land einfach übernehmen? Gibt es schlimmstenfalls einen zweiten Koreakrieg, der die Halbinsel mit Gewalt einen wird? Oder werden sich beide Koreas noch einige Jahrzehnte parallel entwickeln, wird Nordkorea aufholen und sich nach chinesischem Vorbild transformieren und die Vereinigung dann zwischen gleichberechtigten Partnern stattfinden?

Wenn es etwas gibt, das wir aus dem deutschen Fall lernen können, dann dieses: Es können in Windeseile die am wenigsten erwarteten Dinge passieren. Selbst Wolfgang Schäuble, damals Kanzleramtsminister, der mehr über die DDR wusste als alle heutigen Experten über Nordkorea zusammengenommen, lag mit seiner Einschätzung falsch. Er sagte noch am 25. Februar 1989, also weniger als acht Monate vor dem Sturz Honeckers und neun Monate vor dem Fall der Mauer: »Trotz aller Schwierigkeiten steht das Regime in der DDR nicht vor dem Zusammenbruch … Unter den gegebenen Umständen und auf absehbare Zeit ist eine Lösung für die deutsche Frage daher nicht erkennbar.«[23]

Jenseits der Frage nach der Wahrscheinlichkeit ist die übliche Arbeitshypothese die rasche, von Südkorea dominierte Vereinigung mit einem politisch bankrotten und wirtschaftlich schwachen, also auf ganzer Linie inferioren Nordkorea. Da die deutsche Vereinigung nach diesem Muster abgelaufen ist, bildet es das einzige Szenario, für das es überhaupt sinnvoll wäre, nach Lehren aus dem deutschen Beispiel zu suchen.

Doch hier ergibt sich ein Problem. Ich habe in diesem Buch versucht zu zeigen, dass sich Nordkorea entwickelt. Diese Entwicklung vollzieht sich nicht so schnell und womöglich auch nicht exakt in die Richtung, wie vom Ausland gewünscht. Aber sie findet statt und wirkt sich auch auf die Frage der Wiedervereinigung aus. Kurz gesagt, Nordkorea wird in manchem der DDR ähnlicher, geht aber in wichtigen Bereichen auch über den damaligen Zustand der DDR hinaus.

Das wird besonders deutlich, wenn man sich die Herausforderungen vor Augen führt, die sich im Zuge der deutschen Vereinigung ergaben. Neben eher einfach zu verstehenden Aufgaben wie der Währungsunion, der Übertragung der Sozialsysteme, der Anpassung der Löhne und des Aufbaus der Infrastruktur ging es allgemein gesagt um »Kapazitätsaufbau«. Dieser fand sehr einseitig statt: Zumeist waren es die DDR-Bürger, die direkt oder durch die Umstände aufgefordert waren, schnellstens die neuen

Spielregeln zu erlernen, die meist denen der alten Bundesrepublik entsprachen. Der Anpassungsdruck war enorm, denn das Spiel lief bereits; um nicht zu verlieren, galt es nicht nur, die Regeln zu verstehen, sondern auch, die für ihre Befolgung nötigen Fertigkeiten zu erwerben.

Um der Gefahr einer zu subjektiven Sicht der Dinge wenigstens teilweise zu entgehen, lasse ich meine Erfahrungen nach 1990 einmal außen vor und stütze mich stattdessen auf die Fallbeispiele in einem Buch, das trotz seines etwas unglücklich gewählten Titels ein bemerkenswertes und in Summe objektives Zeitzeugnis darstellt.[24] Es zeigt auf Basis von 33 konkreten Lebenserfahrungen aus Ost- und Westdeutschland, womit es die Menschen in den verschiedensten Bereichen der Anpassung zu tun hatten.

Vordergründig ging es sehr um die Wirtschaft und die Kenntnis von Prozessen und Regeln, also des Rechtssystems im weitesten Sinne einschließlich Steuerrecht und Gesellschaftsrecht. Damit im Zusammenhang standen formale Aspekte wie Buchführung und Finanzwesen. Ferner existierten bestimmte Institutionen nicht oder hatten andere Funktionen, als sie in der neuen Zeit verlangt waren. Thießen nennt etwa den Bankensektor, wo die durchaus qualifizierten ostdeutschen Mitarbeiter kurz nach der Wende mit der Vergabe von Krediten und insbesondere der Einschätzung des Kreditrisikos völlig überfordert waren. Auch neue Standards im Bauwesen oder in anderen Bereichen mussten erlernt werden.

Zu diesem »harten« Verständnis des rechtlichen Rahmens kamen wichtige »weiche« Verhaltensweisen wie Wettbewerbsfähigkeit und Selbstvermarktung hinzu. Viele Manager beobachteten bei ihren ostdeutschen Mitarbeitern die Tendenz zur Vermeidung der Übernahme von Verantwortung in Krisenzeiten. Das war im kollektiven System der DDR durchaus sinnvoll: Ging eine nicht zuvor angewiesene Handlung schief, dann geschah dies zu Lasten dessen, der sich engagiert hatte. War sie erfolgreich, dann kam der Nutzen allen zugute. Wozu also etwas riskieren? Ohne direkten Befehl von oben tat man am besten nichts und machte damit nichts falsch. In einer Studie zu Nordkorea wird ein Flüchtling so zitiert: »Arbeiter mit einem guten *sŏngbun*[25] arbeiten wenig und werden doch befördert, während jene mit einem schlechten *sŏngbun* wenig arbeiten, weil es ja doch nichts bringt.«[26] Ein befreundeter westlicher Unternehmer, der seit zwei Jahren ein Café in Pjöngjang betreibt, beobachtet ganz ähnliches Verhalten. Seine Anweisungen werden von seinen Angestellten ausnahmslos, schnell und in hoher Qualität ausgeführt. Doch ist er einmal nicht präsent, geschieht in der Regel nicht viel. Man wartet sicherheitshalber ab. Gekühlte Getränke anbieten, wenn es draußen heiß ist? Nicht ohne Anweisung.

Ferner spielte im deutschen Fall Marktwissen eine Rolle, also die Fähigkeit, die Preise einer zu erwerbenden oder zu verkaufenden Ware oder Dienstleistung korrekt einschätzen zu können. Viele DDR-Bürger waren gegenüber Verkäufern von Versicherungen und Finanzdienstleistungen relativ hilflos, da sie oft die Notwendigkeit, den Wert und das Risiko dieser Dienste kaum einschätzen konnten. Gleiches galt für viele Waren im staatlich geregelten Preissystem.

Neu waren für die DDR-Bürger bestimmte Existenzängste, wie die Angst vor Arbeitslosigkeit. Dies hatte weitreichende Konsequenzen für die Wahl von Ausbildungs- und Berufswegen. Die Begründung für oder gegen eine Ausbildung unterschied sich in vielen Fällen wesentlich von der vor 1990 üblichen Logik. Meine Entscheidung für das Studium Ostasiens zum Beispiel, die ich lange vor der Wendezeit gefällt habe, war motiviert von dem Wunsch, ins Ausland reisen zu können – Überlegungen zu Gehalt oder Arbeitsplatzsicherheit haben keinerlei Rolle gespielt. Wer 1990 jung genug war, hatte Glück und konnte reagieren. Wer allerdings Mitte vierzig oder älter war, musste meist mit der Qualifikation auskommen, die er hatte. Eine langfristige Vorbereitung war wegen der sehr plötzlichen Einführung des westlichen Systems nicht möglich.

Ein riesiges Problem in Deutschland waren fehlende oder nicht klar definierte Eigentumsrechte, die Investitionen häufig verhinderten oder verzögerten. Auch standen sie der Vermögensbildung im Wege. Viele ostdeutsche Ruheständler waren und sind in weit höherem Maße auf die Rente als Einkommen angewiesen als ihre Landsleute im Westen, weil es alternative Vorsorgemethoden wie spekulativen Immobilienbesitz, Aktienfonds, Kapitallebensversicherungen und Ähnliches in der DDR nicht gab. Die junge Generation im Westen kann darauf hoffen, von den Eltern und Großeltern substantielle Beträge und Werte zu erben, was die Wohlstandsunterschiede noch für lange Zeit perpetuiert.

Der Umgang mit der Vergangenheit war für alle Beteiligten schwierig, nicht zuletzt für die in den Osten kommenden Westdeutschen, denen die Bedeutung bestimmter Aspekte im Lebenslauf ihrer Kollegen oft verschlossen blieb. Was hatte es zu bedeuten, wenn jemand früher »BGLer« war? Oder in der FDJ? Oder gar in der Partei? Und war es umgekehrt ein Unterschied, ob jemand aus dem Westen seinen Uni-Abschluss in Harvard oder in Kansas gemacht hatte – die USA waren doch die USA, oder nicht? Auf beiden Seiten fiel es schwer, den tatsächlichen sozialen Status des anderen einzuschätzen.

Keinesfalls vergessen sollte man auch andere »weiche« Kompetenzen wie etwa Beziehungen. Diese nach der Wende oft abfällig »Seilschaften« genannten Netzwerke kollabierten vielfach in Ostdeutschland oder verloren ihren Wert; die entsprechenden Netze im Westen jedoch blieben erhalten und erleichterten ihren Mitgliedern das Vorankommen. Und während es mit harter Arbeit machbar ist, Gesetze und Regeln in relativ kurzer Zeit zu studieren und zu begreifen, werden eingehende Kenntnisse sozialer Codes und angemessenen Verhaltens erst im Verlaufe eines Lebens erworben und verfeinert.

Die Überlegenheit der Westdeutschen, die es ihnen ermöglichte, den Prozess der deutschen Vereinigung nach Abschluss des Einigungsvertrages noch über Jahre hinweg zu bestimmen, lag laut Thießen in der genaueren und umfassenderen Beherrschung der Spielregeln: »Jeder Bereich der DDR wurde verwestlicht, und überall spielten die Westdeutschen mit ihrer besseren Kenntnis des neuen Systems entscheidende Rollen und setzten ihre Vorstellungen durch.«[27] Gleichzeitig waren viele der zu DDR-Zeiten durchaus mit großem Aufwand erworbenen Fertigkeiten der Ostdeutschen schlagartig nutzlos, wenn sie nicht gar zu Ballast wurden.

Wenn man sich unter diesen Aspekten die in Nordkorea noch vor wenigen Jahren bestehende Situation ansieht, dann ist es in der Tat naheliegend, Parallelen zur DDR zu ziehen. Mehr noch: Das nordkoreanische System wurde viel weitreichender von demokratischen und zivilgesellschaftlichen Elementen gesäubert, als das in der DDR jemals geschah. Der Staat griff massiver in das Leben seiner Bürger ein, und der individuelle Spielraum für Entscheidungen und Entfaltung war beschränkter. Private Eigentumsrechte waren stärker beschnitten. In vielen Bereichen, in denen die DDR-Bürger mangelhafte oder nicht mehr angemessene Kenntnisse hatten, verfügten die Nordkoreaner über gar keine. So konnte man in der DDR einen Kredit für den Hausbau aufnehmen oder für sein Auto eine Kasko-Versicherung abschließen; zwar hatten sich die Regeln dafür nach 1990 geändert, aber wenigstens wusste man im Prinzip, worum es ging. In Nordkorea bestanden solche Optionen bis vor kurzem überhaupt nicht.

In vielen Dingen, vor allem der Ideologie, steckt Nordkorea noch tief in den 1980ern. In anderen Fragen gleicht sich das Land an die DDR an, etwa beim Eigentum und dem individuellen Entscheidungsspielraum. Die Führung hat wie seinerzeit Honecker die strategische Entscheidung getroffen, ihre Herrschaftslegitimation auch auf dem Wege materieller Errungenschaften zu stärken. Strategische Produkte und Technologien wie CNC-Maschinen werden identifiziert. Man investiert in die Unterhaltung, und die Konsumfeindlichkeit der Regierung nimmt trotz Skepsis ab. Die Volkswirtschaft ist wieder monetarisiert, die Gesellschaft wird differenzierter.

Doch vor allem möchte ich hervorheben, dass die Entwicklungen in Nordkorea in einigen Bereichen bereits über das hinausgehen, was in der DDR möglich war.

So gibt es viele direkte Bemühungen zum Kapazitätsaufbau. Ich selbst habe an mehreren Schulungsprogrammen für nordkoreanische Führungskräfte teilgenommen, bei denen ihnen von Organisationen wie der FDP-nahen Friedrich-Naumann-Stiftung oder der CSU-nahen Hanns-Seidel-Stiftung ein Grundverständnis der westlichen Wirtschaftsordnung und von technischen Hilfsmitteln im Bereich Recht, Außenhandel und Finanzwesen beigebracht wurde. Spezialisierte Institutionen wie Choson Exchange, eine Non-profit-Organisation, oder die von südkoreanischen Christen gegründete Pyongyang University of Science and Technology (PUST) tragen bereits jetzt dazu bei, die Defizite bei den »harten« Fähigkeiten zu identifizieren und zu mildern.

Besonders bemerkenswert ist, dass vor allem das aus der Notwendigkeit geborene Zulassen von marktwirtschaftlichen Mechanismen auf der untersten Ebene des Austausches seit Ende der 1990er Jahre und das massive Vordringen chinesischer Geschäftsleute nach dem Ende der Wirtschaftsbeziehungen mit Japan 2002 dazu geführt haben, dass die Nordkoreaner heute, trotz Armut und Rückständigkeit, den DDR-Bürgern von 1989 in mancherlei Hinsicht überlegen sind. Die innerkoreanischen Interaktionen im Wirtschaftsbereich, etwa in der Industriezone Kaesŏng, unterliegen noch gewissen politischen Rücksichten. Derlei kennen die meisten chinesischen Händler und Geschäftsleute nicht. Sie zeigen den Nordkoreanern, wie man unter marktwirtschaftlichen Bedingungen Geld verdient. Die Erfahrungen sind auf beiden Seiten nicht immer positiv, wie wir aus privaten Äußerungen, aber auch anhand des in den Medien publizierten Schicksals einiger Joint Ventures wissen.[28] Doch während die Bürger der DDR solche Erfahrungen *nach* der Vereinigung unter Zeitdruck und ohne eine Regierung, die sie beschützt hätte, gemacht haben, können die Nordkoreaner den gleichen Lernprozess *vor* der Vereinigung durchlaufen.

Derzeit sind solche Vorgänge weit davon entfernt, die Masse der nordkoreanischen Bevölkerung zu erfassen und ihre Lebenswirklichkeit grundlegend und nachhaltig zu verändern. Noch immer dominieren der allmächtige Staat, seine Bürokratie und deren Gesetzmäßigkeiten. Doch das Umdenken hat begonnen, und es breitet sich aus. Familien auf dem Land lernen, dass sich bestimmte Waren zu höheren Preisen verkaufen lassen als andere. Sie verinnerlichen, dass neben einem guten Produkt auch eine hübsche Verpackung und Verkaufstalent für den Erfolg verantwortlich sind. Sie werden betrogen und betrügen ihrerseits, und sie lernen, wann man damit davonkommt und wann nicht. In manchen Unternehmen versteht man bereits, dass die Einhaltung von Verträgen zwar in bestimmten Fällen durch den Partner nicht erzwungen werden kann, dass sie aber trotzdem langfristig lohnend ist. Die Zukunft der Kinder wird anders geplant als noch vor einem oder zwei Jahrzehnten. Fremdsprachen und betriebswirtschaftliche Kenntnisse sind angesagt, auch wenn nach wie vor Laufbahnen im Militär und in der Partei als attraktiv gelten und Gehorsam gegenüber dem Staat sowie die offensive Demonstration von Loyalität hohe Priorität genießen. Letztere werden aber immer mehr zur leeren Hülle.[29]

Wenn diese Prozesse noch einige Jahre so oder intensiver weitergehen, dann werden immer mehr Nordkoreaner in immer stärkerem Ausmaß sowohl die Regeln des in Südkorea und in anderen Marktwirtschaften gespielten Spieles kennen, als auch über die entsprechenden Fähigkeiten und die Erfahrung in deren Anwendung verfügen. Wenn die tatsächliche Überlegenheit der Westdeutschen gegenüber ihren Landsleuten in der DDR tatsächlich auf dieser Diskrepanz in Wissen und Fähigkeiten beruhte, dann wird sich Südkorea auf einen ganz anderen Verlauf des koreanischen Vereinigungsprozesses einstellen müssen. Noch ist es lange nicht so weit, doch es besteht hinreichend Raum für Spekulationen.

Stellen wir uns einmal vor, wie es sein könnte. Nordkorea reformiert sich nach dem Vorbild Chinas. Es erweitert seine Sonderwirtschaftszonen, lässt ausländische Investoren ins Land, stärkt marktwirtschaftliche Elemente. Lokale Industrien entstehen, die Landwirtschaft wird quasi privat, der Staat konzentriert sich nur noch auf Schlüsselindustrien. Die Führung bleibt autoritär, wird aber auch kollektiver; an der Spitze steht Kim Jong-un als eine Mischung aus Deng Xiaoping und Park Chung-hee. Das Militär spielt mit, da sich aus den Militärbetrieben nordkoreanische *chaebŏl* entwickelt haben und man mit ihnen gutes Geld verdient. Die Partei behält ihre Macht, lässt aber wie in China innerparteilich mehr Pluralismus zu. Das Atomwaffenprogramm wird eingefroren, internationale Inspektoren kommen ins Land. Sanktionen werden nach und nach aufgehoben. Nordkorea kann endlich mit ausländischer Unterstützung seine reichen Rohstoffvorkommen ausbeuten, verarbeiten und exportieren. Die unmittelbare Nähe zu China führt zu einem enormen Wirtschaftsboom. Die politische Repression lässt nach, eine vorsichtige Aufarbeitung der Vergangenheit findet statt. Die Nordkoreaner erkennen die wirtschaftliche Überlegenheit Südkoreas und arbeiten hart, um das gleiche Niveau zu erreichen.

Welche Konsequenzen für die Vereinigung hätte das? Südkorea würde sich einem enormen Druck ausgesetzt fühlen. Das Wohlstandsgefälle würde schwinden und damit auch das derzeitige Gefühl der Überlegenheit auf der einen und der Unterlegenheit auf der anderen Seite. Nordkorea würde weiterhin argumentieren, dass amerikanische Truppen in Südkorea Ausdruck einer Fremdbesatzung sind. Immer mehr Südkoreaner würden sich dem anschließen. In Gesprächen über eine Vereinigung ginge es längst nicht mehr darum, wann und wie man im Norden das südkoreanische System einführt. Vielmehr würde man über ein gemeinsames System sprechen, das bestenfalls einige Elemente des südkoreanischen Systems beinhalten würde. China würde erheblichen Einfluss auf diese Gespräche ausüben. Am Ende würde sich Nordkorea mit seiner nationalistischen Ideologie, der boomenden Wirtschaft und dem starken Verbündeten China in vielen Punkten durchsetzen können.

Dies ist reine Spekulation, ein Szenario von vielen. Ich sage nicht, dass es so kommen wird. Aber ich sage, dass es so kommen kann. Wer sich auf die koreanische Vereinigung vorbereiten will, sollte auch solche Möglichkeiten berücksichtigen.

Die Kosten der koreanischen Vereinigung

Der wirtschaftliche Preis ist zweifellos der am meisten diskutierte Aspekt der Vereinigung, vor allem in Südkorea. Man muss nicht die Transaktionskostentheorie bemühen, um zu erkennen, dass es die Vereinigung zweier Länder nicht umsonst geben wird. Ich bin jedoch der Ansicht, dass auf dem deutschen Beispiel basierende, sich den Anschein der wissenschaftlichen Exaktheit gebende dramatische Berechnungen oft von völlig falschen Prämissen ausgehen, weil sie wichtige Faktoren außer Acht lassen.

Da wären an erster Stelle die innerdeutschen Transfers über den Fonds Deutsche Einheit im Rahmen des Solidarpakts I zu nennen. Die Zahl wird in der Regel mit circa 1,4 Billionen DM (circa 700 Milliarden Euro) im Zeitraum 1990 bis 2005 angegeben.[30] Doch wie viel davon war aus Sicht Westdeutschlands wirklich »verloren« im Sinne eines einseitigen Transfers? Infrastrukturprojekte wie die Autobahnsanierung oder die Verlegung neuer Telekommunikationsleitungen waren teuer, keine Frage. Aber wenn man an den Baustellen entlangfuhr, sah man Schilder von Max Bögl, Heilit und Woerner, Bilfinger und Berger, Teerbau, Phillip Holzmann und anderen. Das waren allesamt westliche Firmen, für die der Aufbau Ost einen plötzlichen Nachfrageschub nie dagewesener Dimension bedeutete. Ein Teil des Geldes floss also, von den Löhnen für eventuell angestellte lokale Arbeitskräfte einmal abgesehen, umgehend wieder in den Westen zurück.

Viel Geld wurde in den Aufbau adäquater Institutionen gesteckt, von Finanzämtern etwa oder der Polizei, Landesregierungen und so weiter. Noch heute hört man vor allem westdeutsche Dialekte, wenn sich die Führungskräfte im Fernsehen öffentlich äußern. Kurt Biedenkopf als ehemaliger Ministerpräsident Sachsens ist da nur die Spitze des Eisberges. Die westdeutschen Führungskräfte waren willkommen, und sie haben Großartiges geleistet. Das trotz einzelner negativer Erlebnisse in Zweifel zu ziehen, wäre grob unfair. Worum es mir hier geht, ist jedoch zu zeigen, dass auch ein Teil der Löhne und Gehälter, die in den Osten flossen, de facto wieder im Westen landeten.

Nicht zu vergessen sind die erheblichen Beträge für Sozialleistungen, also Krankenversicherung, Rente, Arbeitslosengeld. Die landeten direkt bei den Ostdeutschen. Doch was haben diese mit dem Geld gemacht? Gerade untere Einkommensschichten, per Definition die Empfänger von Sozialleistungen, neigen zwangsläufig dazu, ihr Geld größtenteils für Konsum zu verwenden. Die

Sozialleistungen waren also ein Durchlaufposten. Die aus dem Westen in den Osten transferierten Mittel in diesem Bereich wurden umgehend für Miete, Essen, Kleidung und Gebrauchsgegenstände verwendet. Und wer waren die Vermieter? Wo wurden die Lebensmittel produziert, die Autos, die Fernseher? Wo befanden sich die Firmenzentralen der großen Kaufhäuser und Supermarktketten? Genau, im Westen. Kein DDR-Bürger kaufte mehr Trabant oder Wartburg. Volkswagen, Opel, Audi und Mercedes mussten es sein. Selbst Wagen aus Frankreich oder Japan wurden über Importeure in den alten Bundesländern eingeführt. Eine Zeit lang wurden sogar Grundlebensmittel aus dem Westen gekauft. Auch hier war die deutsche Vereinigung ein gigantisches Konjunkturprogramm für die westdeutsche Wirtschaft, das unter normalen Umständen die Wettbewerbshüter in Brüssel zu sofortigem Handeln veranlasst hätte.

Auch sollte man erwähnen, dass von jeder D-Mark, die im Osten für Konsum ausgegeben wurde, je nach Produktkategorie und Zeitpunkt sieben bis sechzehn Prozent Mehrwertsteuer sofort an den gesamtdeutschen Fiskus zurückflossen. Bei den Löhnen war es die Einkommensteuer, um die man die Transfersummen bereinigen müsste.

Interessant ist bei der Frage der zu erwartenden Kosten für eine koreanische Sozialunion der Blick auf das südkoreanische Sozialsystem – den Standard für die Angleichung. Etwa 60 bis 65 Prozent aller Ausgaben für die deutsche Vereinigung der Jahre 1990 bis 2014 wurden für Sozialausgaben aufgewendet, von denen wiederum die Renten den Löwenanteil ausmachten.[31] Im Jahr 2012 flossen etwa 30 Prozent des gesamtdeutschen Staatshaushaltes in die Renten.[32] Und in Korea? Der südkoreanische Staat gab 2014 nur 0,26 Prozent (!) seines Staatshaushaltes für Rentner aus, die eine Grundrente von maximal 83 US-Dollar pro Monat erhielten.[33] Solange die Sozialausgaben in Südkorea so niedrig sind, wird die Anpassung Nordkoreas an dieses Niveau deutlich billiger kommen, als es das deutsche Beispiel nahelegt.

Wenn man sich vor diesem Hintergrund die innerdeutschen Transferzahlungen noch einmal ansieht, dann erscheinen sie gar nicht mehr so bedrohlich, im Gegenteil. Die südkoreanische Wirtschaft sollte sich darauf freuen, dass es im Falle der Vereinigung ein vom Staat koordiniertes Konjunkturprogramm geben wird, mit dessen Hilfe die Arbeitsplätze in den etablierten Unternehmen gesichert werden und die Gewinne sprudeln. Zumal zumindest derzeit in Nordkorea eine im Vergleich zur DDR weitaus niedrigere Erwartungshaltung hinsichtlich von Sozialleistungen besteht.

Und wie sieht es mit der Vereinigungsdividende aus, also dem, was durch die Vereinigung an positiven wirtschaftlichen Aspekten erwartet werden kann? Immerhin ist die deutsche Treuhand ein mahnendes Beispiel dafür, wie sich erwartete Einnahmen in hohe Ausgaben wandeln können. Wenn schon die wirtschaftlich so hoch entwickelte DDR auf dem Flohmarkt nichts wert war, was kann man dann von Nordkorea erwarten?

Auch hier sollte man sich vor zu engen Analogien hüten. Die DDR-Wirtschaft war bei ihren Im- und Exporten in hohem Maße von Partnerschaften mit anderen sozialistischen Volkswirtschaften abhängig. Es traf sie also ungünstig, dass die deutsche Vereinigung gleichzeitig mit dem Zusammenbruch der Sowjetunion und ihres Systems aus Satellitenstaaten stattfand. Auf die Schnelle neue Abnehmer zu finden ist schon unter normalen Umständen schwer genug – für die maroden und ineffizienten Betriebe der DDR war das eine fast unmögliche Aufgabe. Zugleich musste man den Umstand verkraften, dass die Lieferanten plötzlich in harter Währung bezahlt werden wollten und dass die deutsche Währungsumstellung unterdessen auch die Schulden in harte D-Mark umgewandelt hatte.

Der gleiche Anpassungsprozess ist im Falle einer koreanischen Vereinigung nicht zu erwarten – denn Nordkorea hat ihn Anfang der 1990er Jahre bereits durchgemacht. Das Land ist damals in größte Schwierigkeiten geraten. Doch diese Krise ist überstanden. Nordkoreas außenwirtschaftliche Beziehungen sind heute weit von ihrem Potential entfernt, aber sie sind stabil. Die Exportprodukte sind nicht zahlreich, dafür aber international konkurrenzfähig, und die Bezahlung wird in Devisen und zu Weltmarktpreisen abgewickelt. Nordkoreas Handel wird nach einer Vereinigung nicht kollabieren.

Was würde Nordkorea in den gemeinsamen Haushalt einbringen? Nach derzeitigem Stand können wir davon ausgehen, dass wie in der DDR die meisten Industriebetriebe schlicht als Schrott zu behandeln wären, schlimmstenfalls als teuer zu beseitigender Sondermüll. Hier darf man sich Sorgen machen. Doch Nordkorea hat etwas, das die DDR nicht hatte: auf dem Weltmarkt zu hohen Preisen absetzbare Bodenschätze in großen Mengen. Wenn südkoreanisches Kapital zur Verfügung stünde, um Gold, Kohle, Magnesit, Zink, Seltene Erden und andere Rohstoffe aus dem Boden zu holen, abzutransportieren, zu verarbeiten und zu exportieren, dann könnte ein Boom ohnegleichen entstehen. Dass das rohstoffhungrige China ein Nachbarland ist, wäre ein weiterer einzigartiger Glücksfall. Und überhaupt: Was könnte sich eine Exportwirtschaft wie jene Südkoreas mehr wünschen, als endlich und im Unterschied zu ihren Konkurrenten eine 1400 Kilometer lange Landgrenze mit dem dynamischsten und potentiell größten Markt der Welt zu haben?

Hier liegt allerdings auch ein Problem, das in Deutschland so nicht existiert hat, aber auf die südkoreanische Gesellschaft zukommen dürfte. Wie sehr waren die Ostdeutschen enttäuscht, als trotz offener Grenzen kaum Investoren aus dem Westen kamen. Aber warum hätten sie sich auch die Mühe machen sollen? Die

Lohnkosten waren ähnlich hoch, die Steuern auch, und geographische Standortvorteile waren nicht erkennbar. Das dürfte im koreanischen Fall anders sein. Die koreanische Wirtschaftsstruktur vor 1945 ist ein Indikator dafür, wo sich die Industrie in einem gemeinsamen Gebiet ansiedeln wird. Sie wird dorthin gehen, wo billige Elektroenergie aus Wasserkraft vorhanden ist und wo Bodenschätze liegen, und sie wird in die Nähe ihres wichtigsten Marktes, also Chinas, ziehen. Wenn Südkorea einen Grund hat, sich vor der Vereinigung zu fürchten, dann nicht wegen der Kosten, sondern wegen des bevorstehenden Abwanderns wichtiger Industriebetriebe in den Norden und der daraus resultierenden Arbeitslosigkeit und des geringeren Steueraufkommens im Süden.

Man kann also festhalten: Die Kosten der deutschen Vereinigung sollten im Detail besser verstanden werden, bevor man sich in der Debatte um die koreanische Vereinigung hierüber zu viele Sorgen macht. Der Strukturwandel in der nordkoreanischen Wirtschaft hat zumindest im Hinblick auf den Außenhandel schon stattgefunden und wird nicht mehr ins Gewicht fallen. Die Vereinigungsdividende könnte, anders als in Deutschland, tatsächlich im positiven Sinne fließen. Und der unausweichliche Strukturwandel wird nicht nur den Norden, sondern auch den Süden betreffen.

Konzepte der Vereinigung

Beide Länder haben mehr oder weniger detaillierte Pläne für die Wiedervereinigung, die ausdrücklich gewünscht ist und jeweils das oberste politische Ziel darstellt. Die beiden entscheidenden Fragen in den entsprechenden Konzepten sind der Weg zur Vereinigung und deren Ergebnis. In Südkorea ist man bislang recht zuversichtlich, dass die Vereinigung nur Resultat eines Zusammenbruchs des Nordens sein kann und dass ein vereinigtes Korea de facto die Ausweitung des südkoreanischen Staatsgebietes bedeutet, mit allen Konsequenzen.

In Nordkorea sieht man das verständlicherweise etwas anders. Nachdem man mit dem Koreakrieg erfolglos den militärischen Weg beschritten hatte, zwangen die sich verändernden Kräfteverhältnisse vor allem seit den 1970er Jahren Pjöngjang zu einer Anpassung seiner Vereinigungspläne. Heutige Basis der nordkoreanischen Vorstellungen ist Kim Il-sungs Zehn-Punkte-Programm vom April 1993.

Zu dessen Vorläufern zählt die gemeinsame Erklärung der beiden Koreas vom 4. Juli 1972. Nordkorea veranstaltet daher am 4. Juli immer wieder symbolische Handlungen, zu denen diplomatische Gespräche, aber auch Raketenstarts gehören können. In den USA werden diese Aktionen oft fälschlicherweise in Bezug auf den dortigen Unabhängigkeitstag gedeutet; tatsächlich geht es aber um dieses erste Abkommen zwischen Nord- und Südkorea, dem ein geheimes Treffen zwischen Kim Il-sung, seinem Bruder Kim Yŏng-ju und dem Chef des südkoreanischen Geheimdienstes Lee Hu-rak vorangegangen war.[34] Auslöser der plötzlichen Gesprächsbereitschaft war auf beiden Seiten die Sorge über die Auswirkungen der als »Nixon-Schock« bekannten Annäherung zwischen China und den USA. Man einigte sich 1972 auf drei Prinzipien: Unabhängigkeit, also eine Vereinigung ohne äußere Einmischung; Frieden, also Verzicht auf militärische Mittel; sowie großer nationaler Zusammenschluss, das heißt Nationalismus als Vereinigungsideologie und die Einbeziehung auch der im Ausland lebenden Koreaner. Das meint insbesondere die pronordkoreanischen Koreaner in Japan, von denen sich Kim Il-sung eine Verbesserung des Kräftegleichgewichtes zu seinen Gunsten erhoffte.

Auf dem 6. Parteitag der Partei der Arbeit Koreas im Oktober 1980 verabschiedete man auf Vorschlag Kim Il-sungs auch die

Idee der Gründung einer Demokratischen Konföderativen Republik Koryŏ. Zwei Dinge sind hier besonders bemerkenswert: der Begriff der Konföderation[35] und der Name Koryŏ.

Letzteres ist die geniale Lösung eines schwierigen Problems, das wir Deutschen in dieser Form nicht hatten. Auch wenn die Worte »deutsch« und insbesondere »Deutschland« in offiziellen Kreisen der DDR immer ein wenig verschämt verwendet wurden, so bestanden über die sprachliche Benennung des Landes keine Differenzen zwischen West und Ost. In Korea ist das anders; Nordkorea verwendet den Namen »Chosŏn«, während man im Süden das Land »Han'guk« nennt. Eine Wiedervereinigung, die zumindest dem äußeren Anschein nach die beiden Landesteile gleich behandeln möchte, wird unter keinem dieser zwei Namen möglich sein.

Man braucht also einen dritten Weg, doch welcher könnte dies sein? »Korea« ist ein westlicher Begriff, dem keine chinesischen Zeichen zugrunde liegen und der auf Koreanisch nur sehr hölzern klingt: K'o-ri-a. Nun stammt dieser Name aber von Reich Koryŏ ab, das sich von 918 bis 1392 über fast das gleiche Territorium erstreckte, das heute die beiden koreanischen Staaten bilden. Leider hatte hier aus Sicht Südkoreas die falsche Seite die richtige Idee. Zumindest offiziell ist in Seoul zurzeit kein Mitglied der Regierung bereit, den Namen Koryŏ für das dereinst vereinigte Korea zu verwenden.[36]

Der Begriff der Konföderation in Kim Il-sungs Vorschlag impliziert das Prinzip »eine Nation, ein Land, zwei Systeme«. Die Konföderation erlaubt es im Gegensatz zum Einheitsstaat den jeweiligen Partnern, ein sehr hohes Maß an politischer Eigenständigkeit und Souveränität zu bewahren. Im Prinzip findet nur die Außenpolitik gemeinsam statt. In Südkorea strebt man dagegen langfristig eine vollständige Vereinigung an, also auch die Homogenisierung der politischen und wirtschaftlichen Systeme.

Die Demokratische Konföderative Republik Koryŏ soll neutral sein, das heißt keinem Bündnis angehören. Da der Ostblock nicht mehr existiert, bedeutet das aktuell primär ein Ende der (süd-) koreanischen Allianz mit den USA. Es ist allerdings keineswegs sicher, ob im Falle des Falles dieser 1980 geäußerte Gedanke von der nordkoreanischen Seite noch heute vehement verteidigt werden würde. Es spricht viel dafür, dass die Erhaltung der Unabhängigkeit von China die drängendste außenpolitische Aufgabe eines vereinigten Koreas sein wird. Ein neu formuliertes Bündnis mit den USA, unterstützt durch einsatzbereite koreanische Atomwaffen, kann dies gewährleisten. Das klingt im Augenblick recht abwegig, aber man sollte nicht vergessen: Pjöngjang kann sehr pragmatisch sein, und *chuch'e* liefert dafür die nötige ideologische Flexibilität.

Neben vielen anderen ähnlich lautenden Absichtserklärungen, einschließlich einer Drei-Punkte-Plattform von Kim Jong-il, ist noch das erste innerkoreanische Grundlagenabkommen vom Dezember 1991 zu nennen. Wie 1972 waren es historische Ereignisse, die hier den Auslöser bildeten. Der Zusammenbruch des sozialistischen Systems führte zur Etablierung von diplomatischen Beziehungen Seouls mit Beijing und Moskau im Rahmen der sogenannten Nordpolitik von Präsident Roh Tae-woo, die nach dem Vorbild von Willy Brandts Ostpolitik entwickelt worden war. Nordkorea reagierte mit Annäherung an den Süden. Die vier Kapitel des Grundlagenabkommens befassen sich vor allem mit Vertrauensbildung. Es wäre aus heutiger Sicht leicht und auch nicht notwendigerweise falsch, ein solches Dokument lediglich als geduldiges Papier zu betrachten; sollte der Vereinigungsprozess eines Tages tatsächlich beginnen, könnte es jedoch durchaus eine wichtige juristische Rolle spielen.

Gegenwärtig ist das zwei Jahre nach dem Grundlagenabkommen und ein Jahr vor Kim Il-sungs Tod formulierte Zehn-Punkte-

Programm von 1993 die offizielle Basis der nordkoreanischen Haltung zur Vereinigung. Der große nationale Zusammenschluss ist schon aus der gemeinsamen Erklärung von 1972 bekannt. Die Prinzipien der Koexistenz und Koprosperität werden hervorgehoben. Dies bekräftigt die Hoffnung Pjöngjangs auf die Bewahrung der nordkoreanischen politischen Ordnung und zielt auf die immer wieder vorgebrachte Erwartung erheblicher finanzieller Unterstützung durch den Süden.

Der Verzicht beider Seiten auf die gewaltsame Einführung des eigenen Systems bei der Gegenseite wird in den zehn Prinzipien mehrfach erwähnt; hinzu kommt die Forderung nach dem Verzicht auf die Verfolgung politischer Opponenten. Ferner wird verlangt, dass nach der Vereinigung das staatliche und kollektive Eigentum ebenso respektiert werden soll wie das private. Auch hier erkennt man – drei Jahre nach der deutschen Vereinigung – sehr deutlich die Angst der nordkoreanischen Führung, das Schicksal der DDR-Elite zu teilen.

Weitere Abkommen wurden schließlich auf den beiden innerkoreanischen Gipfeltreffen in den Jahren 2000 und 2007 geschlossen. Sie enthalten konkrete Absprachen über Kooperationen wie das erwähnte Tourismusprojekt im Kŭmgang-Gebirge und die Sonderwirtschaftszone bei Kaesŏng.

Ausblick: Wie stehen die Chancen für die Vereinigung?

Trotz meiner mehrfach bekräftigten Vorsicht Vorhersagen betreffend bin ich der festen Überzeugung, dass Nord- und Südkorea eines Tages wieder eine Einheit bilden werden, auch wenn es derzeit nicht danach aussieht. Dafür sprechen viele Gründe.

Zum einen wäre da der feste Vereinigungswille auf beiden Seiten, getragen vom pankoreanischen Nationalismus und der Überzeugung, dass es sich bei der Teilung um eine von außen über das Land gebrachte nationale Tragödie handelt. Ferner sehen sich die Koreaner einer geopolitisch bedrohlichen Situation gegenüber; alle Nachbarstaaten sind um ein Vielfaches größer und mächtiger. Sowohl im Norden wie im Süden kann man daher Äußerungen hören, die darauf anspielen, dass die kombinierte Stärke eines vereinigten Landes die Durchsetzung koreanischer Interessen in der Region erleichtern würde.

Ökonomisch sinnvoll wäre die Vereinigung allemal. Die Volkswirtschaften der zwei Koreas ergänzen sich, anders als das in Deutschland der Fall war. Der Norden hat die Rohstoffe, die billigen Arbeitskräfte und die Landgrenze zu China; der Süden hat das Kapital, die Technologie, die Netzwerke und das Know-how. Die Anfang 2014 geäußerte Einschätzung der südkoreanischen Präsidentin, die die Vereinigung als »Jackpot« bezeichnete,[37] ist vor allem aus Sicht der Wirtschaft durchaus zutreffend.

Die Gründe dafür, dass die koreanische Vereinigung allen Plänen und Absichten zum Trotz nicht längst vollzogen wurde, sind sowohl innen wie außen zu suchen.

Spätestens seit den 1970er Jahren hat man in Nordkoreas Führung erkannt, dass eine Wiedervereinigung aufgrund des wachsenden Machtungleichgewichtes gegenüber dem Süden vermutlich einer Kapitulation gleichkommen würde. Das deutsche Beispiel hat diese Einschätzung nachdrücklich bekräftigt. Erst, wenn eine Anpassung des wirtschaftlichen Entwicklungsniveaus an den Süden erreicht ist, wird Nordkorea ernsthaft über eine Verhandlungslösung nachdenken. Bis dahin spielt man auf Zeit und versucht, aus dem Süden so viel Unterstützung wie möglich für diese Angleichung zu beziehen.

In Südkorea halten sich die tatsächlichen politischen Bemühungen für eine Wiedervereinigung ebenfalls in Grenzen. Man fürchtet sich vor den Kosten, die dem Land, das im Konkurrenzkampf mit den vorauseilenden Japanern und den immer näher kommenden Chinesen steht, für einige entscheidende Jahre einen möglicherweise vernichtenden Nachteil bescheren würden. Erst wenn Südkorea endgültig seinen Platz in der globalen Wirtschaft und in der Sicherheitsarchitektur Ostasiens gefunden hat, wird man sich mit größerer Selbstsicherheit der Vereinigungsfrage zuwenden.

Das gilt auch für die Aufarbeitung der politischen Vergangenheit. Noch immer sind viele gravierende Menschenrechtsverletzungen während des Koreakrieges und der darauf folgenden Entwicklungsdiktatur in Südkorea unaufgeklärt. Die politische Landschaft ist fragmentiert und von Misstrauen und oft unversöhnlichem Hass zwischen den einzelnen Lagern geprägt. Die eigentlich absurde Sorge Seouls über die Wirkung nordkoreanischer Propaganda auf die Bürger Südkoreas erklärt sich auch aus diesem Kontext der inneren Spaltung heraus, die man *namnam kaltŭng* nennt, Süd-Süd-Konflikt. Wenn man diese Probleme eines Tages in den Griff bekommen hat, wird das eine offenere und selbstbewusstere Herangehensweise an den schwierigen nördlichen Bruder erlauben.

Nicht zuletzt ist es das Ausland, das eine koreanische Vereinigung bisher nicht gerade gefördert hat. Wenn wir auch hier die öffentlichen Absichtserklärungen einmal beiseite lassen und uns nüchtern und realistisch die Interessenlage ansehen, dann bleibt in der Tat wenig Grund für kurzfristigen Optimismus.

China hat kein Interesse an einem vereinigten Korea, das unter Umständen ein Verbündeter der USA wäre. Ein eigenständiges, aber schwaches Nordkorea ist derzeit die bessere Lösung, auch wenn es sich um einen sehr unangenehmen Partner handelt. Beijing weiß außerdem, dass die Zeit auf seiner Seite ist. Südkoreas wirtschaftliche Anbindung an China, wenn man nicht gar von Abhängigkeit sprechen will, wächst ständig, während die USA trotz aller Bemühungen schrittweise aus der Region verdrängt werden. Eines Tages wird sich das Machtgleichgewicht zwischen den USA und China in Ostasien so verändert haben, dass ein vereinigtes Korea zwangsläufig ein wie auch immer geartetes Bündnis mit China eingehen müsste. Sobald man in Beijing diesen Zeitpunkt gekommen sieht, wird die Volksrepublik eine rasche Vereinigung fördern.

Japan ist das Land, das bei einer koreanischen Vereinigung am meisten verlieren würde. Die ökonomische Dividende würden sich vermutlich Südkorea und China teilen, da bleibt für Tokio auf der Habenseite nicht viel übrig. Südkorea, auch jetzt schon ein bedrohlicher Konkurrent etwa im Schiffbau, in der Automobilindustrie oder bei der Elektronik, würde erheblich gestärkt aus der Vereinigung hervorgehen und gemeinsam mit China Japan weiter in die Defensive drängen. Japan würde Märkte verlieren, die ohnehin wackelige Technologieführerschaft wäre dahin, und die Isolation des Inselstaates würde zunehmen. Gleichzeitig würden sich Territorialstreitigkeiten mit Korea wie jene um die Insel Tokdo verschärfen, da das vereinigte Korea nun mit neuem Selbstbewusstsein seine Energien von der innerkoreanischen Auseinandersetzung in die Außenpolitik lenken würde. Nicht zu vergessen ist, dass aus Sicht vieler Koreaner die Rechnung der 35 Jahre währenden Kolonialzeit noch offen ist. Kein Wunder, dass Tokio besorgt ist und kein Interesse an einem Kollaps Nordkoreas hat, was unter anderem im Mai 2014 zur Wiederaufnahme der bilateralen Gespräche geführt hat.

Russland war lange Zeit der einzige relativ neutrale Nachbar Koreas. Man war vor allem an einer Rückkehr auf die politische Weltbühne interessiert und am Dialog mit den führenden Industrienationen der Region, wofür das Thema Nordkorea einen willkommenen Anlass bot. In dem Maße, wie Moskau im Zuge des neuen russischen Nationalismus und der im Konflikt um die Krim Anfang 2014 offener denn je zutage getretenen Auseinandersetzung mit Washington ein verstärktes Interesse an einer Schwächung der USA in der Region Ostasien entwickelt hat, steigt nun auch wieder die Neigung, Nordkorea aus strategischen Gründen zu unterstützen.

Eine koreanische Vereinigung birgt aus der Sicht Moskaus sowohl Chancen als auch Risiken. Gute Beziehungen zu einem stabilen Nordkorea machen Russland zu einem für Südkorea ungemein interessanten Partner. Noch einmal wird Russland den unter Jelzin begangenen Fehler nicht wiederholen, diese Trumpfkarte einfach wegzuwerfen.[38] Ein vereinigtes Korea würde den Verkauf von russischem Erdgas und anderen Rohstoffen in Asien erleichtern und die lange geplante Eisenbahnroute von Japan[39] über Südkorea nach Europa quer durch Russland ermöglichen. Eine zu enge Anbindung Koreas an China ist allerdings nicht im russischen Interesse. Moskau könnte also weiterhin als weitgehend indifferent eingeschätzt werden. Jedoch ist angesichts der Verschlechterung der Beziehungen zu den USA von einer Polarisierung bei den Sechs-Parteien-Gesprächen über das nordkoreanische Atomwaffenprogramm auszugehen, was Nordkorea politisch stärken wird.

Auch Washington dürfte eine koreanische Wiedervereinigung nicht ausschließlich positiv sehen. Sollte das vereinigte Korea proamerikanisch sein, dann wäre der Konflikt mit China, den man bisher mit viel Mühe am offenen Ausbrechen gehindert hat, mit einem Schlag manifest. Die Vorstellung, dass bei einer Destabilisierung der innenpolitischen Lage in Nordkorea chinesische Truppen zur Friedenssicherung einmarschieren könnten, ist nicht von der Hand zu weisen. Doch wie sollten die USA dann reagieren? Die Bereitschaft, in einen zweiten Koreakrieg einzutreten, ist in Amerika gering, der Verlust Koreas wäre also sehr wahrscheinlich. Wenn ein vereinigtes Korea gleich prochinesisch würde, wäre das Resultat dasselbe. Die USA müssten die unter hohen Opfern und Kosten über Jahrzehnte aufgebauten militärischen, ökonomischen und politischen Positionen in Korea verlassen und sich nach Japan zurückziehen, wo ihnen aber auch schon ein recht kühler Wind entgegenweht. Die koreanische Vereinigung wäre, wenn man es ein wenig überspitzt formuliert, ein möglicher Anfang vom Ende der Präsenz der USA in Ostasien und damit auch der Dominanz Washingtons im globalen Maßstab. Auch hier ist man also derzeit eher an einer Aufrechterhaltung des Status quo interessiert.

Nun sind dies alles wichtige, aber nicht unüberwindliche Gründe, die eine koreanische Vereinigung erschweren. Nicht zuletzt ist es das deutsche Beispiel, das uns lehrt, dass die Ereignisse eine unaufhaltsame Dynamik annehmen können. Und die Beispiele China und Vietnam zeigen, dass ein diktatorisches und wirtschaftlich marodes Regime auch ohne Kollaps eine graduelle, positive Entwicklung nehmen kann. Beide Szenarien, jenes der raschen Vereinigung zwischen ungleichen und jenes der stufenweisen Vereinigung zwischen gleichen Partnern, sind also möglich.

Zu guter Letzt sei hier noch ein letztes Vereinigungsszenario vorgestellt, das zumindest partiell an das deutsche, vor allem aber an das europäische Vorbild erinnert. Wie gezeigt haben China und die USA unterschiedliche, aber starke Interessen mit Bezug auf Korea. Ein vereintes Korea sähe sich einer Wahl zwischen zwei großen Alliierten gegenüber, die verdächtig nach einer Reise zwischen Skylla und Charybdis aussehend würde. Wie kommt man dort ohne Schaden hindurch?

Ein Ausweg wäre die Einbindung beider Koreas in eine ostasiatische Union, etwa nach dem Vorbild der ASEAN, der weder die USA noch China angehören. In diesem multilateralen Rahmen könnten beide Koreas zunächst ihre Differenzen überwinden, und auch ein vereintes Korea würde sich im Schutz dieser

Gemeinschaft wesentlich besser gegen allzu aufdringliche Avancen der einen oder der anderen Großmacht wehren können. Strategische Partnerschaften mit Beijing und Washington würden von dieser regionalen Allianz aus Mittelmächten geschlossen werden, nicht bilateral.

Derzeit erscheint dieses Szenario unrealistisch. Eine schier unüberschaubare Anzahl an Organisationen, Allianzen, Partnerschaften und Assoziationen spiegelt die Verschiedenheit der nationalen Interessen in Ostasien wider. Die USA und China wetteifern auch hier um die regionale Führungsrolle. Doch Korea ist nicht das einzige Land in der Region, das sich mit dieser Situation auseinandersetzen muss. Und wer hätte seinerzeit gedacht, dass es die Europäer schaffen würden, ihre jahrhundertelange Feindschaft zu überwinden?

Nicht nur wegen der Atomwaffen und der Menschenrechtsproblematik, sondern auch anhand der Diskussion der Rolle eines vereinten Koreas wird deutlich, dass Nordkorea über die Halbinsel hinaus relevant ist. Was sich auf China und die USA auswirkt, das geht auch uns in Europa etwas an, ob wir es nun wollen oder nicht. Wissen wir genug über dieses Land? Nein. Auch das, was wir zu wissen glauben, ist gelegentlich fragwürdig, und bei der Interpretation der Fakten scheiden sich ohnehin die Geister. Aber Nordkorea als weißen Fleck auf der Landkarte zu bezeichnen – das entspräche längst nicht mehr den Tatsachen. Täglich lernen wir mehr über das System und über die Menschen. Dabei ist es wichtig, beide als Einheit, als miteinander verbundene Teile eines Ganzen zu betrachten. Nur so kann man der Komplexität dieser oft verstörend anderen, aber auch faszinierenden Gesellschaft gerecht werden.

Nachwort: Nordkorea 2014 – 2016

Nordkoreanische Dynamik

Wenn es noch eines Beweises bedurft hätte, dass Nordkorea trotz seiner scheinbaren Unveränderlichkeit alles andere als statisch ist, dann würde ein Blick auf die zwei Jahre nach Fertigstellung des Manuskripts zur ersten Ausgabe dieses Buches genügen.

Dynamik muss in diesem Kontext nicht immer positiv sein. So gab es mittlerweile den vierten und gleich darauf auch den fünften Atomtest. Die Gerüchte um exekutierte Mitglieder der Elite häuften sich, Berichte um den Export von Arbeitskräften unter anderem auf die WM-Baustellen von Katar und über deren harte Arbeitsbedingungen und niedrige Löhne schafften es bis in unsere Abendnachrichten. Neue Augenzeugenberichte über Menschenrechtsverletzungen wurden publiziert, und einige spektakuläre Fälle von Flucht wurden bekannt. Doch Nordkorea konnte auch PR-Erfolge verzeichnen. So musste einer der prominentesten Flüchtlinge, dessen Geschichte unter »Flucht aus Lager 14« bekannt wurde, Anfang 2015 grobe Falschaussagen einräumen.

Die Beziehungen mit dem Ausland blieben schwierig. Raketentests etwa von U-Booten aus wurden fortgesetzt, und ein erfolgreicher Satellitenstart wurde vom Westen als schlecht getarnter Test einer Interkontinentalrakete gebrandmarkt. Touristen wurden aufgrund mehr oder weniger intelligenten Verhaltens in Prozessen öffentlich vorgeführt und zu unverhältnismäßigen Haftstrafen verurteilt. Zu ihnen zählte der amerikanische Student Otto Warmbier, der nachts aus dem abgesperrten Personalbereich eines Hotels ein Propagandabanner entwendete. Angeblich drangen nordkoreanische Hacker zudem in die Computersysteme der Sony Studios ein, um sich für einen Kim Jong-un verunglimpfenden seichten Film zu rächen, der daraufhin eine andernfalls kaum zu erwartende Publizität erreichte.

Die Welt reagierte vor allem mit Konfrontation. Die Sanktionen wurden verschärft, wobei insbesondere das Verhalten Chinas interessant war. Anfang 2016 stimmte der sonst eher zurückhaltende große Nachbar einem für Nordkorea sehr schmerzhaften, weil nahezu den gesamten Außenhandel betreffenden Paket an Strafmaßnahmen zu. Die USA und Südkorea setzten unbeirrt mehrmals im Jahr ihre Militärmanöver an der Grenze zu Nordkorea fort, was umgehend Proteste und Drohungen provozierte. Zwar gibt es im Gegenzug noch immer keine gemeinsamen Manöver von China und Nordkorea; das könnte sich allerdings angesichts der zunehmend offenen Proteste Chinas gegen die Installation eines amerikanischen Raketenabwehrsystems (THAAD) eines nicht allzu fernen Tages ändern. Die vor allem mit sich selbst beschäftigte EU beschränkt sich darauf, Nordkoreas Verhalten aus der Ferne »auf das Schärfste« zu verurteilen. Einzelne vielversprechende Initiativen zur Lösung des Konflikts scheiterten an der Ungeschicklichkeit der Nordkoreaner und der Unentschlossenheit der Europäer. Die Sonderwirtschaftszonen werden weiterhin vom Westen ignoriert. Hingegen reißt der Strom von Touristen nach Nordkorea nicht ab.

Neben diesen eine oft bedauerliche Kontinuität reflektierenden Ereignissen gab es einige größere und kleinere Überraschungen. Manche waren recht eigenwillig, wie die Einführung einer neuen Zeitzone: Nordkorea ist jetzt eines von weltweit vier Ländern, in denen bei der Einreise aus dem Ausland die Uhr nicht um eine volle, sondern um eine halbe Stunde vor- beziehungsweise zurückgestellt werden muss. Nicht zuletzt gab es spektakuläre Rückschritte zu verzeichnen. So wurde die Industriezone Kaesŏng durch Südkorea geschlossen. Das die Entwicklung einer modernen Infrastruktur in den letzten Jahren erfolgreich vorantreibende ägyptische Telekommunikationsunternehmen ORASCOM wird, so scheint es, vom nordkoreanischen Staat schrittweise aus dem Markt gedrängt. Gleichzeitig werden neue Verfahren wie Internet-TV eingeführt.

Das mit Abstand bemerkenswerteste Ereignis der Jahre 2014 bis 2016 war allerdings der 7. Parteitag der Partei der Arbeit Koreas, der in der Geschichte sozialistischer Systeme einzigartige 36 Jahre auf sich hatte warten lassen.

Einigen dieser Geschehnisse ist dieses Nachwort gewidmet. Die zuvor im Buch gemachten Aussagen werden im Licht der aktuellen Entwicklungen kritisch hinterfragt und, wenn nötig, angepasst. Kim Jong-un amtiert nun fast doppelt so lange wie zum Zeitpunkt der Fertigstellung der ersten Ausgabe des Buches, sodass hier genauere Bewertungen und vorsichtige Vorhersagen möglich sind.

Der 7. Parteitag der PdAK: Der Berg kreißte und gebar … eine Maus

Parteitage sind in staatssozialistischen Systemen zwar Routineveranstaltungen, doch werden hier auch wichtige programmatische und personelle Entscheidungen diskutiert und bekannt gemacht. Wenn die führende Partei eines sich offiziell noch immer sozialistisch nennendes Landes fast vier Jahrzehnte lang keinen Parteitag abhält, dann ist das mehr als ungewöhnlich.

Wenn man annimmt, dass die politische Wahrnehmung im Alter von 14 Jahren beginnt, dann hat keiner der heute bis zu 50-jährigen Nordkoreaner jemals bewusst einen Parteitag jener

Partei erlebt, die das Schicksal der Menschen dort täglich und massiv bestimmt.

Dabei ist seit 1980 viel passiert. Zum Zeitpunkt des bis dahin letzten Parteitages steckten Deng Xiaopings Reformen in China noch in ihren Kinderschuhen, Michail Gorbatschow war noch fünf Jahre und drei Vorgänger von der Führung der Sowjetunion entfernt, Südkorea war eine brutale Militärdiktatur, die gerade den Aufstand von Kwangju blutig niedergeschlagen hatte, das sozialistische Lager erschien stabil und Deutschland war geteilt. Nordkorea ahnte noch nichts von der Hungersnot der 1990er, Kim Il-sung war gesund und an der Macht, es gab noch kein Atomprogramm, keine Märkte, kein innerkoreanisches Gipfeltreffen, keine Sonderwirtschaftszonen, noch nicht einmal ein Joint-Venture-Gesetz.

Erwartungen

Entsprechend hoch waren die Erwartungen bei der nordkoreanischen Bevölkerung und bei ausländischen Beobachtern, als Ende Oktober 2015 der 7. Parteitag der PdAK für den Mai 2016 angekündigt wurde.[1] Vielen Beobachtern war bewusst, dass Parteitage andernorts in der Vergangenheit als Auftakt für umfassende Reformen gedient haben; denken wir an den 12. Parteitag in China 1982, den 6. Parteitag in Vietnam 1986 oder den 27. Parteitag in der Sowjetunion, ebenfalls 1986. Nordkorea braucht Reformen, und es hat einen jungen Führer, der nach einigen Jahren der Konsolidierung seiner Macht nun sein Versprechen eines besseren Lebens einlösen muss – Grund genug also für die Hoffnung auf einen Durchbruch.

Nun muss man bei Prognosen für die Zukunft immer aufpassen, dass nicht der Wunsch Vater des Gedankens wird. Nüchtern betrachtet gab es neben der Hoffnung auf einen Reformparteitag daher auch das unspektakuläre Szenario einer Rückkehr zu einer

»neuen Normalität«, also der regelmäßigen Abhaltung von Parteitagen als weiteres Element der diktatorischen Routine.[2] So, wie es derzeit aussieht, ist genau das eingetreten.

Berichterstattung und Vorbereitung

Die beachtliche Zahl von etwa 5000 Delegierten und Beobachtern kam vom 6. bis 10. Mai 2016 in Pjöngjang zusammen. Aus gegebenem Anlass peinlichst darum bemüht, kein Zeichen der Unaufmerksamkeit zu zeigen, lauschten sie einer Reihe von langen Reden. Jene von Kim Jong-un am 8. Mai war durchaus interessant, aber eher aufgrund ihrer detaillierten Darstellung der gegenwärtigen Selbstsicht der Führung, nicht aufgrund eines nordkoreanischen Pendants zu Doi Moi, Glasnost oder Perestroika.

Was wir über den Inhalt dieser Reden wissen, verdanken wir den staatlichen nordkoreanischen Medien. Zwar waren auch über 100 westliche Journalisten eingeladen, aber wenig überraschend – hier geht es schließlich um Nordkorea – wurde ihnen der Zugang zum eigentlichen Veranstaltungsort verwehrt. Es gab noch nicht einmal offizielle Delegationen befreundeter Parteien, wie das sonst bei derlei Ereignissen üblich gewesen wäre. Der 7. Parteitag der PdAK wurde als interne Angelegenheit abgehalten. Der Umgang mit den westlichen Medien war trotzdem, gelinde gesagt, kein kluger Schachzug Pjöngjangs, denn die Reaktion war vorhersagbar. Der »Ausschluss« der Reporter wurde zum dominierenden Thema in der westlichen Berichterstattung über den Parteitag, gemeinsam mit der mehrstündigen Verhaftung eines BBC-Journalisten, der zur gleichen Zeit aus anderen Gründen im Lande war.[3]

Wer allerdings erwartet hatte, dass die derart zur Untätigkeit verdammten Medienvertreter in Ermangelung anderer Optionen wenigstens die offiziellen Dokumente gründlich analysieren würden, der wurde weitgehend enttäuscht. Dabei wäre das den

Aufwand durchaus wert gewesen, denn Kim Jong-un hatte trotz des Fehlens eines expliziten Bekenntnisses zu einem völlig neuen Reformkurs sehr wohl einige »Schmankerln« auf Lager, auf die ich später eingehen werde.

Besorgniserregend ist in diesem Zusammenhang die durch entsprechende Bemerkungen in der Berichterstattung genährte Vermutung, dass die anwesenden Medienprofis nicht etwa die ungefähr 30 Seiten umfassende koreanische Vollversion[4] der Rede gelesen haben, sondern nur die kaum dreiseitige englische Zusammenfassung.[5] Wer zur Berichterstattung in ein bekanntermaßen wenig anglophiles Land wie Nordkorea reist, der sollte dafür sorgen, auch in der Landessprache arbeiten zu können. Vor dem Hintergrund der vielen Probleme und Bedrohungen, die man zu Recht mit Nordkorea verbindet, können wir uns Nachlässigkeit bei der Auswertung der ohnehin nur spärlich vorhandenen Informationen nicht leisten.

Die Vorbereitungen auf nordkoreanischer Seite waren, wie bei derartigen Großereignissen zu erwarten, umfassend. Das Land präsentierte sich im Vorfeld des Parteitages in Bestform. Ich war bis vier Tage vor dem Parteitag in Nordkorea unterwegs und habe in 25 Jahren noch nie eine so stabile Versorgung mit Elektroenergie erlebt. Die Schornsteine der Kraftwerke rauchten, auch auf dem Land gab es ganztägig fließendes Wasser, und auf den Feldern sah man deutlich mehr Traktoren als Ochsen. In den Straßen waren neue Lastwagen chinesischen Fabrikats unterwegs. Offenbar mangelte es dem Land trotz der Sanktionen vom März 2016 weder an Kohle noch an Treibstoff.

In der Retrospektive deutete schon der Auftakt des Parteitages in eine eher neoorthodoxe und konservative Richtung. In Rückgriff auf die seit Jahrzehnten etablierte Massenlinie wurde eine 70-Tage-Schlacht zur beschleunigten Arbeit gestartet. Überall im Land habe ich Plakate mit einem Countdown (»Es bleiben noch x Tage«) und der Frage: »Hast auch du deinen heutigen Plan schon erfüllt, Genosse?« gesehen. Die Menschen waren unübersehbar erschöpft. Man darf ihnen nur wünschen, nicht der Illusion der Aussicht auf eine ruhigere Gangart erlegen zu sein, denn gleich nach Ende des Parteitages folgte eine 200-Tage-Schlacht zur schnelleren Umsetzung der Beschlüsse.

Ebenso an althergebrachte Muster erinnerte die Geheimniskrämerei. Als ich elf Tage vor Beginn des Parteitages in Pjöngjang eintraf, wusste noch niemand, wann dieser genau beginnen und wie lange er dauern würde. Zwar waren die Vorbereitungen auf Massenaufmärsche und Feierlichkeiten in vollem Gange, aber genauere Angaben waren nicht erhältlich. Selbst der Veranstaltungsort wurde geheim gehalten, was allerdings durch die Arbeiten an der mit weißen Tüchern verhüllten Außenfassade des »Kulturhauses des 25. April« untergraben wurde, wo die roten und goldenen Parteisymbole deutlich durchschienen. Wer möchte, kann übrigens über die Wahl dieses Ortes spekulieren. Der 25. April ist der Tag der Gründung der Volksarmee. War die Partei also beim herrschenden Militär zu Gast, oder wollte sie im Gegenteil ihre Dominanz über die gezähmte Bestie zeigen? Weder noch, denke ich. Vermutlich wollte man einfach die Einheit der beiden Machtsäulen betonen, oder es war schlicht das größte verfügbare Gebäude.

Kims Rede

Strukturell und organisatorisch ist wohl vor allem die Umbenennung der obersten Führungsposition der Partei erwähnenswert. Diese war erst 2012 in »Erster Sekretär« geändert worden, nachdem der wenige Monate zuvor verstorbene Kim Jong-il zum »Ewigen Generalsekretär« gemacht worden war. Seit einer auf dem Parteitag beschlossenen Änderung ihrer Statuten wird die Partei nun vom »Vorsitzenden« Kim Jong-un geleitet.

Die Schlüsselrede hielt Kim am 8. Mai. Sie liegt im September 2016 noch immer nur auf Koreanisch vor; hier die wichtigsten Punkte in der Reihenfolge ihrer Nennung.[6]

Offene Kritik an China: Gleich im ersten, die Vergangenheit analysierenden Teil findet sich ein diplomatischer Paukenschlag: »Trotz des in unserer Nachbarschaft wehenden schmutzigen Windes der bourgeoisen Freiheit und von ›Reform‹ und ›Öffnung‹ folgten wir dem Geist der Militär-Zuerst-Gewehre [!] und schritten entsprechend dem von uns gewählten Weg des Sozialismus voran.«[7] Nachbarschaft? Reform und Öffnung? Diesen Satz kann man nur schwer missverstehen; hier wird China in einer seltenen und an solch prominenter Stelle einzigartig direkten Art und Weise kritisiert.

Heftige Kritik nach innen: Dass ein Herrscher in einem patriarchalischen System mahnend die Stimme erhebt und seine Untergebenen auf ihre Fehler hinweist, ist nicht neu. Kim Jong-un hatte wenige Wochen nach seinem Machtantritt bereits entsprechende Bemerkungen gemacht und setzt diese Strategie bis in die Gegenwart fort. Dies soll seine Machtposition unterstreichen und gleichzeitig dem Volk vermitteln, dass Probleme nicht der Fehler des obersten Führers, sondern der unter ihm stehenden Bürokraten sind. Und doch war es auffallend, mit welchem Nachdruck und wie oft Kim Jong-un in seiner wohl bisher wichtigsten Rede »den Missbrauch von Autorität, Bürokratismus, Korruption und Dekadenz« anprangerte und auf mehreren Seiten Details zu solchem Fehlverhalten lieferte.

Betonung der Rolle der Jugend: Die Jugend, beziehungsweise ihre Rolle und der Umgang mit ihr, wird von Kim Jong-un unter Hinweis auf die Anstrengungen der Feinde des Landes zur ideologischen und kulturellen Infiltration als »schwieriges Problem« bezeichnet. Wir finden hier de facto das Eingeständnis, dass gerade die seit den 1990er Jahren inmitten der Reformen aufgewachsenen jungen Menschen sich vom Materialismus in seinen verschiedenen Ausprägungen beeinflussen lassen. Das Informationsmonopol des Staates ist offenbar aufgeweicht, und die ideologische Stabilität wurde zumindest teilweise erschüttert. Wie in vielen sich schnell entwickelnden Ländern deutet sich ein erheblicher Unterschied zwischen den Generationen an. Im August 2016 fand übrigens zum ersten Mal seit 23 Jahren wieder ein Kongress des Jugendverbandes statt, auf dem Kim Jong-un der Jugend erneut ins Gewissen redete.

Betonung der Bedeutung des Kimilsungismus-Kimjongilismus: Die schon Anfang 2012 begonnene Verschmelzung der zwei verstorbenen Führer wird fortgesetzt, ebenso der schon seit geraumer Zeit verfolgte Austausch von marxistisch-leninistischer durch eine rein nordkoreanische Terminologie. Zum Inhalt dieses für sich gesehen schon sperrigen Begriffes sei Kim Jong-un wörtlich zitiert: »Der Umbau der gesamten Gesellschaft gemäß dem Kimilsungismus-Kimjongilismus bedeutet, dass wir unsere Revolution mit dem Kimilsungismus-Kimjongilismus als einziger Leitideologie voranbringen und uns auf den Kimilsungismus-Kimjongilismus für den Aufbau und die Verbesserung einer idealen Gesellschaft für unsere Menschen verlassen müssen.« Wer daraus nicht schlau wird, dem empfehle ich, den Begriff als Summe aller in diesem Buch vorgestellten Konzepte und Ideen der zwei verstorbenen Führer anzusehen.

Mallima-Tempo: Man konnte es angesichts der 70-Tage-Kampagne schon ahnen: Das aktuelle Rezept Kim Jong-uns zur Steigerung der Produktion ist eine per Anweisung und ideologische Motivation zu erreichende Erhöhung des Arbeitstempos. Während sein Großvater 1958 die nordkoreanische Version dessen, was in der Sowjetunion mit dem Namen Stachanow und in China mit dem Begriff Großer Sprung verbunden war, nach einem 1000 *Ri* täglich zurücklegenden Pferd (*ch'ŏllima*) benannte, fügte Kim

Jong-un noch eine Null an und rief die Bewegung des *mallima* (10 000-Ri-Pferd) ins Leben. Ein westlich-liberales Vertrauen in die Wirksamkeit materieller Anreize ist hier nicht zu erkennen.

Konzentration auf Wissenschaft und Technik: In der bereits im Buch beschriebenen, an Honeckers letztes Jahrzehnt erinnernden Manier betont Kim Jong-un den wissenschaftlich-technischen Fortschritt als Generallösung für die Beseitigung der wirtschaftlichen Probleme seines Landes. Die staatlichen Ausgaben hierfür sollen systematisch gesteigert und die Forschungsresultate anderer Länder sollen schnell in Nordkorea umgesetzt werden. Interessant ist Kim Jong-uns Forderung an die Forschungseinrichtungen, Forschungsgelder durch die Herstellung von Hightech-Produkten selbst zu erwirtschaften. Der neueste Tabletcomputer, neben den bereits erwähnten Marken Arirang, Samjiyŏn und P'yŏngyang, heißt übrigens Ullim. Als Ausländer kann man kann das Gerät zwar kaufen, darf es aber nicht mehr ausführen.

Gleichmäßige Wirtschaftsentwicklung: Kim Jong-un kritisiert die Tatsache, dass sich in den letzten Jahrzehnten verschiedene Bereiche der Wirtschaft unterschiedlich stark entwickelt haben, und verlangt nach einem Ausgleich. Das ist durchaus bemerkenswert; in der westlichen Entwicklungsökonomie gibt es eine umfassende Debatte über die Vor- und Nachteile von »balanced« und »unbalanced growth«. Letztere Strategie empfiehlt, die Wirtschaft künstlich aus dem Gleichgewicht zu bringen und dem Markt dessen Wiederherstellung auf höherem Niveau zu überlassen. Offenbar möchte Kim Jong-un dem Markt diese Rolle und den dazu nötigen Einfluss nicht zubilligen.

Energie und Lebensmittel: Hier lässt der oberste Führer Realitätssinn erkennen, wenn er nicht der Schwerindustrie, sondern der Produktion von Energie und von Lebensmitteln die höchste Priorität einräumt. Hinweise auf eine weitere Privatisierung der Landwirtschaft fehlen aber.

Einheimische Erdölressourcen: Gerüchte, wonach Nordkorea nach Erdöl bohrt, gibt es schon länger. Über die Erfolgschancen dieser Anstrengungen sind die Meinungen geteilt. Doch wenn Kim Jong-un in seiner Parteitagsrede dazu auffordert, »einheimische Ressourcen wie Rohöl« intensiver zu nutzen, dann lässt das doch aufhorchen.

Neue Atomkraftwerke: Die Ankündigung, dem Energiemangel unter anderem durch den Ausbau der Kernenergie begegnen zu wollen, wird ausländischen Sorgen um das Atomwaffenprogramm neue Nahrung geben. Allerdings wurde auch der Ausbau alternativer Energiegewinnung angekündigt.

Verkündung eines Fünfjahresplanes: Inhaltlich ist dies sicher einer der Hauptpunkte der Rede von Kim Jong-un. Neben der Nichtabhaltung von Parteitagen bestand eine der Anomalien Nordkoreas darin, dass seit dem Ende des Siebenjahresplanes 1987–1993 keine Wirtschaftspläne mehr verkündet wurden, mit Ausnahme eines sehr vage gehaltenen strategischen Zehnjahresplanes Anfang 2011. Nun gibt es also wieder einen Fünfjahresplan, auch wenn, wie so oft in Nordkorea, die Erklärungen dazu eher unbestimmt ausfielen und kaum Zahlen enthielten. Hier besteht allerdings die Hoffnung, dass in den nächsten Monaten mehr Details durchsickern werden. Vorerst sind wir auf die Erklärungen Kim Jong-uns angewiesen. Er propagierte den Ausbau des Energiesektors und insbesondere die Modernisierung des Stromnetzes. Letzteres wurde international immer wieder als eines der größten Hindernisse für eine Verbesserung der Energieversorgung genannt, da selbst der Import von Strom aus China oder Südkorea und der Neubau von neuen modernen Kraftwerken an den maroden Leitungen scheitern würden. Hier erkennt man einen gewissen Realitätssinn.

Diversifizierung des Außenhandels: Dies ist ein weiterer Hinweis darauf, dass man sich in Pjöngjang seiner Probleme sehr wohl bewusst ist. Angesichts der dramatischen Abhängigkeit vom Handel mit China fordert Kim Jong-un dazu auf, die »Einseitigkeit« des Außenhandels zu verbessern. Dabei will man vor allem auf den Export von verarbeiteten Produkten setzen und zu diesem Zweck die Bildung von Joint Ventures intensivieren. Wie das angesichts der internationalen Sanktionen vonstattengehen soll, wird nicht erklärt.

Selbstständigkeit der Einzelunternehmen: Hier muss man mit optimistischen Interpretationen vorsichtig sein, weil entsprechende Ankündigungen schon seit Mitte der 1980er Jahre kursieren, ohne dass sich eine wesentliche Veränderung ergeben hätte. Zur Kenntnis nehmen sollte man aber sehr wohl, dass Kim Jong-un die Unternehmen dazu auffordert, von den ihnen zur Verfügung stehenden rechtlichen Möglichkeiten des eigenständigen Managements intensiveren Gebrauch zu machen. Im negativen Falle zieht sich die Zentrale einfach aus ihrer Verantwortung für die lokalen Industrien zurück; bestenfalls liegt hier die Keimzelle für eine dezentral organisierte Wirtschaft, wie sie in China im Zuge der Reformen auf dem Lande entstanden war.

Verzicht auf den Ersteinsatz von Atomwaffen: Obgleich sie keineswegs neu war, wurde diese Passage von westlichen Medien intensiv zitiert, wohl auch, weil sie in der englischsprachigen Zusammenfassung der Rede enthalten war. Wörtlich sagte Kim Jong-un: »Als eine verantwortungsvolle Atommacht … wird unsere Republik Atomwaffen nicht zuerst einsetzen. Dies gilt unter der Bedingung, dass die feindlichen Kräfte unsere Souveränität nicht mit Atomwaffen verletzen. Wir erkennen ferner … unsere Verantwortung gegenüber der internationalen Gemeinschaft zur Nichtverbreitung von Atomwaffen an und setzen uns für die Denuklearisierung der Welt ein.« Anzumerken wäre hierzu, dass sich die USA derzeit in einer Debatte über einen Verzicht auf den Ersteinsatz von Atomwaffen befinden und dass die zuvor von Nordkorea genutzte Formel zur Denuklearisierung sich in der Regel auf die koreanische Halbinsel beziehungsweise auf Ostasien bezogen hatte, nicht auf die Welt.

Kim Jong-uns kleine Schwester wird Mitglied des Zentralkomitees: Die Personalpolitik in Nordkorea ist ein schwieriges Feld. Menschen verschwinden, tauchen wieder auf, werden befördert und degradiert und wieder befördert. Gelegentlich ändern sich sogar ihre Namen. Für beschämte Gesichter in Südkorea sorgte die Tatsache, dass ein gewisser Ri Yong-gil, über dessen Hinrichtung noch Anfang 2016 berichtet worden war, beim Parteitag zu einem Ersatzmitglied des Politbüros ernannt wurde. Ich bin daher kein großer Verfechter entsprechender Analysen, doch den fortgesetzten Aufstieg von Kim Yo-Jong kann man nicht ignorieren. Interessant wird es neben ihrer eigenen Karriere sein, wen sie eines Tages heiraten wird, bedenkt man die Rolle, die der Schwager von Kim Jong-il, Chang Song-t'aek, bis zu seiner Hinrichtung Ende 2013 spielte.

Keine größere Säuberung: Angesichts der vielen tatsächlich oder vermeintlich gerollten Köpfe in den vergangenen Jahren ist festzustellen, dass der Parteitag nicht die Funktion eines Schauprozesses erfüllte.

Fazit

Üblicherweise werden weitere konkrete Resultate von Parteitagen erst Wochen oder Monate nach ihrem Ende publik. Einige Punkte waren jedoch schon im Mai 2016 offensichtlich. Das weitgehende Fehlen progressiver Impulse und das deutliche Bemühen um eine Rückkehr zur Normalität vor 1990 sind schwer zu übersehen. Dies war kein Reformparteitag. Kim Jong-un will vorerst konsolidieren, nicht reformieren. Ein Optimist würde darauf verweisen, dass die Stärkung der Partei und insbesondere die Besetzung der Positionen in deren obersten Gremien im Prinzip eine Teilung von Führungsverantwortung im Land bedeuten. Da allerdings gleichzeitig die Person von Kim Jong-un in der üblichen Weise überhöht und gestärkt wurde, ist es sicher noch zu früh, die an sich sinnvolle Kollektivierung der Führung jetzt schon erkennen zu wollen.

Mittlerweile ergibt sich auch ein etwas klareres Bild von der innenpolitischen Strategie des neuen Führers. Bereits das erste Erscheinen von Kim Jong-un in der Öffentlichkeit fand bei einem in dieser Form seit 44 Jahren nicht mehr abgehaltenen Ereignis statt: der Parteidelegiertenkonferenz vom Herbst 2010. Die offizielle Bestätigung seiner Machtübernahme fand ebenfalls in Form einer Parteidelegiertenkonferenz statt, im April 2012. Nur vier Jahre später folgte der lange erwartete 7. Parteitag. Zwischendurch erklärte Kim Jong-un seine Abkehr von der alleinigen Priorität des Militärs durch seine Verkündung der *pyŏngjin*-Linie, also des parallelen Aufbaus einer starken Wirtschaft und eines nuklearen Abschreckungspotentials. Es scheint, als würde Kim Jong-un zwei Strategien verfolgen. Er nutzt die Partei als das klassische Machtinstrument einer ideologiebasierten staatssozialistischen Diktatur, und er demonstriert seinem Volk, dass die Zeit der Sonderwege, die als Reaktion auf die sich dramatisch veränderten externen Bedingungen nötig geworden waren, vorüber ist. Die fast drei Jahrzehnte währende Krise ist überstanden, man schaut wieder nach vorn. Entsprechend würde man den 8. Parteitag regulär für das Jahr 2021 erwarten.

Eine solche Normalisierung könnte den Hintergrund für graduelle Veränderung bilden, immerhin war der Ausgangspunkt der Reformen in China und Vietnam eine stabile Herrschaft der Partei. Und obwohl es beim Parteitag keine enthusiastische Bejahung von marktwirtschaftlichen Reformen gab, wurden die Fortschritte der letzten Jahre auf diesem Gebiet zumindest nicht zurückgenommen.

Kim Jong-un wiederholte in seiner Rede mehrfach und ausdrücklich sein Versprechen, das Leben der Menschen in Nordkorea zu verbessern. Es ist von außen schwer einzuschätzen, ob die Nordkoreaner solchen Versprechen noch Glauben schenken oder ob sie wegen des Fehlens spürbarer Fortschritte enttäuscht sind. Was man an inoffiziellen und halboffiziellen Nachrichten aus Nordkorea hört, deutet eher in letztere Richtung. Auch die spektakuläre Flucht des zweiten Mannes der nordkoreanischen Botschaft in London samt seiner Familie im August 2016 ist kein Ausdruck der Zufriedenheit und des Zukunftsvertrauens.

Licht: Die Sonderwirtschaftszone Rasŏn bleibt

Man muss kein Experte sein, um zu wissen, welche entscheidende Rolle Sonderwirtschaftszonen bei der Reform der chinesischen Wirtschaft weg vom verstaubten Plan und hin zum modernen Markt gespielt haben. Entsprechend ist es auch von besonderem Interesse, was sich diesbezüglich in Nordkorea ereignet. Um mit der guten Nachricht zu beginnen: Die Sonderwirtschaftszone Rasŏn im Nordosten des Landes, im Dreiländereck mit China und Russland, existiert noch.

Ich habe die Zone seit Erscheinen der ersten Auflage dieses Buches zwei Mal besucht und war vor allem davon beeindruckt, dass man in Nordkorea durchaus anders kann, wenn man will und darf.

Wer schon einmal in Nordkorea war, kennt dieses Gefühl vermutlich: Man ist im Land und doch auch wieder nicht. Wie in einer mannsgroßen transparenten Gummikugel rollt man durch die Straßen, man kann sehen und hören, aber meist bleibt doch eine unsichtbare, aber spürbare Wand zwischen einem selbst und der Realität dort draußen. Nur selten gelingt es Ausländern, diese Hülle zu durchstoßen, und selbst wenn, dann in der Regel nur kurz. Von solchen Momenten spricht man dann noch lange. Schließlich ist man ja gerade deshalb nach Nordkorea gefahren – um hinter die Kulissen zu blicken, um mehr zu erfahren als das, was uns die Medien zeigen. Und doch gelingt es kaum. Das Land macht es einem nicht leicht, verschließt sich bewusst und auf staatliche Anweisung.

In Rasŏn hingegen gelingt es, diese Barriere zumindest gelegentlich zu durchdringen. Wenn man von nordkoreanischem Gebiet aus in die Sonderzone einreist, dann hat man durchaus den Eindruck, das Land zu verlassen. Die Busse werden gewechselt, Begleiter und Fahrer ebenfalls, und man passiert einen Checkpoint, der doch sehr an eine Staatsgrenze erinnert. Für normale Nordkoreaner ist die Zone weitgehend tabu. Ein Bekannter mit sehr guten Kontakten bis in die nordkoreanische Staatsspitze berichtete mir, wie es ihm einmal mit Genehmigung von allerhöchster Stelle anlässlich seines Geburtstages gelungen war, seine Guides von der angrenzenden Provinz mit in die Zone zu nehmen. Wie Kinder am Weihnachtsabend seien sie ihm vorgekommen, staunend nach rechts und links schauend. Obwohl sie in der kaum 80 Kilometer entfernten benachbarten Stadt Ch'ŏngjin lebten, waren sie seit über zehn Jahren nicht mehr in Rasŏn gewesen.

Dabei gibt es auf den ersten Blick überhaupt nichts zu sehen – und gerade das macht die Faszination aus. Rasŏn ist, anders als der gemeinsam mit Südkorea betriebene Industriepark bei Kaesŏng, kein Disneyland. Es ist ein Teil Nordkoreas geblieben. Die Straßen sind hier und da ein wenig holprig, es gibt Dörfer mit den typischen niedrigen Häuschen, Ochsenkarren ziehen vorbei, Kinder mit roten Halstüchern marschieren in die Schule, überall prangen Losungen, die »die Große Sonne des 21. Jahrhunderts, Genosse Kim Jong-un« verehren oder die Militär-Zuerst-Politik der Partei der Arbeit preisen. Ein riesiges Doppelmosaik mit den

Bildern der verstorbenen Führer Kim Il-sung und Kim Jong-il steht auf einem kleinen Hügel neben dem von der thailändischen Firma Loxley Pacific errichteten Telekommunikationszentrum. Eine Doppelstatue der Führer wurde 2015 enthüllt. Die Häuserblocks in der Stadt sind mit Solarpanelen bestückt, auf den Balkonen stehen Kimjongilia-Begonien in ihren Töpfen. Im Herbst trocknen allenthalben die roten Chilischoten, die später einen der wichtigsten Bestandteile des fermentierten Chinakohls »Kimchi« ausmachen werden. Im 1936 von den Japanern gebauten und seither nur spärlich renovierten Hotel ist das Wasser mal da, mal ist es weg, ebenso der Strom. Heißes Wasser gibt es morgens und abends für je eine vorher festgelegte Stunde. Beim Frühstück wird man mit der neuesten Performance der Moranbong-Band beglückt, die Kims außergewöhnliche Person besingt oder die Ruhmestaten der Angehörigen der Streitkräfte würdigt.

Im Nordosten nichts Neues also? Mitnichten. »Fotografieren Sie ruhig, ich sage dann schon Bescheid, wenn etwas kommt, das nicht erlaubt ist. Sie sind doch Besucher, klar fotografieren Sie – bitte, bitte, kein Problem.« Hoppla, was sind denn das für Töne von meinem Begleiter? Und es geht in diesem Stil weiter. Ganz offenkundig ungeplant kann man sich in einen Schnellimbiss setzen und ein Bier trinken, ohne dass die anwesenden Nordkoreaner eigens dafür herangebracht wurden oder in Panik das Zelt verlassen. Ich kann sogar mit ihnen reden und ernte ein großes Hallo, als ich mich auf Koreanisch als Ex-Student der Pjöngjanger Kim-Il-sung-Universität oute.

Was einem westlichen Touristen sonst meist verwehrt wird, ist ein Besuch auf einem der vielen Märkte. In Rasŏn ist das kein Problem, auch wenn Fotos verboten sind – wir sind eben doch noch in Nordkorea. Nebenbei konnte ich hier erleben, wie die entsprechende Infrastruktur modernisiert wird. Aus dem noch 2014 betriebenen typischen einstöckigen, an eine Lagerhalle erinnernden Markt wurde 2015 ein moderner, zweistöckiger Komplex mit eigenem Parkplatz und großen Schaufenstern. Dicht an dicht sitzen hier ausnahmslos Frauen und verkaufen, was zu verkaufen ist, vom frisch gefangenen Fisch bis zum Kühlschrank. In der Obst-Abteilung sieht man Bananen, Ananas, Nektarinen, Weintrauben und noch viel mehr. Die Preise sind saftig, schließlich wird nach Auskunft der Marktfrauen alles aus China importiert. Bezahlt wird mit chinesischen Renminbi, 14 RMB für ein Kilo Bananen, also knapp zwei Euro. Ich frage nach dem Preis in nordkoreanischen Won und ernte ein Zögern. Nein, kein Geheimnis, sie muss nur schnell umrechnen – kein Mensch zahlt hier mit der Inlandswährung. Am Ende errechne ich einen Umtauschkurs, der ungefähr dem Marktkurs von 1:1300 entspricht.

Als ich am nächsten Tag die »Golden Triangle Bank« besuche, ein mehrstöckiges Gebäude aus Glas, Stahl und Beton, verstehe ich, warum man sich keine Mühe mit der Bewahrung dieses »Geheimnisses« gemacht hat. Hier steht es fein säuberlich ausgedruckt an der Wand: ein Euro entspricht 10 471 nordkoreanischen Won. Überall sonst in Nordkorea ist das aktuell gültige Geld tabu für Ausländer, doch hier kann man die einheimische Währung ganz offiziell erwerben, auch wenn sie nicht ausgeführt werden darf. Wer nennt diesen Kurs noch »Schwarzmarktkurs«?

Beim Besuch in einer Textilfabrik gibt der Manager willig Auskunft über die Löhne seiner Arbeiterinnen, 500 RMB pro Monat sind es, in Abhängigkeit von der Leistung. Er erklärt, dass man in die derzeit produzierten Skianzüge »Made in China« einnäht, damit der südkoreanische Auftraggeber sie daheim auch verkaufen kann. Nach einer nach ähnlichem Muster operierenden Schuhfabrik fahren wir noch zum Hafen, der auch in unseren Medien einige Aufmerksamkeit erfahren hat. Von drei Piers sind zwei auf 50 Jahre verpachtet – einer an China und einer an Russland. Letzterer wurde kürzlich mit großem Aufwand renoviert, moderne Kräne recken sich hier in den Himmel. Meist haben die Arbeiter nichts zu tun, auch wenn es seit neuestem Bemühungen gibt, russische Kohle von diesem eisfreien Hafen aus nach Südkorea und China zu verschiffen. Vom chinesischen Pier führt eine erst kürzlich eröffnete moderne Straße bis ins chinesische Hunchun. Chinesen können mit ihren Privatfahrzeugen einreisen. Ein Stau ist derzeit allerdings nicht zu befürchten.

Das Emperor-Hotel umgibt eine eigenartige Stimmung. 1999 von Hongkong-Chinesen gebaut, liegt es 20 Autominuten von der Stadt Rasŏn entfernt an einem besonders schönen Stück der Ostküste. Glasklares Wasser, Wald, Gras – und sonst nichts. Im Hotel, das westlichen Fünfsternestandard bietet, schlafen, essen und spielen Chinesen im eigens dafür gebauten Kasino, sofern ihre Regierung dies nicht gerade verbietet. Nebenan liegt eine Investitionsruine. Ein Chinese hat hier das Filetstück an der Küste für 30 US-Dollar pro Quadratmeter gekauft und versprochen, Hunderte von Millionen Dollar zu investieren. Passiert ist bis auf den Bau einiger niedriger Baracken nichts. Der Chinese hat einfach darauf gewartet, dass der Grundstückspreis ansteigt, um dann mit Gewinn zu verkaufen. Inzwischen wurde er enteignet.

Da zeigt sich die Tragik von Rasŏn. Nordkorea ist hier so, wie es ohne größere Reformen und Aufwand sein könnte: offener, menschlicher, nahbarer, ehrlicher und ganz offenkundig sehr an wirtschaftlicher Kooperation mit dem Ausland interessiert. Keine isolierende Gummiblase mehr für Ausländer. Genau das, was wir immer verlangen. Die Führung traut sich, sicher nicht uneigennützig, und schafft diese Zone, reduziert die Einschränkungen auf ein Mindestmaß, passt die Gesetze an die Wünsche der Investoren an, und es passiert … nichts. Nordkorea öffnet sich, und niemand geht hin, außer ein paar chinesischen Spekulanten.

Was wäre, wenn die in dieser Enklave geltende Realität auch im Rest des Landes ankäme? Dafür müsste Rasŏn ein Erfolg werden, der die Bedenken der Kader hinwegfegt. Danach sieht es derzeit nicht aus. Die bisher erfolgten Investitionen in diesem »Goldenen Dreieck des Nordostens« könnten selbst mit einer Kleinstadt in China nicht mithalten. Die Welt ignoriert Rasŏn, während sie zur selben Zeit von Nordkorea mehr Öffnung verlangt.

Schatten: Die Industriezone Kaesŏng wurde geschlossen

Seit Februar 2016 ist ein weiterer Pluspunkt der Zone Rasŏn, dass es sie noch gibt. Von der Industriezone bei Kaesŏng kann man das nur noch bedingt behaupten.

Die Zone Kaesŏng ist ein Produkt der Sonnenscheinpolitik des südkoreanischen Präsidenten Kim Dae-jung und des Pragmatismus des nordkoreanischen Führers Kim Jong-il. Nach der ersten Ankündigung im Jahr 2000 hatte kaum jemand geglaubt, dass es die Zone überhaupt geben würde. Seit ihrer Eröffnung 2004 durchlief sie eine durchaus wechselhafte Entwicklung. Streit gab es immer: über Löhne, über Nutzungsgebühren, über Grenzkontrollen, über die Beteiligung von Unternehmen aus Drittstaaten. Im Jahr 2013 schloss Nordkoreas Regierung die Zone temporär mit dem offiziellen Hinweis auf die strategische Lage als Invasionskorridor und die sich dramatisch verschärfende sicherheitspolitische Situation auf der Halbinsel. Als die Zone einige Monate später wieder geöffnet wurde, einigten sich beide Seiten darauf, sie in Zukunft nicht mehr als politisches Druckmittel zu verwenden.

Dieser Konsens hielt bis zum 10. Februar 2016. An diesem Tag erklärte die südkoreanische Regierung, dass sich alle ihre Staatsbürger und Unternehmen unwiderruflich aus der Zone zurückziehen würden. Man begann umgehend mit der Evakuierung der völlig überraschten Unternehmer, die in aller Eile versuchten, noch möglichst viele Rohstoffe und Vorprodukte mit nach Hause zu nehmen. Nordkorea reagierte mit der Konfiszierung der verbleibenden mobilen und immobilen Sachwerte.

Als Grund gab Seoul an, aus Anlass des Atomtests vom 6. Januar 2016 und des Raketenstarts vom 7. Februar 2016 in Übereinstimmung mit internationalen Sanktionen mit der Schließung der Zone Kaesŏng eine wichtige Finanzierungsquelle dieser militärischen Programme eliminieren zu wollen. Nordkorea reagierte mit Vorwürfen, sich nicht an bestehende Abkommen zu halten und die Wiedervereinigung zu untergraben.

Bei der Betrachtung dieses Vorganges ergeben sich einige Fragen. Warum hat sich Südkorea gerade jetzt zur Schließung entschlossen? Immerhin gibt es sowohl die Einnahmen aus der Zone sowie das Atom- und Raketenprogramm schon seit über einem Jahrzehnt. Vor allem aber: Wer gewinnt, wer verliert? Die Antwort ist international sehr kontrovers diskutiert worden und hängt offensichtlich von der Perspektive ab.[8]

Zunächst zur Motivation. Angesichts des langen Bestehens der Zone und der Waffenprogramme ist das Argument, Nordkoreas entsprechende finanzielle Ressourcen einschränken zu wollen, nur bedingt glaubwürdig. Andernfalls hätte die Zone schon nach dem ersten Atomtest 2006 geschlossen werden müssen. Kommentatoren in Südkorea haben darauf verwiesen, dass Präsidentin Park bei den im April 2016 anstehenden Parlamentswahlen durch entschlossenes Handeln punkten wollte. Das ist ihr allerdings nicht gelungen; die Regierungspartei Saenuri verlor massiv. Eine andere Interpretation ist eher langfristig und sieht die Schließung von Kaesŏng als Ausdruck einer bewussten und systematischen Abkehr von den Leistungen der zwei progressiven Präsidenten Kim Dae-jung und Roh Moo-hyun sowie einer Politik der harten Hand gegenüber Nordkorea. Dass Präsidentin Park ursprünglich unter dem Label »Trustpolitik« im Umgang mit dem schwierigen Nachbarn angetreten war, wird von ihrer Regierung kaum noch erwähnt.

Spekulationen über Handlungsmotive sind ohnehin in der Regel fragwürdig, da sie oft komplex und widersprüchlich und bestenfalls deduktiv nachweisbar sind. Neben der derzeit offenen Frage nach dem zukünftigen Schicksal der Industriezone Kaesŏng ist es aber aufschlussreich, sich die Frage nach den Kosten und dem Nutzen der Zone zu stellen.

Rein ökonomisch betrachtet wurde von Südkorea ein relativ geringer Preis gezahlt. Zwar waren 124 südkoreanische Unternehmen in der Zone tätig, aber der Umsatz von 500 Millionen US-Dollar im Jahr 2015 entsprach weniger als 0,04 Prozent des südkoreanischen Bruttoinlandsprodukts. Die verzweifelten Proteste der zu 100 Prozent von der Schließung betroffenen Unternehmen, Mitarbeiter und Zulieferer verhallten daher auch weitgehend.

Die südkoreanische Regierung sah die Schließung als einen außenpolitischen Erfolg an. Sie konnte endlich einmal ihre Entschlossenheit demonstrieren, sich nicht alle sogenannten Provokationen des Nordens gefallen zu lassen. Seoul kann nun auch gegenüber anderen Ländern, die bisher eher zögerlich bei der Umsetzung von Sanktionen waren, auf die eigene Haltung verweisen und ein adäquates Vorgehen einfordern. Allerdings gibt es auch gegenteilige Einschätzungen vor allem von China-Experten. Präsidentin Park könnte sich mit der Schließung als unflexible Hardlinerin geoutet haben; Beijing hat Kaesŏng immer als stabilisierendes Element auf der Halbinsel gesehen und könnte im Falle zukünftiger Konflikte Südkorea einen größeren Teil der Verantwortung zuschieben.

Fatal dürfte der Verlust einer in dieser Form einzigartigen Informationsquelle sein. Aus offensichtlichen Gründen ist es gerade für Südkorea wichtig, zu verstehen, was in Nordkorea passiert. Man darf zwar davon ausgehen, dass die 54 000 Arbeiterinnen von den nordkoreanischen Sicherheitsorganen sorgfältig ausgesucht und geschult wurden. Doch die Erfahrung zeigt, dass trotzdem Informationen fließen – nicht über das Atomprogramm, aber über die wichtige Stimmung im Land, die neuesten Trends, Interessen und anderes mehr. Viele Kleinigkeiten formen ein Bild des Ganzen. Der Zugang gerade zu solchem Wissen ist im Falle Nordkoreas stark eingeschränkt. Flüchtlinge berichten mit großer Verspätung und stammen in ihrer Mehrheit aus einer eher isolierten Region im Nordosten. Zudem besteht die Gefahr, dass sie ihre Geschichte zu kommerziellen Zwecken nutzen oder aufgrund traumatischer Erfahrungen verfälschen. Es ist unbestreitbar, dass Südkorea durch die Schließung der Zone Kaesŏng nun deutlich weniger über Nordkorea weiß – es sei denn, Südkorea verfügt inzwischen über ein perfekt ausgebautes Agentennetz im Norden.

Auch aus strategischer Sicht ergibt sich kein positives Bild für Südkorea. Man ist in wesentlichen Fragen der nationalen Sicherheit erheblich von anderen Akteuren wie den USA und China abhängig. Die Zone Kaesŏng war eines der wenigen rein koreanischen Projekte, bei denen Seoul eigenständig gestalten und einen Dialog mit dem Norden führen konnte. Dieser Option hat sich Seoul nun beraubt.

Nun könnte man argumentieren, dass es Südkorea weniger um den eigenen Nutzen ging als vielmehr darum, dem Norden zu schaden. Ist das gelungen?

Grundsätzlich muss auch Nordkorea einen Nutzen aus der Zone gezogen haben, sonst hätte man weder der Einrichtung noch dem über ein Jahrzehnt währenden Betrieb zugestimmt. Das Hauptargument der westlichen Befürworter einer Schließung war ökonomisch: Angeblich habe Nordkorea Jahr für Jahr in Kaesŏng wertvolle Devisen eingenommen, die direkt entweder in das Waffenprogramm oder den Systemerhalt geflossen seien.

Wegen der emotionalen Wirkung auf die Öffentlichkeit wurde auch gern angedeutet, dass Kim Jong-un von diesem Geld Luxusgegenstände für sich und seine Gefolgschaft erworben hätte, auch wenn dergleichen rein technisch unmöglich nachweisbar ist, da es sich bei Kaesŏng nicht um die einzige Geldquelle des Regimes handelt.

Aber Fakt ist, dass Geld nach Nordkorea geflossen ist. Man weiß aus den südkoreanischen Geschäftsberichten auch sehr genau, um welche Summe es sich handelt, nämlich rund 120 Millionen US-Dollar pro Jahr.[9]

Um die Relevanz dieses Betrages gab es allerdings eine intensive Debatte unter Ökonomen. Sind 120 Millionen viel oder wenig?

Einige Analysten verglichen die Summe mit dem nordkoreanischen Handelsbilanzdefizit, also der Differenz zwischen Importen und Exporten. Dieses beträgt im Durschnitt der letzten Jahre knapp 1 Milliarde US-Dollar, die Deviseneinnahmen aus Kaesŏng decken also immerhin etwa ein Achtel davon. Das wäre in der Tat signifikant. Man kann diesen Anteil sogar noch steigern, indem man nur das Defizit mit China heranzieht, aber das sind statistische Tricksereien. Ein anderer Vergleichsmaßstab wäre die Summe der Exporte, die 2014 bei etwa 3,2 Milliarden US-Dollar lag.[10] Die Einnahmen aus Kaesŏng würden davon unter 4 Prozent ausmachen. Auch das ist viel Geld, allerdings ist keine Systemrelevanz erkennbar.

Schließlich, und damit kommen wir unmittelbar zur Frage der zukünftigen Auswirkungen, kann man auch die Einnahmen Nordkoreas aus dem anderweitigen Verkauf von Arbeitskräften an das Ausland betrachten. Offiziell erwirtschaften derzeit etwa 40 000 Nordkoreaner in China jährlich 140 Millionen US-Dollar.[11] Hinzu kommen Einnahmen aus der Holzindustrie Russlands oder von den Baustellen in Katar. In anderen Worten, Nordkoreas billige und disziplinierte Arbeitskräfte sind begehrt. Westliche Bedenken wegen der Verletzung ihrer Menschenrechte zählen da meist nicht. Vor allem in China steigen die Löhne und haben im direkt an Nordkorea grenzenden Yanbian die 200-Dollar-Marke längst überschritten, sodass chinesische Firmen schon im großen Stil ihre Produktion nach Äthiopien verlagern. Nordkorea wäre geographisch und kulturell viel näher. In anderen Worten, man kann davon ausgehen, dass Nordkorea mit guten Erfolgsaussichten versuchen wird, die entgangenen Einnahmen aus Kaesŏng durch den Einsatz von Arbeitskräften in China und andernorts auszugleichen. Rasŏn würde sich hier anbieten.

Was den gelegentlich erwähnten Technologietransfer durch die Zone Kaesŏng angeht, so muss man hier nach über zehn Jahren von einem sinkenden Grenznutzen ausgehen. Einfach gesagt: Was es zu lernen gab, hat man weitestgehend gelernt.

Im Vergleich zu den ökonomischen Faktoren liefert ein Blick auf die politische und die ideologische Seite der Zone Kaesŏng ein sehr klares Bild. Hier hat Nordkorea durch die Schließung eindeutig gewonnen, sieht man einmal vom kurzzeitigen Prestigeverlust des »Verlassenen« ab. Wie in Kapitel 7 gezeigt, war Kaesŏng ein Sicherheitsrisiko und ein potentieller Schandfleck, da dort aufrechte sozialistische Frauen für den Profit der feindlichen Kapitalisten arbeiten mussten.

Unter dem Strich gibt es also eigentlich keinen Gewinner der Schließung von Kaesŏng. Alle Beteiligten, Staaten ebenso wie Unternehmen oder Individuen, verlieren: Informationen, Kontakte, Geld, einen guten Arbeitsplatz. Aus ökonomischer Perspektive verliert Nordkorea mehr als Südkorea, jedenfalls kurzfristig; politisch stellt sich die Situation genau umgekehrt dar. Sollte es bei der Schließung bleiben, dann wäre sie auch ein herber Rückschlag für die Hoffnungen auf eine tätige innerkoreanische Annäherung.

Südkorea hatte, wie bereits erwähnt, die Schließung von Kaesŏng mit erneuten Atom- und Raketentests Nordkoreas begründet. Trotz bestehender und angedrohter Sanktionen und internationaler Proteste zündete Kim Jong-un am 6. Januar 2016 eine weitere Atombombe, die als Wasserstoffbombe deklariert wurde. Nur einen Monat später, am 7. Februar 2016, ließ er einen Satelliten ins All schießen. Am 9. September 2016 gab es einen erneuten Atomtest, dessen Sprengkraft an die Hiroshima-Bombe heranreichte.

Die technischen Einzelheiten will ich hier nicht diskutieren; wie üblich gab es eine ganze Reihe von Zweifeln an den nordkoreanischen Angaben, vor allem an der Behauptung, es habe sich beim Test im Januar um eine Wasserstoffbombe und beim Test vom September um einen echten Sprengkopf gehandelt.

Was man aber auch im Hinblick auf die innenpolitische Zukunft des Landes nicht außer Acht lassen darf, ist die Frage, warum Nordkorea sich angesichts der zu erwartenden Gegenreaktionen immer wieder den Wünschen der internationalen Gemeinschaft widersetzt und welche Folgen dies langfristig haben könnte.

Auffällig ist, dass man für die Tests zwar immer politisch relevante Daten auswählt, etwa die Geburtstage der zwei verstorbenen Führer, den Gründungstag der Partei oder den Nationalfeiertag. Grundsätzlich wird aber dann getestet, wenn Nordkoreas Wissenschaftler neue Daten benötigen. Die Atomtests sind Teil einer langfristigen Strategie und von der Tagespolitik unabhängig.

Parallel dazu wird weiter am Raketenprogramm gearbeitet. Ziel dieses Programms ist es, die Drohung eines atomaren Gegenschlages glaubhafter zu machen. Neben von Land aus gestarteten Interkontinentalraketen versucht man daher zunehmend, eigene Kapazitäten zum Start von Atomraketen von U-Booten aus zu entwickeln. Das ist eine deutliche Drohung in Richtung der USA, die damit zumindest theoretisch in die Reichweite nordkoreanischer Waffen gelangen würden.

Nordkorea macht keine Anstalten, dem internationalen Druck nachzugeben und, wie gefordert, seine Waffenprogramme einseitig einzustellen. Das bestätigt die Einschätzung, dass hier eine strategische Entscheidung gefallen ist, die konsequent umgesetzt wird. Eine wichtige Rolle spielt hier die Asymmetrie in den konventionellen Streitkräften zwischen Nordkorea und seinen Hauptgegnern, die man durch die atomare Drohung ausgleichen will.

Abgesehen von der unmittelbaren Bedrohung, die von Atomwaffen in den Händen einer Diktatur ausgeht, ist das nordkoreanische Atomprogramm auch aufgrund seiner indirekten Wirkung als Katalysator eines atomaren Wettlaufes in Ostasien gefährlich. Vor allem Japan und Südkorea sind potentielle Kandidaten für einen solchen Wettlauf. Deren atomare Bewaffnung würde nicht nur die regionalen Spannungen anheizen, sondern auch global wirksame Signale aussenden.

Daran hat niemand ein Interesse. Man sollte also davon ausgehen, dass Nordkorea sich hier in einer Sackgasse befindet. Das Kalkül des Regimes in Pjöngjang könnte, abseits eines simplen Nationalismus, jedoch auch ein anderes sein. Vor dem Hintergrund der Gefahr eines zweiten Kalten Krieges und der erneuten Teilung der Welt in zwei feindliche Lager, jeweils mit den USA und China im Zentrum, könnte der Besitz von Atomwaffen Nordkorea eine Sonderstellung als künftiger Verbündeter Chinas verschaffen, so wie im Kalten Krieg nach 1945 Großbritannien und Frankreich vor den anderen NATO-Partnern besondere Verbündete der USA waren.

Bis dahin leidet aber in jedem Fall die Wirtschaft. Im Juni 2016 hat das amerikanische Finanzministerium Nordkorea als

»primary money laundering concern« unter Section 311 des USA Patriot Act klassifiziert, als einziges Land neben dem Iran. Konkret bedeutet diese Einstufung, dass so gut wie keine regulären Geschäftsbeziehungen mit Nordkorea mehr möglich sind. Das gilt übrigens auch für chinesische und westliche Banken, bei denen man solche Beziehungen vermutet. Ein Beispiel aus der Praxis: Ein neuseeländischer Staatsbürger wollte 2016 von einer Bank seines Heimatlandes aus einen geringen dreistelligen Betrag an ein britisches Reisebüro mit Sitz in London überweisen. Da er jedoch im Betreff »Reise nach Nordkorea« angegeben hatte, weigerte sich die internationale Korrespondenzbank, die Überweisung auszuführen. Er musste später in bar bezahlen.

Seit März 2016 ist China überdies deutlich aktiver geworden, was Sanktionen gegen Nordkorea angeht. So stellten staatliche Reisebüros vorübergehend den Verkauf von Reisen nach Nordkorea ein, wenngleich private chinesische Anbieter Nordkorea weiter auf dem Programm hatten. Der Ausbau von Sonderwirtschaftszonen wurde gestoppt. Vor allem aber stimmte China der Resolution 2270 des UN-Sicherheitsrates vom 2. März 2016 zu, wonach alle Frachtschiffe, die nach oder von Nordkorea fahren, einer verpflichtenden Durchsuchung zu unterziehen sind. Das hat dazu geführt, dass viele Häfen solchen Schiffen die Einreise verweigern, um dem Aufwand und den Risiken dieser Prozedur zu entgehen. Auch der Verkauf der eigenen Flagge an nordkoreanische Schiffe ist verboten, Überflugrechte für nordkoreanische Flugzeuge müssen beim kleinsten Verdacht illegaler Aktivitäten verweigert werden. Ferner wird Nordkoreas regulärer Außenhandel massiv eingeschränkt. Das betrifft den Export von Kohle, Gold, Vanadium und Titan. Besonders pikant ist das Verbot des Exports von Seltenen Erden. Dies dürfte China nicht unrecht sein, denn immerhin bleibt so das Monopol des Landes bei diesen Produkten noch ein wenig länger erhalten. Nicht zuletzt wurde auch die Lieferung von Treibstoff für Flugzeuge nach Nordkorea verboten.

In Anbetracht der Struktur des nordkoreanischen Außenhandels wäre die längerfristige und konsequente Umsetzung dieser Sanktionen ein schwerer Schlag. Das Land exportiert vor allem Rohstoffe und importiert vor allem Erdöl und Erdölprodukte.

Seit 2016 erkennt man eine neue Qualität bei den internationalen Sanktionen des UN-Sicherheitsrates. Zuvor (Resolutionen 1718, 1874, 2087 und 2094) waren diese eher spezifisch und richteten sich primär gegen alles, was die Atom- und Raketenprogramme Nordkoreas unterstützen könnte. Neuerdings sind die Sanktionen deutlich breiter aufgestellt und haben nun zum Ziel, dem Land so viele Ressourcen wie möglich zu entziehen beziehungsweise zu verweigern.

Betrachtet man diese Sanktionen zusammen mit der Schließung von Kaesŏng, dann erkennt man den Versuch, Nordkorea wirtschaftlich auszuhungern. Dass Nordkoreas Führung darauf nach dem Motto »jetzt erst recht« reagiert, war zu erwarten. Auch die wenig reform- und marktfreundlichen Ergebnisse des Parteitages vom Mai 2016 verlangen in diesem Licht nach einer neuen Interpretation.

Bedauerlich ist, dass die gelegentlich aus Nordkorea kommenden Signale der Gesprächsbereitschaft selten zur Kenntnis genommen oder gar ernsthaft geprüft werden. Ob Finte oder nicht, das findet man nur durch den Versuch heraus. Dafür fehlt allerdings oft der Mut, zu groß ist meist der internationale Druck.

Eine der seltenen positiven Ausnahmen hätte es um ein Haar im Januar 2016 gegeben. Nach langer Vorarbeit, an der ich einen gewissen Anteil hatte, konnte eine nordkoreanische Delegation zum World Economic Forum in Davos eingeladen werden. In geduldigen Gesprächen war es gelungen, der nordkoreanischen Führung die Chancen eines solchen Besuches nahezubringen.

Nach anfänglichem Zögern signalisierte das nordkoreanische Außenministerium kurz vor Weihnachten 2015 seine Bereitschaft zur aktiven Teilnahme von Außenminister Ri Su-yong. Zu den mit ihm zu diskutierenden Themen hätten unter anderem Menschenrechte, der Verzicht auf den Ersteinsatz von Atomwaffen und ein Stopp des Atomprogramms gehört.

Als Nordkorea am 6. Januar 2016 seine vierte Atombombe zündete, wurde die Einladung an die nordkoreanische Delegation zurückgezogen, was zu einem von den Medien aufmerksam registrierten diplomatischen Eklat führte.[12] Auf absehbare Zeit ist dieser Kanal nun verschlossen. Keines der anstehenden Probleme ist unterdessen einer Klärung näher gekommen.

Das Dilemma des Westens ist, dass wir uns vor lauter selbstgezogenen »Roten Linien« kaum mehr bewegen können. Gespräche werden als Belohnung für Wohlverhalten angesehen, nicht als Lösungsweg bei Konflikten. Zu den ersten Reaktionen des amerikanischen Außenministeriums nach dem fünften Atomtest vom September 2016 gehörte die erneute Bekräftigung, Nordkorea niemals als Atommacht anerkennen zu wollen. Wie man allerdings über ein Problem verhandeln möchte, dessen Existenz man verneint, bleibt ein Rätsel.

Anmerkungen

Vorwort

1 In diesem Buch wird für die Umschrift koreanischer Begriffe grundsätzlich das System nach McCune/Reischauer verwendet. Der Lesbarkeit wegen wird bei weithin bekannten Begriffen, Orts- und Personennamen auf die in den Medien übliche, vereinfachende Form zurückgegriffen. P'yŏngyang wird daher Pjöngjang geschrieben, anstelle von Kim Chŏng-ŭn schreibe ich Kim Jong-un.

2 Für Koreanische Demokratische Volksrepublik, die in der DDR übliche Bezeichnung.

Kapitel 1

1 Eines der in westlichen Sprachen verfügbaren Standardwerke zur koreanischen Geschichte ist Ki-baek Yi: *A New History of Korea* (Harvard University Press, Cambridge 1984).

2 Koreanische Namen bestehen mit wenigen Ausnahmen aus einem zweisilbigen Vornamen und einem einsilbigen Nachnamen. Die Nachnamen werden in Korea immer an erster Stelle genannt. Ich folge dieser Konvention. Ferner trenne ich die zwei Silben des Vornamens durch einen Bindestrich voneinander, um Verwechslungen mit dem Nachnamen zu vermeiden.

3 Eine aus dieser Zeit stammende Interpretation findet sich bei John Jorganson: »Tan'gun and the Legitimization of a Threatened Dynasty: North Korea's Rediscovery of Tan'gun«, *Korea Observer* XXVII/2, 1996, S. 273–306.

4 Siehe Karl August Wittfogel: *Wirtschaft und Gesellschaft Chinas. Versuch der wissenschaftlichen Analyse einer grossen asiatischen Agrargesellschaft* (C. L. Hirschfeld, Leipzig 1931); und *Oriental Despotism. A Comparitive Study of Total Power* (Yale University Press, New Haven 1957).

5 Gregory Henderson: *Korea. The Politics of the Vortex* (Harvard University Press, Cambridge 1968).

6 M. Kang: »Merchants of Kaesong«, *Economic Life in Korea* (Seoul: International Cultural Foundation 1978), S. 88–119.

7 Hier gibt es einen Unterschied in der Verwendung der abgesehen von im Norden vermiedenen Anglizismen im Prinzip in beiden Koreas gleichen Sprache. In Nordkorea wird ein »R« am Wortanfang konsequent als solches ausgesprochen und in westlicher Schrift auch geschrieben. In Südkorea spricht man es meist nicht und schreibt in der Regel »Y«, oder man spricht und schreibt »N«. Aus »Ri« wird daher im Süden »Yi«, aus »Rodong« wird im Süden »Nodong« und so weiter. Wenn Ihnen also einmal ein Herr Ri begegnet, dann stammt er vermutlich aus Nordkorea; im Süden wäre er ein Herr Yi, Lee oder Rhee.

8 In Nordkorea wird diese Schrift in Anwendung des dort gebräuchlichen Landesnamens *Chosŏngŭl* genannt.

9 Henny Savenije hat sich intensiv mit Hendrik Hamel befasst. Dessen Tagebuch sowie unzählige Kommentare und Hintergrundinformationen findet man hier: http://henny-savenije.pe.kr/index.html (Zugriff vom 23.4.2014).

10 Diese Bezeichnung wird unter anderem hier verwendet: Andrei Lankov: *The Real North Korea: Life and Politics in the Failed Stalinist Utopia* (Oxford University Press, London und New York 2013).

11 Brian Myers: *The Cleanest Race. How North Koreans See Themselves and Why It Matters* (Melville House, New York 2011).

12 Ein Friedensvertrag zwischen Japan und den Alliierten wurde 1951 in San Francisco abgeschlossen – während des Koreakrieges. Die Sowjetunion unterzeichnete diesen Vertrag nicht, da Moskau unter anderem gegen die Abwesenheit Chinas und die Etablierung Japans als amerikanische Militärbasis protestierte. Die Sowjetunion und Japan einigten sich erst 1956 auf eine gemeinsame Erklärung, die den Kriegszustand beendete und die Aufnahme diplomatischer Beziehungen ermöglichte.

13 Es gibt eine offizielle nordkoreanische Biographie, die eine durchaus lesenswerte Lektüre darstellt. Band 1 ist ins Englische übersetzt worden und online verfügbar. Il-sung Kim: *With the Century*, http://www.korea-dpr.com/lib/202.pdf (Zugriff vom 25.4.2014). Ein westliches Standardwerk zu Kim Il-sung ist Dae-sook Suh: *Kim Il Sung.*

The North Korean Leader (Columbia University Press, New York 1988).

14 Eine Diskussion der Modifikationen dieser Szene findet sich u.a. bei Frank Hoffmann: »Brush, Ink and Props«, in: Rüdiger Frank (Hg.): *Exploring North Korean Arts* (Verlag für Moderne Kunst, Nürnberg 2011), S. 159f.

15 Eine der vielen Besonderheiten im Zusammenhang mit Nordkorea ist die Tatsache, dass die Jahre von 1945 bis 1950 die am besten dokumentierte und erforschte Entwicklungsphase des Landes sind, während unser Wissen über die Entwicklungen in späteren Jahrzehnten deutlich weniger detailliert ist. Dies hat zwei Gründe. Die Teilung Koreas war noch nicht vollzogen, so dass zunächst ein weitgehend freier Personenverkehr herrschte; und die USA konnten während des Koreakrieges tonnenweise internes Material aus den Archiven von Partei und Regierung erbeuten, das zunächst Geheimdienstlern und später auch Wissenschaftlern einen tiefen Einblick in die Politik der Jahre nach der Befreiung ermöglichte. Ein Beispiel ist Charles Armstrong: *The North Korean Revolution 1945–1950* (Cornell University Press, Ithaca und London 2003).

16 Sehr gut lesbar ist Adrian Buzo: *The Guerilla Dynasty. Politics and Leadership in North Korea* (Tauris, London 1999). Ein Klassiker ist Dae-sook Suh: *Korean Communism, 1945–1980: A Reference Guide to the Political System* (University of Hawaii Press, Honolulu 1981).

17 Lange Zeit das Standardwerk zum Koreakrieg und auch heute trotz Kritik lesenswert ist Bruce Cumings: *The Origins of The Korean War* (2 Bände, Princeton University Press 1981 beziehungsweise Cornell University Press 2004). Diverse Dokumente aus sowjetischen und osteuropäischen Archiven zu diesem Thema, insbesondere zur Frage des Beginns des Krieges, findet man beim *Cold War International History Project* des Washingtoner Woodrow Wilson Center, online verfügbar unter http://www.wilsoncenter.org/program/cold-war-international-history-project.

18 Mein Buch zu diesem Thema beruht neben Interviews mit Zeitzeugen wie Hans Grotewohl, dem Sohn des ersten Ministerpräsidenten der DDR, vor allem auf Materialien aus dem ehemaligen Archiv der SED und dem Archiv des Bauhauses Dessau. Rüdiger Frank: *Die DDR und Nordkorea. Der Wiederaufbau der Stadt Hamhŭng 1954–1962* (Shaker, Aachen 1996).

19 Ein sehr gut recherchiertes Werk zu den Auswirkungen der Rivalität zwischen China und der Sowjetunion auf Nordkorea ist Balázs Szalontai: *Kim Il Sung in the Khrushchev Era. Soviet-DPRK Relations and the Roots of North Korean Despotism, 1953–1964* (Stanford University Press, Redwood City 2006).

Kapitel 2

1 Kim Jong Il: *Sasangsaŏbŭl ap'seunŭn kŏsŭn sahoejuŭiwiŏpsuhaengŭi p'ilsujŏk yoguida* (Der ideologischen Arbeit den Vorrang zu geben ist eine wesentliche Forderung für die Umsetzung des Sozialismus), 19.6.1995, http://redyouthnyc.files.wordpress.com/2013/06/kim-jong-il-ideological.pdf (Zugriff vom 29.4.2014); Übersetzung: RF.

2 Dies kann man unter anderem im exzellenten Buch von Janos Kornai nachlesen: *The Socialist System. The Political Economy of Communism* (Princeton University Press 1992).

3 Die etwas über acht Minuten dauernde Rede kann hier abgerufen werden: Deutsches Rundfunkarchiv: *Volkskammer-Videos 1989*, http://1989.dra.de/ton-und-videoarchiv/videos.html (Zugriff vom 30.4.2014).

4 Unter www.rodong.rep.kp kann man sich sowohl den Internetauftritt wie auch eine PDF-Version der Printausgabe der Parteizeitung *Rodong Sinmun* ansehen. Die staatliche Nachrichtenagentur KCNA betreibt darüber hinaus eine eigene Webseite unter www.kcna.kp. Hier kommt es in der Praxis gelegentlich zu Problemen bei der Datenübertragung. Auf einem Server in Japan befindet sich seit 1998 eine besser zugängliche, wenn auch vom Format her veraltet wirkende tägliche Ausgabe der staatlichen Nachrichten: www.kcna.co.jp.

5 Brian Myers argumentiert in seinem Buch, dass die Nordkoreaner vom System als Kinder gesehen werden, die es zu erziehen gilt. Brian Myers: *The Cleanest Race,* wie Kap. 1, Anm. 11.

6 »Genosse Kim Jong-un besucht Vergnügungspark Mangyŏngdae«, *KCNA*, 9.5.2012, http://www.kcna.co.jp/calendar/2012/05/05-09/2012-0509-010.html (Zugriff vom 30.4.2014; Übersetzung: RF).

7 Die Frage der Kunst in Nordkorea in all ihren verschiedenen Erscheinungsformen wird von einer Gruppe internationaler Experten disku-

tiert in: Rüdiger Frank (Hg.): *Exploring North Korean Arts* (Verlag für Moderne Kunst, Nürnberg 2011).

8 Kim Dschong Il: *Über die Filmkunst* (Verlag für fremdsprachige Literatur, Pjöngjang 1989).

9 Ebenda, S. 31.

10 Für den Wortlaut vergleiche http://www.dailynk.com/english/keys/2001/6/06.php. Für eine Diskussion der Entstehung und des Inhaltes siehe James Person: »The 1967 Purge of the Gapsan Faction and Establishment of the Monolithic Ideological System«, *NKIDP e-Dossier* Nr. 15 (Woodrow Wilson Center, Washington, D.C. 2013).

11 Dies ist eine aus dem Russischen abgeleitete Schreibweise für Kim Il-sung.

12 »Information. Die Politik der Bruderparteien der sozialistischen Länder«, in: Archiv der Parteien und Massenorganisationen der ehemaligen DDR im Bundesarchiv, Aktenbestand der Abteilung Internationale Verbindungen, IV 2/20/32, Bl. 176. Für eine ausführliche Diskussion siehe unter anderem Rüdiger Frank: *Die DDR und Nordkorea,* wie Kap. 1, Anm. 18.

13 Nur ein Beispiel ist ein in zwei Bänden erschienenes Buch über die Kindheit von Kim Jong-il. Siehe In Su Zö: *Kim Dschong Il, Führer des Volkes*, Bd. 1 (Verlag für Fremdsprachige Literatur, P'yŏngyang 1983).

14 Kim Jong-suk war die erste Frau von Kim Il-sung und die Mutter von Kim Jong-il. Sie gilt heute als Musterbild einer Revolutionärin und als Vorbild für die Frauen des Landes.

15 Dies ist »Kim Jong-il« gemäß der in der DDR üblichen Umschrift des Koreanischen.

16 Zö, wie Anm. 13, S. 1–6.

17 Hyang Jin Jung (2013): »Jucheism as an Apotheosis of the Family: The Case of the Arirang Festival«, *Journal of Korean Religions*, Bd. 4/2, Oktober 2013, S. 93–122.

18 Gemälde von Sok Rye Jin, 1979. Im Katalog zur in Wien an Museum für Angewandte Kunst vom 19.5.–5.9.2010 abgehaltenen Ausstellung »Blumen für Kim Il Sung« (Verlag für Moderne Kunst, Nürnberg 2010) findet man es auf Seite 98.

19 Helen Louise Hunter: *Kim Il-song's North Korea* (Praeger, Westport 1999).

20 Die Silbe -san bedeutet Berg oder auch Gebirge und wird dem Namen nachgestellt. Andere typische Namensbestandteile sind -gang

für Fluss, -ri für Dorf, -ryong für Pass, -si für Stadt, -do für Insel oder Provinz.

21 Hieran kann man übrigens die Qualität wissenschaftlicher und journalistischer Berichterstattung über Nordkorea abschätzen. Wer heute noch »Geliebter Führer« beziehungsweise »Dear Leader« schreibt, hat sich offenbar die Mühe erspart, eine nordkoreanische Publikation im Original zu lesen.

22 Siehe zum Beispiel «Bizarrer Auftritt von Dennis Rodman in Nordkorea«, *Die Welt Online*, 8.1.2014, http://www.welt.de/sport/article123648941/Bizarrer-Auftritt-von-Dennis-Rodman-in-Nordkorea.html (Zugriff vom 1.5.2014).

23 Für eine ausführliche Diskussion des Machtwechsels vom Dezember 2011 siehe Rüdiger Frank: »North Korea after Kim Jong Il: The Kim Jong Un era and its challenges«, *The Asia-Pacific Journal* Bd. 10/2, 9.1.2012, http://www.japanfocus.org/-R__diger-Frank/3674 (Zugriff vom 1.5.2014).

24 Dieses ein wenig seltsame Begriffspaar ergibt sich aus der marxistisch-leninistischen Annahme, dass eine Demokratie die Herrschaft der Mehrheit ist. Da es nur zwei Klassen gibt – das Proletariat und die Bourgeoisie –, ist die Diktatur des Proletariats, das ja die Mehrheit in der Gesellschaft stellt, auch die perfekte Demokratie.

25 Bericht über eine erweiterte Sitzung des Politbüros des Zentralkomitees der PdAK, *Rodong Sinmun*, 9.12.2013, S. 1 (Übersetzung: RF).

26 Rüdiger Frank: »Exhausting Its Reserves? Sources of Finance for North Korea's Improvement of People's Living«, *38 North*, 12.12.2013, http://38north.org/2013/12/rfrank121213 (Zugriff vom 1.5.2014).

27 Eine Diskussion der Parallelen findet sich bei Seong-Chang Cheong: »Stalinism and Kimilsungism: A Comparative Analysis of Ideology and Power«, *Asian Perspective* 24/1, 2000, S. 133–161.

28 Man beachte, dass Kim Il-sung von den Volksmassen spricht, nicht von der Arbeiterklasse (Anmerkung vom Verf.).

29 Kim Il Sung: »Antworten auf Fragen australischer Journalisten vom 4.11.1974«, in: *Werke*, Bd. 29 (Verlag für Fremdsprachige Literatur, Pjöngjang 1987), S. 543–544; die koreanische Originalfassung findet man in Band 56 der gesammelten Werke von Kim Il-sung.

30 Kim Il-sung: »*Über die Beseitigung des Dogmatismus und des Formalismus sowie über die Herstellung des Juche in der ideologischen*

Arbeit«, Rede vom 28.12.1955 (Verlag für Fremdsprachige Literatur, P'yŏngyang 1971).

31 Brian Myers: »The Watershed that Wasn't: Re-Evaluating Kim Il Sung's ›Juche Speech‹ of 1955«, *Acta Koreana* 9.1.2006, S. 89–115.

32 Für eine Diskussion des Verhältnisses der Ideen von Marx und Hegel sowie der Feuerbach-Thesen siehe Paul Thomas: *Marxism and Scientific Socialism: From Engels to Althusser* (Routledge, London 2008).

33 *Neues Deutschland*, 15.8.1989, S. 1.

34 Kim Jong-il: *Über die Dschutsche-Ideologie* (Verlag für Fremdsprachige Literatur, P'yŏngyang 1982).

35 John Jorganson: »Tan'gun and the Legitimization of a Threatened Dynasty: North Korea's Rediscovery of Tan'gun«, *Korea Observer* XXVII/2, 1996, S. 273–306.

36 Auf Koreanisch: »chagi ttange parŭl put'igo, nunŭn segyerŭl pora« (Übersetzung: RF). *Rodong Sinmun*, 1.September 2010, http://www.kcna.co.jp/calendar/2010/09/09-01/2010-0901-014.html (Zugriff vom 2.5.2014).

37 *Rodong Sinmun*, 3.4.2003.

38 Selig Harrison: *Korean Endgame. A Strategy for Reunification and U.S. Disengagement* (Princeton University Press, Princeton 2002).

39 Übersetzung: RF; siehe *Rodong Sinmun*, 21.3.2003

40 Wobei man anmerken muss, dass der vorderste Kämpfer in der Figurengruppe links von den zwei Führer-Statuen auf dem Mansudae-Hügel noch immer das Kommunistische Manifest in den Himmel reckt … Nordkorea ist nicht immer logisch.

41 Übersetzung: RF; siehe *Rodong Sinmun*, 3.4.2003.

Kapitel 3

1 Siehe http://world.moleg.go.kr/KP/law/23273?astSeq=582 beziehungsweise http://unibook.unikorea.go.kr/?sub_num=53&recom=1 (Zugriff vom 5.5.2014).

2 Die aktuelle Fassung liegt derzeit nur auf Koreanisch vor. Siehe http://naenara.com.kp/ko/great/constitution.php (Zugriff vom 5.5.2014). Diese und alle nachfolgenden Zitate aus der nordkoreanischen Verfassung entstammen dieser Quelle und sind vom Verfasser übersetzt worden.

3 Ein besonders eindringliches Dokument ist Blaine Harden: *Flucht aus Lager 14* (Deutsche Verlags-Anstalt, München 2012)

4 »Lächerliche Aufregung um ›Menschenrechte‹«, *KCNA*, 9.4.2008, http://www.kcna.co.jp/calendar/2008/04/04-09/2008-0408-010.html (Übersetzung RF, Zugriff vom 5.5.2014).

5 Siehe unter anderem »Windpower Project in North Korea«, 7.8.1998, http://www.wiseinternational.org/node/2073 (Zugriff vom 6.5.2014).

6 Regierungsunmittelbare Städte sind P'yŏngyang, Rasŏn, Namp'o und Kaesŏng. Die neun Provinzen mit ihren Hauptstädten sind Nord-P'yŏng'an (Sinŭiju), Süd-P'yŏng'an (P'yŏngsŏng), Chagang (Kanggye), Ryanggang (Hyesan), Nord-Hwanghae (Sariwŏn), Süd-Hwanghae (Haeju), Nord-Hamgyŏng (Ch'ŏngjin), Süd-Hamgyŏng (Hamhŭng) und Kangwŏn (Wŏnsan).

7 »Zentrales Wahlkomitee: Über die Resultate der Wahl zur 13. Obersten Volksversammlung«, *KCNA*, 11.3.2014, http://www.kcna.co.jp/calendar/2014/03/03-11/2014-0311-007.html (Zugriff vom 28.3.2014).

8 »Election of Deputies to 13th SPA Under Way«, *KCNA*, 9.3.2014, http://www.kcna.co.jp/item/2014/201403/news09/20140309-11ee.html (Übersetzung aus dem Englischen: RF, Zugriff vom 28.3.2014).

9 »DPRK Seething with Election Atmosphere«, *KCNA*, 9.3.2014, http://www.kcna.co.jp/item/2014/201403/news09/20140309-13ee.html (Übersetzung aus dem Englischen: RF, Zugriff vom 28.3.2014).

10 Zahlen nach: ebenda. Siehe auch: Rüdiger Frank: »Some Thoughts on the North Korean Parliamentary Election of 2014«, *38North*, http://38north.org/2014/03/rfrank031414 (Zugriff vom 6.5.2014).

11 Siehe »Why does autocratic North Korea hold elections? It's not merely a political ruse«, *New Focus International*, 24.1.2014, http://newfocusintl.com/autocratic-north-korea-hold-elections-merely-political-ruse (Zugriff vom 28.3.2014).

12 Siehe zum Beispiel: »Rodong Sinmun: Lobpreisung von Kim Jong-un's Errungenschaften«, *KCNA*, 5.2.2014, http://www.kcna.co.jp/calendar/2014/02/02-05/2014-0205-008.html (Übersetzung: RF, Zugriff vom 31.3.2014).

13 Mit Stand vom Mai 2014 ist ein Vizepremier ohne Geschäftsbereich, die anderen vertreten die Ressorts Staatliche Planung, Chemieindustrie und Landwirtschaft.

14 Siehe unter anderem Andrei Lankov: *North of the DMZ. Essays on Daily Life in North Korea* (McFarland, Jefferson 2007).

15 *Kimch'i* ist ein nationales Symbol Koreas. Chinakohl wird mit Salz, Knoblauch und Chili eingelegt und durch Milchsäuregärung haltbar gemacht.

16 Diese Fakten habe ich vor allem aus südkoreanischen Quellen, die intensiv mit den Berichten von Flüchtlingen gearbeitet haben. Siehe Sŏng-yun Kang et al.: *Pukhan Chŏngch'i-ŭi Ihae* [Nordkoreas Politik verstehen] (Seoul 2001); MOU: *Understanding North Korea* (Ministry of Unification: Seoul 2012).

17 Es ist übrigens in Korea völlig normal, dass Ehepartner unterschiedliche Familiennamen haben. Beide Partner behalten auch nach der Heirat ihre ursprünglichen Nachnamen bei.

18 Markus Weber: »Peace: Axe macht aus Diktatoren romantische Helden«, W&V, 16.1.2014, http://www.wuv.de/marketing/peace_axe_macht_aus_diktatoren_romantische_helden (Zugriff vom 6.5.2014).

19 »Korea Execution Is Tied to Clash Over Businesses«, *The New York Times*, 23.12.2013, http://www.nytimes.com/2013/12/24/world/asia/north-korea-purge.html?pagewanted=all&_r=0 (Zugriff vom 6.5.2014).

20 »Erster Sekretär Kim Jong-un gibt Anleitung für eine Artillerieabteilung von Einheit 681«, *KCNA*, 26.4.2014, http://www.kcna.co.jp/calendar/2014/04/04-26/2014-0426-001.html (Zugriff vom 6.5.2014)

21 Siehe Office of the Secretary of Defense: *Military and Security Developments involving the Democratic People's Republic of Korea*, Annual Report to Congress, 15.2.2013, http://www.defense.gov/pubs/report_to_congress_on_military_and_security_developments_involving_the_dprk.pdf (Zugriff vom 6.5.2014). Teilweise völlig andere Zahlen nennt http://www.globalfirepower.com/country-military-strength-detail.asp?country_id=north-korea (Zugriff vom 6.5.2014).

22 Korean Peninsula Energy Development Organization; gegründet im März 1995 nach dem Rahmenabkommen von 1994. Die wichtigsten Dokumente zu KEDO findet man auf http://www.kedo.org.

23 Rüdiger Frank: »Can North Korea Prioritize Nukes and the Economy at the Same Time?«, *Global Asia*, Bd. 9, Nr. 1, Spring 2014, S. 38–42.

Kapitel 4

1 Rüdiger Frank: »Currency Reform and Orthodox Socialism in North Korea«, *NAPSNet Policy Forum* 09-092, 0312.2009, http://nautilus.org/napsnet/napsnet-policy-forum/currency-reform-and-orthodox-socialism-in-north-korea (Zugriff vom 20.5.2014).

2 Die DDR verkaufte von 1963 bis 1989 über 33 000 Häftlinge an die Bundesrepublik Deutschland, was Einnahmen in Höhe von fast 3,5 Milliarden DM erbrachte. Siehe Anja Mihr: *Amnesty International in der DDR* (Ch. Links, Berlin 2002), S. 41.

3 Der Ringtausch war auch auf der individuellen Ebene gebräuchlich. Ein wunderschönes Beispiel für die sich daraus ergebenden Absurditäten liefert Hermann Kant in seiner Erzählung »Der Dritte Nagel«.

4 Siehe unter anderem Rüdiger Frank: *Die DDR und Nordkorea*, wie Kap. 1, Anm. 18, und die sehr lesenswerte Studie von Liana Kang-Schmitz: *Nordkoreas Umgang mit Abhängigkeit und Sicherheitsrisiko am Beispiel der bilateralen Beziehungen zur DDR*, unveröffentlichte Dissertation, 27.8.2010, Universität Trier, http://ubt.opus.hbz-nrw.de/volltexte/2011/636/pdf/Nordkorea_DDR.pdf (Zugriff vom 15.5.2014).

5 Rüdiger Frank: »Lessons from the Past: The First Wave of Developmental Assistance to North Korea and the German Reconstruction of Hamhŭng«, *Pacific Focus*, Vol. XXIII, No. 1 (April 2008), S. 46–74.

6 Bank of Korea: »2012 nyŏn pukhan kyŏngjesŏngjangryul ch'ujŏng kyŏlgwa podojaryo« [Schätzungen des Bruttosozialproduktes für Nordkorea 2012], www.bok.or.kr.

7 Hyundai Research Institute, www.hri.co.kr.

8 Hier handelt es sich um die sogenannte »Zweite Wirtschaft«. Nicht zu verwechseln mit einer Schattenwirtschaft, bezieht sich dieser Begriff auf reguläre Betriebe zur Produktion auch ziviler Güter, die direkt dem Militär unterstehen und zu dessen Versorgung ohne Umweg über den Staatshaushalt beitragen.

9 Siehe http://www.theglobaleconomy.com/rankings/coal_production (Zugriff vom 16.5.2014).

10 USGS (2008): *2007 Minerals Yearbook: North Korea* [Advanced Release], Washington, D.C.: U.S. Department of the Interior, U.S. Geological Survey, http://www.nkeconwatch.com/nk-uploads/usgs-dprk.pdf (Zugriff vom 18.5.2014).

11 Edward Yoon: *Status and Future of the North Korean Minerals Sector* (Nautilus Institute, San Francisco 2011), S. 6.

12 Yonhap North Korea Newsletter No. 230, 4.10.2012.

13 Mehr Informationen zu den Seltenen Erden Nordkoreas und dem Projekt von SRE findet man unter http://www.sreminerals.com; Frik Els: »Largest known rare earth deposit discovered in North Korea«, http://www.mining.com, 5.12.2013.

14 Thompson, Drew (2011): *Silent Partners. Chinese Joint Ventures in North Korea,* U.S.-Korea Institute, Washington, D.C., S. 53; IFES: »Transfer of Management Rights to Chinese Investment Companies within North Korea«, *NK Brief* 11-04-05 (Institute of Far Eastern Studies, Seoul 2011).

15 Siehe zum Beispiel John Feffer: »North Korea's wealth gap«, *Asia Times Online*, 14.3.2012, http://www.atimes.com/atimes/Korea/NC14Dg01.html (Zugriff vom 20.5.2014).

16 Die derzeit detaillierteste und glaubhafteste Quelle zur Landwirtschaft Nordkoreas sind die Berichte der Welthungerhilfe, die eine umfassende und langfristige Präsenz im Lande hat. Für einen aktuellen Bericht siehe FAO: *Democratic People's Republic of Korea - FAO/WFP Crop and Food Security Assessment Mission*, November 2013, http://www.wfp.org/content/democratic-peoples-republic-korea-fao-wfp-crop-food-security-assessment-nov-2013 (Zugriff vom 16.5.2014).

17 Dieses Ziel tauchte schon Ende Dezember 2011 auf Transparenten bei öffentlichen Auftritten des neuen Führers auf und wurde u.a. in der Neujahrsansprache 2013 wiederholt. Siehe »New Year Address Made by Kim Jong Un«, *KCNA*, 1.1.2013, http://www.kcna.co.jp/item/2013/201301/news01/20130101-13ee.html (Zugriff vom 20.5.2014).

18 Rudiger Frank: »Can North Korea Prioritize Nukes and the Economy at the Same Time?«, wie Kap. 3, Anm. 23.

19 Statistics Korea: *Pukhanŭi chuyo t'onggye chip'yo* (Main Statistical Indicators of North Korea) (Korea National Statistics Office, Taejŏn 2011), S. 12.

20 Korea Meteorological Administration, zitiert in: *Yonhap North Korea Newsletter* Nr. 195, 2.2.2012.

21 Hermann Lautensach: *Korea. A Geography Based on the Author's Travel and Literature* (Springer Verlag, Berlin 1988), S. 93, 172.

22 FAO (2013), wie Anm. 16.
23 Statistics Korea (2011), wie Anm. 19, S. 24.
24 Die jeweils aktuellen Berichte sind auf der Internetseite der FAO abrufbar. Siehe FAO (2013), wie Anm. 16.
25 Vgl. auch Rüdiger Frank: »Classical Socialism in North Korea and its Transformation: The Role and the Future of Agriculture«, *Harvard Asia Quarterly*, Vol. X/2, 2006, S. 15–33.
26 Statistics Korea (2011), wie Anm. 19, S. 22.
27 »German Embassies Help Korean Farmers«, *KCNA*, 28.10.2009, http://www.kcna.co.jp/item/2009/200910/news28/20091028-16ee.html (Zugriff vom 20.5.2014).
28 FAO (2013), wie Anm. 16.
29 Stephan Haggard und Marcus Noland: *Famine in North Korea: Markets, Aid, and Reform* (Columbia University Press, New York 2007), S. 3.
30 FAO (2013), wie Anm. 16.
31 FAO (2010), wie Anm. 16.
32 »Reclamation of Sepho Tableland Progresses Apace«, *KCNA*, 24.8.2013, http://www.kcna.co.jp/item/2013/201308/news24/20130824-19ee.html (Zugriff vom 20.5.2014).
33 Randall Ireson: »Food Security in North Korea: Designing Realistic Possibilities«, Stanford: *Walter H. Shorenstein Asia-Pacific Research Center Working Paper*, Feb. 2006, http://iis-db.stanford.edu/pubs/21046/Ireson_FoodSecurity_2006.pdf (Zugriff vom 21.5.2014).
34 Korea Development Bank: *Pukhan sanŏphyŏnhwanggwa nambuk sanŏphyŏmnyŏk panghyang* [Status der nordkoreanischen Industrie und Trends der Nord-Süd Industriekooperation], Seoul 2013, S. 47.
35 Ebenda, S. 48.
36 Gary Clyde Hufbauer, Jeffrey J. Schott und Kimberly Ann Elliott: *Economic Sanctions Reconsidered: History and Current Policy* (Institute for International Economics, Washington, D.C. 1990).
37 Für eine ausführliche Auflistung der einzelnen Sanktionen siehe Mary Beth Nikitin et al.: *Implementation of* UN *Security Council Resolution 1874*, Special Report, 11.11.2010 (Congressional Research Service, Washington, D.C. 2010) und Karin Lee and Julia Choi (2009): *North Korea: Unilateral and Multilateral Economic Sanctions and U.S. Department of Treasury Actions, 1955–April 2009* (National Committee on North Korea, Washington D.C. 2009).

38 Kimberly Ann Elliott: »Factors Affecting the Success of Sanctions«, in: David Cortright und George A. Lopez (Hg.): *Economic Sanctions: Panacea or Peacebuilding in a Post-Cold War World* (Westview Press, Boulder, Colorado 1995), S. 51–60.

39 Felix Abt: *A Capitalist in North Korea*, Kindle edition, 2012, www.amazon.com.

40 »Schweiz verbietet Skilift-Lieferung an Nordkorea«, *Die Welt*, 20.8.2013, http://www.welt.de/wirtschaft/article119190192/Schweiz-verbietet-Skilift-Lieferung-an-Nordkorea.html (Zugriff vom 21.5.2014).

41 Gern lässt man hierzu Ausländer zu Wort kommen. Ein Beispiel ist »News Analyst on U.S. ›Provocation and Threat‹ Ballad«, *KCNA*, 6.5.2014, http://www.kcna.co.jp/item/2014/201405/news06/20140506-14ee.html (Zugriff vom 21.5.2014).

42 Joy Gordon: »Economic Sanctions, Just War Doctrine, and the ›Fearful Spectacle of the Civilian Dead‹«, *Cross Currents*, Bd. 49/3, 1999, www.crosscurrents.org/gordon.htm.

43 Marc Bossuyt: *The Adverse Consequences of Economic Sanctions on the Enjoyment of Human Rights* (United Nations Economic and Social Council, Commission on Human Rights, Genf 2000).

44 Eine ausführliche Diskussion findet sich bei John McGlynn: »Banco Delta Asia, North Korea's Frozen Funds and US Undermining of the Six-Party Talks: Obstacles to a Solution«, *The Asia Pacific Journal*, 9.6.2007, http://www.japanfocus.org/-John-McGlynn/2446 (Zugriff vom 21.5.2014).

45 Siehe »Joint Statement of the Fourth Round of the Six-Party Talks Beijing 19 September 2005«, US Department of State, http://www.state.gov/p/eap/regional/c15455.htm (Zugriff vom 21.5.2014).

46 Eine hervorragende Analyse der südkoreanischen Entwicklung, einschließlich Kritik an den Mitteln und ihren Nebeneffekten, ist Jung-en Woo: *Race to the Swift. State and finance in Korean Industrialization* (Columbia University Press, New York 1991).

47 Eine Nordkorea gegenüber sehr kritische Organisation hat 2014 einen Bericht veröffentlicht, in dem von einer »perversen Transformation« die Rede ist: Illegale Aktivitäten wie Drogenhandel, Falschgeldproduktion und Zigarettenschmuggel, die zuvor vom Staat begangen wurden, haben sich nach diesem Bericht nun in den neu entstehenden privaten Bereich verlagert. Siehe Sheena Chestnut Grei-

tens: *Illicit. North Korea's Evolving Operations to Earn Hard Currency* (Committee for Human Rights in North Korea, Washington 2014).

48 KOTRA: *2011 nyŏndo pukhanŭi taewoemuyŏk tonghyang* (Trends im Außenhandel Nordkoreas 2011) (Korea Trade and Investment Promotion Agency, Seoul 2012). Zu beachten ist, dass in dieser Statistik der innerkoreanische Handel nicht aufgeführt ist.

49 Daten nach: KOTRA: *2012 nyŏndo pukhanŭi taewoemuyŏk tonghyang* (Trends im Außenhandel Nordkoreas 2012) (Korea Trade-Investment Promotion Agency, Seoul 2013).

50 KOTRA 2013, a. a. O.

51 Alexander Vorontsov: »Is Russia-North Korea Cooperation at a New Stage?«, *38North*, 8.5.2014, http://38north.org/2014/05/avorontsov050814 (Zugriff vom 16.5.2014).

52 »Russia writes off 90 percent of North Korea debt, eyes gas pipeline«, *Reuters*, 19.4.2014, http://www.reuters.com/article/2014/04/19/uk-russia-northkorea-debt-idINKBN0D502V20140419 (Zugriff vom 16.5.2014).

53 Daten nach: *Nambuk Kyoyŏkt'onggye* (Statistiken zum Süd-Nord Handel) (Korea International Trade Association, Seoul 2013).

54 Mark Manyin und Mary Beth Nikitin: *Foreign Assistance to North Korea* (Congressional Research Service, Washington, D.C. 2011).

55 Benjamin Habib: »North Korea's surprising status in the international climate change regime«, *East Asia Forum*, 9. 11.2013, http://www.eastasiaforum.org/2013/11/09/north-koreas-surprising-status-in-the-international-climate-change-regime (Zugriff vom 23.6.2014).

56 »N. Korea desperate to rake in foreign currency amid isolation and poverty«, *North Korea Newsletter* 317, 12.6. 2014, http://english.yonhapnews.co.kr/northkorea/2014/06/11/57/0401000000AEN20140611008900325F.html (Zugriff vom 25.6.2014).

Kapitel 5

1 Janos Kornai: *The Socialist System,* wie Kap. 2, Anm. 2.

2 »Muyŏksŏngŭl taewoekyŏngjesŏngŭro hagiro kyŏljŏng« [Beschluss zur Umwandlung des Ministeriums für Außenhandel in das Ministerium für Auswärtige Wirtschaftliche Ange-

legenheiten], *KNCA*, 18.6.2014, http://www.kcna.co.jp/calendar/2014/06/06-18/2014-0618-031.html (Zugriff vom 19.6.2014).

3 Eine bemerkenswerte Schilderung aus Sicht eines führenden DDR-Schriftstellers ist Stefan Heym: *5 Tage im Juni* (btb, München 1974/2005).

4 Schumpeter ist unter anderem durch seine These berühmt geworden, dass der Kapitalismus der kreativen Zerstörung bedürfe, um sich ständig selbst zu erneuern. Krisen, Konkurse und Strukturwandel sind aus dieser Sicht nicht nur normal, sondern notwendig, und der Versuch, diese aufzuhalten, kann langfristig negative Folgen haben. Siehe Joseph A. Schumpeter: *Capitalism, Socialism and Democracy* (Harper and Brothers, New York 1942; dt. *Kapitalismus, Sozialismus und Demokratie*, Francke, Bern 1972).

5 Eine detaillierte Studie zu Mao und den Ursprüngen seiner Handlungen ist Edward E. Rice: *Mao's Way* (University of California Press, Berkeley und London 1974).

6 Eine hochrangige Mitarbeiterin der amerikanischen CIA hat auf Basis zahlreicher Gespräche mit nordkoreanischen Überläufern in den 1970er und 1980er Jahren anschaulich dargestellt, wie diese Art der Solidarität funktioniert; vgl. Helen-Louise Hunter: *Kim Il-song's North Korea* (Praeger, Westport und London 1999).

7 Lars Müller: »Vor 55 Jahren sorgte Adolf Hennecke für Aufsehen«, *Mitteldeutsche Zeitung*, 10.10.2003, http://www.mz-web.de/politik/sonderschicht-vor-55-jahren-sorgte-adolf-hennecke-fuer-aufsehen,20642162,17561576.html (Zugriff vom 3.6.2014).

8 »Great Edifices Mushroom in DPRK«, *KCNA*, 4.9.2009, http://www.kcna.co.jp/item/2009/200909/news04/20090904-11ee.html (Zugriff vom 3.6.2014).

9 Siehe unter anderem Hy-Sang Lee: »North Korea's Closed Economy: The Hidden Opening«, *Asian Survey*, Bd. 28, Nr. 12 (Dezember 1988), S. 1264–1279.

10 Koreaner sind im 20. Jahrhundert auf verschiedene Weise nach Japan gelangt, oft nicht ganz freiwillig: während der Kolonialzeit, als Zwangsarbeiter im Zweiten Weltkrieg oder aufgrund politischer Verfolgung in Südkorea nach 1945. Sie werden in Japan bis heute trotz japanischer Staatsbürgerschaft unter dem Namen *Zainichi* erheblich diskriminiert, was eine nationalistische Gegenreaktion zur Folge hat, die sich unter anderem in der Unterstützung Nordkoreas äußert.

Dabei scheint es keine Rolle zu spielen, dass die Mitglieder beziehungsweise ihre Vorfahren zumeist aus dem Süden stammen. In den letzten Jahren ist allerdings, nicht zuletzt wegen der Kritik der japanischen Öffentlichkeit am Atomprogramm und an den Entführungen, ein rückläufiger Einfluss des Ch'ongryŏn zu beobachten. Siehe unter anderem Apichai W. Shipper: »Nationalisms of and Against Zainichi Koreans in Japan«, *Asian Politics & Policy*, Bd. 2/1, 2010, S. 55–75.

11 »National Exhibition of August 3 Consumer Goods Held«, *KCNA*, 20.8.2013, http://www.kcna.co.jp/item/2013/201308/news20/20130820-17ee.html (Zugriff vom 3.6.2014).

12 Siehe Ilpyong J. Kim: »Kim Jong Il's Military First Politics«, in: Young W. Kihl und Hong Nack Kim (Hg.): *North Korea: the Politics of Regime Survival* (M.E. Sharpe, Armonk 2006), S. 69f.

13 Den Text der dabei verabschiedeten gemeinsamen Deklaration findet man u.a. hier: http://www.mofa.go.jp/region/asia-paci/n_korea/pmv0209/Pyongyang.pdf.

14 Eine exzellente Analyse findet man bei Alexandre Mansourov: »The Kelly Process, Kim Jong Il's Grand Strategy, and the Dawn of a Post-Agreed Framework Era on the Korean Peninsula«, *Nautilus Policy Forum Online* 02-06A, 22.10.2002, http://oldsite.nautilus.org/archives/fora/security/0206A_Alexandre.html (Zugriff vom 3.6.2014).

15 Complete, Verifiable and Irreversible Dismantlement.

16 Für eine Liste der Sanktionen der EU gegen Nordkorea, siehe http://www.consilium.europa.eu/uedocs/cms_Data/docs/pressdata/EN/foraff/136733.pdf (Zugriff vom 3.6.2014). Zu KEDO siehe Kap. 3, Anm. 22.

17 Rüdiger Frank: »Economic Reforms in North Korea (1998-2004): Systemic Restrictions, Quantitative Analysis, Ideological Background«, *Journal of the Asia Pacific Economy* (Routledge), Bd. 10/3 (2005), S. 278–311.

18 Siehe unter anderem Kim Yong-sop: »Two Sirhak Scholars' Agricultural Reform Theories«, *Korea Journal* 14/10 (Oktober 1974), S. 13–26.

19 Sehr aufschlussreich sind in dieser Hinsicht die allerdings nur auf Koreanisch verfügbaren Beiträge in der einzigen wirtschaftswissenschaftlichen Fachzeitschrift des Landes *Kyŏngje Yŏngu* [Ökonomische Studien], herausgegeben vom Verlag für Wissenschaftliche Enzyklopädie in Pjöngjang.

20 Nam, Won-suk: *Economic Development Plan: Major Policies and Performance* (KOTRA, Seoul 2001).

21 Kim Jong-il: »21 seginŭn kŏch'anghan chŏnbyŏnŭi segi, ch'angjoŭi segiida« [Das 21. Jahrhundert ist eine Zeit der gigantischen Veränderungen und Kreationen], *Rodong Sinmun*, 4.1.2001, S. 2 (Übersetzung RF).

22 »Kim Jong Il's Plan to Build Powerful Nation«, *People's Korea*, 31.1.2003, http://www.koreanp.co.jp/pk/174th issue/2002/013101.htm (Zugriff vom 2.5.2003).

23 Dies bezieht sich wohl primär auf die zentrale Rolle des Staates in der Wirtschaft.

24 Wir erinnern uns: Am Ende verlor Korea seine Unabhängigkeit und wurde japanische Kolonie.

25 Leon V. Sigal: »Nuclear North Korea: A Debate on Engagement Strategies«, *Korean Studies,* Bd. 29, Januar 2005, S. 170–173.

26 Ende Mai 2014 gab es zwischen Nordkorea und Japan einen Durchbruch in der Frage der in den 1970er Jahren entführten japanischen Staatsbürger, der zu einem Ende der bilateralen Sanktionen und ggf. auch zu einer Reaktivierung der Wirtschaftskontakte führen dürfte. Justin McCurry: »North Korea to reopen inquiry into abductions of Japanese during cold war«, *Japan Times*, 29.5.2014, http://www.theguardian.com/world/2014/may/29/north-korea-reopen-inquiry-abductions-japanese-cold-war (Zugriff vom 3.6.2014).

27 Barry Naughton: *The Chinese Economy: Transitions and Growth* (MIT Press, Cambridge und London 2006).

28 Diese und andere Berechnungen, etwa zum Lebensmittelbedarf, sowie Zahlenangaben zu den Preisreformen vom Juli 2002 finden sich im Detail in Rüdiger Frank: »Economic Reforms in North Korea«, wie Kap. 5, Anm. 17.

29 *China Statistical Yearbook 2013* (China Statistics Press, Beijing 2013).

30 Diese und andere hilfreiche Informationen zu Nordkorea findet man auf der Internetseite der FAO unter http://www.fao.org/countryprofiles/index/en/?iso3=PRK.

31 »2002 Nyŏn kukkayesan chiphaengŭi kyŏlsan'gwa 2003 nyŏn kukkayesane taehan pogo« [Bericht zur Ausführung des Staatshaushaltes 2002 und zum Staatshaushalt von 2003], *KCNA*, 26.3.2013, http://www.kcna.co.jp/calendar/2003/03/03-27/2003-03-27-002.html (Zugriff vom 23.1.2014).

32 Robert Collins: *Marked for Life: Songbun, North Korea's Social Classification System* (The Committee for Human Rights in North Korea, Washington, D.C. 2012).

33 »Inside North Korea's Crystal Meth Trade«, *Foreign Policy*, 21.11.2013, http://www.foreignpolicy.com/articles/2013/11/21/inside_north_koreas_crystal_meth_trade (Zugriff vom 7.12.2013).

34 Verwendet wurden englischsprachige Artikel, erschienen auf www.kcna.co.jp. Die Zahl der Artikel, die das gesuchte Stichwort enthalten, wurde mit der Gesamtzahl der jährlich erschienenen Artikel gewichtet, um eine Vergleichbarkeit herzustellen.

35 Für einen Überblick über deren Tätigkeit siehe Mi Ae Taylor und Mark Manyin: *Non-Governmental Organization's Activities in North Korea* (Congressional Research Service, Washington, D.C. 2011).

36 »Workers of Kangson Take Lead in Great Revolutionary Upsurge«, *KCNA*, 02.01.2009, http://www.kcna.co.jp/item/2009/200901/news02/20090102-11ee.html (Zugriff vom 3.6.2014).

37 InSung Kim und Karen Lee: »Mt. Kumgang and Inter-Korean Relations«, National Committe on North Korea, http://www.ncnk.org/resources/briefing-papers/all-briefing-papers/mt.-kumgang-and-inter-korean-relations (Zugriff vom 3.6.2014).

38 Rüdiger Frank: »Socialist Neoconservatism and North Korean Foreign Policy in the Nuclear Era«, in: Kyung-ae Park (Hg.): *New Challenges to North Korean Foreign Policy* (Palgrave Macmillan, New York 2010), S. 3–42.

39 »Kimjŏngil ch'ongbisŏ hwanghaejech'ŏl ryŏnhapkiŏpsorŭl hyŏnjijido« [Generalsekretär Kim Jong-il gibt Vor-Ort-Anleitung im Eisen- und Stahlkomplex von Hwanghae], *KCNA*, 12.3.2009, http://www.kcna.co.jp/calendar/2009/03/03-12/2009-0312-015.html (Zugriff vom 5.6.2014).

40 »DPRK revalues currency«, *North Korean Economy Watch*, 4.12.2009, http://www.nkeconwatch.com/2009/12/04/dprk-renominates-currency (Zugriff vom 5.6.2014).

41 »North Korean singer rumoured to have been executed appears on TV«, *The Guardian*, 17.5.2014, http://www.theguardian.com/world/2014/may/17/north-korean-singer-rumoured-executed-appears-tv (Zugriff vom 5.6.2014).

Kapitel 6

1 Siehe hierzu und zu den nordkoreanischen Zonen Bernhard Seliger: »Special Economic Zones, Trade, and Economic Reform: The Case of Rason City«, in: Rüdiger Frank et al. (Hg.): *Korea 2012: Politics, Economy and Society* (Brill, Leiden 2012), S. 209–237.
2 Für eine der ersten Diskussionen der Zukunftsfähigkeit siehe auch Eckart Dege: »Die Tumen-Mündung: Nordost-Asiens ›Goldenes Delta‹ oder größter Flop?«, in: *Koreana* 2/1993, S. 18–22.
3 Der Text kann abgerufen werden unter http://www.nkeconwatch.com/nk-uploads/Law-on-Rason.pdf (Zugriff vom 6.6.2014).
4 Seliger: »Special Economic Zones«, wie Anm. 1.
5 Für mehr Details, siehe http://www.tumenprogramme.org.
6 Allerdings wird dies neuerdings von nordkoreanischer Seite dementiert. Man vermutet einen Zusammenhang mit der Hinrichtung von Chang Sŏng-t'aek vom Dezember 2013, dem man unter anderem vorgeworfen hatte, nordkoreanisches Territorium an Ausländer verschachert zu haben.
7 Für eine sehr plastische Schilderung des schweren Schicksals der Benediktiner in Nordkorea nach 1945 siehe Ambrosius Hafner: *Längs der Roten Straße* (EOS Verlag, St. Ottilien 1960).
8 Kim Son Hoang: »Göttlicher Beistand für Nordkorea«, *Der Standard*, 13.11.2013, http://derstandard.at/1381371685722/Goettlicher-Beistand-fuer-Nordkorea (Zugriff vom 6.6.2014).
9 Für die Berichterstattung von der dritten Messe 2013 siehe »3rd Rason Int'l Trade Exhibition under Way«, *KCNA*, 21.08.2013, http://www.kcna.co.jp/item/2013/201308/news21/20130821-17ee.html (Zugriff vom 6.6.2014).
10 Siehe unter anderem »Korean cows breach cold war frontier«, BBC, 27.10.1998, http://news.bbc.co.uk/2/hi/asia-pacific/202107.stm (Zugriff vom 6.6.2014).
11 InSung Kim und Karen Lee: »Mt. Kumgang and Inter-Korean Relations«, wie Kap. 5, Anm. 37.
12 Solche Bezeichnungen sind nicht unproblematisch, da ihre genaue Bedeutung nicht klar ist und sich im Zeitverlauf auch wandelt. Ich folge hier dem in der südkoreanischen Diskussion gebräuchlichen Begriff.
13 Eine besonders erbitterte Kritik findet sich bei Kisam Kim und

Donald Kirk: *Kim Dae-jung and the Quest for the Nobel: How the President of South Korea Bought the Peace Prize and Financed Kim Jong-il's Nuclear Program* (Palgrave Macmillan, New York 2013).

14 Nur ein Beispiel von vielen: »Rodong Sinmun Calls for Ending S. Korean Conservative Regime«, *KCNA*, 27.11.2012, http://www.kcna.co.jp/item/2012/201211/news27/20121127-08ee.html (Zugriff vom 6.6.2014).

15 »Lee Myung Bak Regime's Sycophancy towards U.S. and Anti-DPRK Confrontation Hysteria Blasted«, *KCNA*, 1.4.2008, http://www.kcna.co.jp/item/2008/200804/news04/01.htm1 (Zugriff vom 6.6.2014).

16 Eul-Chul Lim: *Kaesong Industrial Complex: History, Pending Issues, and Outlook* (Haenam Publishing, Seoul 2007).

17 Für einen guten Überblick über die Entstehungsgeschichte der Industriezone Kaesŏng und die Entwicklungen ersten Jahre siehe Lim 2007, wie Anm. 16.

18 »Several companies at joint Korean venture already packing up«, *The Hankyoreh*, 11.10.2006, http://www.hani.co.kr/arti/ISSUE/29/163526.html (Zugriff vom 6.6.2014).

19 »NoKo ›Made In North Korea‹ Jeans Pulled From Sweden's Shelves«, *The Huffington Post*, 18.03.2010, http://www.huffingtonpost.com/2009/12/07/noko-made-in-north-korea_n_382436.html (Zugriff vom 6.6.2014).

20 Dick K. Nanto und Mark E. Manyin: *The Kaesong North-South Korean Industrial Complex* (Congressional Research Service, Washington, D.C. 2011).

21 Für aktuelle Daten siehe auch http://www.unikorea.go.kr.

22 Madison Park, Frances Cha and Evelio Contreras: »How Choco Pie infiltrated North Korea's sweet tooth«, *CNN*, 27.1.2014, http://edition.cnn.com/2014/01/27/world/asia/choco-pie-koreas (Zugriff vom 6.6.2014).

23 Siehe dazu unter anderem »Security Council Condemns Use of Ballistic Missile Technology in Launch by Democratic People's Republic of Korea in Resolution 2087«, UN Security Council, 22.1.2013, http://www.un.org/News/Press/docs/2013/sc10891.doc.htm (Zugriff vom 6.6.2014).

24 »High-Tech Industrial Park to Be Built in Kaesong, DPRK«, *KCNA*, 13.11.2013, http://www.kcna.co.jp/item/2013/201311/news13/20131113-17ee.html (Zugriff vom 6.6.2014).

25 Lim 2007, wie Anm. 16, S. 9.
26 Lim 2007, S. 11
27 Hendrik Ankenbrand: »Nordkorea. Die bizarre Kapitalisteninsel und ihr gefallener König«, *Der Spiegel*, 4.10.2002, http://www.spiegel.de/wirtschaft/nordkorea-die-bizarre-kapitalisteninsel-und-ihr-gefalle-ner-koenig-a-216772.html (Zugriff vom 6.6.2014).
28 »China's Embrace of North Korea: The Curious Case of the Hwang-gumpyong Island Economic Zone«, *38North*, http://38north.org/2012/02/hgp021712 (Zugriff vom 9.7.2013).
29 Ebenda.
30 »New bridge connects China, DPRK this year«, *People's Daily*, 14.1.2014, http://english.peopledaily.com.cn/90883/8512607.html (Zugriff vom 6.6.2014).
31 »Provincial Economic Development Zones to Be Set Up in DPRK«, *KCNA*, 21.11.2013, http://www.kcna.co.jp/item/2013/201311/news21/20131121-24ee.html (Zugriff vom 6.6.2014).
32 Einige Details und eine Landkarte mit den Standorten der Zonen finden sich hier: »North Korea to set up 14 new special economic development zones«, *The Hankyoreh*, 22.11.2013, http://english.hani.co.kr/arti/english_edition/e_northkorea/612341.html (Zugriff vom 6.6.2014).
33 »Report on Implementation of State Budget for 2013 and State Budget for 2014«, *KCNA*, 9.4.2014, http://www.kcna.co.jp/item/2014/201404/news09/20140409-09ee.html (Zugriff vom 6.6.2014).

Kapitel 7

1 Wie »privat« diese wirklich sind, ist nicht ganz eindeutig. Die Aussagen dazu widersprechen sich. Zumindest die Nutzung ist tatsächlich privat, beim Eigentum könnte eine Genossenschaft als Strohmann fungieren.
2 Zu diesem Thema ist sehr viel geschrieben worden. Siehe unter anderem Lawrence J. Lau, Yingyi Qian und Gerard Roland: »Reform without Losers: An Interpretation of China's Dual-Track Approach to Transition«, *Journal of Political Economy*, Bd. 108/1, Februar 2000, S. 120–143.
3 Uns liegen zuverlässige Daten zum durchschnittlichen Kalorien-

bedarf eines Menschen vor. Wenn wir der Einfachheit halber unterstellen, dass Frauen, Männer, Kinder, Bürokräfte, Schwerstarbeiter, große und kleine Menschen in Nordkorea ungefähr gleich verteilt sind, dann liegt der tägliche Kalorienbedarf einer Person, konservativ geschätzt und aufgerundet, bei circa 2500 kcal. Menschen in unterentwickelten Ländern decken rund 75 Prozent ihres Kalorienbedarfs mit stärkehaltigen Nahrungsmitteln; das wären 1875 kcal. Das Grundnahrungsmittel in Korea ist Reis, der auf 100 g je nach Sorte ungefähr 370 kcal an Energie bietet. Alle anderen Nahrungsmittel können in Reisäquivalent umgerechnet werden. Die Bevölkerung Nordkoreas beträgt, ebenfalls aufgerundet, etwa 25 Millionen. Das Jahr hat wie überall in der Regel 365 Tage. Wenn man dies nun multipliziert, kommt man pro Jahr auf einen Bedarf von etwa 4,6 Millionen Tonnen Reis beziehungsweise in Reisäquivalent umgerechnete andere stärkehaltige Nahrungsmittel wie Mais, Weizen, Gerste oder Kartoffeln. Fügen wir noch 15 Prozent für Verluste bei Lagerung und Transport sowie als Rückstellung für die Aussaat im nächsten Jahr hinzu, ergibt sich ein jährlicher Gesamtbedarf von ungefähr 5,3 Millionen Tonnen.

4 FAO: »Democratic People's Republic of Korea – FAO/WFP Crop and Food Security Assessment Mission«, Food and Agriculture Organization of the United Nations, November 2013, http://www.wfp.org/content/democratic-peoples-republic-korea-fao-wfp-crop-food-security-assessment-nov-2013 (Zugriff vom 16.5.2014).

5 Hier gilt die bereits gemachte Einschränkung, dass Lebensmittel ab einer bestimmten verfügbaren Menge vom Mittel des Lebenserhalts zu einem Genussmittel werden, was das Nachfrageverhalten stark beeinflussen wird. Politisch relevant bleibt es trotzdem; in der DDR führte nicht zuletzt der Mangel an importierten Lebensmitteln wie Kaffee und Südfrüchten zu Unzufriedenheit mit dem System.

6 »N. Korea's food ration hits lowest level in 4 months«, *Global Post*, 3.6.2014, http://www.globalpost.com/dispatch/news/yonhap-news-agency/140602/n-koreas-food-ration-hits-lowest-level-4-months (Zugriff vom 17.6.2014).

7 Davon entfielen über 50 Prozent auf Nahrungsmittel und etwa 40 Prozent auf Energielieferungen. Siehe Mark E. Manyin und Mary Beth D. Nikitin: »Foreign Assistance to North Korea«, FF (Congres-

sional Research Service, Washington D.C. 2014), http://www.fas.org/sgp/crs/row/R40095.pdf (Zugriff vom 17.6.2014).

8 Für Details zum Vertrag von 1965 und zu Spekulationen über eine Reparationssumme für Nordkorea vgl. Mark E. Manyin: »North Korea-Japan Relations: The Normalization Talks and the Compensation/Reparations Issue«, *CRS Report for Congress*, 13.6.2001, http://assets.opencrs.com/rpts/RS20526_20010613.pdf (Zugriff vom 17.6.2014).

9 Für den vollständigen Text der Anklage vgl. »Chosŏnnodongtang chung'angwiwŏnhoe chŏngch'iguk hwaktaehoeŭie kwanhan podo« [Bericht von der erweiterten Sitzung des Zentralkomitees der Partei der Arbeit Korea], *Rodong Sinmun*, 8.12.2013, S. 1.

10 Sachs wehrt sich gegen Kritik an seiner Rolle. Er sieht sich vor allem als eine Art »Notarzt«, der in kürzester Zeit Lösungen für am Boden liegende Volkswirtschaften finden musste. Das Bild vom Überbringer des liberalistischen »Washingtoner Konsens« lehnt er ab. Jeffrey Sachs: »What I did in Russia«, 14.3.2012, http://jeffsachs.org/2012/03/what-i-did-in-russia (Zugriff vom 17.6.2014).

11 Ein Klassiker ist Chalmers Johnson: *MITI and the Japanese Miracle: The Growth of Industrial Policy 1925–1975* (Stanford University Press, Stanford 1982).

12 Eine sehr lesenswerte Studie des entsprechenden Prozesses in Südkorea einschließlich der Verhaftung von Firmenbossen und der Schließung eines großen Unternehmenskonglomerats ist das bereits genannte Buch von Jung-en Woo: *Race to the Swift*, wie Kap. 4, Anm. 46.

13 Zur wirtschaftlichen Entwicklung Taiwans gilt als Standardwerk Robert Wade: *Governing the Market. Economic Theory and the Role of Government in East Asian Industrialization* (Princeton University Press, Princeton 2004).

14 Dabei konkurrieren inländische Unternehmen auf den Exportmärkten mit internationalen Wettbewerbern, haben aber gleichzeitig einen relativ sicheren Binnenmarkt als Basis. Später kann der Staat auf dem Wege gezielter, per Zöllen und Quoten regelbarer Importe auch im Inland die Unternehmen zu mehr Effizienz zwingen.

15 Von Bildern sollte man sich hier nicht täuschen lassen. Es ist in beiden Koreas üblich, dass sich die Männer bis ins hohe Alter die Haare schwarz färben.

16 Das war dem traditionsreichen Leipziger Blatt mehr als einen Beitrag wert. Siehe z. B. Ulrike John und Matthias Roth: »Lange Schlangen vor Leipziger Straßenbahnen in Pjöngjang«, *Leipziger Volkszeitung*, 4.4.2011, http://www.lvz-online.de/nachrichten/topthema/lange-schlangen-vor-leipziger-strassenbahnen-in-pjoengjang/r-topthema-a-82614.html (Zugriff vom 17.6.2014).

17 Tiefe Einsichten nicht nur in das spannende Thema »Fahrräder in Nordkorea« verdanke ich Frau Dr. Barbara Unterbeck.

18 »Profound Consolation and Apology Expressed to Bereaved Families of Victims of Construction Accident«, *KCNA*, 18.5.2014, http://www.kcna.co.jp/item/2014/201405/news18/20140518-05ee.html (Zugriff vom 17.6.2014).

19 Eine der neueren Studien zu diesem Thema ist Yon-ho Kim: *Cellphones in North Korea: Has North Korea Entered the Telecommunications Revolution?* (US-Korea Institute at SAIS, Washington D.C. 2014).

20 Eine 16 Seiten umfassende ausführliche Rezension des Tablets »Samjiyŏn« einschließlich der darauf installierten diversen Apps und E-Books ist Rüdiger Frank: »The North Korean Tablet Computer Samjiyon: Hardware, Software and Resources«, *38 North*, 10/2013, U.S.-Korea Institute at the School of Advanced International Studies (SAIS), Johns Hopkins University, http://38north.org/wp-content/uploads/2013/10/SamjiyonProductReview_RFrank102213-2.pdf (Zugriff vom 2.5.2014)

21 Dies ist eine konservative Schätzung. Ich habe dabei nur die Besitzer von Mobiltelefonen einbezogen, nicht aber deren Familienmitglieder. Allerdings muss man davon ausgehen, dass die Zahl der im Umlauf befindlichen Mobiltelefone nicht mit der Zahl der Mobiltelefonbesitzer übereinstimmt, da viele Nordkoreaner mehrere Telefone besitzen.

22 Das Mindestalter für Händlerinnen wurde bis 2008 in mehreren Stufen erhöht, von 30 auf 49. Siehe *North Korea Today* Nr. 117, GoodFriends, Seoul, März 2008, http://goodfriendsusa.blogspot.co.at/2008/04/north-korea-today-no117.html (Zugriff vom 18.6.2014).

23 Siehe dazu auch etwas detaillierter Rüdiger Frank: »Exhausting Its Reserves? Sources of Finance for North Korea's ›Improvement of People's Living‹«, in: *38 North*, 12/2013, U.S.-Korea Institute at the School of Advanced International Studies (SAIS), Johns Hopkins University, http://38north.org/2013/12/rfrank121213.

24 Ins Bild passt, dass Ende 2013 Berichte über Goldverkäufe laut wurden, auch wenn man solche Meldungen immer mit Vorsicht behandeln sollte. Siehe »N. Korea sells gold in sign of imminent economic collapse: source«, *Yonhap*, 11.12.2013, http://english.yonhapnews.co.kr/northkorea/2013/12/11/33/0401000000AEN20131211004100315F.html?9caee628 (Zugriff vom 18.6.2014).

Kapitel 8

1 Sehr zu empfehlen ist der Dokumentarfilm *A State of Mind* des britischen Filmenthusiasten und erfolgreichen Reiseunternehmers Nick Bonner, in dem zwei an der Show teilnehmende Kinder im Alltag und bei der Vorbereitung auf Arirang begleitet werden. Einen sehr guten Überblick über europäische Vorbilder und die Musik liefert Lisa Burnett: »Let Morning Shine over Pjöngjang: The Future-Oriented Nationalism of North Korea's Arirang Mass Games«, *Asian Music*, Bd. 44/1, Winter/Spring 2013, S. 3–32

2 Man kann zum Beispiel die Schau von 1987 auf Youtube bewundern: http://www.youtube.com/watch?v=WcE40RA02iA

3 Siehe zum Beispiel: »Kivett Productions amazed crowds with the USAA Tribute Vikings Card Stunt on November 11, 2012. Vikings fans show their military appreciation during the ›Salute to Service‹ card stunt, presented by USAA«, http://www.cardstunts.com/usaa-tribute-vikings-card-stunt (Zugriff vom 3.1.2014).

4 Hyang Jin Jung: »Jucheism as an Apotheosis of the Family: The Case of the Arirang Festival«, *Journal of Korean Religions*, Bd. 4/2, Oktober 2013, S. 93–122.

5 Andray Abrahamian: »Are the Arirang Mass Games Preparing People for A Chinese Path?«, *38North*, 13. 8. 2012, http://38north.org/2012/08/aabrahamian081312 (Zugriff vom 18.6.2014).

6 Die Alltagskleidung der Koreaner war bis ins 20. Jahrhundert hinein tatsächlich weiß, was verwundern könnte, da solche Kleidung empfindlich ist. Der Grund: Der seit 1392 im Land geltende Konfuzianismus schreibt streng einzuhaltende, bis zu mehreren Jahren dauernde Phasen der Trauer vor, wenn ein enger Verwandter oder der König stirbt. Die Trauerkleidung ist weiß – und da sie so häufig getragen werden musste, wurde sie irgendwann zur Alltagskleidung.

7 Korea hat eine eigene Schrift, die vor allem in Nordkorea sehr konsequent verwendet wird. Allerdings haben viele koreanische Wörter und die meisten Namen einen sino-koreanischen Kern. Alle Nordkoreaner kennen die ihren Namen zugrunde liegenden chinesischen Zeichen. Im Zuge der wachsenden wirtschaftlichen Bedeutung Chinas wird in beiden Koreas auch das Erlernen der chinesischen Sprache wieder sehr populär.

8 Mitsubishi heißt auf Japanisch »drei Diamanten«, aber das ist sicher nur ein Zufall.

9 »Ri« ist eine koreanische Maßeinheit der Entfernung. Sie ist hier nicht wörtlich gemeint; die Zahl 10 000 steht in Ostasien für »viel«, Sie kennen sie vielleicht aus dem japanischen Schlachtruf »bansai« (zehntausend Jahre). 10 000 Ri heißt also einfach nur »sehr weit«.

10 Myers hat dieses Thema der ewigen Schuld gegenüber dem Führer sehr überzeugend beschrieben. Brian Myers: *The Cleanest Race,* wie Kap. 1, Anm. 11.

11 Katrin Bischoff: »Robert der Rammler goes East«, *Berliner Zeitung*, 6. 1. 2007, http://www.berliner-zeitung.de/archiv/karl-szmolinsky-zuechtet-riesenkaninchen---jetzt-auch-fuer-nordkorea-robert-der-rammler-goes-east,10810590,10446372.html (Zugriff vom 30.6.2014).

12 Übersetzung RF.

13 Mein Dank geht an meine Wiener Kollegen und Sinologen Richard Trappl und Felix Wemheuer, ohne die mir dieser Aspekt verborgen geblieben wäre.

14 Es handelt sich um den auf Chinesisch Yalu genannten Grenzfluss zwischen Korea und China.

Kapitel 9

1 Für eine sehr kritische Diskussion von Ort, Kontext und Inhalt ihrer Rede siehe Rüdiger Frank: »Fire the Speech Writers: An East German's Perspective on President Park's Dresden Speech«, *38 North*, 4/2014, U.S.-Korea Institute at the School of Advanced International Studies (SAIS), Johns Hopkins University, http://38north.org/2014/04/rfrank040314.

2 Eine umfassende Darstellung des deutschen Vereinigungsdiskurses und seiner Entwicklung seit 1990 bis ca. 2010 findet sich etwa bei Raj Kollmorgen, Frank Thomas Koch und Hans-Liudger Dienel (Hg.): *Diskurse der deutschen Einheit* (Springer, Wiesbaden 2011).

3 Eine sehr präzise und detailreiche Darstellung ist Werner Weidenfeld: *Außenpolitik für die Deutsche Einheit: Die Entscheidungsjahre 1989/90* (DVA, Stuttgart 1998).

4 Eine ausführliche Diskussion des koreanischen Nationalismus findet sich bei Gi-Wook Shin: *Ethnic Nationalism in Korea: Genealogy, Politics, and Legacy* (Stanford University Press, Redwood City 2006).

5 So etwa im Kontext der Fußball-Weltmeisterschaft 2006. Siehe Markus C. Schulte von Drach: »Party-Patriotismus ist Nationalismus«, *Süddeutsche Zeitung*, 29.6.2012, http://www.sueddeutsche.de/wissen/fahnenmeere-zur-em-party-patriotismus-ist-nationalismus-1.1394854 (Zugriff vom 15.5.2014).

6 Die letzte Kommastelle wurde aus Gründen der Übersichtlichkeit vom Verfasser gerundet. Siehe Chŏng Ŭn-mi (2013): »Min'gwani hamkkehanŭn t'ongil kibanjosŏngŭi p'ilyo« (Die Notwendigkeit einer aus öffentlichen und privaten Mitteln finanzierten Stiftung für die Vereinigung), *Minjokhwahae* (Nationale Versöhnung), Bd. 11-12, Seoul, Dezember 2013, S. 24–27.

7 »6 out of 10 S. Koreans view N. Korea as partner of cooperation: poll«, *Yonhap*, 29.5.2014, http://english.yonhapnews.co.kr/northkorea/2014/05/29/12/0401000000AEN20140529002400315F.html (Zugriff vom 31.5.2014).

8 Mit Japan gibt es vor allem Streit um die Insel Tokdo. Gegenüber China haben koreanische Nationalisten Ansprüche auf Teile der Mandschurei angemeldet. Siehe unter anderem Andre Schmid: *Korea between Empires* (Columbia University Press, New York 2002), S. 213.

9 Im Mai 2014 bemerkte der südkoreanische Verteidigungsminister nach einer Reihe besonders wüster Beschimpfungen seiner Präsidentin, unter anderem als »alternde Prostituierte«, dass Nordkorea »baldigst verschwinden müsse«. Nordkorea reagierte mit der Drohung, jedes Mitglied der südkoreanischen Regierung auszulöschen. Siehe »North Korea threatens to ›wipe out‹ South Korea after defence ministry insults Kim Jong-un«, *National Post*, 13.5.2014, http://news.nationalpost.com/2014/05/13/north-korea-threatens-to-wipe-out-

south-korea-after-defence-ministry-insults-kim-jong-un (Zugriff vom 15.5.2014).

10 Siehe Deutsches Rundfunkarchiv: »Ausreise«, http://1989.dra.de/no_cache/themendossiers/politik/ausreise.html (Zugriff vom 7.5.2014).

11 Insgesamt 98 Menschen wurden beim Versuch, die Berliner Mauer zu überwinden, getötet. Siehe Hans-Hermann Hertle und Maria Nooke: *Die Todesopfer an der Berliner Mauer 1961–1989. Ein biographisches Handbuch* (Ch. Links, Berlin 2009).

12 Ronald Galenzia und Heinz Havemeister (Hg.): *Wir wollen immer artig sein … Punk, New Wave, HipHop und Independent-Szene in der DDR von 1980 bis 1990* (Schwarzkopf und Schwarzkopf, Berlin 2005). Der Film *Flüstern und Schrei'n* wurde von 1985 bis 1988 von Dieter Schumann im Auftrag der staatlichen DEFA gedreht und noch 1988, vor der Wende, uraufgeführt.

13 Eckhard Jesse: »Wessis im Osten«, in: Friedrich Thießen (Hg.): *Die Wessis. Westdeutsche Führungskräfte beim Aufbau Ost* (Boehlau, Köln, Weimar und Wien 2009), S. 27–36.

14 Zahlen nach Bettina Effner and Helge Heidemeyer (Hg.): *Flucht im geteilten Deutschland. Erinnerungsstätte Notaufnahmelager Marienfelde* (be.bra Verlag, Berlin 2005); T'ongilbu [Ministerium für Wiedervereinigung Südkoreas]: »Pukhan it'aljumin hyŏnhwang« [Aktuelle Situation nordkoreanischer Flüchtlinge], http://www.unikorea.go.kr/index.do?menuCd=DOM_000000105006006000 (Zugriff vom 8.5.2014).

15 »Südkorea rechtfertigt tödliche Schüsse auf Schwimmer«, *Der Standard*, 17.9.2013, http://derstandard.at/1379291077377/Suedkorea-rechtfertigt-toedliche-Schuesse-auf-Schwimmer (Zugriff vom 21.4.2014).

16 Siehe zum Beispiel Egon Krenz: *Herbst 89* (Edition Ost, Berlin 2009), oder Hans Modrow (mit Hans-Dieter Schütt): *Ich wollte ein neues Deutschland* (Dietz Verlag, Berlin 1998).

17 Bezeichnung der südkoreanischen Industriekonglomerate wie Samsung oder Hyundai, die entscheidende Akteure in der unter Park Chung-hee ab Anfang der 1960er Jahre begonnenen rapiden Entwicklungsgeschichte waren.

18 Für eine ausführliche kritische Diskussion siehe Aurel Croissant: »Südkorea: Von der Militärdiktatur zur Demokratie«, in: Thomas

Heberer und Claudia Derichs (Hg.): *Einführung in die politischen Systeme Ostasiens* (VS Verlag für Sozialwissenschaften, Wiesbaden 2008), S. 285–349.

19 Einige illustrative Beispiele aus den 1950er Jahren finden sich bei Rüdiger Frank: *Die DDR und Nordkorea*, wie Kap 1, Anm. 18.

20 Anfang 2014 erschien ein über 370 Seiten starker UN-Menschenrechtsbericht zu Nordkorea, der die entsprechenden Vorwürfe zusammenfasst: http://www.ohchr.org/EN/HRBodies/HRC/CoIDPRK/Pages/ReportoftheCommissionofInquiryDPRK.aspx. Die Regierung in Pjöngjang protestierte umgehend und scharf. Eine Kritik der Methodik des Berichtes liefert Felix Abt: »Das ist eine massive Übertreibung«, *Baseler Zeitung*, 21.2.2014, http://bazonline.ch/ausland/asien-und-ozeanien/Das-ist-eine-massive-Uebertreibung/story/23026835 (Zugriff vom 9.5.2014).

21 Autoren wie Paqué kritisieren die von der Politik bestärkten, überzogenen Erwartungshaltungen im Vorfeld der deutschen Vereinigung. Siehe Karl-Heinz Paqué: *Die Bilanz. Eine wirtschaftliche Analyse der Deutschen Einheit* (Hanser Verlag, München 2009).

22 Schon der Untertitel eines der Standardwerke zu diesem Thema spricht Bände. Dieter Grosser: *Das Wagnis der Währungs-, Wirtschafts- und Sozialunion. Politische Zwänge im Konflikt mit ökonomischen Regeln* (DVA, Stuttgart 1998).

23 So zitiert in Wolfgang Jäger: *Die Überwindung der Teilung. Der innerdeutsche Prozess der Vereinigung 1989/1990* (DVA, Stuttgart 1998), S. 15.

24 Friedrich Thießen (Hg.): *Die Wessis*, wie Anm. 13.

25 Eine Art Klassifizierungssystem des sozialen Hintergrundes, siehe Robert Collins: *Marked for Life*, wie Kap. 5, Anm. 32.

26 Robert L. Worden (Hg.): *North Korea: A Country Study* (Library of Congress, 2008); Übersetzung RF.

27 Friedrich Thießen (Hg.): *Die Wessis*, wie Anm. 13, S. 10.

28 Ein Beispiel ist die Haicheng Xiyang Group, die ihr Investment in ein Joint Venture zur Eisenerzproduktion in Nordkorea als einen Alptraum beschrieb, während Nordkorea dem chinesischen Partner die Nichteinhaltung von Vereinbarungen vorwarf. Siehe »North Korea Blasts Chinese Company in Failed Deal«, *The New York Times*, 5.9.2012.

29 Jeong-ah Cho et al.: *The Emergence of a New Generation: The Generational Experience and Characteristics of Young North Koreans*,

Study Series 14-03 (Korea Institute for National Unification, Seoul 2014).

30 Eine sehr detaillierte und umfassende Diskussion der Kosten der Einheit beziehungsweise der damit verbundenen Transfers findet sich bei Marco Hietschold: *Die Integration des »Aufbau Ost« in die bundesdeutsche Finanzordnung: Potentiale und Perspektiven wachstumswirksamer Transfermittelverwendung* (Cuvillier, Göttingen 2010), vor allem S. 34–50.

31 »Deutsche Einheit hat fast zwei Billionen Euro gekostet«, *Frankfurter Allgemeine Zeitung*, 4.5.2014, http://www.faz.net/aktuell/wirtschaft/expertenschaetzung-deutsche-einheit-hat-fast-zwei-billionen-euro-gekostet-12922345.html (Zugriff vom 12.5.2014).

32 Lena Schipper: »Die Rente frisst den Bundeshaushalt auf«, *Frankfurter Allgemeine Zeitung*, 4.9.2013, http://www.faz.net/aktuell/wirtschaft/wirtschaftspolitik/staatsausgaben-die-rente-frisst-den-bundeshaushalt-auf-12556533.html (Zugriff vom 12.5.2014).

33 Jungmin Shon and Howard A. Palley: »South Korea's Poverty-Stricken Elderly«, *East Asia Forum*, 10.5.2014, http://www.eastasiaforum.org/2014/05/10/south-koreas-poverty-stricken-elderly (Zugriff vom 12.5.2014). Diese Zahlen sind extrem niedrig; viele Südkoreaner erhalten darüber hinaus Rentenzahlungen aus einer Vielzahl von Versicherungen, und es gibt Sonderregelungen für bestimmte Berufsgruppen. Kang und Lee nennen eine Rente in Höhe von 5 Prozent des Durchschnitts der Einkommen aller Versicherten, was jedoch noch immer im Vergleich zu Deutschland extrem wenig ist, siehe Ji Young Kang und Jieun Lee: »A comparison of the public pension systems of South Korea and Japan from a historical perspective focusing on the basic pension schemes«, Paper bei der Konferenz »Asian Social Protection in Comparative Perspective«, University of Maryland, 9.1.2009, http://www.umdcipe.org/conferences/policy_exchanges/conf_papers/Papers/1051.pdf (Zugriff vom 30.6.2014).

34 Siehe unter anderem B. C. Koh: »Inter-Korean Relations: Seoul's Perspective«, *Asian Survey*, Bd. 20/11, November 1980, S. 1108–1122.

35 In der koreanischen Sprache wird für die zwei Begriffe »Konföderation« und »Föderation« der gleiche Begriff verwendet (*ryŏnbang*, im Süden eher *yŏnhap*). Das kann zu missverständlichen Übersetzungen führen, selbst in offiziellen Quellen. Anhand des Inhalts des Konzeptes ist aber eindeutig, dass es sich um eine Konföderation handelt,

also eine Art Commonwealth, nicht um eine zum Beispiel in der Bundesrepuplik Deutschland bestehende Föderation.

36 Eine interessante Randnotiz ist, dass man auch 1948 in Südkorea kurz über den Namen Koryŏ für die neu zu gründende Republik Korea nachgedacht hatte, bevor man sich unter Rückgriff auf die Provisorische Regierung auf das heute geltende Taehanmin'guk (kurz Han'guk) einigte.

37 Ji-Eun Seo: »Unification may be jackpot: Park«, *Korea Joongang Daily*, 7.1.2014, http://koreajoongangdaily.joins.com/news/article/article.aspx?aid=2983129 (Zugriff vom 20.6.2014).

38 In Gesprächen mit Angehörigen des russischen Außenministeriums wurde mir gegenüber immer wieder beklagt, dass »politische Amateure« damals in der Hoffnung auf südkoreanische Sympathien und vor allem Wirtschaftshilfe eine harte Linie gegen Nordkorea gefahren hatten. Doch das Resultat war das Gegenteil: Als man in Seoul merkte, dass Russland keinen exklusiven Zugang zu Pjöngjang mehr hatte, verlor man das Interesse, und die Hoffnungen Moskaus auf finanzielle Unterstützung erfüllten sich nicht. In Nordkorea fühlte man sich hingegen vom ehemaligen Partner verraten, was einen Neuaufbau der Beziehungen lange Zeit erschwerte. Siehe auch E. Dobryshev: »Korejskaja Politika Rossii Trebuet Korrektirovki« [Die Korea-Politik Russlands verlangt nach einer Korrektur], *Problemy Dal'nego Wostoka* (Probleme des Fernen Ostens), Nr. 1, 1996.

39 Der erste Abschnitt würde einen Unterseetunnel vom japanischen Tsushima zum südkoreanischen Pusan einschließen.

Nachwort

1 조선로동당 중앙위원회 정치국 당 제7차대회를 소집할것을 결정 [Beschluss des Politbüros des Zentralkomitees der Partei der Arbeit Koreas zu Abhaltung des 7. Parteitages], http://www.kcna.kp, (Zugriff vom 1.11.2015).

2 Rüdiger Frank: »The 7th Congress of the Workers' Party of Korea in 2016: Return to a New Normal or Risk a Take-Off?«, *38 North*, 11/2015, U.S.-Korea Institute at the School of Advanced International Studies (SAIS), Johns Hopkins University, http://38north.org/2015/11/rfrank111115 (Zugriff vom 10.10.2016).

3 »Detained and interrogated for 10 hours in North Korea«, BBC, 20.5.2016, http://www.bbc.com/news/magazine-36200530 (Zugriff vom 10.10.2016).

4 http://www.rodong.rep.kp/ko/index.php?strPageID=SF01_02_01&newsID=2016-05-08-0001 (Zugriff vom 10.10.2016).

5 김정은: 조선로동당 제 7 차대회에서 한 당중앙위원회 사업총화보고 [Kim Jong-un: Bericht über die Arbeit des Zentralkomitees, gehalten auf dem 7. Parteitag der Partei der Arbeit Koreas], *Rodong Sinmun*, 8.5.2016, http://www.rodong.rep.kp/ko/index.php?strPageID=SF01_02_01&newsID=2016-05-08-0001 (Zugriff vom 10.10.2016).

6 Für eine ausführliche Analyse siehe Rüdiger Frank: »The 7th Party Congress in North Korea: An Analysis of Kim Jong-un's Report«, *The Asia Pacific Journal*, Vol. 14, Issue 14, No. 8, July 2016, http://apjjf.org/2016/14/Frank.html (Zugriff vom 10.10.2016).

7 Siehe Kim Jong-un: Bericht über die Arbeit des Zentralkomitees; diese und andere Übersetzungen: RF.

8 Für eine umfassende Diskussion der Gewinne und Verluste aus der Schließung siehe Rudiger Frank und Théo Clément, »Closing the Kaesŏng Industrial Zone: An Assessment«, *The Asia-Pacific Journal*, Vol. 14, Issue 6, No. 7, March 2016, http://apjjf.org/2016/06/Frank.html (Zugriff vom 10.10.2016).

9 »S. Korea tracks money flow over N. Korea's Kaesŏng revenue use«, *Yonhap*, 15.2.2016, http://english.yonhapnews.co.kr/news/2016/02/15/0200000000AEN20160215005100315.html (Zugriff vom 10.10.2016).

10 KOTRA: »2014년북한의대외무역동향« [Trends im Außenhandel Nordkoreas 2014], http://www.globalwindow.org/gw/krpinfo/GWKITR020M.html?BBS_ID=16&MENU_CD=M10403&UPPER_MENU_CD=M10401&MENU_STEP=2&ARTICLE_ID=5031941&ARTICLE_SE=20346 (Zugriff vom 20.11.2015).

11 韩媒称朝鲜向中国东北输出大量劳工赚取外汇 [(Süd-)Koreanische Medien berichten, dass Nordkorea eine große Zahl an Arbeitskräften zum Devisenerwerb nach Nordostchina exportiert], *Cankao Xiaoxi*, 1.2.2016, http://www.cankaoxiaoxi.com/china/20160201/1066952.shtml (Zugriff vom 1.2.2016).

12 »In Davos, Shunning Controversy in Favor of Restrained Debate«, *The New York Times*, 19.1.2016, http://www.nytimes.com/2016/01/19/business/dealbook/muting-the-global-dialogue-in-davos.html?_r=0 (Zugriff vom 10.10.2016).

Register

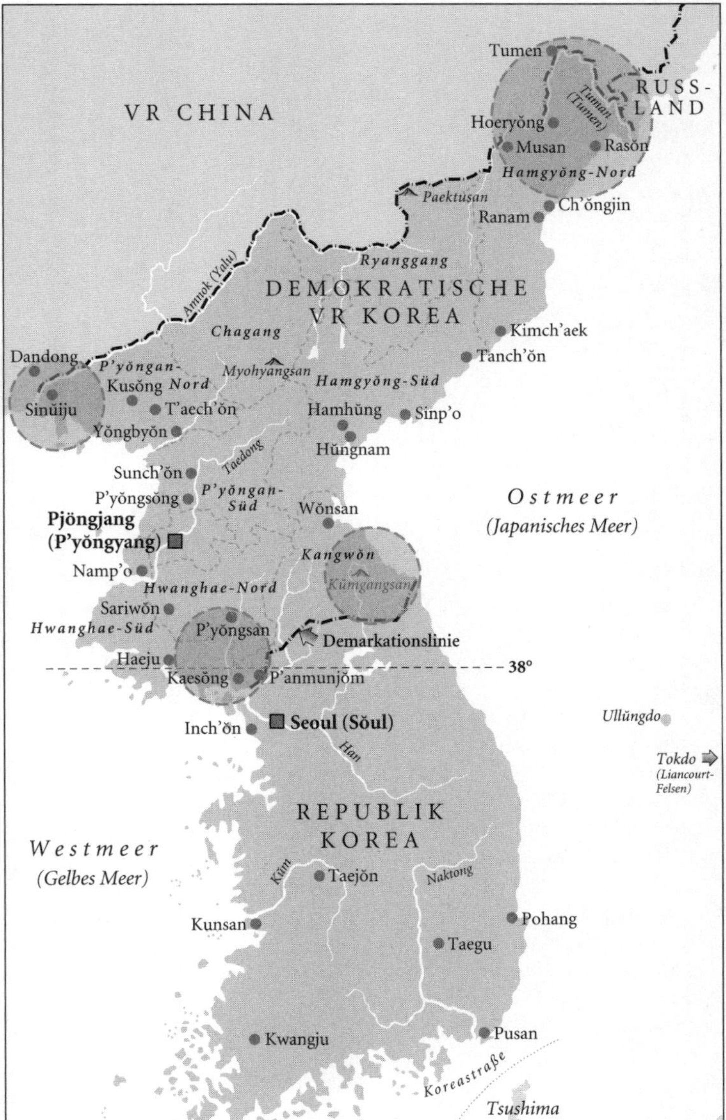

VR CHINA
RUSS-LAND
Tumen
Tuman (Tumen)
Hoeryŏng
Musan
Rasŏn
Hamgyŏng-Nord
Paektusan
Ch'ŏngjin
Ranam
Ryanggang
Amnok (Yalu)
DEMOKRATISCHE VR KOREA
Chagang
Kimch'aek
Tanch'ŏn
Dandong
P'yŏngan-Nord
Kusŏng
Myohyangsan
Hamgyŏng-Süd
Sinŭiju
T'aech'ŏn
Hamhŭng
Sinp'o
Yŏngbyŏn
Hŭngnam
Taedong
Sunch'ŏn
P'yŏngan-Süd
P'yŏngsŏng
Wŏnsan
Ostmeer
(Japanisches Meer)
Pjöngjang (P'yŏngyang)
Kangwŏn
Namp'o
Kŭmgangsan
Hwanghae-Nord
Sariwŏn
Hwanghae-Süd
P'yŏngsan
Demarkationslinie
Haeju
38°
Kaesŏng
P'anmunjŏm
Inch'ŏn
Seoul (Sŏul)
Ullŭngdo
Han
Tokdo
(Liancourt-Felsen)
REPUBLIK KOREA
Westmeer
(Gelbes Meer)
Kŭm
Taejŏn
Naktong
Kunsan
Pohang
Taegu
Pusan
Kwangju
Koreastraße
Tsushima
JAPAN
Chejustraße
Chejudo
Hallasan
0 50 100 km
Die vier Sonderwirtschaftszonen